Heribert Meffert (Hrsg.)

VERKEHRS-DIENSTLEISTUNGS-MARKETING

Marktorientierte Unternehmensführung
bei der Deutschen Bahn AG

GABLER

Professor Dr. Dr. h. c. mult. Heribert Meffert
Professor der Betriebswirtschaftslehre, insbesondere Marketing, und Direktor des Instituts für
Marketing an der Westfälischen Wilhelms-Universität Münster
Anschrift: Westfälische Wilhelms-Universität, Institut für Marketing, Am Stadtgraben 13–15,
           D-48143 Münster
        ☎   +49 (0) 251 832 2931   🖥   http://www-uni-muenster.de/marketing
        Fax +49 (0) 251 832 8356   E-Mail meffert@uni-muenster.de

Die Deutsche Bibliothek – CIP-Einheitsaufnahme

Ein Titeldatensatz für diese Publikation ist bei
Der Deutschen Bibliothek erhältlich.

Lektorat: Barbara Roscher, Ulrike Lörcher

Der Gabler Verlag ist ein Unternehmen der Fachverlagsgruppe BertelsmannSpringer.

www.gabler.de

Höchste inhaltliche und technische Qualität unserer Produkte ist unser Ziel. Bei der Produktion
und Verbreitung unserer Bücher wollen wir die Umwelt schonen: Dieses Buch ist auf säurefreiem
und chlorfrei gebleichtem Papier gedruckt. Die Einschweißfolie besteht aus Polyäthylen und damit
aus organischen Grundstoffen, die weder bei der Herstellung noch bei der Verbrennung Schadstof-
fe freisetzen.

Die Wiedergabe von Gebrauchsnamen, Handelsnamen, Warenbezeichnungen usw. in diesem Werk
berechtigt auch ohne besondere Kennzeichnung nicht zu der Annahme, daß solche Namen im
Sinne der Warenzeichen- und Markenschutz-Gesetzgebung als frei zu betrachten wären und daher
von jedermann benutzt werden dürften.

Satz: FROMM MediaDesign GmbH, Selters/Ts.
Druck und buchbinderische Verarbeitung: Wilhelm & Adam, Heusenstamm
Printed in Germany

ISBN 3-409-11555-2

Geleitwort

Angesichts der in 1999 abgeschlossenen zweiten Stufe der Bahnreform sehen sich die Deutsche Bahn AG und der Personenfernverkehr, jetzt DB Reise&Touristik AG, zahlreichen Herausforderungen, aber auch vielfältigen Chancen gegenüber. Zur Erreichung der in der Bahnreform formulierten Zielsetzung eines gesunden, rentablen Unternehmens, das über attraktive Produkte mehr Verkehr auf die Schiene holt, kommt dem Konzept der marktorientierten Unternehmensführung im wettbewerbsintensiven Verkehrsdienstleistungsbereich zweifelsfrei eine Schlüsselrolle zu.

Ein erfolgreiches Marketing in der Praxis setzt dabei nicht zuletzt eine fundierte wissenschaftliche Auseinandersetzung mit Marketingfragestellungen unter den besonderen Bedingungen des Verkehrsdienstleistungsmarktes voraus. Im Gegensatz zum technisch-ingenieurwissenschaftlichen Bereich, bei dem traditionell auf einen breiten Fundus bahnspezifischer Forschungsarbeiten zurückgegriffen werden kann, war die wissenschaftliche Auseinandersetzung mit Marketingfragestellungen unter besonderer Berücksichtigung der vielfältigen Spezifika des Verkehrsdienstleistungsmarktes lange Zeit ein eher vernachlässigtes Forschungsfeld. Vor diesem Hintergrund wurde vor nunmehr fünf Jahren unter dem Dach der Wissenschaftlichen Gesellschaft für Marketing und Unternehmensführung e. V. die Forschungsstelle Bahnmarketing gegründet, die unter der Leitung von Herrn Professor Dr. Dr. h.c. mult. Meffert einen wesentlichen Beitrag zur Aufhebung dieses Forschungsdefizites geleistet hat.

Im stetigen und intensiven Dialog mit den Mitarbeitern unseres Unternehmens konnten auf Basis innovativer Forschungsansätze zahlreiche Impulse für das Marketing im schienengebundenen Personenverkehr gewonnen werden. Darüber hinaus ist es durch die enge Einbindung des Bahnmarketing auch in der Lehre des Instituts für Marketing gelungen, das Interesse junger Absolventen an der Deutschen Bahn AG zu wecken und so die Attraktivität unseres Unternehmens für Führungsnachwuchskräfte weiter zu erhöhen. Vor diesem erfreulichen Hintergrund bin ich sicher, daß wir auch in den kommenden Jahren den Brückenschlag zwischen Wissenschaft und Praxis erfolgreich leisten können.

DR. CHRISTOPH FRANZ

Vorsitzender des Vorstandes der DB Reise&Touristik AG

Meffert (Hrsg.)
Verkehrsdienstleistungsmarketing

Vorwort

Der Markt für Verkehrsdienstleistungen ist durch einen intensiven und künftig sich weiter verstärkenden Wettbewerb gekennzeichnet. Ursachen hierfür stellen neben Deregulierungs- und Privatisierungsmaßnahmen bei Flug- und Bahngesellschaften nicht zuletzt veränderte Konsumentenanforderungen an Mobilitätsdienstleistungen dar. Vor diesem Hintergrund und bedingt durch die Tatsache, daß die durch die Privatisierung hervorgerufenen Restrukturierungsbemühungen noch keineswegs abgeschlossen sind, stehen die großen Anbieter von Verkehrsdienstleistungen derzeit vor zahlreichen unternehmens- und wettbewerbsinduzierten Herausforderungen.

Angesichts der aufgezeigten Entwicklungstendenzen sieht sich auch die DB Reise& Touristik AG einem breiten Spektrum von gleichermaßen auf strategischer und operativer Ebene angesiedelten Marketingaufgaben gegenüber. Bei der Bewältigung dieser Herausforderungen arbeitet die Deutsche Bahn AG seit nunmehr fünf Jahren im Rahmen der Forschungsstelle Bahnmarketing in der Wissenschaftlichen Gesellschaft für Marketing und Unternehmensführung e. V. intensiv mit meinem Institut zusammen.

Im Laufe dieser institutionalisierten und, wie ich meine, richtungweisenden Kooperation zwischen der Deutschen Bahn AG und dem Institut für Marketing konnten nicht nur über dreißig bahnspezifische Diplomarbeiten und mittlerweile drei Dissertationen erfolgreich abgeschlossen werden, sondern die Zusammenarbeit auch auf anderen Feldern, wie z. B. Praktikanten- und Absolventenvermittlung oder bei vielfältigen Lehrveranstaltungen fruchtbar gestaltet werden. Darüber hinaus wurden durch die Forschungsstelle Bahnmarketing in enger Zusammenarbeit mit den Mitarbeitern des Geschäftsbereiches Fernverkehr bzw. der DB Reise&Touristik zahlreiche Projekte wissenschaftlich begleitet. Der vorliegende Reader dokumentiert die wissenschaftlichen Bemühungen auf dem Feld des Bahnmarketing und liefert einen Ausblick in die Zukunft dieses gleichermaßen interessanten wie herausfordernden Forschungsfeldes.

Ohne die wohlwollende Unterstützung durch die DB Reise&Touristik AG sowie die freundliche Diskussionsbereitschaft ihrer Mitarbeiter auf allen Ebenen wäre die erfolgreiche Kooperation nicht möglich gewesen. Ihnen gilt ebenso wie meinen ehemaligen und aktuellen Mitarbeitern in der Forschungsstelle Bahnmarketing Herrn Dr. Jesko Perrey, Herrn Dr. Andreas Siefke, Herrn Dipl.-Kfm. Michael Schleusener sowie Herrn Dr. Dr. Helmut Schneider mein besonderer Dank. Darüber hinaus danke ich dem Gabler Verlag für die kompetente und rasche Abwicklung des Buchprojektes.

PROF. DR. DR. H.C. MULT. HERIBERT MEFFERT

Direktor des Instituts für Marketing an der Westfälischen Wilhelms-Universität Münster und Wissenschaftlicher Leiter der Forschungsstelle Bahnmarketing

Inhaltsverzeichnis

Autorenverzeichnis

PROF. DR. DR. H. C. MULT. HERIBERT MEFFERT
ist Direktor des Instituts für Marketing an der Westfälischen Wilhelms-Universität Münster und Wissenschaftlicher Leiter der Forschungsstelle Bahnmarketing in der Wissenschaftlichen Gesellschaft für Marketing und Unternehmensführung e. V.

Dr. Jesko Perrey war bis April 1999 wissenschaftlicher Mitarbeiter am Institut für Marketing der Westfälischen Wilhelms-Universität Münster und ist seitdem Associate bei McKinsey & Company Inc.

Dipl.-Kfm. Michael Schleusener ist seit Mai 1997 wissenschaftlicher Mitarbeiter am Institut für Marketing der Westfälischen Wilhelms-Universität Münster und seit Juni 1998 in der Forschungsstelle Bahnmarketing in der Wissenschaftlichen Gesellschaft für Marketing und Unternehmensführung e. V. tätig.

Dr. Dr. Helmut Schneider ist Akademischer Rat am Institut für Marketing der Westfälischen Wilhelms-Universität Münster und Geschäftsführer der Forschungsstelle Bahnmarketing in der Wissenschaftlichen Gesellschaft für Marketing und Unternehmensführung e. V.

Dr. Andreas Siefke war bis 1997 wissenschaftlicher Mitarbeiter am Institut für Marketing der Westfälischen Wilhelms-Universität Münster und Geschäftsführer der Forschungsstelle Bahnmarketing in der Wissenschaftlichen Gesellschaft für Marketing und Unternehmensführung e. V. Seitdem ist er als Referent im Bereich Strategische Unternehmensentwicklung der DB Reise&Touristik AG tätig.

Heribert Meffert
Jesko Perrey
Helmut Schneider

Grundlagen marktorientierter Unternehmensführung im Verkehrsdienstleistungsbereich

1. Herausforderungen an die marktorientierte Unternehmensführung im Verkehrsdienstleistungsbereich

Der vielzitierte „Marsch in die Dienstleistungsgesellschaft"[1], der auch die Verkehrsdienstleistungsbranche nachhaltig erfaßt hat, ist auf zahlreiche Ursachen zurückzuführen. Gesellschaftliche und demographische Veränderungen, wie verkürzte Arbeitszeiten oder eine steigende Lebenserwartung der Bevölkerung, stellen die zentralen Triebfedern für die dynamische Zunahme der Dienstleistungsnachfrage dar.[2] Diese Entwicklungen lassen sich auch als Begründung für die **steigende Nachfrage nach Verkehrsdienstleistungen** in den westlichen Industriestaaten heranziehen. Ferner sind die zunehmende Globalisierung der Märkte sowie die Integrationsentwicklung in Europa einhergehend mit einem wachsenden Freizeit- und Mobilitätsbedürfnis der Bevölkerung zu nennen, die zu einer „Ent-Lokalisierung" von geschäftlichen und privaten Interaktionen führen.[3] Die zentrale geographische Lage in Europa verstärkt diese Tendenzen in Deutschland zusätzlich durch die Bedeutung als Transitland.[4]

Ein quantitativer Überblick über den deutschen Personenverkehrsmarkt belegt das Wachstum im Markt für Verkehrsdienstleistungen in eindrucksvoller Weise. Beliefen sich noch 1960 die Verkehrsleistung auf ca. 250 Mrd. Personenkilometer und das Verkehrsaufkommen auf ca. 23 Mrd. beförderte Personen, so stiegen diese Werte auf über 913 Mrd. bzw. 59 Mrd. im Jahre 1996 an.[5] Einschlägigen Prognosen zufolge werden Verkehrsleistung und -aufkommen bis zum Jahr 2010 auch weiter deutlich wachsen.[6] Die enormen Zuwächse an Personenverkehrsleistung sind vorwiegend auf den motori-

---

1   Vgl. Fourastié, J., Die große Hoffnung des Zwanzigsten Jahrhunderts, Köln 1954, S. 133 ff.
2   Zu einer ausführlichen Diskussion der vielschichtigen Ursachen für die Zunahme der Dienstleistungsnachfrage vgl. stellvertretend Meffert, H., Bruhn, M., Dienstleistungsmarketing: Grundlagen, Konzepte, Methoden; mit Fallbeispielen, 2. Aufl., Wiesbaden 1997, S. 7 ff.
3   Vgl. Litzenroth, H., Dem Verbraucher auf der Spur. Quantitative und qualitative Konsumtrends, in: Jahrbuch der Absatz- und Verbrauchsforschung, 41. Jg., Heft 3, 1995, S. 242; Laakmann, K., Mobilitäts-Marketing, in: Meffert, H. (Hrsg.), Lexikon der aktuellen Marketingbegriffe, Wien 1994, S. 161; Meffert, H., Euromarketing im Spannungsfeld zwischen nationalen Bedürfnissen und globalem Wettbewerb, in: Bruhn, M., Wehrle, F. (Hrsg.), Europa 1992 – Chancen und Risiken für das Marketing, 2. Aufl., Münster 1990, S. 14 ff.
4   Vgl. Siefke, A., Zufriedenheit mit Dienstleistungen – Ein phasenorientierter Ansatz zur Operationalisierung und Erklärung der Kundenzufriedenheit im Verkehrsbereich auf empirischer Basis, Frankfurt am Main u. a. 1998, S. 2.
5   Vgl. Bundesministerium für Verkehr (Hrsg.), Verkehr in Zahlen, Bonn 1997, S. 216 ff.
6   Vgl. Aberle, G., Kracke, R., Nutzen und Vernetzung von Verkehrsmitteln – Möglichkeiten und Grenzen, Studie im Auftrag des Deutschen Verkehrsforum e.V., Bonn 1996, S. 4; o.V., Vorausschätzung der Verkehrsentwicklung in Deutschland bis zum Jahre 2010, in: Internationales Verkehrswesen, 48. Jg., Heft 1+2, 1996, S. 42.

sierten Individualverkehr zurückzuführen.[7] Der im Fokus dieser Ausführungen stehende Schienenpersonenverkehr konnte nicht nennenswert an diesem Wachstum partizipieren. Dies wird besonders am Beispiel des Fernverkehrs[8] deutlich, der in 1992 einen Anteil von 43 % am gesamten innerdeutschen Personenverkehr verzeichnete. Betrug im Fernverkehr der Marktanteil der Deutschen Bundesbahn in den 50er und Anfang der 60er Jahre etwa ein Drittel der Nachfrage, so verlor die Bahn in den nachfolgenden Jahren kontinuierlich Kunden an die Wettbewerber Pkw, Flugzeug und Reisebus.

Diese Entwicklung ist Beleg für einen intensiven und künftig sich weiter verstärkenden Wettbewerb im Markt für Verkehrsdienstleistungen sowohl auf der **inter- als auch** der **intramodalen Betrachtungsebene**[9]. Ursachen hierfür stellen neben Deregulierungs- und Privatisierungsmaßnahmen bei den ehemals staatlichen Flug- und Bahngesellschaften vor allem veränderte Konsumentenanforderungen an Mobilitätsdienstleistungen dar. Die steigende Wettbewerbsintensität manifestierte sich in den letzten Jahren insbesondere im Luftverkehrsmarkt, wo sowohl auf dem innerdeutschen als auch auf dem internationalen Markt zunehmend aggressive Preisstrategien von Fluggesellschaften zu beobachten sind.[10] Da im Rahmen der Bahnreform auch der Zugang Dritter als Anbieter von Schienenverkehrsleistungen vorgesehen ist[11], wird zukünftig auch die Deutsche Bahn AG neben dem Luft- und motorisierten Individualverkehr mit intramodaler Konkurrenz konfrontiert werden und sich somit einer weiteren Verschärfung des Wettbewerbs ausgesetzt sehen.

Vor diesem Hintergrund und bedingt durch die Tatsache, daß die durch die Privatisierung hervorgerufenen Restrukturierungsbemühungen noch keineswegs abgeschlossen sind, stehen die großen Anbieter von Verkehrsdienstleistungen derzeit vor zahlreichen unternehmens- und wettbewerbsinduzierten Herausforderungen. Bedingt durch die wettbewerbsbezogene Reaktionsverbundenheit kommt in Verbindung mit der hohen Austauschbarkeit der originären Grundleistung der **Profilierung** der eigenen Leistung im Wettbewerb und der optimalen Ausgestaltung des Leistungsprogrammes zur Befrie-

---

7   Zwar konnte auch der Luftverkehr Zuwächse verzeichnen, dies aber ausgehend von einem niedrigen Niveau und bei gestiegenen Reiseweiten. Vgl. Bundesministerium für Verkehr (Hrsg.), Verkehr in Zahlen, a.a.O., S. 216 ff.

8   Unter Fernverkehr sollen im folgenden Reisen mit einer Länge von mindestens 100 km einfache Entfernung verstanden werden. Zuweilen erfolgt dabei lediglich eine Eingrenzung auf eine einfache Entfernung von mindestens 50 km. Vgl. Wagner, W., Personenverkehr der Deutschen Bundesbahn, Hannover 1991, S. 3.

9   Als intramodaler Wettbewerb wird dabei der Wettbewerb innerhalb einer Verkehrsträgerebene (Bahn, Flugzeug, Pkw) bezeichnet, während mit der intermodalen Betrachtungsebene eine verkehrsträgerübergreifende Perspektive eingenommen wird.

10 Vgl. Klein, H., Qualitätsmanagement der Deutschen Lufthansa AG, in: Bruhn, M., Stauss, B. (Hrsg.), Dienstleistungsqualität: Konzepte, Methoden, Erfahrungen, 2. Aufl., Wiesbaden 1995, S. 479; Klein, H., Das Marketing der Lufthansa, in: Roth, P., Schrand, A. (Hrsg.), Touristik-Marketing, 2. Aufl., München 1995, S. 260.

11 Vgl. Laaser, C.-F., Die Bahnstrukturreform: Richtige Weichenstellung oder Fahrt aufs Abstellgleis?, Kieler Diskussionsbeiträge Nr. 239, Kiel 1994, S. 4.

digung der Mobilitätsbedürfnisse eine zentrale Bedeutung zu.[12] Diese Entwicklung kennzeichnet die wachsende Bedeutung des **Marketing** in der zuvor eher technikdominierten Verkehrsdienstleistungsbranche. Marketing wird dabei als ein duales Führungskonzept aufgefaßt (vgl. Abbildung 1). Auf der einen Seite kommt dem funktionalen Kern des Marketing, also dem Absatzbereich, die Rolle einer gleichberechtigten Unternehmensfunktion zu. Auf der anderen Seite wird Marketing als ein Leitkonzept der Unternehmensführung verstanden, welches eine marktorientierte Koordination aller betrieblichen Funktionen im Sinne von „shared values" sicherstellen soll.[13]

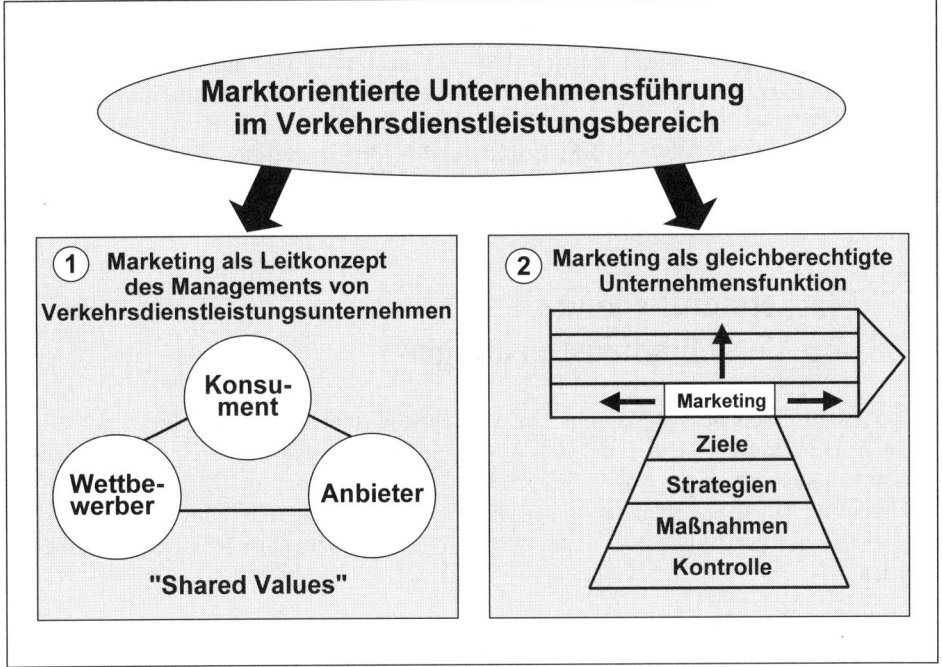

Abb. 1: Duales Konzept des Marketing im Verkehrsdienstleistungsbereich

Angesichts der aufgezeigten Entwicklungstendenzen stehen Anbieter von Verkehrsdienstleistungen vor einem breiten Spektrum von Marketingaufgaben, die gleichermaßen

12   Vgl. Burmann, C., Touristik-Marketing, in: Meffert, H. (Hrsg.), Lexikon der aktuellen Marketingbegriffe, Wien 1994, S. 236; Siefke, A., Zufriedenheit mit Dienstleistungen – Ein phasenorientierter Ansatz zur Operationalisierung und Erklärung der Kundenzufriedenheit im Verkehrsbereich auf empirischer Basis, a.a.O., S. 4.

13   Vgl. Meffert, H., Marketing. Grundlagen marktorientierter Unternehmensführung, 8. Aufl., Wiesbaden 1998, S. 6.

auf strategischer und operativer Ebene angesiedelt sind. Die Verkehrsdienstleistungsbranche weist dabei einige für das Marketing wichtige strukturelle Gemeinsamkeiten
auf. So besitzt beispielsweise die Kostenstrukturproblematik sowohl für den Bahn- als
auch für den Flug- und Schiffsverkehr charakteristische Gültigkeit. Andererseits sind
etwa im Hinblick auf die Position des Pkw als Konkurrent von Verkehrsdienstleistungsunternehmen deutliche, marketingrelevante Unterschiede zwischen den Verkehrsträgern
und damit auch zwischen den Verkehrsdienstleistungsanbietern festzustellen. Dieser
Dualität Rechnung tragend werden im folgenden in Grundzügen verkehrsträgerübergreifende Marketingaspekte und im Schwerpunkt Fragestellungen des bahnbezogenen Marketing diskutiert. Da der sehr spezifische Hintergrund des Nah-, Fern- und insbesondere
des Güterverkehrs dabei generalisierende Ausführungen über **das** Marketing der Bahn
nur sehr eingeschränkt zuläßt, konzentriert sich die Darstellung auf den **Fernverkehr**.
Dieser Geschäftsbereich, der im Zuge der zweiten Stufe der Bahnstrukturreform am
1. Januar 1999 in der Reise&Touristik AG aufgegangen ist, erzielte mit rund 18.000
Mitarbeitern 1997 ca. 5,5 Mrd. DM Umsatz und beförderte mit den drei Zugtypen ICE,
IC/EC und IR rund 140 Mio. Personen.[14]

2. Marketingrelevante Charakteristika von Verkehrsdienstleistungen

Die Freiheitsgrade des Marketing von Verkehrsdienstleistungsunternehmen im allgemeinen und der Deutschen Bahn AG im besonderen werden durch eine Vielzahl von
Besonderheiten spezifisch eingeschränkt. Vor einer Darstellung des Marketing von Verkehrsdienstleistungsunternehmen sollen daher zunächst diese marketingrelevanten Charakteristika auf der Angebots-, Wettbewerbs- und Unternehmensebene herausgearbeitet
werden.

2.1 Angebotsspezifika im Markt für Verkehrsdienstleistungen

2.11 Konstitutive Merkmale von Verkehrsdienstleistungen

Die Generierung konstitutiver Merkmale von Verkehrsdienstleistungen setzt an den
Begriffen **Verkehr** und **Dienstleistung** an. Dabei stand der Dienstleistungsbegriff seit
Beginn der wissenschaftlichen Auseinandersetzung mit dem Gegenstand von Dienstlei-
stungen im Mittelpunkt des Forschungsinteresses.[15]

---

14 Vgl. Deutsche Bahn AG (Hrsg.), Geschäftsbericht 1997, Frankfurt am Main 1998.
15 Vgl. Knoblich, H., Oppermann, R., Dienstleistung – ein Produkttyp, in: Der Markt, 35. Jg., Heft 1, 1996,
    S. 13.

Auf einer übergeordneten Ebene lassen sich Dienstleistungen durch die drei Inhalte Prozeß, Potential und Ergebnis charakterisieren. Dabei umfaßt

- die **Potentialdimension** die Fähigkeit und Bereitschaft des Dienstleistungsanbieters zur Ausübung einer dienstleistenden Tätigkeit und damit das Personal, die technische Ausrüstung sowie die Zugangs- und Nutzungsmöglichkeit durch den Nachfrager,
- die **Prozeßdimension** die dienstleistende Tätigkeit selbst und damit die Gesamtheit aller Aktivitäten, die im Verlauf der tatsächlichen Dienstleistungserstellung stattfinden sowie
- die **Ergebnisdimension** den Grad der Erreichung der Leistungsziele und damit den beendeten Vollzug der dienstleistenden Tätigkeit.[16]

Diese Klassifizierung läßt sich auch zur Definition von Verkehrsdienstleistungen heranziehen. Nach PIRATH kann **Verkehr** zunächst in einem weiteren Sinne als regelmäßiger Austausch wirtschaftlicher Güter und Leistungen bezeichnet werden.[17] Im engeren Sinne umfaßt Verkehr die Überwindung räumlicher Distanzen. Unter Einschränkung auf konsumtive Leistungen[18] können somit auf Basis einer institutionenorientierten Betrachtung Anbieter, deren Ziel es ist, das Bedürfnis von Personen nach Ortsveränderungen und damit die Überwindung räumlicher Distanzen zu befriedigen, als Verkehrsanbieter bzw. Verkehrsträger bezeichnet werden. Über das immaterielle Leistungsversprechen einer Beförderung von A nach B, die Notwendigkeit der Einbeziehung des einzelnen Reisenden in den Prozeß der Leistungserstellung sowie dem immateriellen Ergebnis einer Ortsveränderung ist eine derartige Leistung zweifelsfrei dem Produkttyp Dienstleistung zuzuordnen und kann damit **Verkehrsdienstleistung** genannt werden.[19]

Zusammenfassend sollen Verkehrsdienstleistungen damit verstanden werden als *selbständige marktfähige Leistungen, die mit der Bereitstellung und/oder dem Einsatz von Leistungsfähigkeiten zur Überwindung von räumlichen Distanzen verbunden sind (Potentialorientierung), in deren Erstellungsprozeß interne und externe Faktoren kombi-*

---

16   Vgl. Siefke, A., Zufriedenheit mit Dienstleistungen – Ein phasenorientierter Ansatz zur Operationalisierung und Erklärung der Kundenzufriedenheit im Verkehrsbereich auf empirischer Basis, a.a.O., S. 8; Schmitz, G., Qualitätsmanagement im Privatkundengeschäft von Banken: Konzeption und aufbauorganisatorische Verankerung, Wiesbaden 1996, S. 36 ff.

17   Vgl. Pirath, C., Die Grundlagen der Verkehrswirtschaft, 2. Aufl., Berlin, Göttingen, Heidelberg 1949, S. 1.

18   In Anlehnung an die Unterscheidung zwischen Konsum- und Investitionsgütern steht bei konsumtiven Leistungen das Kaufverhalten einzelner Personen oder Haushalte zum Zwecke der Letztverwendung bzw. persönlichen Verwendung im Vordergrund, während investive Leistungen als Wiedereinsatzfaktoren in Produktionsprozesse eingehen. Auf diese Weise soll hier eine Abgrenzung zu Gütertransportleistungen sichergestellt werden. Vgl. Scheuch, F., Dienstleistungsmarketing, München 1982, S. 57 ff.

19   Streng genommen müßte hierfür der Begriff Mobilitätsdienstleistung verwendet werden, da das Bedürfnis nach einer Ortsveränderung im Kern den Wunsch nach Mobilität und nicht den nach Verkehr umfaßt. So werden auch die Dienstleistungen der Institution Bank nicht entsprechend der Institutionenbezeichnung Bankdienstleistungen genannt, sondern gemäß des Verrichtungsgegenstandes als Finanzdienstleistungen bezeichnet. Aus Gründen wissenschaftlichen Sprachgebrauchs soll allerdings im Rahmen dieser Arbeit weiterhin der Terminus Verkehrsdienstleistung verwendet werden.

niert werden (Prozeßorientierung) und deren Faktorenkombination mit dem Ziel einge-
setzt wird, Ortsveränderungen von Personen (oder Gütern) vorzunehmen.[20]

Eine derartige, integrierte Sichtweise trägt in geeigneter Weise dem Prozeßcharakter von
Verkehrsdienstleistungen Rechnung.[21] Dabei läßt sich der Kundenprozeß[22] vereinfacht
in die interdependenten Teilprozesse Vorreise-, Reise- und Nachreisephase unterteilen.
Die Schnittstellen zwischen den Phasen sind im öffentlichen Verkehr im Gegensatz zum
motorisierten Individualverkehr infrastrukturbedingt häufig mit Kundenproblemen be-
haftet. Für die Anbieter von Verkehrsdienstleistungen geht die mit dem Prozeßcharakter
einhergehende **Schnittstellenproblematik** jedoch über diese Zeit- und Convenience-
bleme der Kunden hinaus. Da an der Erstellung der gesamten Verkehrsdienstleistung in
der Regel auch andere Verkehrsmittel und -träger beteiligt sind, kommt der Kooperation
unter dem Primat der Verminderung kundenseitiger Schnittstellenprobleme im Sinne
einer **integrierten Reisekette** zentrale Bedeutung im Marketing für Verkehrsdienstleistungen zu.[23] Dies gilt um so mehr, als die wahrgenommene Gesamtqualität der in
Anspruch genommenen Verkehrsdienstleistung von allen Reisephasen, wenn auch in
unterschiedlicher Intensität, beeinflußt wird.[24] Die Qualitätswahrnehmung wird des
weiteren trotz des grundsätzlich eher **abstrakten, immateriellen** Leistungscharakters
von Verkehrsdienstleistungen in hohem Maße durch Sachleistungen, z. B. in Form des
Zugmaterials oder der Bahnhofsgestaltung, beeinflußt. Darüber hinaus kommt der Kunde grundsätzlich in allen Phasen der Leistungserstellung mit Personal des Anbieters in
Kontakt, was seinen Niederschlag in der subjektiv wahrgenommenen Service- und Be-
treuungsqualität findet. Verkehrsdienstleistungen verkörpern dabei zumeist eine **individualisierte** Leistung und sind daher nur ansatzweise **standardisierbar**. Die Dienstleistung wird jeweils neu erstellt und kann somit im Umfang und in der Servicequalität

---

20   Vgl. Meffert, H., Bruhn, M., Dienstleistungsmarketing: Grundlagen, Konzepte, Methoden; mit Fallbei-
       spielen, a.a.O., S. 27. In der älteren Literatur zur Verkehrsbetriebslehre finden sich gewöhnlicherweise
       Definitionsansätze, die auf Basis einer isolierten Betrachtung einzelner Dimensionen vorgenommen wur-
       den. Vgl. dazu stellvertretend Illetschko, L.L., Transportbetriebswirtschaft im Grundriss, Wien 1957, S. 8
       ff. (Potentialorientierung); Große, K.-H., Der außertarifliche Wettbewerb der Unternehmen des Personen-
       und Güterverkehrs, in: Ortlieb, H.-D. (Hrsg.), Veröffentlichungen der Akademie für Wirtschaft und Poli-
       tik Hamburg, Tübingen 1963, S. 22 (Prozeßorientierung); Diederich, H., Verkehrsbetriebslehre, Wiesba-
       den 1977, S. 30 ff. (Ergebnisorientierung).
21   Vgl. zum Prozeßcharakter von Verkehrsdienstleistungen Siefke, A., Zufriedenheit mit Dienstleistungen –
       Ein phasenorientierter Ansatz zur Operationalisierung und Erklärung der Kundenzufriedenheit im Ver-
       kehrsbereich auf empirischer Basis, a.a.O., S. 6 ff.
22   Stauss versteht unter dem Kundenprozeß den kundenseitigen Nutzungsprozeß, während der unternehme-
       rische Erstellungsprozeß als Unternehmensprozeß bezeichnet wird. Stauss, B., Kundenprozeßorientiertes
       Qualitätsmanagement im Dienstleistungsbereich, in: Preßmar, D.B. (Hrsg.), Total Quality Management
       II, Wiesbaden 1995, S. 27.
23   Vgl. Meffert, H., Backhaus, K. (Hrsg.), Allianzen bei Verkehrsdienstleistungen – Perspektiven vor dem
       Hintergrund sich ändernder Wirtschaftsbedingungen, Dokumentationspapier Nr. 112 der Wis-
       senschaftlichen Gesellschaft für Marketing und Unternehmensführung e.V., Münster 1997, S. 4.
24   Vgl. Siefke, A., Zufriedenheit mit Dienstleistungen – Ein phasenorientierter Ansatz zur Opera-
       tionalisierung und Erklärung der Kundenzufriedenheit im Verkehrsbereich auf empirischer Basis, a.a.O.

individuell verschieden sein. Diese Heterogenität erschwert für den Kunden eine ex ante Beurteilung der Verkehrsdienstleistung und erhöht sein wahrgenommenes Kaufrisiko. Dem Problem der Unsicherheit bei der Beurteilung von Leistungsangeboten, welches als wesentliches Merkmal zukunftsgerichteter Entscheidungen und damit des Nachfragerverhaltens angesehen werden kann, wird in jüngster Zeit auch im Marketing unter Bezugnahme auf Erkenntnisse der Informationsökonomie verstärkte Aufmerksamkeit gewidmet.[25] Daher soll nachfolgend auch der Untersuchungsgegenstand der Verkehrsdienstleistung einer derartigen informationsökonomischen Analyse unterzogen werden.

2.12 Informationsökonomische Einordnung von Verkehrsdienstleistungen

Entsprechend der Informationsunsicherheit bei der Beurteilung von Leistungsmerkmalen wird in der Informationsökonomie gängigerweise eine Unterscheidung von Such- bzw. Inspektions-, Erfahrungs- und Vertrauenseigenschaften vorgenommen.[26] Dabei lassen sich das Vorhandensein und die Güte von Sucheigenschaften seitens der Nachfrager bereits vor dem Kauf bzw. der Auswahl einer Leistung durch Inspektion problemlos feststellen, während die Qualität einer Erfahrungseigenschaft erst nach Nutzung der Leistung beurteilt werden kann.[27] Vertrauenseigenschaften können schließlich weder vor noch nach dem Leistungserhalt oder nur zu prohibitiv hohen Kosten vollständig begutachtet werden.[28] Im Vergleich zu zahlreichen Konsumgütern ist bei Verkehrsdienstleistungen zunächst von einem als höher einzustufenden Kaufrisiko auszugehen, wobei der Kauf einer Fahrkarte in der Annahme einer ordnungsgemäßen Erbringung der Leistung erfolgt.[29] Mit Blick auf wesentliche Merkmale von Verkehrsdienstleistungen kann allerdings konstatiert werden, daß diese in der Mehrzahl einen hohen **Erfahrungscharakter** aufweisen und somit von den Nachfragern zumindest nach Vollzug der Leistung zuverlässig zu beurteilen sind.

Dieser Zusammenhang läßt sich anhand der in Abbildung 2 dargestellten Positionierung einiger zentraler Merkmale von Verkehrsdienstleistungen im informationsökonomischen

---

25 Vgl. Tolle, E., Informationsökonomische Erkenntnisse für das Marketing bei Qualitätsunsicherheit der Konsumenten, in: Zeitschrift für betriebswirtschaftliche Forschung, 46. Jg., Heft 11, 1994, S. 926 ff.; vgl. Weiber, R., Was ist Marketing? Ein informationsökonomischer Erklärungsansatz, Weiber, R. (Hrsg.), Arbeitspapier zur Marketingtheorie Nr.1 der Universität Trier, Trier 1993, S. 38.

26 Dabei setzen sich Leistungen gewöhnlicherweise aus Eigenschaften aller drei Typen zusammen. Hinsichtlich der Beurteilbarkeit multiattributer Leistungen ist somit das Gewicht dieser Eigenschaftstypen von Bedeutung. Vgl. Kaas, K.P., Busch, A., Inspektions-, Erfahrungs- und Vertrauenseigenschaften von Produkten, in: Marketing Zeitschrift für Forschung und Praxis, 18. Jg., Heft 4, 1996, S. 244.

27 Vgl. Nelson, P., Information and Consumer Behavior, in: Journal of Experimental Psychology, Vol. 78, No. 2, 1970, S. 312.

28 Vgl. Woratschek, H., Die Typologie von Dienstleistungen aus informationsökonomischer Sicht, a.a.O., S. 62.

29 Vgl. Holzmüller, H., Nentwich, A., Ansätze zur Entwicklung eines Marketing-Informationssystems (MAIS) im Bahnbetrieb, in: Der Markt, 29. Jg., Heft 1, 1990, S. 18.

Dreieck verdeutlichen.[30] Auch wenn eine solche Einordnung lediglich als Experteneinschätzung anzusehen ist und dementsprechend nur den Versuch einer Objektivierung umfaßt[31], ist dennoch zu erkennen, daß etwa Leistungskomponenten wie die Qualität von Service und Betreuung oder das Niveau der Speisen und Getränke nach Vollzug der Dienstleistung ebenso zuverlässig und spezifizierend zu beurteilen sind wie das Ausstattungs- und Komfortniveau oder die Sauberkeit des Verkehrsmittels. Schließlich lassen sich der Reisepreis oder grundsätzlich auch die Reisezeit definitionsgemäß gar als Sucheigenschaften auffassen, so daß die Nutzenerwartungen dieser Merkmale von den Nachfragern bereits vor Antritt der Verkehrsdienstleistung konkretisierbar sind.[32] Berücksichtigt man ferner die Tatsache, daß Nachfrager von Verkehrsdienstleistungen in der Mehrzahl über ausreichend **Produkterfahrung** verfügen und somit nur selten Erstnutzer darstellen, kann vermutet werden, daß das subjektiv empfundene Kaufrisiko bei wiederholter Nutzung kontinuierlich sinkt und Verkehrsdienstleistungen damit insgesamt trotz ihrer zahlreichen Erfahrungsmerkmale ähnlich wie Suchgüter beurteilt werden.

Neben Eigenarten des Leistungstyps wird das Marketing von Verkehrsdienstleistungsunternehmen im „klassischen" Marketingdreieck ganz wesentlich von Besonderheiten des Wettbewerbs und der Nachfrage geprägt.

---

30 Die in diese Übersicht eingeflossenen Merkmale erheben nicht den Anspruch auf Vollständigkeit und sind zurückliegenden Untersuchungen im Verkehrsdienstleistungsmarkt entnommen worden. Vgl. dazu z. B. Siefke, A., Zufriedenheit mit Dienstleistungen – Ein phasenorientierter Ansatz zur Operationalisierung und Erklärung der Kundenzufriedenheit im Verkehrsbereich auf empirischer Basis, a.a.O., S. 146 ff.; Laakmann, K., Value-Added Services als Profilierungsinstrument im Wettbewerb: Analyse, Generierung und Bewertung, Frankfurt am Main u. a. 1995, S. 211 ff.; Pas, E.I., Huber, J.C., Market Segmentation Analysis of Potential Inter-City rail travelers, in: Transportation, Vol. 19, No. 2, 1992, S. 177 ff.

31 In der Literatur finden sich zuweilen Zweifel hinsichtlich der grundsätzlichen Aussagefähigkeit eines derartigen (subjektiven) Vorgehens. In diesem Zusammenhang wird vor der „Objektivität" von Experten gewarnt, da letztlich jeweils der einzelne Konsument über die Einordnung der Eigenschaften im informationsökonomischen Dreieck entscheidet. Vgl. Ford, G.T., Smith, D.B., Swasy, J.L., An Empirical Test of the Search, Experience and Credence Attributes Framework, in: Advances in Consumer Research, Vol. 15, 1988, S. 240. Kaas/Busch schwächen diese Kritik insofern ab, da „zahlreiche Beispiele für Produkteigenschaften zu finden sind, die ungeachtet aller individuellen Besonderheiten der Konsumenten gleich gut oder gleichermaßen schlecht überprüfbar sind", was sich schließlich auch in einer vergleichsweise geringen Streuung der Merkmalszuordnungen im Rahmen einer von den Autoren durchgeführten empirischen Studie bestätigt. Vgl. Kaas, K.P., Busch, A., Inspektions-, Erfahrungs- und Vertrauenseigenschaften von Produkten, a.a.O., S. 244.

32 Das Merkmal Reisezeit wird hier dennoch als „Mischform" im informationsökonomischen Dreieck eingeordnet, da die tatsächliche Reisezeit nicht selbstverständlich mit der vom Anbieter angekündigten Reisezeit übereinstimmt. So wäre etwa die einen Teilaspekt der Reisezeit darstellende „Pünktlichkeit" streng genommen als Erfahrungseigenschaft aufzufassen, da der Grad der Pünktlichkeit erst nach Nutzung eines Verkehrsmittels zweifelsfrei zu beurteilen ist. Da allerdings aus dem Grad der Pünktlichkeit einer Reise nicht immer auf die Pünktlichkeit der nächsten Reise zu schließen ist, kommt diesem Merkmal und damit letztlich auch der übergeordneten Reisezeit auch eine Art Vertrauenscharakter zu.

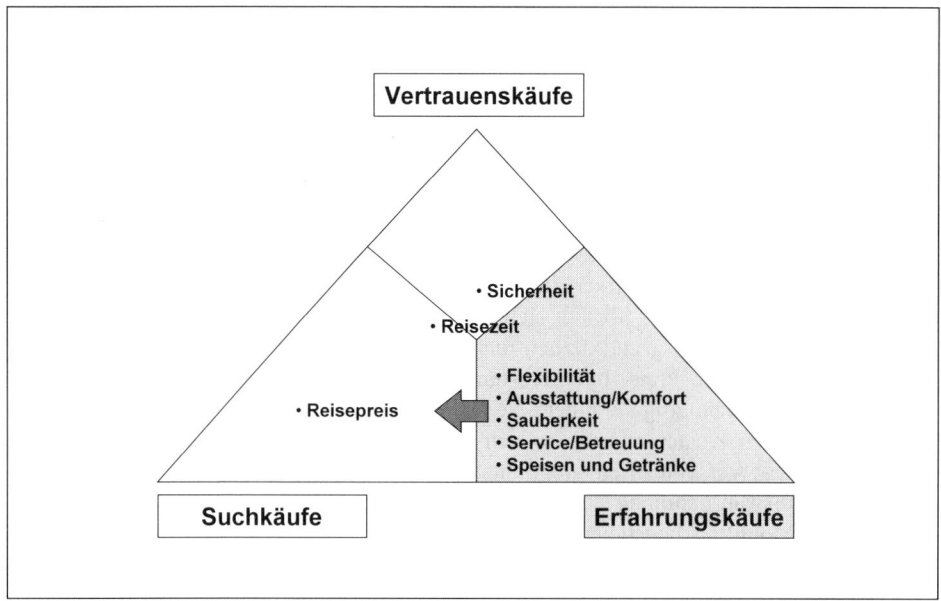

Abb. 2: Positionierung nutzenstiftender Merkmale von Verkehrsdienstleistungen im informationsökonomischen Dreieck[33]

2.2 Wettbewerbs- und Nachfragespezifika im Verkehrsdienstleistungsbereich

Die Realisierung von Komparativen Konkurrenzvorteilen (KKVs)[34] setzt spezifische Kenntnisse über die Nachfrage- und Wettbewerbssituation voraus. Der Markt für Verkehrsdienstleistungen zeichnet sich sowohl auf der Wettbewerbs- als auch auf der Nachfrageebene durch zahlreiche Eigenheiten aus, die das Streben nach Wettbewerbsvorteilen in diesem Kontext wesentlich beeinflussen und nachfolgend in ihren Grundzügen erörtert werden sollen.

Üblicherweise wird der Markt für Verkehrsdienstleistungen über den sogenannten **Modalsplit** abgebildet. Im ersten Halbjahr 1996 hatte hinsichtlich des innerdeutschen Fern-

---

33   Vgl. Perrey, J., Nutzenorientierte Marktsegmentierung. Ein integrativer Ansatz zum Zielgruppenmarketing im Verkehrsdienstleistungsbereich, Wiesbaden 1998, S. 20.

34   Vgl. Backhaus, K., Industriegütermarketing, 5. Aufl., München 1997, S. 8.

verkehrsmarktes der Pkw einen Marktanteil von 70,4 %, die Bahn von 19,5 %, der Reisebus von 4,5 %, das Flugzeug von 3,2 % und sonstige Verkehrsträger von 2,4 %.[35]

Bei näherer Betrachtung ist der Modalsplit nicht Ausdruck der Marktanteile im engeren Sinne, sondern der **Anteile** – um einen Terminus des Dienstleistungsmarketing zu verwenden – **der Potentialfaktoren** an der Erstellung von Mobilitätsdienstleistungen. Dies wird besonders deutlich am Anteil des „Marktführers Pkw", dessen Mobilitätsleistung nicht am Markt erstanden, sondern unter Verwendung eines in der Regel im privaten Besitz befindlichen Potentialfaktors (des eigenen Pkw) im Rahmen der Haushaltsproduktion selbst erstellt wird. Dieser Zusammenhang ist für das Marketing von Verkehrsdienstleistungen bedeutsam. So läßt sich beispielsweise für die Preispolitik feststellen, daß der Erwerb des Pkw grundsätzlich unabhängig von einem konkreten Mobilitätsbedürfnis erfolgt und die Preis- bzw. Kostenwahrnehmung einer selbsterstellten Mobilitätsdienstleistung nachhaltig verändert. Neben der daraus resultierenden Wahrnehmungsdominanz variabler Kosten orientieren sich Pkw-Reisende eher an Zahlungs- als an Kostengrößen. Diese verschleierten Mobilitätskosten des Pkw führen im Ergebnis zu einer reziproken Preiswahrnehmung der selbsterstellten gegenüber der relevanten am Markt eingekauften Mobilitätsdienstleistung, etwa einer Bahnreise.

Die hohe Potentialausstattung der privaten Haushalte mit einem eigenen Pkw macht den potentiellen Kunden für Anbieter von Verkehrsdienstleistungen gleichzeitig zum Hauptwettbewerber und führt im Ergebnis zu **paradoxen Wettbewerbsverhältnissen**. Diese Paradoxie beschränkt sich nicht nur auf die Substitutionskonkurrenz durch den Kunden. Wegen der Schnittstellenprobleme in der Reisekette, die aufgrund der Verkehrsinfrastruktur bei einer Pkw-Reise nicht entstehen, kommt der wettbewerbsübergreifenden Kooperation zwischen Verkehrsträgern eine entscheidende Bedeutung zu. Damit gewinnen die Beziehungen im Marketingdreieck zwischen Anbieter, Kunde und Wettbewerber an zusätzlicher Komplexität, da alle Beteiligten mehrere Rollen gleichzeitig innehaben können. So kann eine Autovermietungs- oder Fluggesellschaft einerseits Wettbewerber der Bahn, andererseits aber auch Partner bei Erstellung einer integrierten Reisekette sein. Der Kunde kann aus Sicht eines Verkehrsdienstleistungsunternehmens sogar drei Rollen einnehmen. Einerseits Kunde, andererseits Konkurrent als Pkw-Fahrer und schließlich Kooperationspartner für den Fall, daß der Kunde einen Teil der Reisekette selbst erstellt (vgl. Abbildung 3). Das Marketing muß diesem Spannungsfeld aus Kooperation und Wettbewerb – auch als Co-opetition gekennzeichnet[36] – Rechnung tragen.

---

35   Vgl. Bretthauer, I., Deutsche Bahn AG: Marketing im Personenfernverkehr, in: Meyer, A. (Hrsg.), Handbuch Dienstleistungsmarketing, Stuttgart 1998, S. 1553.

36   Vgl. Brandenburger, A., Nalebuff, B., Coopetition – kooperativ konkurrieren, Frankfurt am Main 1996.

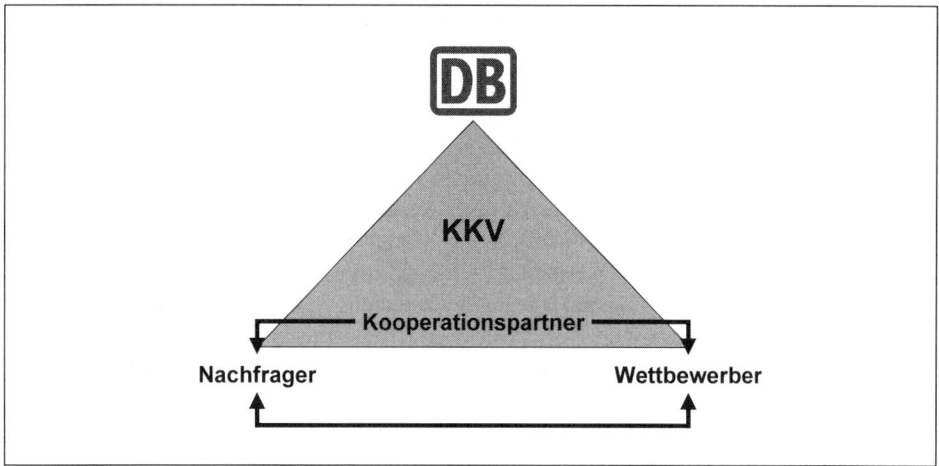

Abb. 3:   Komplexer Wettbewerb im Verkehrsdienstleistungsbereich

Aus den skizzierten komplexen Wettbewerbsverhältnissen läßt sich eine weitere Besonderheit im Markt für Verkehrsdienstleistungen ableiten. Intramodaler Wettbewerb –
wenn auch nach wie vor reguliert – herrscht nur im Flugdienstleistungsbereich. Die
Pkw-Mobilität entzieht sich als selbsterstellte Dienstleistung qua definitione einer intramodalen Konkurrenz, während beim Verkehrsträger Bahn in Form der Deutschen Bahn
AG als zumindest im Fernverkehr einzigem Anbieter von Schienenverkehrsdienstleistungen ein **intramodales Monopol** zu konstatieren ist. Dieser Umstand führt dazu,
daß die Marktleistung der Deutschen Bahn AG für den Kunden nicht intramodal vergleichbar ist, und sich somit Urteile über die relative Vorteilsposition der Bahn immer
aus einer Konfrontierung mit anderen Verkehrsträgern in deren jeweiligem Kontext
ergeben. Es ist damit für das Marketing der Deutschen Bahn AG eine besondere Herausforderung, eine komparative Vorteilsstellung in den Köpfen der Konsumenten zu verankern, da der Kunde nicht den Vergleich mit anderen Bahnunternehmen, sondern lediglich mit der selbsterstellten Leistung oder mit anderen Anbietern von Mobilitätsdienstleistungen erbringen kann, die ihre Dienstleistung auf Basis einer alternativen Faktorkom-
bination anbieten.

Dieser Umstand, der seine Ursache vor allem in einer heterogenen **Verkehrsinfrastruktur** hat, führt auch zu unterschiedlichen, reisebezogenen und somit situativen Wettbe-
werbspositionen der Verkehrsträger. So kommen beispielhaft die Stärken der Bahn hinsichtlich Komfort und insbesondere Reisezeit gegenüber dem Flug besonders deutlich
auf Entfernungen von 100 km bis 500 km zum Tragen, während bei Entfernungen über
600 km die Bahn gegenüber dem Flug deutlich an Attraktivität einbüßt.[37]

---

37   Vgl. Bretthauer, I., Deutsche Bahn AG: Marketing im Personenfernverkehr, a.a.O., S. 1554.

Neben der Reisestrecke nimmt der **Reiseanlaß** im Verkehrsdienstleistungsbereich eine bedeutende Position als situatives Merkmal der Nachfrage ein.[38] Begrifflich werden in diesem Zusammenhang die Termini Reiseanlaß, Reisezweck[39] und Reisemotiv[40] oftmals synonym verwendet. Hinsichtlich der verwendeten Kategorien des Merkmals Reiseanlaß lassen sich unterschiedliche Strukturierungen vornehmen. Auf einer grundlegenden Ebene kann dabei zwischen Reisen, die aus geschäftlichen oder nicht geschäftlichen Anlässen durchgeführt werden, unterschieden werden. Diese Differenzierung nach der bezahlenden Stelle (Firmenbudget oder privates Budget) hat sich in der Praxis trotz einer mitunter zu beobachtenden Vermischung beider Motive als tauglich erwiesen.[41] Über diese grobe Unterscheidung hinaus werden auch feinere Einteilungen verwendet.[42] Dabei lassen sich etwa die privaten Reisezwecke in Urlaubsreisen, Besuchsreisen und sonstige Privatreisen untergliedern, während die Geschäftsreisen auch in Geschäftsterminreisen, „Incentive-Reisen" oder Kongreßreisen aufgeteilt werden können. Schließlich werden gelegentlich auch Pendlerreisen separat betrachtet. Obgleich dem Reiseanlaß keine unmittelbare Kaufverhaltensrelevanz zuzubilligen ist, kommt ihm als intervenierende Variable der situativen Verkehrsmittelwahl eine wichtige Rolle im Marketing für Verkehrsdienstleistungen zu.

2.3   Marketing im Personenfernverkehr der Deutschen Bahn AG im Kontext verkehrsdienstleistungsspezifischer Besonderheiten

Der Bahn haftet auch einige Jahre nach der am 1. Januar 1994 in Kraft getretenen ersten Stufe der Bahnreform, mit der hoheitliche von unternehmerischen Aufgaben im Eisenbahnsektor getrennt wurden und die Deutsche Bahn AG als Träger der unternehmerischen Aufgaben gegründet wurde[43], vielerorts das Image eines bürokratischen Staatsbetriebes an. Zwar hat – wie das kontinuierliche Berichtssystem der Bahn belegt – das

---

38   Vgl. Freyer, W., Tourismus-Marketing. Marktorientiertes Management im Mikro- und Makrobereich der Tourismuswirtschaft, München u. a. 1997, S. 4; Pompl, W., Luftverkehr: Eine ökonomische Einführung, 2. Aufl., Berlin u. a. 1991, S. 85 ff.; Firner, H., Köster, J., Das Wachstum des Personenfernverkehrsmarktes, in: Die Bundesbahn, 65. Jg., Heft 12, 1989, S. 1037; Schörcher, U., Marketing im Luftverkehr, in: Haedrich, G. et al. (Hrsg.), Tourismus-Management: Tourismus-Marketing und Fremdenverkehrsplanung, Berlin, New York 1983, S. 133 f.; Wilken, D., Kriterien der Verkehrsmittelwahl im Personenverkehr und ihre Bedeutung in Verkehrsnachfragemodellen, in: Internationales Verkehrswesen, 26. Jg., Heft 1, 1974, S. 5.

39   Vgl. Firner, H., Köster, J., Das Wachstum des Personenfernverkehrsmarktes, a.a.O., S. 1037.

40   Vgl. Freyer, W., Tourismus-Marketing. Marktorientiertes Management im Mikro- und Makrobereich der Tourismuswirtschaft, a.a.O., S. 4.

41   Vgl. Schörcher, U., Marketing im Luftverkehr, a.a.O., S. 133.

42   Vgl. stellvertretend Pompl, W., Luftverkehr: Eine ökonomische Einführung, a.a.O., S. 86.

43   Vgl. Wissenschaftlicher Beirat beim Bundesminister für Verkehr, Bahnstrukturreform in Deutschland – Empfehlungen zur weiteren Entwicklung – in: Internationales Verkehrswesen, 49. Jg., 1997, Heft 12, S. 626; Schneider, J., Die Privatisierung der Deutschen Bundes- und Reichsbahn, Wiesbaden 1996.

Unternehmen aus Kundensicht in der Vergangenheit nachweislich Fortschritte in Richtung eines kundenorientierten Serviceunternehmens gemacht[44], dennoch ist ein weiterer Aufholbedarf in der Imagewahrnehmung nicht nur gegenüber den Kunden, sondern auch den relevanten Anspruchsgruppen zu konstatieren.

Neben den **kundengerichteten Zielsegmenten** und den im Kontext der Bahn als öffentlichem Unternehmen besonders wichtigen **Anspruchsgruppen** kommt aufgrund der beschriebenen Schnittstellenproblematik in der Reisekette dem Kooperationsmarketing eine herausragende Bedeutung im Marketing der Deutschen Bahn AG zu. Im Mittelpunkt steht dabei einerseits die intermodale Zusammenarbeit mit anderen Verkehrsträgern zur Erbringung der Grundleistung sowie andererseits die Kooperation mit weiteren Dienstleistern in der Reisekette, die beispielsweise Serviceleistungen im Catering erbringen. Der besondere Stellenwert des **Kooperationsmarketing** liegt nicht zuletzt in der Tatsache begründet, daß die wahrgenommene Qualität der von der Deutschen Bahn AG erbrachten Dienstleistung nicht nur von ihr selbst abhängt, sondern Ergebnis eines komplexen Zusammenwirkens aller in den Kundenprozeß involvierten Dienstleistungsanbieter ist.

Ähnliche Abstimmungserfordernisse sind zwischen dem Marketing der Absatzmittler, etwa den Reisebüros, und dem endverbrauchergerichteten Marketing der Deutschen Bahn AG zu konstatieren. Hier gilt es, durch ein integriertes **vertikales Marketing** einen einheitlichen Marktauftritt sicherzustellen. Nicht zuletzt besitzt das **interne Marketing** im Dienstleistungsbereich – insbesondere für einen ehemaligen Staatsbetrieb – zentrale Bedeutung. In diesem Rahmen ist durch gezieltes Einwirken auf die Mitarbeiter die Interaktion zwischen Kunde und Mitarbeiter der Deutschen Bahn AG im Sinne eines nachfrageorientierten Marktauftritts zu optimieren. Das komplexe Marketingsystem im Fernverkehr der Deutschen Bahn AG mit seinen vielfältigen Adressaten ist in Abbildung 4 überblicksartig dargestellt.

Der in Abbildung 4 zum Ausdruck gebrachte Einfluß der Anspruchsgruppen auf das Marketing der Deutschen Bahn AG, der sich beispielhaft in der Aufrechterhaltung sozialer Elemente im Preissystem oder der Bedienung nicht lukrativer Relationen niederschlägt[45], ist nicht zuletzt auf das Gewicht der öffentlichen Hand als Eigentümer der Deutschen Bahn AG zurückzuführen. Die Rolle des öffentlichen Eigentümers spiegelt sich auch in den vielschichtigen Zielsetzungen der Deutschen Bahn AG wider, die als Basis des strategischen Marketing nachfolgend detaillierter erörtert werden sollen.

---

44 Vgl. Deutsche Bahn AG (Hrsg.), Kontinuierliches Berichtssystem zum Image und Leistungsprofil der Deutschen Bahn AG, Jahresbericht 1997, Frankfurt am Main 1998.

45 Vgl. die Reaktion auf die zum Winterfahrplan 1998/99 angekündigten Streckenstillegungen im Fernverkehr sowie die Reaktion der überwiegenden Zahl der politisch Verantwortlichen in den Ländern. Exemplarisch dazu: o.V., Bahn will zahlreiche Züge streichen in: Süddeutsche Zeitung vom 14. Juli 1998, S. 1 und Roth, W., Bahn auf Abwegen, in: Süddeutsche Zeitung vom 16. Juli 1998, S. 4.

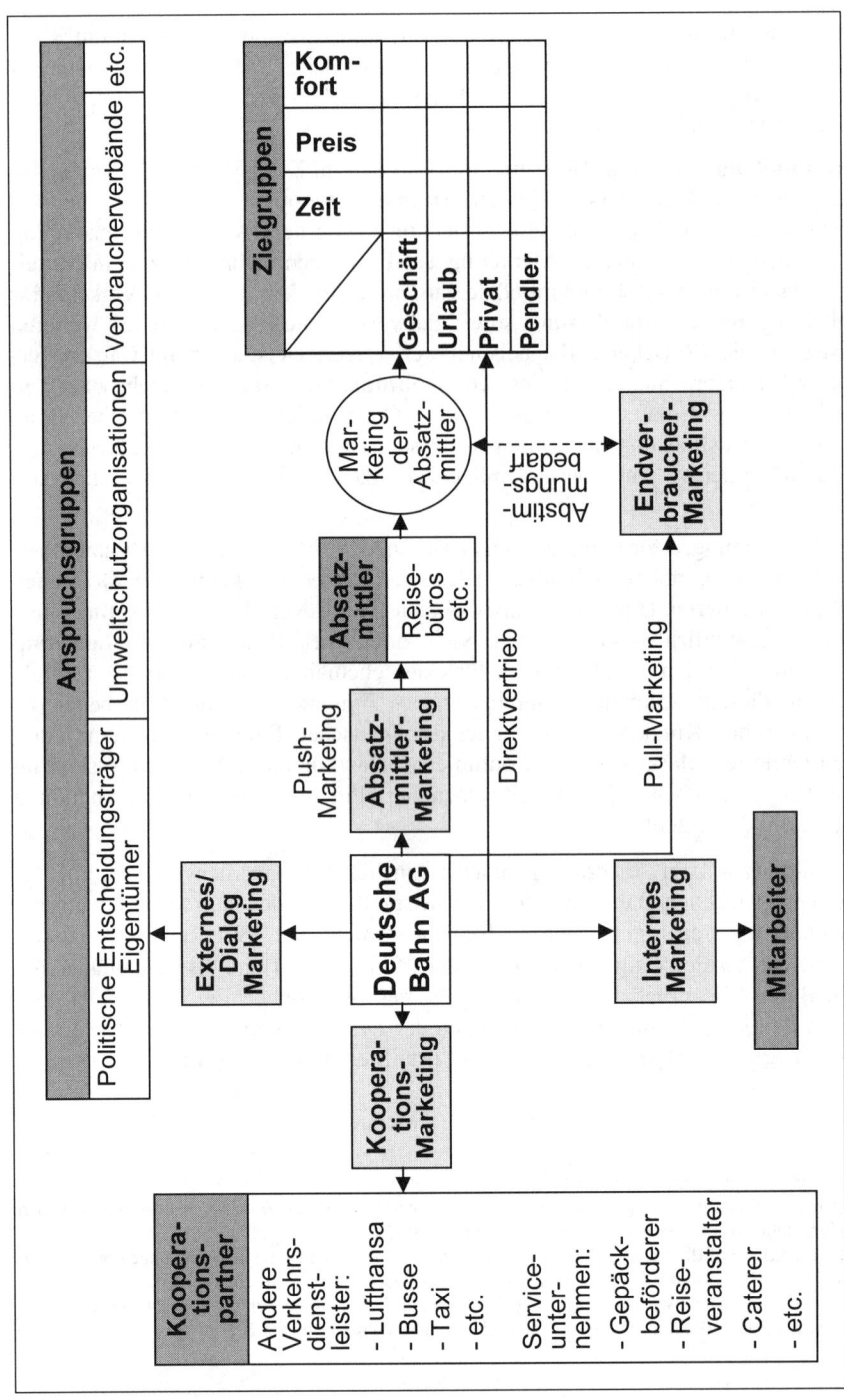

Abb. 4: Marketingsystem der Deutschen Bahn AG

3. Besonderheiten im strategischen Marketing von Verkehrsdienstleistungsunternehmen

3.1 Zielsystem von Verkehrsdienstleistungsunternehmen als Ausgangspunkt des strategischen Marketing

Die Formulierung eines langfristig ausgerichteten Zielsystems ist wesentlicher Bestandteil der Marketingkonzeption[46], da Ziele insbesondere im Hinblick auf das strategische Marketing kanalisierenden Charakter haben.

Obgleich die klassische Gewinn**maximierung**shypothese nicht aufrechterhalten werden kann, ist zumindest ein **angemessener Gewinn** auch im Verkehrsdienstleistungsbereich das zentrale ökonomische Ziel unternehmerischen Handelns. Bahnspezifisch muß dieses Ziel eines angemessenen Gewinns weiter modifiziert bzw. angepaßt werden. Für den Bund als Eigentümer der Deutschen Bahn AG ist aus umwelt- und verkehrspolitischen Gründen ein **Mehr an Verkehr auf der Schiene** unter Vermeidung betriebswirtschaftlicher Verluste die Synthese aus politischer Gemeinwohlorientierung und betriebswirtschaftlicher Notwendigkeit. Insofern werden vom Eigentümer der Bahn eher Wachstumsziele im Mengen- als im Wertgerüst eines (positiven) Deckungsbeitrages erwartet.[47] Da sich das Mengenwachstum letztlich im Marktanteil (Modalsplit) niederschlägt, rückt dieser als typisches Marktstellungsziel in das Zentrum unternehmerischer Zielsetzungen der Deutschen Bahn AG.

Der Marktanteil beeinflußt im Verkehrsdienstleistungsbereich über den Hebel der **Potentialauslastung** dabei auch ganz wesentlich die Gewinn- und Rentabilitätsziele.[48] Schwach ausgelastete Kapazitäten führen zu einem unproduktiven Einsatz beschränkter Ressourcen, während überausgelastete Kapazitäten im Personenverkehr einen nicht unerheblichen negativen Einfluß auf die wahrgenommene Dienstleistungsqualität der Kunden ausüben können.[49] Analytisch lassen sich zwei Strategien zur Harmonisierung von Nachfrage und Angebot unterscheiden. Einerseits besteht unter der Annahme einer zeitinflexiblen Nachfrage der aktuellen Nutzer die Möglichkeit, die Kapazität an die aktuelle Spitzennachfrage anzupassen und die Nachfragelücke der auslastungsschwächeren Zeiten über eine Forcierung der Nachfrage zu schließen (**bedingte Wachstumsstrategie**).[50] Die Verfolgung einer bedingten Wachstumsstrategie setzt voraus, daß ein hinreichend großes Absatzpotential für die auslastungsschwachen Zeiten im Markt existiert

---

46 Meffert, H., Marketing. Grundlagen marktorientierter Unternehmensführung, a.a.O., S. 67.

47 Vgl. Schneider, J., Die Privatisierung der Deutschen Bundes- und Reichsbahn, a.a.O., S. 39.

48 Vgl. Simon, H., Preismanagement. Analyse – Strategie – Umsetzung, 2. Aufl., Wiesbaden 1992, S. 568.

49 Vgl. Siefke, A., Zufriedenheit mit Dienstleistungen – Ein phasenorientierter Ansatz zur Operationalisierung und Erklärung der Kundenzufriedenheit im Verkehrsbereich auf empirischer Basis, a.a.O., S. 234.

50 Für diese Nachfragesteigerung bietet sich auf der einen Seite die Gewinnung zusätzlicher Nachfrage von aktuellen Nutzern (Intensivierung) oder von bisherigen Nicht-Nutzern (Extensivierung) an.

und ausgeschöpft werden kann. Ist dieses Erfordernis nicht erfüllt, bietet es sich unter der Annahme eines zeitflexiblen Absatzvolumens andererseits an, die Nachfrage über die Zeit gleichmäßiger zu verteilen, um so die Spitzenlast und damit den Kapazitätsbedarf abzubauen (**Flexibilisierungsstrategie**).

Für die angestrebte hohe Potentialauslastung ist neben der Neukundengewinnung die Kundenbindung ein wesentlicher Faktor. Nicht nur aus diesem Grund nehmen **psychographische Ziele** eine zentrale Position im Zielbündel von Verkehrsdienstleistungsunternehmen ein.[51] Das durch den Charakter von Verkehrsdienstleistungen induzierte tendenziell höhere Kaufrisiko des Kunden impliziert die besondere Bedeutung von psychographischen Zielen im Verkehrsdienstleistungsmarketing. Psychographische Marketingziele nehmen dabei Bezug auf mentale Prozesse der Käufer und sind auf kognitive, affektive und konative Reaktionen von Individuen gerichtet.[52] Wichtige psychographische Ziele sind etwa die Erhöhung des Bekanntheitsgrades, Imageverbesserungen und eine hohe **Kundenzufriedenheit**.

Dabei ist die **Bekanntheit** der Bahn wohl kaum zu erhöhen, auch wenn die mit der Bahnreform einhergehende Namensänderung von Deutsche Bundesbahn zur Deutschen Bahn AG noch nicht generelle Verbreitung gefunden hat. Hinsichtlich des **Images** der Deutschen Bahn AG sind ungeachtet eines weiteren Aufholbedarfes seit der Privatisierung deutliche Verbesserungen zu konstatieren. Nimmt man die allgemeine Beurteilung der Deutschen Bahn AG auf einer Schulnoten-Skala vereinfachend als Maßstab für das Image des Unternehmens, so wurde das Unternehmen im von infas erhobenen kontinuierlichen Berichtssystem der Bahn 1994 und 1995 noch mit 3,1, 1996 mit 3,0 und 1997 bereits mit 2,8 bewertet. Die seit 1996 auch für Nah- und Fernverkehr getrennt erhobene Bewertung weist für den Fernverkehr sogar einen besseren Wert mit 2,6 für 1997 aus.[53]

Bei der Messung von **Kundenzufriedenheit** im Verkehrsdienstleistungsbereich sind der Episodencharakter des Dienstleistungskonsums und die damit einhergehende Dynamik der Zufriedenheitsbildung zu berücksichtigen. Dazu ist es erforderlich, hinsichtlich der Zufriedenheit mit einer Verkehrsdienstleistung, beispielsweise einer Bahnreise, zwischen den einzelnen Phasen einer Verkehrsdienstleistung (z. B. Vorreise- und Reisephase) zu differenzieren. In einer empirischen Untersuchung der Forschungsstelle Bahnmarketing zur Zufriedenheit mit Bahnreisen konnte nachgewiesen werden, daß zwischen den Phasen einer Verkehrsdienstleistung, beispielhaft zwischen der Freundlichkeit an der Fahrkartenausgabe in der Vorreisephase und der Zufriedenheit mit der Reisephase, **dynamische Effekte** der Kundenzufriedenheit zu beobachten sind.[54]

51 Vgl. Siefke, A., Zufriedenheit mit Dienstleistungen – Ein phasenorientierter Ansatz zur Operationalisierung und Erklärung der Kundenzufriedenheit im Verkehrsbereich auf empirischer Basis, a.a.O., S. 4.

52 Vgl. Meffert, H., Bruhn, M., Dienstleistungsmarketing: Grundlagen, Konzepte, Methoden; mit Fallbeispielen, a.a.O., S. 143.

53 Vgl. Deutsche Bahn AG (Hrsg.), Kontinuierliches Berichtssystem zum Image und Leistungsprofil der Deutschen Bahn AG, Jahresbericht 1997, Frankfurt am Main 1998, S. 1.

54 Vgl. dazu den Beitrag von Siefke in diesem Band.

Für erfolgreiches Marketing im Verkehrsdienstleistungsbereich nehmen neben psycho-graphischen auch mitarbeitergerichtete Ziele, wie z. B. die Erhöhung der Mitarbeiter-zufriedenheit, eine wichtige Rolle ein. Diese Tatsache ergibt sich aus der leistungs-typischen Interaktion zwischen Kunde und Mitarbeiter, die vordergründig für die wahr-genommene Qualität der Dienstleistung von besonderer Bedeutung ist.

Ungeachtet einer seit der Umwandlung in eine Aktiengesellschaft erfolgten Fokus-sierung auf typische unternehmerische Gewinnziele sieht sich die Deutsche Bahn AG nach wie vor **auch außerökonomischen Zielsetzungen**, vor allem sozialer und ökologi-scher Natur, verpflichtet. Obgleich mit der Privatisierung die ökonomische Restriktion im Sinne eines „Primates der schwarzen Null" explizit gestärkt wurde, bewegt sich das Marketing der Deutschen Bahn AG somit im Spannungsfeld ökonomischer und au-ßerökonomischer Zielsetzungen.

3.2 Markt- und Zielgruppenabgrenzung als Basis des strategischen Marketing von Verkehrsdienstleistungsunternehmen

Grundlage einer Wettbewerbsprofilierung im Verkehrsdienstleistungsbereich stellt glei-chermaßen eine sorgfältige Analyse der **Determinanten der Verkehrsmittelwahl** wie eine Beurteilung der Dienstleistung durch die aktuellen und potentiellen Konsumenten dar. Die Kenntnis der Bedürfnisse von Reisenden und deren Anforderungen an die offe-rierte Leistung sind dabei zentrale Voraussetzungen für eine zielgruppengerechte und damit an den differenzierten Konsumentenwünschen orientierte Ausrichtung eines Ver-kehrsunternehmens. Ein wichtiger Bestandteil dieser notwendigen Zielgruppenorientie-rung ist die **Marktsegmentierung**, deren Aufgabe darin besteht, den relevanten Markt in intern möglichst homogene und untereinander heterogene Teilmärkte aufzuteilen, um so die Informationsbasis für eine erfolgreiche Ansprache der Zielgruppen und entsprechen-de Ausgestaltung der Marketinginstrumente zu schaffen. Die Marktsegmentierung um-faßt dementsprechend nicht allein den Prozeß der Marktaufteilung, sondern darüber hinaus die gezielte Bearbeitung von Nachfragergruppen mit Hilfe segmentspezifischer Marketingprogramme und stellt somit ein **integriertes Konzept der Markterfassung und Marktbearbeitung** dar.

Zur Aufteilung eines Gesamtmarktes in bezüglich seiner Marktreaktion intern homogene und extern heterogene Marktsegmente bedarf es der Auswahl geeigneter **Segmentie-rungskriterien**, die eine sinnvolle Abgrenzung, Beschreibung sowie Bearbeitung von Marktsegmenten ermöglichen. Zur Erfüllung dieser Aufgabe ist es eigentlich notwendig, die Marktsegmente derart zu bilden, daß die Konsumenten innerhalb eines Segmentes gleiche oder zumindest ähnliche Reaktionen auf den Einsatz der Marketinginstrumente aufweisen. Die Erhebung solcher Marketing-Mix bezogener Reaktionskoeffizienten stellt sich jedoch als sehr problematisch dar. Daher wird auf geeignete Ersatzkriterien zurückgegriffen, die leichter erfaßbar sind und anhand derer die Konsumenten zu Markt-segmenten zusammengefaßt werden können. An solche Kriterien der Markterfassung sind allerdings verschiedene Anforderungen zu stellen, welche einerseits die Zweckmäßigkeit der Marktaufteilung gewährleisten und andererseits eine situationsspezifische Eingrenzung der Vielzahl möglicher Segmentierungskriterien erlauben. Grundsätzlich sollten die Segmentierungskriterien dabei den **Anforderungen** der Kaufverhaltensrelevanz, Operationalität, Erreichbarkeit bzw. Zugänglichkeit, Handlungsfähigkeit, Wirtschaftlichkeit sowie zeitlichen Stabilität genügen.[55]

Die Vielzahl der in Theorie und Praxis entwickelten und zumeist empirisch getesteten bzw. angewandten Segmentierungskriterien lassen sich nach unterschiedlichen Gesichtspunkten zu **Kriteriengruppen** zusammenfassen[56]. Eine geeignete Systematisierung stellt eine Unterscheidung in geographische, soziodemographische, psychographische und verhaltensorientierte Kriterien der Marktsegmentierung dar. Abbildung 5 enthält eine synoptische Darstellung der verschiedenen Kriterien und deren möglichen Ausprägungen bei einer Segmentierung im Verkehrsdienstleistungsbereich.

Bei der **geographischen Marktsegmentierung** läßt sich zwischen makro- und mikrogeographischen Ansätzen unterscheiden. Im Rahmen einer makrogeographischen Segmentierung erfolgt im wesentlichen eine Aufteilung des Marktes nach Verwaltungseinheiten also Kriterien wie Bundesländer, Landkreise, Städte oder Gemeinden. Zur Segmentierung im Markt für Verkehrsdienstleistungen sind zusätzlich der Systemzugang (z. B. die Entfernung zum Bahnhof oder Flughafen) sowie Streckenverbindungs- bzw. Relationsdaten (z. B. Strecke Köln-Hamburg) von Bedeutung. Der Vorteil der makrogeographischen Segmentierung ist in der zumeist sekundärstatistischen und damit vergleichsweise einfachen und kostengünstigen Datenbeschaffung zu sehen. Dagegen stellt sie jedoch nur indirekte bzw. grobe Bezüge zum Kaufverhalten homogener Konsumentensegmente her. Im Verkehrsdienstleistungsbereich bietet sich diese Segmentierungsform somit allenfalls in Kombination mit anderen Kriterien an. So läßt sich beispielsweise mit Hilfe geographischer sowie verhaltensorientierter und unter zusätzlicher Berücksichtigung ausgewählter angebotsbezogener Merkmale (z. B. ökonomische Größen wie Deckungsbeiträge) eine Strecken- bzw. Relationstypologie ableiten, die Informationen hinsichtlich der ökonomischen Vorteilhaftigkeit spezifischer Streckenverbindungen gibt. Der mikrogeographischen Segmentierung ist aufgrund der aufwendigen Datenbeschaffung und den damit einhergehenden hohen Kosten kaum eine Bedeutung im Verkehrsdienstleistungsbereich beizumessen.

---

55   Vgl. Freter, H., Marktsegmentierung, Stuttgart u. a. 1983, S. 43 f.
56   Vgl. dazu u. a. die Übersichten in Freter, H., Marktsegmentierung, a.a.O., S. 46; Stegmüller, B., Internationale Marktsegmentierung als Grundlage für internationale Marketing-Konzeptionen, Bergisch-Gladbach, Köln 1995, S. 164; Meffert, Marketing. Grundlagen marktorientierter Unternehmensführung, a.a.O., S. 180.

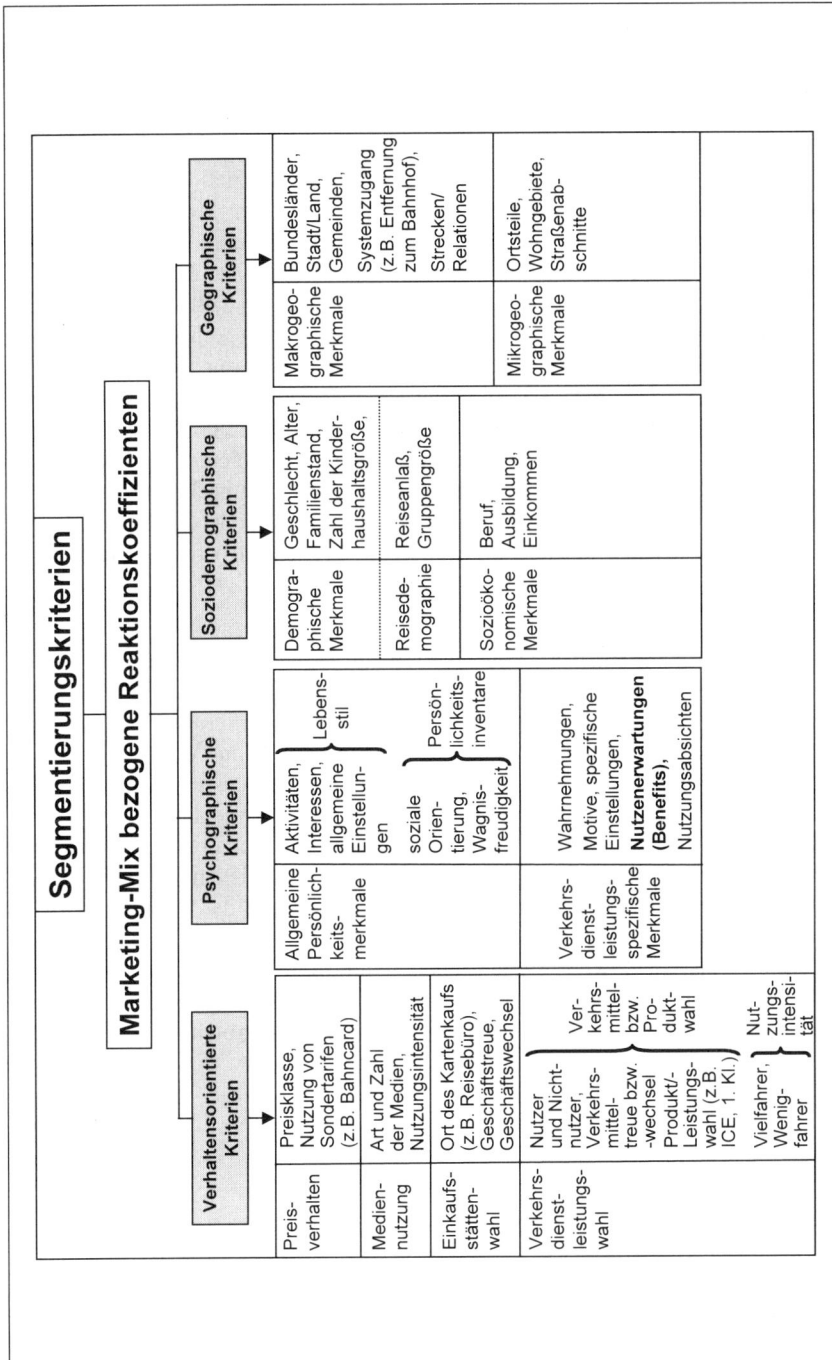

Abb. 5: Kriterien der Marktsegmentierung im Verkehrsdienstleistungsbereich

Die **soziodemographischen Segmentierungskriterien** stellen im Markt für Verkehrs-dienstleistungen die nach wie vor am häufigsten zur Bildung von Zielsegmenten ver-wendeten Kriterien dar. Hier läßt sich zwischen demographischen- bzw. reisedemogra-phischen und sozioökonomischen Merkmalen differenzieren. Häufig verwendete Kriteri-en sind z. B. der Reiseanlaß oder das Alter der Fahrgäste, die beispielsweise zu Eintei-lungen in Geschäfts-, Privat- und Urlaubsreisende bzw. zu speziellen Angeboten für Junioren (bis 23 Jahre) und Senioren (ab 60 Jahre) führen.[57] Dem primären Vorteil der soziodemographischen Marktsegmentierungskriterien, ihrer leichten Erfaß- und Meß-barkeit, steht mit der relativ geringen prognostischen Relevanz für das Kaufverhalten der wesentliche Nachteil gegenüber. Aktuelle Untersuchungen zeigen, daß selbst der bislang zumeist den Ausgangspunkt einer Marktsegmentierung im Verkehrsdienstleistungs-bereich darstellende **Reiseanlaß** nur einen eingeschränkten Beitrag zur Identifikation von Kaufverhaltensunterschieden zu leisten vermag.[58] Insgesamt weisen allein auf Basis soziodemographischer Kriterien entstandene Segmentlösungen („klassische Marktseg-mentierung") eine stark angebotsgeprägte Perspektive auf und bieten damit eine ver-gleichsweise geringe Aussagefähigkeit für den Einsatz des Marketing-Instrumentariums. Aufgrund der hohen Kaufverhaltensrelevanz sind daher zur Bildung der Segmente be-sonders die psychographischen und in Ansätzen auch die verhaltensorientierten Merk-male von Bedeutung („moderne Marktsegmentierung").

Die **verhaltensorientierten Kriterien** stellen das Ergebnis von Kaufentscheidungspro-zessen dar und werden damit einerseits von weiteren zur Segmentierung herangezogenen Variablen erklärt (z. B. von psychographischen oder soziodemographischen Merkma-len), können aber andererseits als eigenständige Segmentierungskriterien dienen, um auf zukünftiges Kaufverhalten zu schließen. Zur Segmentierung im Verkehrsdienstlei-stungsbereich bieten insbesondere die Kriterien der Verkehrsdienstleistungswahl An-satzpunkte. Verkehrsmittelübergreifend läßt sich z. B. eine Segmentierung in Nutzer bzw. Nichtnutzer spezifischer Verkehrsmittel vornehmen. Die Nutzungsintensität bietet zudem hilfreiche Hinweise hinsichtlich der wirtschaftlichen Relevanz der ermittelten Zielsegmente. Da verhaltensorientierte Kriterien allerdings nicht die Ursachen für das Wahlverhalten der Konsumenten offenlegen können – sondern dieses lediglich im Sinne einer Deskription erfassen –, weisen auch solche Merkmale nur eine eingeschränkte Aussagekraft zur Bestimmung homogener Käufersegmente auf und lassen sich daher vorwiegend als „passive" und damit **segmentbeschreibende Variablen** einsetzen.[59]

---

57   Vgl. Firner, H., Köster, J., Das Wachstum des Personenfernverkehrsmarktes, a.a.O., S. 1037 ff.
58   Vgl. Laakmann, K., Value-Added Services als Profilierungsinstrument im Wettbewerb: Analyse, Gene-rierung und Bewertung, a.a.O., S. 226 ff.
59   Vgl. Scharf, A., Döring, M., Jellinek, J.S., Bildung von Konsumententypen zur Erklärung des Marken-wahlverhaltens bei Parfüm/Duftwasser, in: Planung und Analyse, 23. Jg., Heft 3, 1996, S. 62.

Bei der **psychographischen Marktsegmentierung** werden schließlich nicht beobachtbare hypothetische Konstrukte des Käuferverhaltens zur Segmentbildung herangezogen. Dabei läßt sich eine Differenzierung dieser Segmentierungskriterien in allgemeine Persönlichkeitsmerkmale sowie produktspezifische Merkmale vornehmen. Im Rahmen der Segmentierung auf Basis von Persönlichkeitsmerkmalen haben seit Mitte der 80er Jahre besonders die sogenannten Lebensstil-Segmentierungen (oft auch als „Life-Style-Typologien" bezeichnet) an Bedeutung gewonnen.[60] Die eine Kombination typischer Verhaltensmuster abbildenden Lebensstil-Typologien eignen sich allerdings vornehmlich in solchen Produktbereichen, in denen ein hohes Involvement der Konsumenten unterstellt werden kann wie etwa bei Uhren, Schmuck oder Autos und sind daher nur bedingt zur Marktsegmentierung im Verkehrsdienstleistungsbereich verwendbar.[61] Stärker als allgemeine Persönlichkeitsmerkmale sind produktspezifische psychographische Variablen mit dem Wahlverhalten der Konsumenten verbunden. Dabei lassen sich zur Segmentbildung neben Einstellungen insbesondere Merkmale wie Motive oder Wahrnehmungen einsetzen. Solche Kriterien weisen allerdings zahlreiche Nachteile auf, die insbesondere in Operationalisierungs- und Meßproblemen zu sehen sind. Zwar herrscht weitestgehend Einigkeit darüber, daß ein kausaler Zusammenhang zwischen diesen Merkmalen und dem Wahlverhalten der Konsumenten besteht, über die Stärke dieses Zusammenhangs bestehen allerdings keine eindeutigen Erkenntnisse, so daß der Erklärungsbeitrag derartiger Merkmale für das tatsächliche Konsumentenverhalten allenfalls als durchschnittlich zu bezeichnen ist.[62]

Im Gegensatz dazu wird der mit einer bestimmten Leistung verbundene und vom Kunden wahrgenommene Nutzen als zentrales Kriterium der Kaufentscheidung angesehen.[63] Aus diesem Grund stellt die Marktsegmentierung auf Basis von Nutzenvorstellungen (bzw. Nutzenerwartungen) einen der in jüngster Zeit am häufigsten verwendeten Segmentierungsansätze im Marketing dar.[64] Aufgrund der hohen Kaufverhaltensrelevanz weisen **Nutzensegmentierungen** eine unbestritten große Aussagekraft für den zielgruppenspezifischen Einsatz des Marketing-Instrumentariums im Verkehrsdienstleistungsbereich auf. Ungeachtet der hohen Verhaltensrelevanz nutzenorientierter Zielgruppenlösungen erweist sich jedoch die mangelnde **Zugänglichkeit** der auf diese Weise identifizierten Nachfragersegmente als ein zentrales Problem eines derartigen Segmentierungsvorgehens. Die Zugänglichkeit von Zielgruppenlösungen läßt sich allerdings als

---

60 Vgl. Meffert, H., Marketing. Grundlagen marktorientierter Unternehmensführung, a.a.O., S. 191 ff.

61 Die Life-Style-Typologien wurden dennoch auch im Verkehrsdienstleistungsbereich zuweilen angewendet. Vgl. Sinus-Institut, Zielgruppenforschung für die Deutsche Bundesbahn, unveröffentlichte Studie im Auftrag der Deutschen Bundesbahn, Heidelberg 1992.

62 Vgl. Mühlbacher, H., Botschen, G., Benefit-Segmentierung von Dienstleistungsmärkten, in: Marketing Zeitschrift für Forschung und Praxis, 12. Jg., Heft 3, 1990, S. 160.

63 Vgl. Weinstein, A., Market Segmentation. Using Demographics, Psychographics an Other Niche Marketing Techniques to Predict and Model Customer Behavior, 2. Aufl., Chicago, Ill. 1994, S. 124.

64 Vgl. Gutsche, J., Produktpräferenzanalyse. Ein modelltheoretisches und methodisches Konzept zur Marktsimulation mittels Präferenzerfassungsmodellen, Berlin 1995, S. 227.

eine aus Bearbeitungsgesichtspunkten erforderliche, komplementäre Anforderung an die Durchführung einer Marktsegmentierung interpretieren. So müssen die ermittelten Zielsegmente zu Zwecken einer zieladäquaten Marktbearbeitung einerseits eine hohe prognostische Relevanz für das Wahlverhalten der Nachfrager und eine damit einhergehende Aussagefähigkeit für die Ausgestaltung des Marketing-Instrumentariums aufweisen sowie andererseits für zielgruppenspezifische Maßnahmen des Anbieters erreichbar sein. Das einen hohen Gestaltungsbezug aufweisende Nutzenkonstrukt ist zu Segmentierungszwecken folglich durch eine Zugänglichkeitsdimension im Sinne eines Ausrichtungsbezugs der Bearbeitung zu ergänzen.

Diesem Gedanken eines anforderungsübergreifenden, **integrativen Segmentierungsansatzes im Verkehrsdienstleistungsbereich** kann insbesondere durch die Einbeziehung eines situativen Merkmals Rechnung getragen werden, welches ein komplexes Untersuchungsfeld zu strukturieren und auf diese Weise die unterschiedlichen Ausprägungen der zugänglichkeitssteuernden Merkmale auf die Unterschiede der Auswahlsituation zurückzuführen vermag.[65] Im Verkehrsdienstleistungsbereich bietet sich zu diesem Zweck die Integration des situativen Merkmals **Reiseanlaß** an. So kann etwa derselbe Kunde situationsbedingt verschiedene Verkehrsmittel (z. B. geschäftlich das Flugzeug und privat die Bahn) wählen, so daß die einer Auswahlentscheidung zugrunde gelegten Merkmale von Verkehrsdienstleistungen möglicherweise konstellationsspezifisch variieren bzw. eine unterschiedliche Bedeutung einnehmen. Zur Einbeziehung des Reiseanlasses in einen nutzenorientierten Segmentierungsansatz kann dabei etwa zwischen den übergeordneten Anlässen der Geschäfts-, Privat- und Pendlerreise unterschieden werden. In einer von der Forschungsstelle Bahnmarketing durchgeführten **Reiseanlaß-Nutzen-Segmentierung (RNS)** konnten auf diese Weise neun potentielle Zielgruppen für die Marktbearbeitung im Fernverkehr der Deutschen Bahn AG identifiziert werden (vgl. Abbildung 6).[66] Eine derartige Zielgruppenlösung entspricht damit einer Ermittlung **situationsbezogener Nutzensegmente**.

Die unterschiedlichen Nutzenstrukturen der Zielsegmente machen gleichermaßen Chancen wie die Notwendigkeit einer differenzierten Bearbeitung des Verkehrsdienstleistungsmarktes am Beispiel des Schienenpersonenverkehrs deutlich. Den nachfragerinduzierten Anforderungen stehen im Verkehrsdienstleistungsbereich jedoch spezifische Konstellationen entgegen, welche die Möglichkeiten einer differenzierten Marktbearbeitung wesentlich einschränken.

---

65   Vgl. Meffert, H., Der Integrationsgedanke in der Betriebswirtschaftslehre – Leitbild für die Handelshochschule Leipzig (HHL), in: Meffert, H., Gisholt, O. (Hrsg.), Managementperspektiven und Managementausbildung, Leipzig 1997, S. 12.

66   Zu einer detaillierten Beschreibung des Vorgehens sowie zur Diskussion der Segmentierungsergebnisse vgl. den Beitrag von Perrey in diesem Band.

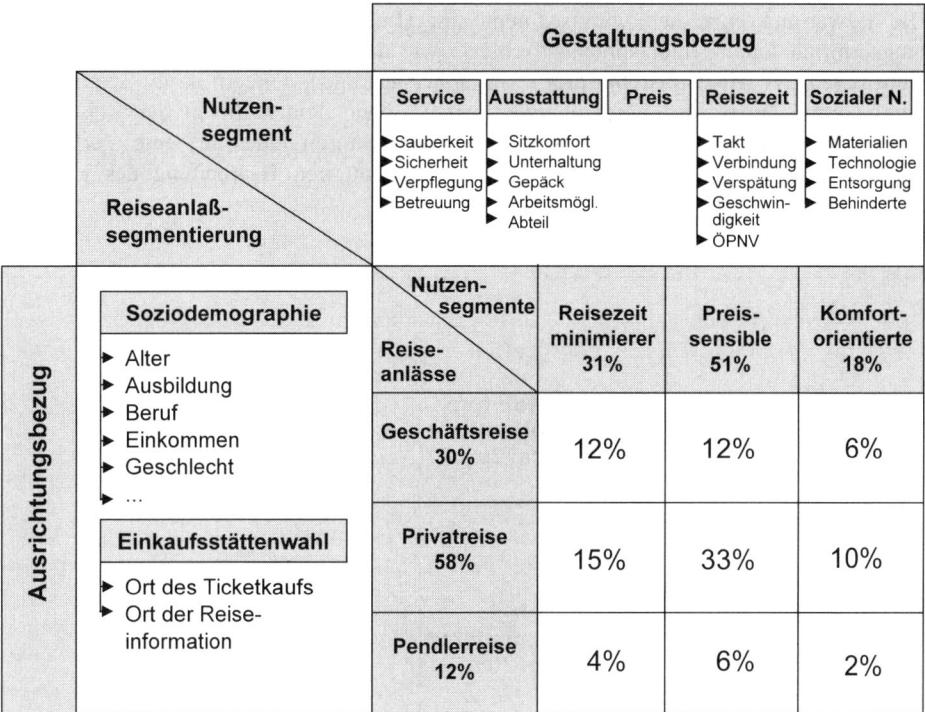

Abb. 6: Integrative Segmentierung im Markt für schienengebundene Verkehrsdienstleistungen

3.3   Möglichkeiten einer differenzierten Marktbearbeitung im Verkehrsdienstleistungsbereich

Die Planung und Ausgestaltung differenzierter, auf die heterogenen Nachfragergruppen ausgerichteter Marketing-Programme erfordern eine sorgfältige Evaluation der identifizierten Marktsegmente hinsichtlich ihres Beitrages zur Zielerreichung eines Verkehrsdienstleisters. Vor dem Hintergrund übergeordneter ökonomischer Zielsetzungen sind die Bearbeitungsaktivitäten vorrangig auf solche Segmente zu fokussieren, die Ansatzpunkte zur Erzielung hoher **Ertragspotentiale** signalisieren. Eine zu diesem Zweck erforderliche Analyse von aktuellen und zukünftig zu erwartenden Kosten und Erlösen der segmentspezifischen Marktbearbeitung wird allerdings durch den hohen Fixkostenanteil von Verkehrsdienstleistungen und dem damit einhergehenden Gemeinkostenproblem erschwert.

Die Bewertung einzelner Marktsegmente im Hinblick auf ihre jeweilige Bearbeitungspriorität kann dementsprechend ebenso wie die Ableitung grundsätzlicher **Stoß-richtungen der Marktbearbeitung** nicht isoliert erfolgen, sondern ist im Segmentverbund vorzunehmen. Auf einer übergeordneten Ebene deuten die in der Reiseanlaß-Nutzen-Segmentierung identifizierten Nachfragestrukturen indes auf eine Verfolgung verschiedener **Grundsatzstrategien** zur nutzenorientierten Bearbeitung des Fernverkehrsmarktes hin (vgl. Abbildung 7).

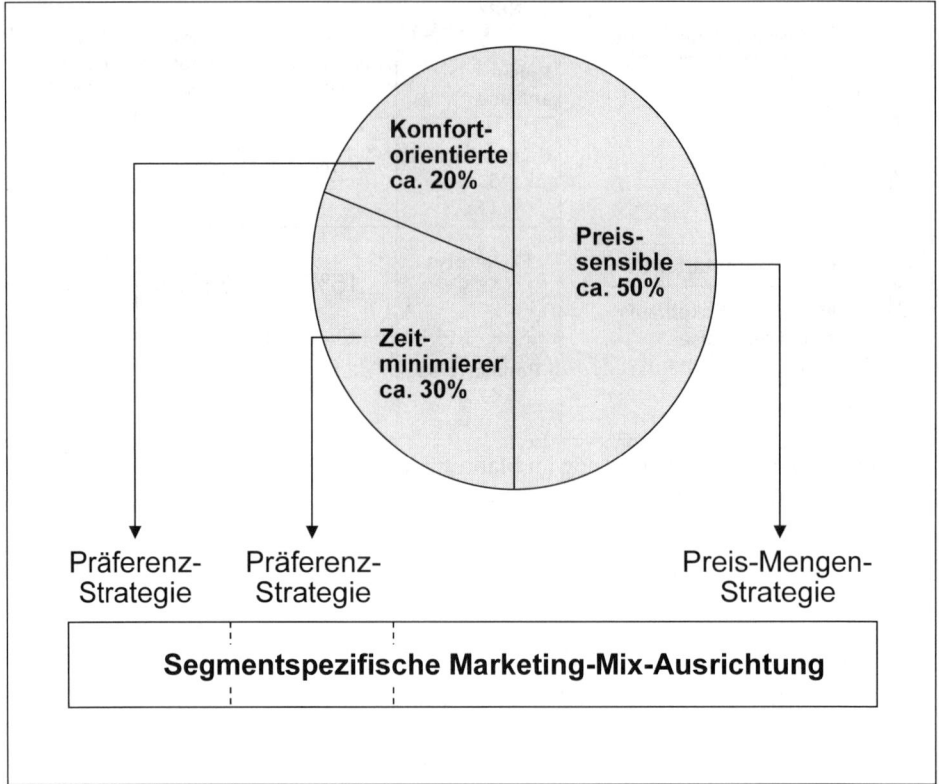

Abb. 7: Differenzierte Marktbearbeitungsstrategien auf Basis der RNS

Angesichts der beschriebenen Kostenstruktur der Bahn und einer ausgeprägten Preissensibilität erscheint für die Zielgruppe der Preissensiblen die Verfolgung einer **Preis-Mengen-Strategie** geeignet, der allerdings einerseits durch die teilkostenorientierte Wahrnehmung des Pkw-Preises und andererseits durch Mindestanforderungen an den Service Grenzen gesetzt sind. Gleichwohl zeigen sogenannte No Frills Beispiele aus dem Flugverkehr die praktische Relevanz einer Preis-Mengen-Strategie im Verkehrsdienstleistungsbereich auf.

Zur Bearbeitung der Segmente der Reisezeitminimierer und der Komfortorientierten bietet sich grundsätzlich die Verfolgung einer **Präferenzstrategie** an. Neben dem Service mit seinen vielfältigen Facetten sowie dem damit eng verknüpften Reisekomfort offenbart hier insbesondere der Faktor Zeit als präferenzbildendes Instrument Ansatzpunkte zu einer differenzierten Marktbearbeitung. Den Erfolg einer Präferenzstrategie auf Basis des Faktors Reisezeit belegen die Marktanteilsgewinne der Deutschen Bahn AG auf den schnellen ICE-Verbindungen.[67] Dabei sind aber bei Verbesserungen des Faktors Reisezeit aufgrund der teilweise sehr hohen Investitionsvolumina ausgeprägte Kosten-Nutzen-Überlegungen unerläßlich. Die Vielzahl von auf die Reisezeit wirkenden Parametern (z. B. Zugtyp, Fahrweg, Haltezahl, Streckenführung, Art der Bahnhöfe etc.) ist in diesem Zusammenhang einem Grenzkostenvergleich zu unterziehen. Damit ist die Frage angesprochen, welche zusätzlichen Kosten bei der Verbesserung der Reisezeit um einen spezifischen Zielwert bei unterschiedlichen Maßnahmen entstehen. Im Optimum entsprechen sich die Grenzkosten jeder reisezeitverbessernden Maßnahme. Aus Marketingperspektive muß zu diesem Zweck die wahrgenommene Reisezeit des Kunden, die z. B. unter anderem auch die An- und Abfahrt zum Bahnhof umfaßt, und nicht ausschließlich eine objektiv gemessene reine Fahrzeit als Maßstab dieses Optimierungsproblems herangezogen werden. Die simultane Optimierung aller reisezeitrelevanten Parameter offenbart gleichzeitig die Notwendigkeit einer harmonisierten Leistungserstellung im Hochgeschwindigkeitsverkehr, da die Reisezeit durch den **Engpaßfaktor** (z. B. Sackbahnhof) und nicht durch den reisezeitoptimalen Inputfaktor determiniert wird.

Da eine segmentspezifische Modifikation der eigentlichen Kernleistung „Beförderung" oftmals mit einer Verschärfung der Fixkostenproblematik verbunden ist, gewinnen zur Leistungsdifferenzierung im Bereich der komfortorientierten Reisenden insbesondere Service- und Zusatzleistungen an Bedeutung.[68] In diesem Zusammenhang können entsprechend den Nutzenerwartungen der Nachfrager sowohl materielle als auch immaterielle Leistungsbestandteile angeboten werden.[69] Als **materielle** Differenzierungselemente lassen sich im Verkehrsdienstleistungsbereich etwa Speisen und Getränke oder Zeitschriften an Bord einsetzen. **Immaterielle** Differenzierungskomponenten stellen z. B. ein Tür-zu-Tür Taxiservice[70], verschiedene Unterhaltungsangebote, besondere Formen des Gepäcktransports oder spezifische Auskunfts- und Betreuungsleistungen dar.

---

67 Vgl. Ungefug, H.-G., Im schnellen Zug zum Flug anreisen, in: Fremdenverkehrswirtschaft, 30. Jg., Heft 2, 1998, S. 76 f.

68 Vgl. Freter, H., Marktsegmentierung im Dienstleistungsbereich, in: Bruhn, M., Meffert, H. (Hrsg.), Handbuch Dienstleistungsmanagement, Wiesbaden 1998, S. 259.

69 Vgl. Meffert, H., Bruhn, M., Dienstleistungsmarketing: Grundlagen, Konzepte, Methoden; mit Fallbeispielen, a.a.O., S. 301.

70 Vgl. Häberli, V., Greuter, B., Serviceleistungen – ein zu Unrecht vernachlässigter Verkehrszweck, in: Internationales Verkehrswesen, 48. Jg., Heft 10, 1996, S. 20 ff.

Mit Blick auf derartige Differenzierungsleistungen wird deutlich, daß diese aufgrund des ausschließlichen Servicecharakters kaum zu einer ausreichenden Differenzierung zwischen den heterogenen Segmentbedürfnissen im grundnutzenorientierten Verkehrsdienstleistungsbereich beizutragen vermögen. Im Spannungsfeld segmentspezifischer Leistungsanforderungen und wachsenden Kostenstruktur- und -niveauproblemen bei Variation des Potentialfaktors „Verkehrsmittel" ist daher nach **„intelligenten" Differenzierungsoptionen** zu suchen. Eine derartige Möglichkeit kann etwa die zielgruppengerechte **Modularisierung** des Leistungsspektrums durch das sogenannte Baukastenprinzip darstellen.[71]

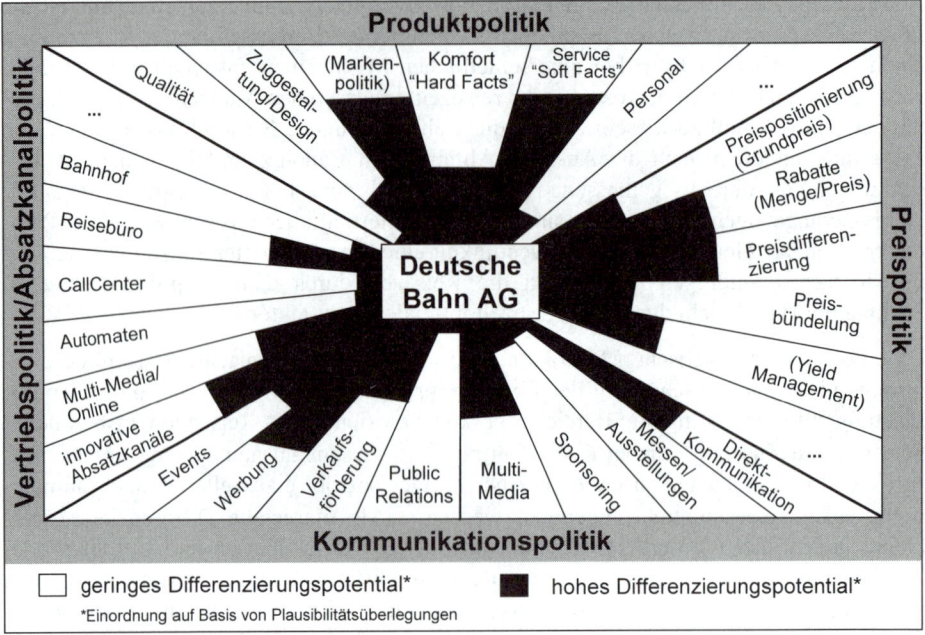

Abb. 8: Differenzierungsmöglichkeiten des Marketing-Mix im Verkehrs-
         dienstleistungsbereich

Dabei können die einzelnen Leistungsbestandteile in unterschiedlichen Baukästen gebündelt und so auf die Nutzenerwartungen der verschiedenen Zielgruppen zugeschnitten werden. Aufbauend auf einem Basismodul „Transport" lassen sich im Verkehrsdienstleistungsbereich verschiedene Zusatzmodule konzipieren (z. B. Komfortmodul, nach

---

71   Vgl. Kirchgeorg, M., Zielgruppenmarketing, a.a.O., S. 24; Lehmann, F., Kümper, R., Varianten management durch verursachungsgerechte Produktbewertung, in: Horváth, P. (Hrsg.), Effektives und schlankes Controlling, Stuttgart 1992, S. 141 ff.

verschiedenen Funktionen gegliederte Zonenwahl[72], Unterhaltungsmodul, Servicemodul), die einerseits an den heterogenen Segmentbedürfnissen orientiert sind sowie andererseits zu einer verbesserten Kapazitätsauslastung beitragen können. Darüber hinaus bieten insbesondere die Preis- und Kommunikationspolitik Ansatzpunkte für eine differenzierte Marktbearbeitung unter den spezifischen Bedingungen des Verkehrsdienstleistungsbereiches. Abbildung 8 gibt einen Überblick über die Differenzierungsmöglichkeiten des Marketing-Mix von Verkehrsdienstleistungsunternehmen. Die einzelnen Mix-Instrumente und deren Ansatzpunkte zur gezielten Marktbearbeitung im Verkehrsdienstleistungsbereich werden im folgenden einer genaueren Analyse unterzogen.

4. Operative Ausgestaltung des Marketing von Verkehrsdienstleistungsunternehmen

Zur Entwicklung von Marketing-Programmen lassen sich – entsprechend der klassischen Gliederung des **Marketing-Mix** – grundsätzlich die Leistungs-, Preis-, Kommunikations- und Distributionspolitik heranziehen. Überdies ist der **Markierungspolitik** als mixübergreifendem Entscheidungstatbestand des Marketing und dem **internen Marketing** vor dem Hintergrund der spezifischen Herausforderungen der Deutschen Bahn AG besondere Aufmerksamkeit zu widmen.

4.1 Leistungspolitik

Die Leistungspolitik stellt einen zentralen Parameter des Marketing von Verkehrsdienstleistungsunternehmen dar. Zur Definition des Gegenstandsbereichs der Leistungspolitik ist zunächst der Frage nachzugehen, welche Leistungen von Verkehrsdienstleistungsunternehmen erbracht werden. In Kapitel 2.1 wurde das Leistungsversprechen einer Beförderung von A nach B als konstitutives Merkmal einer Verkehrsdienstleistung hergeleitet. Diese Beförderungskernleistung muß grundlegenden Anforderungen wie Sicherheit, Pünktlichkeit und Verfügbarkeit genügen. Darüber hinaus sind für eine wettbewerbsgerechte Leistungsgestaltung diese Hygienefaktoren durch Serviceleistungen zu ergänzen. **Serviceleistungen** lassen sich in diesem Zusammenhang als Zusatzdienstleistungen auffassen, die in Verbindung mit der **Kernleistung** angeboten werden, und bestimmten Kundengruppen über die eigentliche Beförderungsleistung hinaus Nutzen stiften (**Value Added Services**).[73]

---

72 Zum Beispiel Arbeitszone, Kinderzone, Ruhezone, Kommunikationszone etc. Vgl. auch die Ausführungen in Kap. 4.4 dieses Beitrages.
73 Vgl. Laakmann, K., Value-Added Services als Profilierungsinstrument im Wettbewerb, a.a.O., S. 10.

Ungeachtet dieser generellen Zusatznutzenorientierung von Serviceleistungen lassen sich diese nach der Erwartungshaltung des Kunden in Muß-, Kann- und Soll-Dienstleistungen unterteilen.[74] Zusatznutzen im engeren Sinne geht dabei nur von den „Kann-Serviceleistungen" aus, da diese vom Kunden nicht erwartet werden. Im Gegensatz dazu stehen „Soll-Serviceleistungen", die vom Kunden vorausgesetzt werden und „Muß-Dienstleistungen", die für die Nutzung der Kernleistung unabdingbar sind. Daneben können Serviceleistungen nach dem Grad der Affinität zur Kernleistung systematisiert werden. Die Affinität zur Kernleistung ist dabei Ausdruck der subjektiv wahrgenommenen Übereinstimmung zwischen den sachlichen Merkmalen der Kern- und Serviceleistung.[75] Einer Serviceleistung mit hoher Affinität zur Kernleistung wird der Kunde dabei tendenziell eine höhere Akzeptanz entgegenbringen, da er dem Serviceanbieter in hohem Maße die Fähigkeit zur Leistungserbringung zubilligt. Hingegen könnte der Kunde bei Service-Angeboten mit niedrigem Affinitätsgrad zur Kernleistung dem Anbieter die Kompetenz absprechen, wodurch die Wahrscheinlichkeit der Nutzung dieser Serviceleistung sinkt.[76] Zudem bestimmt die Affinität in erheblichem Umfang das Ausmaß der Übertragungseffekte zwischen Service- und Kernleistung hinsichtlich Kundenzufriedenheit und Profilierungspotential. In Abbildung 9 sind nach den beiden beschriebenen Typologisierungsdimensionen beispielhaft Value Added Services der Deutschen Bahn AG eingeordnet.[77]

Die Ausführungen in der Tabelle belegen gleichermaßen die Schwierigkeit und Bedeutung einer Abgrenzung zwischen Kern- und Serviceleistung, da sich das kundenseitig definierte Leistungsminimum aus einem Bündel von Muß- und Soll-Serviceleistungen sowie der Kernleistung zusammensetzt. Dies offenbart gleichzeitig, daß die Differenzierung zwischen Kern- und Zusatzleistung je nach Erwartungshaltung kundenindividuell variieren kann und zudem im Zeitablauf veränderlich ist. Damit ist einerseits angesprochen, daß sich Kann-Serviceleistungen in dynamischer Betrachtung in einer Art **Lebenszyklus von Serviceleistungen** zu Soll- und sogar Mußleistungen entwickeln können. Andererseits ist auch der Charakter der Kernleistung durch den fließenden Übergang von Service- zu Kernleistung veränderbar.

---

74 Vgl. Meffert, H., Kundendienstpolitik. Eine Bestandsaufnahme zu einem komplexen Marketinginstrument, in: Marketing Zeitschrift für Forschung und Praxis, 9. Jg., Heft 2, 1987, S. 97.

75 Vgl. Laakmann, K., Value-Added Services als Profilierungsinstrument im Wettbewerb, a.a.O., S. 18.

76 Vgl. Meffert, H., Burmann, Ch., Value-Added Services im Bankbereich, in: Bank und Markt, Heft 4, 1996, S. 27.

77 Vgl. Heeger, H.-G., Innovative Angebote im Service-Bereich der Bahn – Bestandsaufnahme und Bewertung aus Sicht verschiedener Zielgruppen, unveröff. Diplomarbeit, Münster 1997, S. 29.

Affinität Erwar- tungshaltung	Hohe Affinität	Mittlere Affinität	Geringe Affinität
Muß- leistung	■ Reservierungsservice ■ Telefonische Reisezugauskunft	■ Reisepause ■ Reisefrische ■ 3 S-Konzept	

**Soll-
leistung**
	■ Service für mobilitäts-
	  beschränkte Personen
	■ Service-Point
	■ Fahrdatenabruf
		■ Gastronomie
		■ Audio-/Videoboard
		  programm
		■ Fahrradmitnahme
		■ Serviceruf
			■ Fahrradabstellanlagen
			■ Reisebedarfsverkauf
			  im Bahnhof
			■ Telekommunikation/
			  Faxgerät

**Kann-
leistung**
	■ Sonderabteile im Zug
	■ Fahrplan auf
	  CD/Diskette
		■ Park&Rail
		■ ParkService
		■ Park&Check
		■ BahnTaxi
		■ KurierGepäck
		■ PostGepäck
			■ Fax-Zeitung
			■ Laptop-und
			  CD-Geräteverleih
			■ Kinderecke
			■ Nachrichtensäule

Abb. 9: Beispielhafte Typologisierung von Serviceleistungen der Deutschen Bahn AG

So ließ sich noch vor einiger Zeit vergleichsweise unstrittig die Beförderung zwischen zwei Bahnhöfen als Kernleistung der Deutschen Bahn AG definieren. Diese Interpretation der Kernleistung führt zu einer Entkopplung des Kundenproblems vom Leistungsangebot der Deutschen Bahn AG, da der Kunde in der Regel eine Beförderung über den Bahnhof hinaus benötigt. Diesem Umstand Rechnung tragend, wurden Value Added Services mit dem Ziel entwickelt, dem Kunden die Schließung der restlichen, nicht schienengebundenen **Reisekette** zu erleichtern. Dazu zählen beispielsweise eine bessere Anbindung an andere öffentliche Verkehrsträger oder die Einrichtung eines Park&Rail Service. Inzwischen ist es erklärtes Ziel der Deutschen Bahn AG, das Kundenproblem mit dem Dienstleistungsangebot der Bahn in vollständige Kongruenz zu bringen. Vor diesem Hintergrund wurde beispielsweise das Angebot des BahnTaxis ausgeweitet. Am Endpunkt dieser Entwicklung steht die Deutsche Bahn AG als ein **integrierter Anbieter von Mobilitätsdienstleistungen** und nicht mehr nur einer Schienenverkehrsdienstleistung. Es ist offensichtlich, daß sich damit der Charakter der Kernleistung deutlich verändert hat bzw. weiter verändern wird (vgl. Abbildung 10).

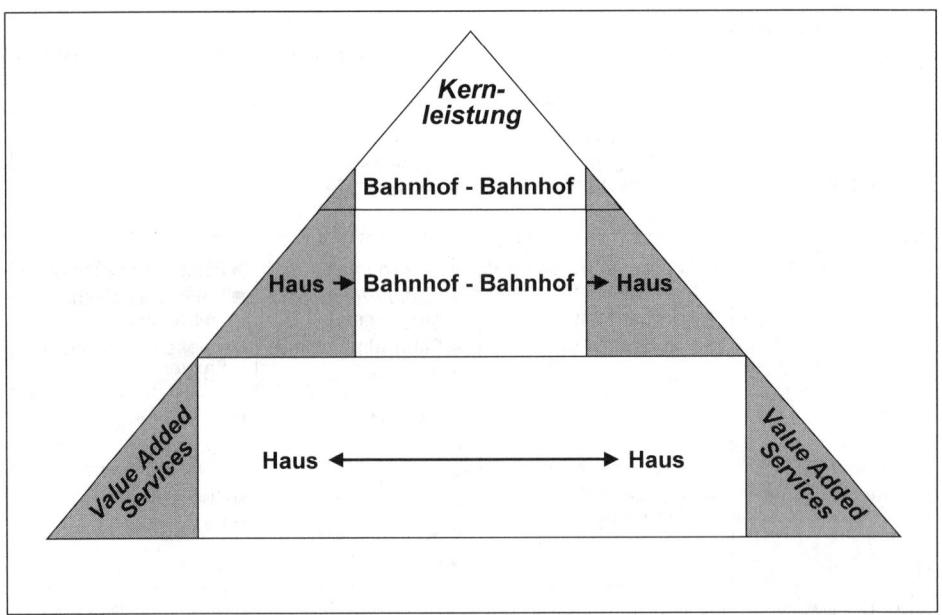

Abb. 10:   Veränderte Kernleistung des Mobilitätsdienstleisters Deutsche Bahn AG

Neben der dargestellten Unterteilung in Kern- und Serviceleistungen läßt sich die Leistungspolitik eines Verkehrsdienstleistungsunternehmens auch nach der Potential-, Prozeß- und Ergebnisebene einer Verkehrsdienstleistung differenzieren. Hinsichtlich der Potentialdimension, die einen engeren Bezug zur Kernleistung aufweist, stehen Gestaltung bzw. Einsatz des Zugmaterials, der Bahnhöfe, des Schienennetzes sowie der Mitarbeiter im Mittelpunkt. In der Prozeßphase, d. h. während der Reise respektive Bahnreise, sind eher Serviceleistungen wie Audio- und Videoangebot oder das Catering Gegenstand der Leistungspolitik. In der Ergebnisdimension hat die Leistungspolitik, z. B. über eine geeignete Fahrplangestaltung und Vertaktung, schließlich den Erfordernissen von Sicherheit, Pünktlichkeit und Verfügbarkeit Rechnung zu tragen.

4.2   Kontrahierungspolitik

Die Kontrahierungspolitik von Verkehrsdienstleistungsunternehmen dient der Erreichung einer Vielzahl unterschiedlicher Zielsetzungen, die sich zunächst grob in markt- und unternehmensgerichtete Ziele differenzieren lassen. Zu den **unternehmensgerichteten Zielen** der Kontrahierungspolitik zählen die Erreichung eines angemessenen Gewinns, einer maximalen Rendite oder eines hohen Marktanteils, aber auch die bereits beschriebene optimale Kapazitätsauslastung. **Marktgerichtete Ziele** liegen etwa in der Maximierung des Dienstleistungsabsatzes, der Gewinnung einer Preisführerschaft oder der positiven Beeinflussung der Preiserwartung und -wahrnehmung.[78] Markt- und unternehmensgerichtete Ziele der Kontrahierungspolitik von Verkehrsdienstleistungsunternehmen stehen dabei häufig in einem Spannungsfeld zueinander, da die Ziele, wie z. B. Rendite- vs. Absatzmaximierung, teilweise eine konfliktäre Beziehung zueinander aufweisen.

Die Kontrahierungspolitik von Verkehrsdienstleistungsunternehmen wird durch die Vielzahl leistungsspezifischer Besonderheiten von Verkehrsdienstleistungen beeinflußt. Aus der **Immaterialität** der Leistung erfolgt beispielsweise, daß die Beurteilung des Preis-Leistungs-Verhältnisses für den Kunden ex ante nur sehr eingeschränkt möglich ist und er demzufolge ein tendenziell höheres wahrgenommenes Kaufrisiko verspürt, was die Preisdurchsetzung erschwert.

Der hohe Anteil von fixen Kosten, der wesentlich durch **die Nichtlagerfähigkeit von Verkehrsdienstleistungen** und die dadurch erforderliche permanente Leistungsbereitstellung verursacht wird, verhindert nicht nur eine verursachungsgerechte Kostenverrechnung und damit kostenorientierte Ansätze der Preisfindung, sondern verleiht der Preispolitik bei unterstellter preiselastischer Nachfrage nach Verkehrsdienstleistungen eine zentrale Funktion im Rahmen der erfolgskritischen Auslastungssteuerung. Darüber hinaus macht die Nichtlagerfähigkeit Arbitragevorgänge sowohl in zeitlicher als räumlicher Hinsicht unmöglich und erleichtert so im Verkehrsdienstleistungsbereich die Anwendung von Ansätzen der Preisdifferenzierung. Gleiches gilt für die auf die **Integration des externen Faktors** zurückzuführende Nichtübertragbarkeit von Dienstleistungen, die personelle Preisdifferenzierungen etwa in Form nicht linearer Tarife ermöglicht.[79]

Diese beispielhaft angeführten Auswirkungen der Verkehrsdienstleistungscharakteristika belegen einerseits die Notwendigkeit einer starken Preisdifferenzierung zur Harmonisierung von Nachfrage und bereitgestellten Kapazitäten sowie zur Abschöpfung von Konsumentenrente und zeigen andererseits das breite Spektrum an Preisdifferenzierungsoptionen im Verkehrsdienstleistungsbereich auf, das nachfolgend detaillierter diskutiert werden soll.

Von **Preisdifferenzierung** wird dann gesprochen, wenn ein Anbieter eine Leistung, die hinsichtlich der räumlichen, zeitlichen, leistungs- und mengenbezogenen Dimension identisch ist oder Varianten einer Leistung, die sich zumindest in einer der vier Dimensionen unterscheiden, ohne dabei eine neue Leistung darzustellen, zu unterschiedlichen Preisen verkauft.[80] Dabei kann grundsätzlich zwischen räumlicher, zeitlicher, abnehmer-

---

78   Vgl. Meffert, H., Bruhn, M., Dienstleistungsmarketing: Grundlagen, Konzepte, Methoden; mit Fallbeispielen, a.a.O., S. 401.

79   Vgl. Simon, H., Preismanagement. Analyse – Strategie – Umsetzung, 2. Aufl., a.a.O., S. 569.

80   Vgl. Faßnacht, M., Preisdifferenzierung bei Dienstleistungen. Implementationsformen und Determinanten, Wiesbaden 1996, S. 25.

orientierter und quantitativer Preisdifferenzierung unterschieden werden.[81] Im Rahmen einer **räumlichen Preisdifferenzierung** wird eine Verkehrsdienstleistung an unterschiedlichen Orten zu unterschiedlichen Preisen angeboten. Ein Beispiel für derartige Differenzierungen bei der Deutschen Bahn AG ist das neue sogenannte LOCO-Preissystem des ICE. Im Gegensatz zum Kilometerpreis, der anderen Preisfindungsbasis bei der Deutschen Bahn AG, wird im LOCO-Preissystem der Fahrpreis nicht mehr über die Entfernung zwischen Quell- und Zielpunkt, sondern unter Berücksichtigung der relativen Wettbewerbsposition auf dieser spezifischen Relation festgelegt. Im Ergebnis wird damit die Mobilitätsdienstleistung der Deutschen Bahn AG im LOCO-Preissystem des ICE je nach den zu überwindenden Räumen unterschiedlich bepreist.[82]

Ein wichtiges Instrument zur Harmonisierung von Dienstleistungsnachfrage und -kapazität ist die **zeitliche Preisdifferenzierung**. Dabei werden im Prinzip die Preise zu nachfrage- respektive auslastungsstarken Zeiten höher festgelegt als zu nachfrageschwachen Zeiten. Über dieses Instrumentarium soll in nachfrageschwächeren Zeiten die Nachfrage nach Verkehrsdienstleistungen stimuliert und in sogenannten Peak-Zeiten gedrosselt werden. Die zeitliche Preisdifferenzierung besitzt für Verkehrsdienstleistungsunternehmen aufgrund der einerseits im Zeitablauf sehr stark schwankenden Nachfrage und der beschriebenen Kostenstruktur einen hohen Stellenwert. Das wohl bekannteste Angebot der zeitlichen Preisdifferenzierung im Fernverkehr ist das sogenannte **Guten Abend Ticket**, mit dem der Kunde für 59,– DM in der zweiten Klasse das Recht erwirbt, zwischen 19.00 Uhr (Samstag ab 14.00 Uhr) und 02.00 Uhr so weit zu fahren wie er möchte. Neben dieser Form der zeitlichen Preisdifferenzierung finden sich im Verkehrsdienstleistungsbereich zahlreiche Beispiele für eine Preisdifferenzierung in Abhängigkeit von der Zeitspanne zwischen dem Erwerb des Dienstleistungsversprechens (z. B. Fahrschein) und dem Beginn des Dienstleistungserstellungsprozesses (z. B. Reise). Ungeachtet einer fehlenden Reservierungspflicht gibt es bei der Bahn im Rahmen der kontingentierten „SommerSpezial-Angebote", die auf zehn ausgewählten Relationen versuchsweise angeboten werden, erste Ansätze in diese Richtung.

Eng verbunden mit den Instrumenten der zeitlichen Preisdifferenzierung ist der auf Auslastungsoptimierung gerichtete Ansatz des **Yield-Management**, der seit dem Ende der 80er Jahre in der Literatur intensiv diskutiert wird. Unter Yield-Management wird hier die Lenkung von Angebot und Nachfrage durch Kontingentierung und Preisdifferenzierung mit dem Ziel der Umsatz- respektive Gewinnmaximierung verstanden.[83] Der Yield-Management Ansatz stammt originär aus der Verkehrsdienstleistungs-, genauer

---

81   Vgl. Meffert, H., Bruhn, M., Dienstleistungsmarketing: Grundlagen, Konzepte, Methoden; mit Fallbeispielen, a.a.O., S. 411.

82   Vgl. Bretthauer, I., Deutsche Bahn AG: Marketing im Personenfernverkehr, a.a.O., S. 1557.

83   Vgl. Daudel, S., Vialle, G., Yield-Management. Applications to air transport and other service industries, Paris 1994, S. 142.

Luftverkehrsbranche. Ein Blick auf die Voraussetzungen für einen besonders hohen Erfolgshebel des Yield-Management erklärt diesen Umstand:[84]

- inflexible Kapazitäten und Fixkostendominanz
- starke, aber prognostizierbare Auslastungsschwankungen
- Limitierbarkeit der Kapazitäten
- segmentierbare Nachfrage im Hinblick auf Preis und Zeit

Die Einführung eines Yield-Management-Systems erscheint angesichts dieses Kriterien-kataloges im Verkehrsdienstleistungsbereich nicht nur möglich, sondern auch außeror-dentlich sinnvoll. Die Erfolgswirkung von Yield-Management-Techniken zeigt sich beispielhaft an der Verbesserung des Sitzladefaktors im Luftverkehr. Die Steigerung des Sitzladefaktors um einen Prozentpunkt hat bei der Lufthansa Passage im Jahr 1997 eine Ertragsverbesserung von rund 100 Mio. DM bewirkt.[85] Hindernisse für ein Yield-Management bei der Bahn ergeben sich zum einen aus der fehlenden Reservierungs-pflicht, die zu einer nicht gewährleisteten Limitierbarkeit der Kapazitäten führt und zum anderen aus der Vielzahl von Umsteigevorgängen, die eine hohe Komplexität eines Yield-Management-Systems im Schienenpersonenverkehr verursachen. So haben Unter-suchungen gezeigt, daß 92,4 % der Bahnkunden mindestens einmal und 65 % sogar zweimal umsteigen müssen, um den gewünschten Zielort zu erreichen.[86] Die Tatsache einer Nutzung von Teilrelationen erschwert die Prognostizierbarkeit der relationsspezifi-schen Verkehrsdienstleistungsnachfrage und damit die erforderliche genaue Aus-lastungssteuerung. Darüber hinaus sind die mit Yield-Management verbundenen Er-folgswirkungen nur bei einer hohen Potentialauslastung **und** einer gleichzeitig hinrei-chend hohen Deckungsspanne zu erwarten. Eine isolierte Orientierung an der Potential-auslastung führt bei den für Verkehrsdienstleister kennzeichnenden sehr niedrigen Grenzkosten zu starkem Druck auf die Tarife, da selbst weit unter Vollkosten kalkulierte Preise noch Deckungsbeiträge erbringen. Die Erfahrung aus der durch massive Überka-pazitäten und damit einhergehender hoher Wettbewerbsintensität gekennzeichneten Luftverkehrsbranche hat gezeigt, daß eine solche Preispolitik im Ergebnis **ruinösem Wettbewerb** gleichkommt.

Traditionell besitzt die **personelle Preisdifferenzierung,** die an Merkmalen des Nach-fragers ansetzt, im Eisenbahnsektor hohe Relevanz. So bietet die Bahn z. B. besondere Angebote für Jugendliche, Familien mit Kindern, Senioren etc. Dieser Umstand ist ur-sächlich mit der Geschichte der Eisenbahn als öffentlichem Unternehmen und den damit verfolgten sozialen Zielsetzungen verbunden.

---

84 Vgl. Shuman, D., What Yield-Management can do for Railroads, in: Progressive Railroading, No. 10, 1991, S. 24.

85 Vgl. o.V., Die Lufthansa baut ihren Direktvertrieb beträchtlich aus, in: FAZ vom 9. März 1998, S. 25.

86 Vgl. Contest-Census, Studie zur Lenkbarkeit und Preisakzeptanz des ICE, Frankfurt am Main 1990.

Ein für die Deutsche Bahn AG zentrales Instrument der Preispolitik ist die **BahnCard**, eine Spezialform des nicht-linearen Pricing.[87] Dabei wird dem Käufer einer BahnCard für zwölf Monate ein Rabatt von 50 % auf den regulären Fahrpreis gewährt. Dadurch sinkt mit jedem nachgefragten Bahn-km der Preis pro Leistungseinheit. Für den Kunden ergibt sich ein typisches Break-Even-Optimierungsproblem unter Unsicherheit. Bei einem Preis der BahnCard von 240 DM und einem Rabatt von 50 % wird der Break-Even für den Kunden bei ca. 1.843 Bahn-km realisiert. Der rationale Konsument wird die BahnCard folglich nur dann erwerben, wenn er zum Entscheidungszeitpunkt vermutet, diesen Break-Even zu erreichen.[88] Für den **Kunden** ergibt sich die Vorteilhaftigkeit der BahnCard offenbar eindeutig aus dem Erreichen oder Nicht-Erreichen des oben skizzierten Break-Even. Die Vorteilhaftigkeit der BahnCard aus Unternehmensperspektive hängt für den Fall, daß der Kunde den Break-Even realisiert, sehr stark von der Verhaltenswirkung der BahnCard und den zuvor ohne BahnCard zurückgelegten jährlichen Bahn-km ab. Ist der Kunde auch ohne BahnCard bereits mehr als 1.843 km pro Jahr mit der Bahn gefahren, so verliert die Bahn bei jedem über diesen Punkt hinaus gefahrenen km 50 % des Grenzdeckungsbeitrages.[89] Diese entgangenen Deckungsbeiträge müssen nun aus Sicht der Bahn durch Mehrverkehr nach Kauf der BahnCard ausgeglichen werden.[90] Im Ergebnis bedeutet dies, daß die Bahn bei Kunden, die auch schon vor dem Kauf einer BahnCard mehr als 1.843 Bahn-km pro Jahr zurückgelegt haben, ceteris paribus Deckungsbeitragsverluste erleidet. Damit die BahnCard aus Unternehmenssicht bei dieser Kundengruppe profitabel wird, müssen diese Verluste durch Mehrverkehr gedeckt werden. Die notwendige Menge an Mehrverkehr steigt dabei mit der Ausgangsfahrleistung vor Kauf einer BahnCard (vgl. Abbildung 11).

---

87   Vgl. Firner, H., Tacke, G., BahnCard – Kreative Preisstruktur, in: asw, 36. Jg., Heft 5, 1993, S. 66-70.
88   Vgl. Büschken, J., Sequentielle nicht-lineare Tarife. Nicht-lineare Preispolitik bei Nachfrageunsicherheit, Wiesbaden 1997.
89   Die Deckungsbeitragsverluste unterhalb der Break-Even-Schwelle werden durch den Preis der BahnCard kompensiert bzw. überkompensiert.
90   Dabei wird unterstellt, daß auch aus einem km-Preis von 0,13 DM noch positive Deckungsbeiträge für die Bahn resultieren und im Sinne einer Fokussierung auf den Problemkreis von weiteren Faktoren, wie Sondertarifen, die einen höheren Break-Even für den Kunden induzieren oder dem Opportunitätsproblem verdrängter Vollzahler, abstrahiert.

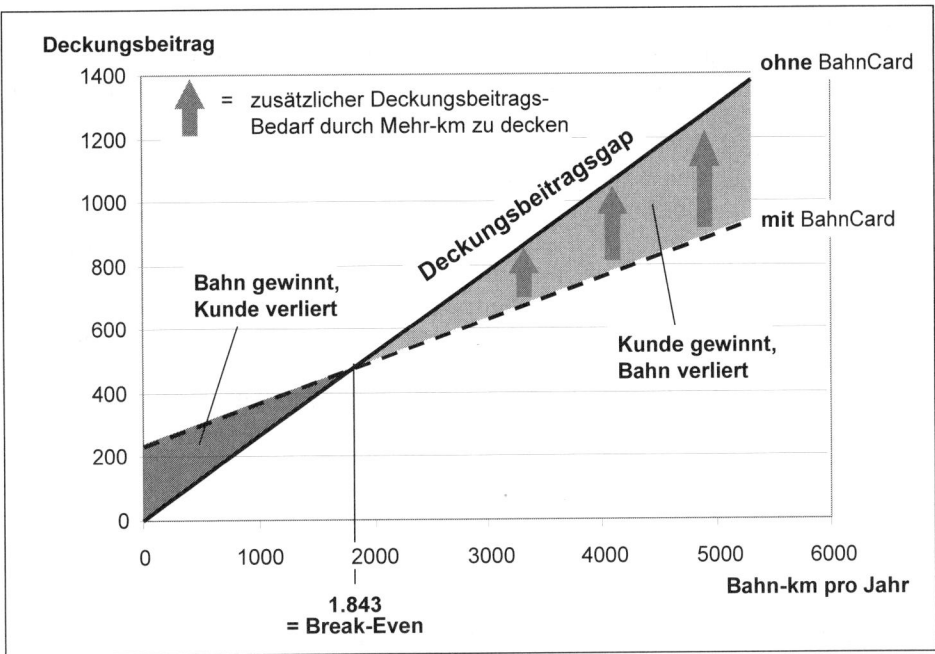

Abb. 11: Deckungsbeitragswirkung der BahnCard

Zusammenfassend kann festgehalten werden, daß der Verkehrsdienstleistungsbereich für den Einsatz einer Vielzahl von Preisdifferenzierungsoptionen geradezu prädestiniert ist und diese bei der Deutschen Bahn AG auch zahlreich praktiziert werden (vgl. Abbildung 12).

Räumliche Preisdifferen- zierung	Zeitliche Preisdifferen- zierung	Abnehmer- orientierte Preisdifferen- zierung	Quantitative Preisdifferen- zierung
z. B. LOCO-Preissystem	z. B. Guten Abend Ticket	z. B. SeniorenPaß TwenTicket	z. B. BahnCard Großkundenabo NetzCard

Abb. 12: Preisdifferenzierung bei der Deutschen Bahn AG

Gleichwohl scheint nicht jede dieser Preisdifferenzierungsmaßnahmen der Bahn zielun-terstützend zu wirken. Dies gilt um so mehr, als daß den Chancen einer stark differen-zierten Preispolitik, etwa im Hinblick auf eine optimierte Auslastung oder abgeschöpfter

Konsumentenrente, das Risiko einer übermäßigen **Tarifkomplexität** und verzerrten Preiswahrnehmung gegenübersteht.[91] Nicht zuletzt dieser Aspekt führt am Beispiel der Bahn zu einer stark überteuerten Rekonstruktion des Bahnpreises mit den dazugehörigen Implikationen für die wahrgenommene Attraktivität des Verkehrsträgers. So konnte in einer empirischen Untersuchung der Forschungsstelle Bahnmarketing zur Preiswahrnehmung im Verkehrsdienstleistungsbereich eine verzerrte Rekonstruktion des Bahnpreises von 197 % beim km-Preis und 142 % beim Urteilsanker Relation München-Hamburg ermittelt werden.[92] Diese Zahlen verdeutlichen angesichts einer stark preissensiblen Nachfrage im Verkehrsdienstleistungsbereich die strategische Bedeutung der Preiswahrnehmung,[93] die neben der Preisgestaltung ganz wesentlich von der Preiskommunikation geprägt wird. Vor dem Hintergrund des tatsächlich vergleichsweise niedrig angesiedelten Kilometerpreises der Bahn muß insbesondere eine kommunikative Verbesserung des **Preisimages** der Verkehrsdienstleistung „Bahnreise" ein zentrales Kommunikationsziel darstellen.[94]

4.3   Kommunikations- und Distributionspolitik

Während die Leistungs- und Kontrahierungspolitik stärker auf die Abstimmung des Leistungsspektrums eines Verkehrsdienstleisters mit den Kundenbedürfnissen und damit auf eine bedarfsgerechte Gestaltung des Dienstleistungsangebotes ausgerichtet sind, haben die Kommunikations- und Distributionspolitik eher zugänglichkeitssteuernde Aufgaben im Marketing-Mix eines Verkehrsdienstleisters zu erfüllen.[95] Anknüpfend an diese aufgabenbezogene Übereinstimmung sollen diese Marketinginstrumente nachfolgend gemeinsam untersucht werden.

Im Verkehrsdienstleistungsbereich kommt nicht nur vor dem Hintergrund einer fortschreitenden Verschärfung der Wettbewerbsbedingungen insbesondere der **Kommunikationspolitik** eine zentrale Bedeutung zur Profilierung des Angebots zu.[96] Ausgangspunkt der Kommunikationsplanung ist die Festlegung kommunikativer Ziele. In diesem Zusammenhang lassen sich nach den Stufen der Kundenreaktion mit den kognitiven, affektiven und konativen Zielen drei Arten von Zielsetzungen der Kommunikationspoli-

---

91   Vgl. Faßnacht, M., Preisdifferenzierung bei Dienstleistungen. Implementationsformen und Determinanten, a.a.O., S. 147.
92   Vgl. Forschungsstelle Bahnmarketing, Preiswahrnehmung im Verkehrsdienstleistungsbereich, unveröffentlichte Studie der Forschungsstelle Bahnmarketing in der Wissenschaftlichen Gesellschaft für Marketing und Unternehmensführung e.V. im Auftrag der Deutschen Bahn AG, Münster 1998.
93   Vgl. dazu auch den Beitrag von Schneider in diesem Band.
94   Zum Preisimage vgl. Diller, H., Preisehrlichkeit – Eine neue Zielgröße im Preismanagement des Einzelhandels, in: Thexis, 14. Jg., Heft 2, 1997, S. 17.
95   Vgl. Perrey, J., Nutzenorientierte Marktsegmentierung. Ein integrativer Ansatz zum Zielgruppenmarketing im Verkehrsdienstleistungsbereich, a.a.O., S. 108.
96   Vgl. Roth, P., Grundlagen des Touristikmarketing, in: Roth, P., Schrand, A. (Hrsg.), Touristik-Marketing, 2. Aufl., München 1995, S. 110.

tik unterscheiden. Kognitive Ziele wie Aufmerksamkeits- oder Erinnerungswirkungen und affektive Ziele, insbesondere die positive Imagebeeinflussung, sind Basis für die Erreichung konativer Ziele wie die Auslösung von Kaufhandlungen oder die positive Beeinflussung des Informations- und Weiterempfehlungsverhaltens.[97] Dabei steht für die Deutsche Bahn AG neben der Informationsvermittlung (z. B. über Preise und Angebote) die Imageprofilierung im Vordergrund der Kommunikationspolitik. Das mit der Privatisierung veränderte Bahnlogo sowie die Kernbotschaft „Die Bahn kommt!" bzw. „Deutsche Bahn – Unternehmen Zukunft" sollten Aufbruch und Neuorientierung des Staatsunternehmens in Richtung eines kundenorientierten Verkehrsdienstleistungsunternehmens kommunikativ unterstreichen.

Der skizzierte Charakter von Verkehrsdienstleistungen bewirkt insbesondere über die Integration des externen Faktors eine Erweiterung der klassischen kommunikationspolitischen Instrumente um die Elemente einer unmittelbaren, persönlichen Kommunikation zwischen Kunde und Dienstleistungsanbieter.[98] Damit erhält die Interaktion zwischen Kunde und Mitarbeiter auch eine wesentliche kommunikative Komponente, die den noch zu erörternden Instrumenten des internen Marketing weitere Relevanz verleiht. So kann beispielsweise die rechtzeitige Informationsvermittlung über die Gründe und die Dauer einer etwaigen Verspätung zufriedenheitssteigernd wirken.[99]

Von den verschiedenen kommunikationspolitischen Instrumenten kommt im Verkehrsdienstleistungsbereich insbesondere der **klassischen Werbung** eine hohe Bedeutung zu. Dieser Tatbestand ist neben den Merkmalen des Leistungstyps Verkehrsdienstleistung auf die Vielzahl kommunikativer Gestaltungsfreiheiten durch Text, Bild und Ton im Rahmen der klassischen Werbung[100] sowie das heterogene Spektrum an Werbeträgern zurückzuführen, die sich selektiv auf unterschiedliche Zielgruppen ausrichten lassen. Neben der klassischen Werbung kann die **Direktkommunikation** einen hohen Beitrag zur kommunikativen Marktbearbeitung leisten. In Verbindung mit unterschiedlichen Kundenbindungsprogrammen[101] bieten sich im Verkehrsdienstleistungsbereich besondere Ansatzpunkte zur Direktkommunikation. Eine an den heterogenen Bedürfnissen der Nachfrager orientierte Direktkommunikation erfordert jedoch eine Integration der indi-

---

97   Vgl. Meffert, H., Bruhn, M., Dienstleistungsmarketing: Grundlagen, Konzepte, Methoden; mit Fallbeispielen, a.a.O., S. 351.
98   Vgl. Meffert, H., Bruhn, M., Dienstleistungsmarketing: Grundlagen, Konzepte, Methoden; mit Fallbeispielen, a.a.O., S. 339.
99   Vgl. Siefke, A., Zufriedenheit mit Dienstleistungen – Ein phasenorientierter Ansatz zur Operationalisierung und Erklärung der Kundenzufriedenheit im Verkehrsbereich auf empirischer Basis, a.a.O., S. 169.
100 Vgl. Steffenhagen, H., Wirkungen der Werbung. Konzepte – Erklärungen – Befunde, Aachen 1996, S. 14.
101 Als Beispiel können etwa die von der Deutschen Bahn offerierte „BahnCard" oder das von der Deutschen Lufthansa praktizierte Vielfliegerprogramm „Miles & More" angeführt werden, welche eine individuelle Kundenbetreuung ermöglichen. Klein, H., Das Marketing der Lufthansa, a.a.O., S. 268.

viduellen Nutzenerwartungen in ein umfassendes Database-System.[102] Darüber hinaus ist für Verkehrsdienstleister die **eventbezogene Kommunikation** von hoher Bedeutung. In diesem Rahmen kommen für ein Sponsoring oder Event-Marketing insbesondere jene Veranstaltungen in Betracht, die Nachfrage nach Bahnreisen induzieren. An Beispielen wie dem documenta-Ticket oder auch Sonderzügen zur Love-Parade nach Berlin wird die enge Verzahnung von anlaßbezogener Kommunikations- und Leistungspolitik im Verkehrsdienstleistungsbereich deutlich.

Neben der durch eine geeignete Botschaftsgestaltung zum Ausdruck gebrachten **Kommunikationseffektivität** ist an die Kommunikationspolitik mit der **Kommunikationseffizienz** implizit auch die Forderung einer Selektion geeigneter Kommunikationsträger zu richten. Während eine Streuverluste minimierende Selektion adäquater Werbeträger die mediale Zugänglichkeit der heterogenen Nachfragersegmente erfordert, muß die Gestaltung der Kommunikationsbotschaft unmittelbar an den Bedürfnissen der Nachfrager orientiert sein (Verhaltensrelevanz, Aussagefähigkeit für den Instrumente-Einsatz).

Die Gestaltung zielgruppenspezifischer Kommunikationsbotschaften setzt aufgrund der skizzierten Immaterialität häufig an der **Potentialdimension** von Verkehrsdienstleistungen an.[103] Dabei steht die Kommunikationspolitik vor der zentralen Herausforderung, ein kommunikatives Gegengewicht zu der faktisch nur eingeschränkt modifizierbaren Ausgestaltung zentraler Leistungsparameter zu erzeugen. Zu diesem Zweck bieten zahlreiche Potentialfaktoren (Waggongestaltung, Betreuung durch das Personal etc.) die Möglichkeit, das intangible Ergebnis einer Verkehrsdienstleistung (Beförderung von A nach B) differenziert zu visualisieren.[104]

Zur Vermeidung eines widersprüchlichen Kommunikationsauftritts ist die Kommunikationspolitik schließlich in ein sowohl inhaltlich als auch formal und zeitlich integriertes Planungskonzept der Kommunikationspolitik einzubetten.[105] Während die zeitliche Integration auf die Abstimmung innerhalb und zwischen den Planungsperioden (z. B. Budgetierung) abzielt, umfaßt die formale Integration die Einhaltung formaler Gestaltungsprinzipien (z. B. Farbe und Schrift). Die thematische Abstimmung der unterschiedlichen Kommunikationsmaßnahmen ist Gegenstand der sehr vielschichtigen Aufgaben einer inhaltlichen Integration der Kommunikationspolitik.

---

102 Vgl. zum Einsatz und zur Ausgestaltung des Database-Marketing Lukat, A., Neue Produkte und Märkte durch neue Medien, in: Krauch, H., Sommerlatte, T., Arthur D. Little International (Hrsg.), Bedürfnisse entdecken: Gestaltung zukünftiger Märkte und Produkte, Frankfurt am Main, New York 1997, S. 160 ff.; Shaw, B., Stone, M., Competitive Superiority Through Data Base Marketing, in: McDonald, M. (Hrsg.), Marketing Strategies. New Approaches, New Techniques, Oxford, New York, Tokyo 1995, S. 225 ff.

103 Vgl. Freyer, W., Tourismus-Marketing. Marktorientiertes Management im Mikro- und Makrobereich der Tourismuswirtschaft, a.a.O., S. 535.

104 Vgl. Meffert, H., Bruhn, M., Dienstleistungsmarketing: Grundlagen, Konzepte, Methoden; mit Fallbeispielen, a.a.O., S. 335.

105 Vgl. Bruhn, M., Integrierte Unternehmens-Kommunikation, 2. Aufl., Stuttgart 1995, S. 32 ff.

Im Rahmen der **Distributionspolitik** ist ein zieladäquates Vertriebssystem für den Absatz der Verkehrsdienstleistung festzulegen. Da sich Verkehrsdienstleistungen als standortungebundene Leistungen charakterisieren lassen[106], steht die Suche nach Absatzkanälen zur Distribution von „Reiseanrechten" im Mittelpunkt distributionspolitischer Entscheidungstatbestände im Verkehrsdienstleistungsbereich.[107]

Hinsichtlich der Selektion geeigneter Absatzwege kann auf einer übergeordneten Ebene zwischen den distributionspolitischen **Grundformen** des direkten und indirekten Vertriebs unterschieden werden.[108] Dabei erfolgt der Vertrieb der Leistungen im Rahmen der indirekten Distribution über verschiedene Absatzmittler, während die Distributionsaufgaben beim Direktvertrieb vom Anbieter selbst übernommen werden. Die direkte Distribution läßt sich überdies entsprechend des Distributionsortes in den zentralen und dezentralen Direktvertrieb differenzieren.[109] Während die Leistungen beim zentralen Direktvertrieb von einem einheitlichen Ort distribuiert werden (z. B. Online-Vertrieb, Call-Center), erfolgt der Vertrieb im Rahmen des dezentralen Direktvertriebs an verschiedenen Stellen (z. B. Fahrkartenschalter am Bahnhof).

Im Verkehrsdienstleistungsbereich kann darüber hinaus entsprechend des inhaltlichen **Aufgabenspektrums** der Absatzkanäle zwischen dem Bedienungs- bzw. Beratungsvertrieb sowie dem Selbstbedienungsvertrieb unterschieden werden.[110] Aus einer Kombination der distributionspolitischen Grundformen sowie des inhaltlichen Aufgabenspektrums der Absatzkanäle lassen sich die alternativen Vertriebsformen im Verkehrsdienstleistungsbereich in Abbildung 13 zusammenfassen.[111]

---

106 Vgl. Stabenau, H., Verkehrsbetriebslehre, Düsseldorf 1994, S. 51.

107 Vgl. Freyer, W., Tourismus-Marketing. Marktorientiertes Management im Mikro- und Makrobereich der Tourismuswirtschaft, a.a.O., S. 498.

Vor dem Hintergrund dieses veränderten „Residenzprinzips" von Produzent und Konsument ergibt sich auch im Hinblick auf die ebenfalls der Distributionspolitik zuzuordnenden Gestaltung des logistischen Systems eine modifizierte Aufgabenstellung. Aufgrund der Simultaneität von Leistungserstellung und -inanspruchnahme im Verkehrsdienstleistungsbereich und der geringen Bedeutung logistischer Entscheidungstatbestände zum Zwecke der zielgruppenspezifischen Marktbearbeitung soll auf die Diskussion einer Gestaltung des logistischen Systems an dieser Stelle ebenso wie auf die versorgungsorientierten Zielsetzungen verzichtet werden. Vgl. dazu stellvertretend Meffert, H., Bruhn, M., Dienstleistungsmarketing: Grundlagen, Konzepte, Methoden; mit Fallbeispielen, a.a.O., S. 438 ff. bzw. 426 f.

108 Vgl. Ahlert, D., Distributionspolitik, 3. Aufl., Stuttgart, Jena 1996, S. 153 ff.

109 Vgl. Meffert, H., Bruhn, M., Dienstleistungsmarketing: Grundlagen, Konzepte, Methoden; mit Fallbeispielen, a.a.O., S. 429.

110 Vgl. Wagner, W., Personenverkehr der Deutschen Bundesbahn, a.a.O., S. 87 ff.

111 Vgl. Perrey, J., Nutzenorientierte Marktsegmentierung. Ein integrativer Ansatz zum Zielgruppenmarketing im Verkehrsdienstleistungsbereich, a.a.O., S. 135.

	direkter Vertrieb		indirekter Vertrieb
	zentral	**dezentral**	
Beratungs-vertrieb	• Großkunden-betreuungs-vertrieb (Key-Account-Vertrieb) • Telefonvertrieb (Call-Center)	• Bedienungs-vertrieb (Reisezentren, Fahrkarten-vertrieb am Systemstandort)	• Vertrieb über Reisebüros oder alternative Absatzmittler
Selbstbe-dienungs-vertrieb	• Online-Vertrieb • Andere Formen des Direktver-triebes (Mailings etc.)	• Automaten-vertrieb	• Selbstbedienungs-vertrieb über Absatz-mittler (z.B. Einzel-handel, Tankstellen, Baumärkte) => "Innovative Absatzkanäle"

Abb. 13:   Alternative Vertriebsformen im Verkehrsdienstleistungsbereich

Die Eignung unterschiedlicher Absatzkanäle hängt wesentlich von den verfolgten distri-butionspolitischen Zielen und dem absatzkanalspezifischen Beitrag zur Zielerreichung ab. Dabei sind für den Absatz von Bahnreiseanrechten insbesondere drei Zielkategorien von besonderer Relevanz: der **Distributionsgrad**, die **Distributionskosten** sowie die **Qualität des Absatzkanals**.

Hinsichtlich des **Distributionsgrades** erscheint für Bahndienstleistungen tendenziell eine hohe Distributionsdichte angezeigt, um so die Kosten (in einem umfassenden Sinne) des Kunden für den Ticketerwerb und damit den Zugang zum System Bahn gering zu halten. Dies gilt allerdings nur für den Fall, daß Buchungszeitpunkt und Reiseantritt zeitlich auseinanderfallen. Möchte der Kunde das Ticket erst kurz vor Reiseantritt er-werben, kann die Deutsche Bahn AG auf die Fahrkartenausgaben im Bahnhof oder den Fahrscheinerwerb im Zug ausweichen, da der Kunde für den Reiseantritt ohnehin zum Bahnhof muß und somit aus Kundensicht keine spezifischen Kosten für den Erwerb des Fahrscheins entstehen. Bei dieser Konstellation könnte sich die Bahn auf den Direktver-trieb beschränken und auf Absatzmittler verzichten.

Diese Argumentation fokussiert sich jedoch auf den Ticketerwerb und abstrahiert vom damit für den Kunden verbundenen hohen **Informationsbedarf**. In der Regel hat der Kunde nicht zuletzt aufgrund der komplexen Leistungs- und Angebotsstruktur der Deut-schen Bahn AG bei Bahnreisen ein hohes Informations- bzw. Beratungsbedürfnis, etwa hinsichtlich überhaupt bestehender Verbindungen, des Preises, der Fahrtzeit etc. Es ist somit weniger der eigentliche Ticketerwerb als vielmehr das hohe Beratungsbedürfnis des Kunden, das den Bedarf eines flächendeckenden Beratungs-Vertriebes induziert. Damit ist auch unmittelbar die Bedeutung des **persönlichen Verkaufs** im Bahnmarketing angesprochen. Grundsätzlich kommt dem persönlichen Verkauf im Vertrieb von Reiseanrechten kein großes Gewicht zu. In Abbildung 14 sind wesentliche Faktoren für die Bedeutung des persönlichen Verkaufs von Bahntickets beispielhaft bewertet. Lediglich die Erklärungsbedürftigkeit der Leistung (Fahrplan, Anschlüsse, Preise etc.) induziert eine höhere Bedeutung des persönlichen Verkaufs, der also im wesentlichen Beratungs- und weniger „hard selling Verkaufsfunktionen" zu erfüllen hat.

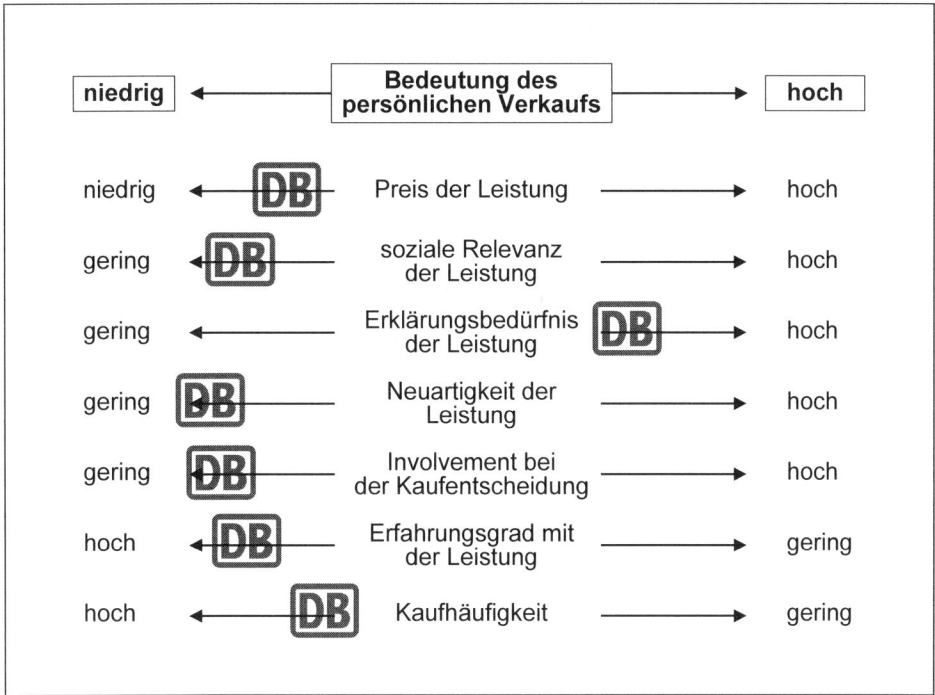

Abb. 14:   Stellenwert des persönlichen Verkaufs im Bahnmarketing

Damit ist auch offensichtlich, daß mit wachsenden Möglichkeiten der Direktinformation des Kunden, z. B. über Call Center oder das Internet, die Notwendigkeit eines kostenintensiven ubiquitären Vertriebs sinkt und die Möglichkeit eines Selbstbedienungsvertriebes steigt. Der hohe Informationsbedarf des Kunden führt im Ergebnis also zu hohen

Distributionskosten[112] und engt gleichzeitig das Spektrum möglicher Absatzmittler für Bahndienstleistungen stark ein, da diese für eine hinreichende Beratungsqualität spezifische Kompetenz und erforderliches technisches Equipment besitzen müssen. Daher bieten sich für den indirekten Vertrieb von Bahnreisenanrechten insbesondere Reisebüros mit einer eigenen Bahnabteilung an. Die hier beschäftigten Mitarbeiter verfügen über das notwendige Know-how und die erforderlichen technischen Voraussetzungen. Im Rahmen des **absatzmittlergerichteten Marketing** gilt es, geeignete Reisebüros zu selektieren, diese zu akquirieren und anschließend im Sinne eines integrierten Marktauftrittes zu koordinieren.

Der Ansatz der Reiseanlaß-Nutzen-Segmentierung bildet auch zur Ableitung distributionspolitischer Entscheidungstatbestände zum Zwecke einer zielgruppenspezifischen Marktbearbeitung eine aussagekräftige Grundlage. Dabei können etwa die Formen des Selbstbedienungsvertriebs – wie der Automatenvertrieb oder der Online-Vertrieb – auf besonders preis- oder zeitorientierte Reisende ausgerichtet werden.[113] Dagegen sind die kostenintensiven Beratungsvertriebsformen insbesondere auf eine gezielte Vermittlung des umfangreichen Service- und Komfortspektrums von Verkehrsdienstleistungen zu zielen.

4.4   Markierung als mixübergreifender Entscheidungstatbestand des Verkehrsdienstleistungsmarketing

Aufgrund der eingeschränkten Möglichkeiten einer faktischen Leistungsdifferenzierung nimmt eine zielgruppenspezifische **Markierung** des Angebotsspektrums einen zentralen Stellenwert zur differenzierten Marktbearbeitung im Verkehrsdienstleistungsbereich ein.[114] Im Sinne einer „...*einzigartigen Bündelung verschiedener Leistungseigenschaften...*"[115] läßt sich für Verkehrsdienstleistungen über eine entsprechende Markenpoli-

---

112 So liegen die Kosten für den Verkauf eines Bahntickets im Reisebüro bei etwa 14 % des durch das Ticket erzielten Umsatzes. Auch wenn die Deutsche Bahn AG den Reisebüros lediglich eine Provision in Höhe von 8 bis 12,5 % des Umsatzes gewährt, offenbart sich doch der nicht zu unterschätzende Kostenanteil des Vertriebs. Vgl. Noßke, St., Großer Handlungsdruck für Reisebüros, in: Fremdenverkehrswirtschaft, 32. Jg., Heft 13, 1998, S. 14 f.

113 Denkbar wäre in diesem Zusammenhang auch der indirekte Selbstbedienungsvertrieb über innovative Absatzkanäle. Dabei ist sicherzustellen, daß das Image des Absatzmittlers einen Fit zu den Nutzenerwartungen der anvisierten Zielgruppe aufweist (z. B. Baumarkt zum Vertrieb besonders preisgünstiger Angebote). Vgl. Freter, H., Marktsegmentierung, a.a.O., S. 150.

114 Vgl. Roth, P., Grundlagen des Touristikmarketing, a.a.O., S. 105.

115 Meffert, H., Bruhn, M., Dienstleistungsmarketing: Grundlagen, Konzepte, Methoden; mit Fallbeispielen, a.a.O., S. 319.

tik[116] in besonderer Weise eine Präferenz für die Leistung und ein über den Grundnutzen hinausgehender Anteil an Zusatznutzen erzeugen.[117] Aufgrund der Immaterialität von Verkehrsdienstleistungen können markenpolitische Maßnahmen überdies das subjektive Entscheidungsrisiko der Nachfrager reduzieren und Vertrauen in die Leistungsfähigkeit eines Anbieters hervorrufen.[118]

Zur **Realisierung** dieser markenpolitischen Zielsetzungen bedarf es eines strukturierten Planungsprozesses der Markenprofilierung, der als Planungs- und Entscheidungshilfe zur Bewertung, Auswahl und Implementierung alternativer markenpolitischer Handlungsoptionen dient.[119] Im Kern der Markenprofilierung steht die erfolgreiche Markenpositionierung.[120] Das Ziel der Positionierung besteht darin, eine dominierende Stellung in der Psyche des Konsumenten sowie eine hinreichende Differenzierung gegenüber Konkurrenzprodukten zu erreichen.[121] Anknüpfend an die im Rahmen der Reiseanlaß-Nutzen-Segmentierung ermittelten, homogenen Zielgruppen und deren Bedürfnissen bzw. Einstellungen ist hier zu prüfen, welche Problemlösungsalternative möglichst nahe an den Idealvorstellungen der Kunden (Markendominanz) liegt bzw. ein hinreichend großes Differenzierungspotential gegenüber den Wettbewerbern bietet (Markendifferenzierung). Auf Basis der Zielgruppenanforderungen aus der Reiseanlaß-Nutzen-Segmentierung ließe sich beispielsweise eine Marke für die zeitsensiblen Geschäftsreisenden kreieren, die gleichzeitig Garant einer sehr schnellen (Markendominanz) und gegenüber dem Pkw komfortableren (Markendifferenzierung) Beförderung wäre.[122] An die Identifikation der dominierenden und differenzierenden Leistungseigenschaften schließt sich die Markengestaltung an. Aufgrund der Immaterialität von Verkehrsdienstleistungen besteht hier die Schwierigkeit einer mangelnden physischen Markierungsfähigkeit der Leistung. Ersatzweise sind für Verkehrsdienstleister vor allem im internen Verfügungsbereich befindliche Kontaktträger für die Markierung relevant. Diese umfassen zum einen die dinglichen Potentialfaktoren (Züge, Bahnhöfe) sowie zum anderen die Mitarbeiter der Deutschen Bahn AG über eine einheitliche Bekleidung. Die Abstimmung aller

---

116 Zu Gegenstand und Entscheidungstatbeständen der Markenpolitik im Dienstleistungsbereich vgl. stellvertretend Freyer, W., Tourismus-Marketing. Marktorientiertes Management im Mikro- und Makrobereich der Tourismuswirtschaft, a.a.O., S. 430 ff.; Meffert, H., Bruhn, M., Dienstleistungsmarketing: Grundlagen, Konzepte, Methoden; mit Fallbeispielen, a.a.O., S. 319 ff.; Dibb, S., Simkin, L., The Strength of Branding and Positioning Services, in: International Journal of Service Industry Managment, Vol. 4, No. 1, 1993, S. 25 ff.

117 Vgl. zum Problem der Markenführung im Dienstleistungsbereich mit Beispielen aus der Verkehrsdienstleistungsbranche: Tomczak, T., Schlögel, M., Ludwig, E., (Hrsg.), Markenmanagement für Dienstleistungen, St. Gallen 1998.

118 Vgl. Stauss, B., Markierungspolitik bei Dienstleistungen – die „Dienstleistungsmarke", in: Bruhn, M., Meffert, H. (Hrsg.), Handbuch Dienstleistungsmanagement, Wiesbaden 1998, S. 566.

119 Vgl. Meffert, H., Entscheidungsorientierter Ansatz der Markenpolitik, in: Bruhn, M. (Hrsg.), Handbuch Markenartikel, Bd. 1, S. 175 ff.

120 Vgl. Meffert, H., Marketing. Grundlagen marktorientierter Unternehmensführung, 8. Aufl., a.a.O., S. 788.

121 Vgl. Becker, J., Marketing-Konzeption. Grundlagen des strategischen und operativen Marketing-Managements, a.a.O., S. 248.

122 Vgl. den Erfolg des ICE-Sprinter oder den im Planungsprozeß befindlichen Metropolitan.

Marketing-Mix-Aktivitäten auf den strategischen Kern einer Marke im Rahmen der Markenintegration schließt den Prozeß der Markenpositionierung ab.

Eine Bestandsaufnahme der markenpolitischen Aktivitäten der Deutschen Bahn AG im Fernverkehr offenbart eine sehr komplexe Markenstruktur (vgl. Abbildung 15).

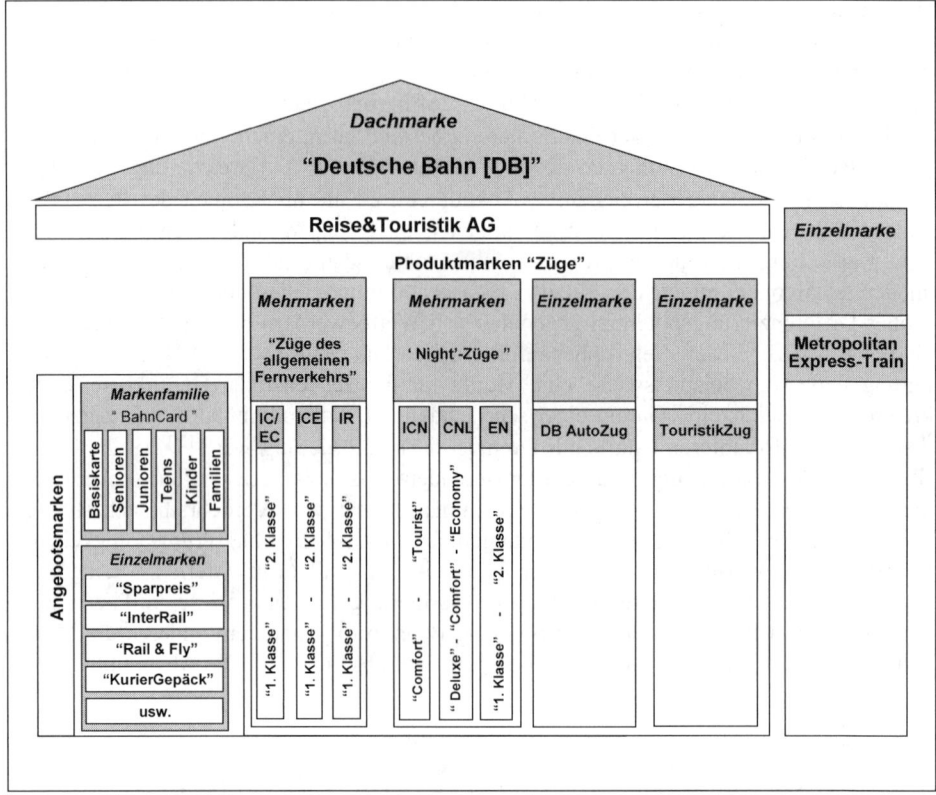

Abb. 15: Markenstruktur im Fernverkehr der Deutschen Bahn AG[123]

Auf einer übergeordneten Ebene fungiert der Unternehmensname Deutsche Bahn AG als Dachmarke aller marktgerichteten Aktivitäten. Die Markenpolitik der Deutschen Bahn AG gewinnt dabei durch die Ausgründung des Fernverkehrs als Reise&Touristik AG an Komplexität, denn unter die Dachmarke Deutsche Bahn AG tritt mit der *Reise&Touristik* quasi ein zweites Dach. Unterhalb dieser Dachmarke(n) sind im wesentlichen zwei Mar-

---

123 In Anlehnung an: Heinze, R., Markenstrategische Basisoptionen im Markt für Familienreisen – dargestellt am Beispiel der Deutschen Bahn AG, unveröff. Diplomarbeit, Münster 1997, S. 38.

kierungsdimensionen angesiedelt. Der Führung unterschiedlicher Zugtypen als **Produktmarken** stehen hier verschiedene **Angebotsmarken** in Form spezieller Fahrscheinformen oder Ermäßigungen gegenüber. Darüber hinaus finden sich Marken in weiteren Phasen der Reisekette, die sowohl den Charakter vollständiger Leistungsbündel als auch von Zusatzdienstleistungen einnehmen. So kann etwa mit Hilfe der *BahnCard* die Fahrkarte im *ReiseZentrum* erworben werden, in dem auch Pauschalreisen der *BahnTours* erhältlich sind. Während der Reise ist Kontakt mit dem Bahn-Caterer *MITROPA* möglich, das Gepäck kann mit Hilfe des *KurierGepäck-Services* befördert und der Weg vom Bahnhof zum Zielort schließlich mit dem *BahnTaxi* zurückgelegt werden.

Hinsichtlich der **Produktmarken** kann zwischen vier Gruppen von Zügen unterschieden werden. Im Sinne einer **Mehrmarkenstrategie** werden dabei mit dem *InterCity*, dem *EuroCity*, dem *InterCityExpress* sowie dem *InterRegio* die Züge des allgemeinen Fernverkehrs weitestgehend parallel auf die Nachfrage ausgerichtet. Der ICE verbindet vorwiegend große deutsche Metropolen, während der IC Städteverbindungen bedient und der IR als Angebot für regionale Verbindungen fungiert. Die zweite Zugtypengruppe umfaßt die Nachtzüge *InterCityNight*, *CityNightLine* und *EuroNight*. Der ICN verkehrt auf ausgesuchten nationalen Strecken als komfortabler Hotelzug mit der Option der Mitnahme von Pkw, Motor- und Fahrrädern. Der *CityNightLine* ist ebenfalls ein Hotelzug, der ausgewählte Großstädte in Österreich, der Schweiz und Deutschland miteinander verbindet. Die dritte Gruppe umfaßt die Autoreisezüge, die sowohl als Nacht- oder Tagzüge ausgelegt sein können. Die Autoreisezugaktivitäten sind als Tochtergesellschaft ausgegliedert und unter der Marke DB *AutoZug* zusammengefaßt worden. Als Nachtzüge sind die Autoreisezüge mit Schlafwagen versehen, wodurch es im Marktauftritt zu Überschneidungen mit dem *InterCityNight* kommt. Die letzte Gruppe umfaßt den *TouristikZug*, der als Charterzug gemietet werden kann. Der *TouristikZug* unterscheidet sich von den sonstigen Zügen des Fernverkehrs durch seine mehrfarbige Außenlackierung sowie eine veränderte Abteilarchitektur. Der *Metropolitan* schließlich soll die Ballungszentren Rhein-Ruhr mit Hamburg im Direktverkehr verbinden und wird als Einzelmarke mit eigenständigem Marktauftritt geführt, um somit in der nachfragerseitigen Wahrnehmung eine Unabhängigkeit vom traditionellen Leistungsspektrum der Bahn zu erzeugen. Unter den **Angebotsmarken** nimmt die *BahnCard* als **Markenfamilie** eine herausgehobene Position ein. Daneben existiert eine Vielzahl von zielgruppenspezifischen Angeboten wie dem Spar- oder Supersparpreis.

Ein Blick auf das facettenreiche Markierungsspektrum der Deutschen Bahn AG im Fernverkehr legt die Frage nahe, inwieweit eine derartige Markenvielfalt in der Wahrnehmung der Nachfrager tatsächlich die notwendige **Identifikations- und Vertrauensfunktion** im Sinne der Förderung einer „Bahnpräferenz" zu leisten vermag. So geht die Führung einer Vielzahl von im einzelnen nur wenig profilierten und differenzierten Marken mit der Gefahr einher, daß diese zur reinen Ursprungsbezeichnung bzw. Absenderadresse degenerieren. Am Beispiel der verschiedenen Zugtypen im Fernverkehr läßt sich dieses Risiko einer Erzeugung verwässerter Markenbilder besonders deutlich identifizieren. So ist zu bezweifeln, daß die mit den Zügen ICE, IC/EC und IR verfolgten Markierungsansätze – wie gefordert – den Bedürfnissen unterschiedlicher Zielgruppen

gerecht werden und somit dem Dominanz- und Differenzierungserfordernis des Marken-
positionierungsprozesses genügen. Dies läßt sich anhand einer Einordnung der verschiedenen Zugmarken in das – durch die zentralen Nutzendimensionen Preis, Reisezeit und
Komfort aufgespannte – Differenzierungsspektrum im Fernverkehr eindrucksvoll belegen (vgl. Abbildung 16).

Eine Differenzierung über den Faktor *Reisezeit* setzt dabei unmittelbar an einzelnen
Produkten bzw. Zugtypen an (z. B. schnellerer Zug ICE vs. langsamerer Zug IR) und
kann demnach als **vertikale** bzw. produktspezifische Differenzierung angesehen werden.
Im Sinne einer produktübergreifenden Differenzierung läßt sich dagegen eine Variation
des *Komfortniveaus* (z. B. 1. vs. 2. Klasse) als **horizontale** Differenzierung bezeichnen.
In Abhängigkeit des Grades der vertikalen und horizontalen Differenzierung kann
schließlich eine Modifikation des *Preises* – dem monetären Gegenpol der Leistungsdifferenzierung – als **laterale** Differenzierungskomponente fungieren.

Mit Blick auf die Einordnung der verschiedenen Zugmarken in dieses Differenzierungsspektrum wird offenkundig, daß die grundsätzlichen Differenzierungsoptionen bislang
nur **wenig zielgruppenkonform** eingesetzt werden und somit ein **Misfit zwischen** den
Nachfrageerfordernissen und dem wenig konturierten **Markenspektrum** zu konstatieren ist. So läßt sich kaum eine Differenzierung zwischen den Zugmarken IC/EC und IR
ausmachen, da beide Züge durch vergleichbare Reisezeiten und Komfortniveaus und
damit quasi-äquivalente Leistungen charakterisiert werden können.[124] Überdies nivelliert
sich die praktizierte Differenzierung in zwei Komfortklassen aufgrund der kontinuierlichen Innovationszyklen praktisch selbst, was sich etwa im hohen Komfortniveau der
zweiten Klasse des ICE niederschlägt, die dementsprechend kaum noch einen Leistungsnachteil gegenüber der ersten Klasse in den Zugtypen älteren Baujahrs (insbesondere IC/EC) aufweist. Ein Nutzenzuwachs hinsichtlich der Leistungsdimension Komfort
geht somit häufig auch unmittelbar mit einer (nicht notwendigerweise vom Nachfrager
gewünschten) Verbesserung der Nutzendimension Reisezeit einher. Beide Nutzenkomponenten sind damit angebotsstrukturell aneinander gekoppelt. Auf Basis dieser Befunde
lassen sich vor dem Hintergrund des durch die heterogenen Anforderungen der drei
Nutzensegmente zum Ausdruck gebrachten Differenzierungserfordernisses verschiedene
Implikationen für die Markenpolitik und die differenzierte **Gestaltung des Leistungsspektrums** im Schienenpersonenfernverkehr ableiten.

---

124 Die hier vorgenommene Einordnung der Zugtypen InterRegio (IR) und InterCity/EuroCity (IC/EC)
     widerspricht dabei in gewisser Weise der Selbsteinschätzung durch die Deutsche Bahn AG, die eine
     deutliche Leistungsdifferenzierung zwischen beiden Konzepten sieht. Vgl. Bretthauer, I., Deutsche Bahn
     AG: Marketing im Personenfernverkehr, a.a.O., S. 1555. An dieser Stelle darf jedoch nicht übersehen
     werden, daß die InterRegio-Züge bei den für die Nachfrager sichtbaren Komponenten modernisiert sind
     und damit den konzeptinduzierten Komfortnachteil (z. B. kein Speise-, sondern Bistrowaggon) durch mo-
     dernere Komfortbestandteile (z. B. Sitze) nahezu ausgleichen.

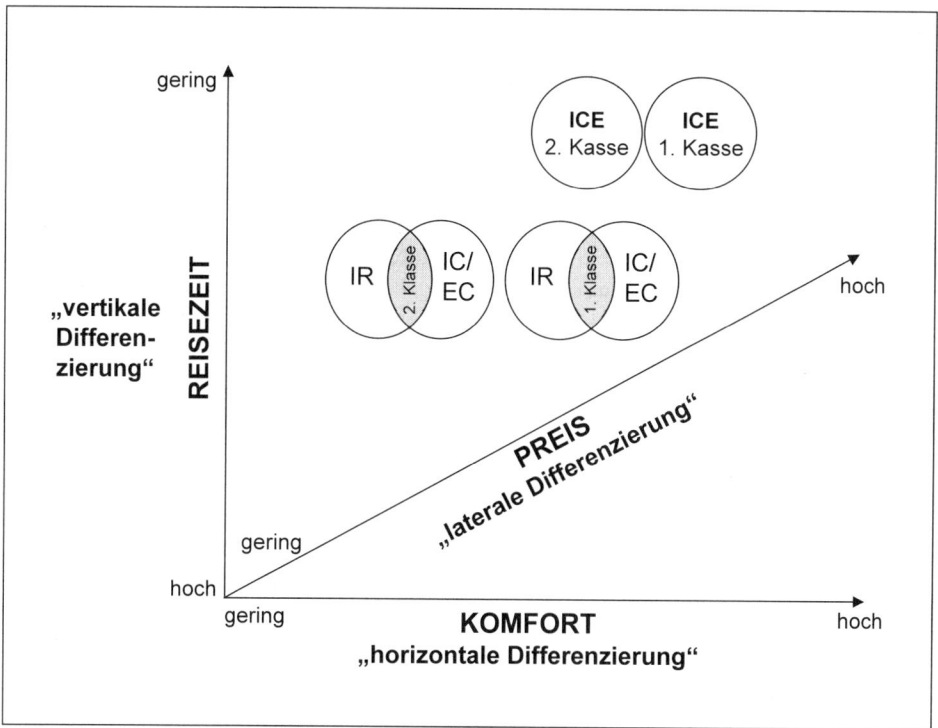

Abb. 16:   Differenziertes Angebotsspektrum der Deutschen Bahn AG

Das praktizierte „Drei-Zugtyp-Konzept" geht aufgrund der vergleichsweise homogenen Marken IC/EC und IR mit der Gefahr einer angebotsinduzierten Verwischung der Differenzierungselemente einher. Um den Nutzenerwartungen der übergeordneten Marktsegmente Reisezeitminimierer (31 %) und Preissensible (51 %) in geeigneter Weise Rechnung zu tragen, erscheint es daher sinnvoll, eine trennscharfe Positionierung von nur noch **zwei** – durch die zentralen Nutzendimensionen Reisezeit und Preis differenzierten und **eigenständig markierten** – **Zugkonzepten** anzustreben. Während die „Basismarke" dabei auf die preissensiblen Reisenden abstellt und dementsprechend am Grundnutzen der „Beförderung von A nach B" orientiert ist, bietet die „Premiummarke" einen zentralen Zeitvorteil und kann so die diesbezüglichen Preisbereitschaften im Segment der Reisezeitminimierer abschöpfen.[125] Eine präzise und auf eine trennscharfe Abgren-

---

125 Neben produktbezogenen Ansatzpunkten zur differenzierten Ausgestaltung der Nutzendimension „*Reisezeit*" besteht im Verkehrsdienstleistungsbereich die zentrale Herausforderung in der Suche nach „intelligenten" Formen der Reisezeitminimierung. Neben einer *Netzoptimierung* bietet dazu insbesondere der *Bahnhof* Ansatzpunkte. Zur zielgruppenspezifischen Marktbearbeitung nimmt allerdings auch hier die Differenzierung des Angebots eine übergeordnete Bedeutung ein.

zung zwischen beiden Zugmarken abzielende Konzeptgestaltung ermöglicht dann den Aufbau **eigenständiger Markenidentitäten**, die als zentrale Basis zur Entwicklung und Festigung des Vertrauens der Nachfrager in die Marken dienen und damit zur nachhaltigen Präferenzförderung beitragen.[126]

Aufbauend auf dieser durch die zentralen Nutzendimensionen Preis und Reisezeit getragenen Markendifferenzierung ist es schließlich die zentrale Herausforderung einer wirksamen Marktbearbeitung, den zielgerichteten Einsatz des weiteren Differenzierungselements **Komfort** vorzunehmen. Soll auch der Komfort zur Differenzierung zwischen den verschiedenen Marken und damit zur Förderung der eigenständigen Markenidentitäten beitragen, ist einerseits eine markenspezifische Ausgestaltung des Komfortniveaus – wie diese im Prinzip bereits derzeit mit den verschiedenen Zugtypen verfolgt wird – weiter voranzutreiben (etwa durch den Einsatz von Serviceitems, die zwischen den Zugtypen differenzieren). Andererseits bleiben damit die angebotsinduzierte Kopplung der Nutzendimensionen Komfort und Reisezeit bestehen und so letztlich die Funktion des Komforts als **zusätzliches Differenzierungselement** ungenutzt.

Zur wirksamen Marktbearbeitung erscheint es damit sinnvoll, über die vorgenommene „Inter-Marken-Differenzierung" hinaus eine **funktionale Entkopplung** der Differenzierungselemente Reisezeit und Komfort bestmöglich vorzunehmen, um damit den Anforderungen der komfortorientierten Reisenden (18 %) **markenübergreifend** Rechnung zu tragen (Intra-Marken-Differenzierung). Zu diesem Zweck können die angesprochene modulare und/oder funktionale Service- und Komfortstruktur einen sinnvollen Beitrag leisten. Dabei lassen sich die nutzenstiftenden Komfortelemente auf unterschiedliche Weise miteinander verknüpfen und isoliert oder im Paket anbieten, so daß die vorhandenen Ertragspotentiale auf maximale Weise ausgeschöpft werden können. Während es allerdings aufgrund der kontinuierlichen Innovationszyklen im Verkehrsdienstleistungsbereich nur schwer gelingen wird, ein einheitliches Komfortniveau hinsichtlich einzelner Ausstattungselemente (z. B. Sitzkomfort) zu gewährleisten, bieten zahlreiche Service- und Komfortitems (z. B. Betreuung, Unterhaltung, Verpflegung) die Möglichkeit eines markenübergreifenden Einsatzes mit **gleichem Leistungsstandard**. Abbildung 17 faßt die grundsätzlichen Überlegungen zur differenzierten Markierung und darauf aufbauenden Leistungsgestaltung im Schienenpersonenfernverkehr zusammen und beinhaltet eine exemplarische Ausgestaltung des an den heterogenen Nutzenerwartungen der identifizierten Zielgruppen orientierten „Zwei-Marken-Konzeptes".[127]

---

126 Zur identitätsorientierten Markenpolitik vgl. Meffert, H., Burmann, C., Identitätsorientierte Markenführung – Grundlagen für das Management von Markenportfolios, Arbeitspapier Nr. 100 der Wissenschaftlichen Gesellschaft für Marketing und Unternehmensführung e.V., Meffert, H., Wagner, H., Backhaus, K. (Hrsg.), Münster 1996.

127 Hinsichtlich der Umsetzung eines derartigen Ansatzes gilt es allerdings, das Problem der Verbundeffekte im Rahmen der Bahnleistungen zu lösen. So kann sicherlich nicht immer vollständig gewährleistet werden, daß bei Reisen mit Umsteigeerfordernis die gewählte „Angebotskonfiguration" durchgängig zur Verfügung steht.

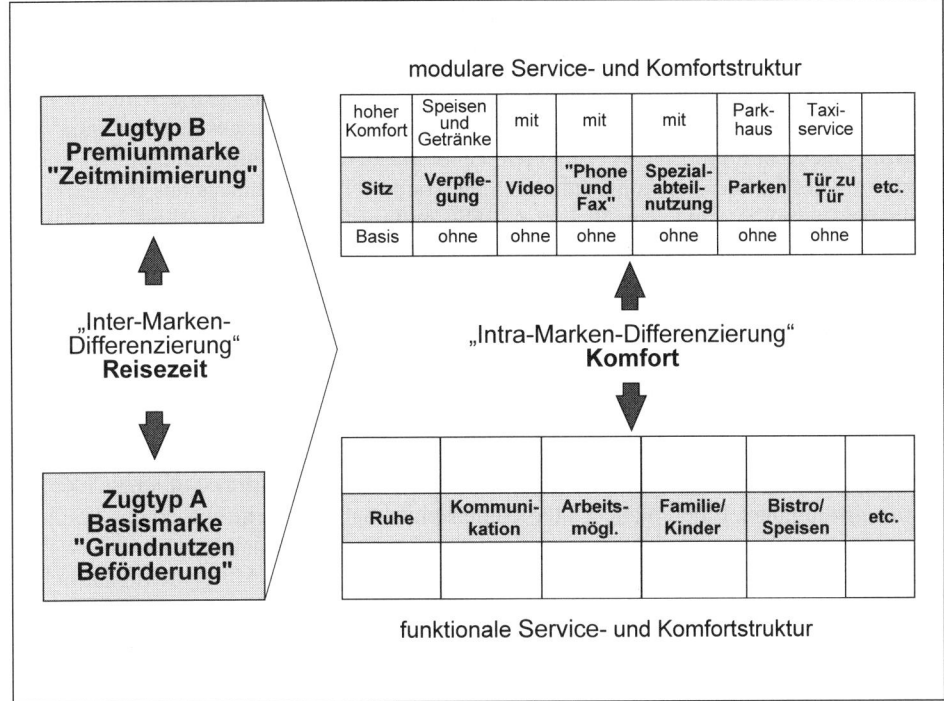

Abb. 17: Exemplarische Ausgestaltung des „Zwei-Zugtyp-Konzeptes"
zur markierungsgerechten Marktbearbeitung

4.5 Internes Marketing als unterstützendes Instrument

Da Verkehrsdienstleistungen trotz eines vergleichsweise hohen Standardisierungsgrades durch zahlreiche Interaktionen zwischen Kunde und Mitarbeiter gekennzeichnet sind, kommt einem servicegerechten Mitarbeiterverhalten eine besondere Bedeutung zu.[128] Diese auch als unmittelbare Kundenorientierung zu charakterisierende Beziehung ist dabei im Rahmen des internen Marketing in die Beziehung zwischen Unternehmen und Mitarbeiter sowie die im externen Marketing-Instrumentarium ihren Kristallisationspunkt findende Beziehung zwischen Unternehmen und Kunde eingebettet. So tritt im

---

128 Vgl. zum Einfluß des Personals auf die Kundenzufriedenheit mit Bahnreisen: Siefke, A., Zufriedenheit mit Dienstleistungen – Ein phasenorientierter Ansatz zur Operationalisierung und Erklärung der Kundenzufriedenheit im Verkehrsbereich auf empirischer Basis, a.a.O., S. 167.

Konzept des Internen Marketing neben die Kunden- die Mitarbeiterorientierung als gleichberechtigtes Postulat einer marktorientierten Unternehmensführung.[129]

Für die Deutsche Bahn ergaben sich die besonderen Herausforderungen des im Zentrum des internen Marketing stehenden Personalmanagements nicht nur aus der Metamorphose von einem bürokratischen Prinzipien gehorchenden Staatsunternehmen zu einem marktorientierten Dienstleistungsunternehmen, sondern darüber hinaus aus der Vereinigung der in völlig unterschiedlichen Gesellschaftssystemen verwurzelten Deutschen Reichs- mit der Deutschen Bundesbahn. Die zur Bewältigung dieser Aufgaben erforderliche „Neuorientierung in der Personalpolitik"[130] fand ihren Niederschlag beispielsweise in nach Hierarchieebenen gestaffelten umfangreichen Schulungsmaßnahmen, in denen über 100.000 Mitarbeiter der Bahn im Zuge der Umwandlung zur Aktiengesellschaft mit den neuen Herausforderungen vertraut gemacht wurden.[131]

Die Vielzahl von personalpolitischen Maßnahmen gilt es, in eine den Anforderungen eines serviceorientierten Verkehrsdienstleistungsunternehmens gerecht werdende Unternehmensphilosophie, die als Soll-Zustand der **Unternehmenskultur** aufgefaßt werden kann, einzubinden. Eine solche Unternehmensphilosophie besteht aus einem Set von gemeinsamen Werten, Normen und Verhaltensweisen der Mitarbeiter, welches den Kunden und seine spezifischen Leistungsanforderungen in den Mittelpunkt sämtlicher Aktivitäten stellt.[132] Die Notwendigkeit einer Servicephilosophie im obigen Sinne erwächst dabei nicht zuletzt aus dem beschriebenen Typus der Verkehrsdienstleistung, der den Funktionen einer Unternehmensphilosophie[133] besondere Relevanz verleiht. So kommt der Abstimmung zwischen aus Kundensicht interdependenten Entscheidungen im Rahmen der **Koordinationsfunktion** angesichts der Vielzahl von Schnittstellen in der Reisekette und der aufgrund des uno actu Prinzips von Verkehrsdienstleistungen ausgeschlossenen ex post Koordination eine hohe Wichtigkeit zu. Ein unternehmenskultureller Grundkonsens kann dabei den Koordinationsbedarf an servicefeindlichen, formalen oder administrativen Regelungen mindern. Die **Integrationsfunktion** steht in engem Zusammenhang mit der Koordinationsfunktion und verringert innerhalb eines Unternehmens zentrifugale Tendenzen – etwa in Form von Ressortegoismen –, die ei-

129 Vgl. Bruhn, M., Internes Marketing als neue Schwerpunktsetzung für das Personalmanagement in Dienstleistungsunternehmen, in: Bruhn, M., Meffert, H. (Hrsg.), Handbuch Dienstleistungsmanagement, a.a.O., S. 710 f.

130 Vgl. Hartmann, A., Klippel, S., Neuorientierung in der Personalpolitik bei der DB AG, in: Die Deutsche Bahn, 69. Jg., Heft 6, 1993, S. 447-450.

131 Vgl. Polzer, H., Das Projekt „Brücke". Schulungsmaßnahmen auf dem Weg zur Bahn AG, in: Die Deutsche Bahn, 69. Jg., Heft 6, 1993, S. 451-454.

132 Vgl. Meffert, H., Dienstleistungsphilosophie und –kultur, in: Handbuch Dienstleistungsmarketing, a.a.O., S. 124.

133 Vgl. zu den Funktionen einer Unternehmenskultur: Dill, P., Hügler, G., Unternehmenskultur und Führung betriebswirtschaftlicher Organisationen – Ansatzpunkte für ein kulturbewußtes Management, in: Heinen, E., Frank, M. (Hrsg.), Unternehmenskultur. Perspektiven für Wissenschaft und Praxis, 2. Aufl., München 1997, S. 146 ff.

nem gewünschten organisationalen Zusammenhalt entgegenwirken. Die Integrationsfunktion scheint für die Deutsche Bahn AG in Anbetracht der zweiten Stufe der Bahnreform mit der einhergehenden Konzernstruktur eine wachsende Bedeutung einzunehmen. Die **Motivationsfunktion** einer Unternehmenskultur schließlich knüpft unmittelbar an die Leistungsbereitschaft der Mitarbeiter an. Dabei kann unterstellt werden, daß die Vermittlung eines Sinnzusammenhanges der eigenen Tätigkeit durch die Unternehmenskultur motivations- und identifikationsfördernd auf die Mitarbeiter wirkt.

Eine Unternehmens- respektive Servicekultur im beschriebenen Sinne hat somit die Funktion eines Hygienefaktors für den Dienstleistungserstellungsprozeß, denn Dienstleistungen können ihre präferenzbildende Wirkung gegenüber dem Kunden nur bei einem kundenorientierten Interaktionsverhalten der Mitarbeiter entwickeln. So kann eine adäquate Servicekultur den Wirkungsgrad der eingesetzten Marketinginstrumente erhöhen und somit einen Beitrag zur Effektivitäts- und Effizienzsteigerung des Marketing von Verkehrsdienstleistungsunternehmen leisten.

Für die mögliche Gestaltung oder Veränderung von Werten und Normen der Mitarbeiter in Richtung einer **Dienstleistungskultur** ist ein integrierter Einsatz der Instrumente des internen Marketing erforderlich. Auf diese Weise kann eine dienstleistungsbezogene Wirkungskette entstehen, die aufbauend auf dem Gedanken der Mitarbeiter als interne Lieferanten (interne Dienstleistungsqualität) über gesteigerte Mitarbeiterzufriedenheit letztlich zu höherer Kundenzufriedenheit und -loyalität verbunden mit positiven Wirkungen auf Umsatz und Rentabilität führt.

5. Zusammenfassung und Ausblick

Der Markt für Verkehrsdienstleistungen ist aufgrund wachsender Mobilitätsnachfrage einerseits sowie Deregulierungs- und Privatisierungsbemühungen andererseits ein sehr dynamischer und zugleich wettbewerbsintensiver Markt. Der große Gewinner dieses Wettbewerbs war in den vergangenen Jahrzehnten der motorisierte Individualverkehr, was unter volkswirtschaftlichen Aspekten mit zahlreichen Problemen verbunden ist. Nicht zuletzt vor diesem Hintergrund haben die politisch Verantwortlichen mit der **Bahnstrukturreform** dem Verkehrsträger Bahn nicht nur eine neue Rechtsform gegeben, sondern den Gedanken marktorientierter Unternehmensführung in der Deutschen Bahn AG zumindest implizit gestärkt, da sicher nicht zu Unrecht vom Marketing ein Beitrag zur beabsichtigten Steigerung der Attraktivität des Verkehrsträgers Bahn erhofft werden darf.

Das Marketing im Fernverkehr der Deutschen Bahn AG ist dabei in eine Reihe von **Besonderheiten** eingebettet, denen es bei diesem Vorhaben Rechnung zu tragen gilt. Neben den Leistungsaspekten, die ganz wesentlich durch das Wesen der Dienstleistung sowie die Schnittstellenproblematik des öffentlichen Verkehrs bestimmt werden, sind diese vor allem in den Wettbewerbsspezifika im Markt für Verkehrsdienstleistungen sowie in Besonderheiten des Unternehmens selbst zu suchen. In diesem Zusammenhang ist zum einen die als komplex zu kennzeichnende **Wettbewerbsstruktur** anzuführen, die sich insbesondere in den vielschichtigen und fragilen Beziehungen im Marketing-Dreieck niederschlägt. Die Spezifika des Unternehmens Deutsche Bahn AG manifestieren sich nicht zuletzt in seinem **Zielsystem**, das ungeachtet einer stärkeren Orientierung an typischen unternehmerischen Zielen, die aufgrund der Kostenstrukturproblematik wesentlich durch Auslastungsgrößen determiniert werden, nach wie vor auch (verkehrs-) politische Zielkomponenten beinhaltet.

Darüber hinaus ist die Fixkostenintensität auch eine besondere Herausforderung für eine den Prinzipien marktorientierter Unternehmensführung gehorchende differenzierte Marktbearbeitung. Für die dazu erforderliche Zielgruppenabgrenzung eignet sich im Verkehrsdienstleistungsbereich in ganz besonderer Weise ein mehrstufiges Vorgehen, bei dem, aufbauend auf kaufverhaltensrelevanten Nutzendimensionen einer Fernreise, die zugänglichkeitssteuernde Reiseanlaßvariable eine den wesentlichen Anforderungen der Marktsegmentierung gleichzeitig gerecht werdende Zielgruppenbildung ermöglicht. Ungeachtet der Schwierigkeiten einer differenzierten Marktbearbeitung erbringen die Ergebnisse einer so gewonnenen Reiseanlaß-Nutzen-Segmentierung wertvolle Ansatzpunkte für ein differenziertes Marketing, etwa im Hinblick auf eine zu verfolgende Preis-Mengen- oder Präferenzstrategie.

In diesem Kontext gilt es zu prüfen, ob ein durch die **Markierungspolitik** unterstütztes Zwei-Zugtyp-Konzept mit der Differenzierungsdimension Zeit und einer modularisierten Servicestruktur den strategischen Differenzierungserfordernissen des Marktes besser Rechnung trägt als die bislang praktizierte Differenzierung in drei Zugtypen mit jeweils zwei Klassen. Neben der Markierung ergeben sich auch in den klassischen Bereichen des Marketing-Mix zahlreiche Ansatzpunkte zur wirksamen Bearbeitung des Verkehrsdienstleistungsmarktes.

Die **Preispolitik** von Verkehrsdienstleistungsunternehmen steht dabei im Spannungsfeld unterschiedlicher Zielsetzungen. Auf der einen Seite kann eine Preisdifferenzierung bei preiselastischer Nachfrage zur Auslastungssteuerung im Rahmen eines Yield-Management genutzt werden. Darüber hinaus bieten Instrumente nicht linearer Preisbildung (z. B. BahnCard) als Spezialfall der Preisdifferenzierung Ansatzpunkte zur Abschöpfung von Konsumentenrente. Diesen Chancen einer stark differenzierten Preispolitik steht jedoch das Risiko einer übermäßigen Tarifkomplexität gegenüber. In diesem Zusammenhang ist es insbesondere Aufgabe der **Kommunikationspolitik**, die konsumentenseitig notwendigerweise vorgenommene Informationsreduktion in Richtung eines positiven Urteilsankers zu beeinflussen. In der **Leistungspolitik** wird die Überwindung der infrastrukturellen Nachteile der Bahn durch eine integrierte Gestaltung der Reisekette die Kernleistung der Bahn evolutorisch weiterentwickeln. Da sich Verkehrsdienstleistungen als standortungebundene Leistungen charakterisieren lassen, steht die Suche nach Absatzkanälen zur Distribution von „Reiseanrechten" im Mittelpunkt **distributionspolitischer Entscheidungstatbestände** im Verkehrsdienstleistungsbereich. Dabei wurde deutlich, daß für einen flächendeckenden Vertrieb weniger die Distribution der Tickets als vielmehr die Informationsverteilung relevant ist. Neue technische Lösungen, wie z. B. Internet oder Call Center, ermöglichen in diesem Zusammenhang eine Entkopplung der physischen Distribution der Fahrkarten von der Informationsübermittlung und eröffnen so Kostensenkungspotentiale. Das interne Marketing schließlich kann insbesondere über eine adäquate Unternehmenskultur den Wirkungsgrad der primär auf den Markt gerichteten Marketinginstrumente erhöhen.

Die **zukünftigen Herausforderungen** an das Marketing der Deutschen Bahn AG werden sehr stark von der Entwicklung interner und externer Faktoren abhängig sein. So ist abzuwarten, welche Wirkungen von der zweiten Stufe der Bahnstrukturreform mit der institutionalisierten Trennung der Geschäftsbereiche ausgehen werden. Darüber hinaus ist zumindest auf besonders attraktiven Relationen mit dem Markteintritt neuer, insbesondere ausländischer Anbieter von Schienenverkehrsdienstleistungen zu rechnen. Ungeachtet dieser Umstände eröffnet der nach wie vor steigende Mobilitätsbedarf angesichts der offenkundigen Probleme des Individualverkehrs erfreuliche Perspektiven für die Deutsche Bahn AG.

Jesko Perrey

Nutzenorientierte Marktsegmentierung im Verkehrsdienstleistungsbereich

Ein integrativer Ansatz zum Zielgruppenmarketing

1. Nutzenorientierte Marktsegmentierung als Herausforderung an das Management von Verkehrsdienstleistungsunternehmen

1.1 Notwendigkeit einer zielgruppenspezifischen Marktbearbeitung im Verkehrsdienstleistungsbereich

Der vielzitierte „Marsch in die Dienstleistungsgesellschaft"[1] ist auf zahlreiche Ursachen zurückzuführen. Gesellschaftliche und demographische Veränderungen wie verkürzte Arbeitszeiten oder eine steigende Lebenserwartung der Bevölkerung stellen dabei die zentralen Triebfedern für die dynamische Zunahme der Dienstleistungsnachfrage dar.[2] Diese Entwicklungen lassen sich auch als Begründung für die **steigende Nachfrage nach Verkehrsdienstleistungen** in den westlichen Industriestaaten heranziehen. Ferner sind in diesem spezifischen Kontext die zunehmende Globalisierung der Märkte sowie die Integrationsentwicklung in Europa einhergehend mit einem wachsenden Freizeit- und Mobilitätsbedürfnis der Bevölkerung zu nennen, die zu einer „Ent-Lokalisierung" von geschäftlichen und privaten Interaktionen führen.[3] Die zentrale geographische Lage in Europa verstärkt diese Tendenzen in Deutschland zusätzlich durch die Bedeutung als Transitland.

Im Markt für Verkehrsdienstleistungen herrscht sowohl auf der **inter- als auch** der **intramodalen Betrachtungsebene**[4] ein intensiver Wettbewerb vor, der sich zukünftig weiter verstärken wird. Ursache hierfür stellen Deregulierungs- und Privatisierungsmaßnahmen bei den ehemals staatlichen Flug- und Bahngesellschaften dar. Die steigende Wettbewerbsintensität äußerte sich in den letzten Jahren insbesondere im Luftverkehrsmarkt, wo sowohl auf dem innerdeutschen als auch auf dem internationalen Markt zunehmend aggressive Preisstrategien von Fluggesellschaften zu beobachten sind.[5] Da im Rahmen der Bahnreform auch der Zugang Dritter als Anbieter von Schienenverkehrsleistungen vorgesehen ist,[6] wird damit auch die Deutsche Bahn AG zukünftig neben dem Luft- und motorisierten Individualverkehr mit intramodaler Konkurrenz und somit einem verstärkten Wettbewerb konfrontiert werden.

1   Vgl. Fourastié, J., Die große Hoffnung des Zwanzigsten Jahrhunderts, Köln 1954, S. 133 ff.
2   Zu einer ausführlichen Diskussion der vielschichtigen Ursachen für die Zunahme der Dienstleistungsnachfrage vgl. stellvertretend Meffert, H., Bruhn, M., Dienstleistungsmarketing: Grundlagen, Konzepte, Methoden; mit Fallbeispielen, 2. Aufl., Wiesbaden 1997, S. 7 ff.
3   Vgl. Litzenroth, H., Dem Verbraucher auf der Spur. Quantitative und qualitative Konsumtrends, in: Jahrbuch der Absatz- und Verbrauchsforschung, 41. Jg., Heft 3, 1995, S. 242.
4   Als intramodaler Wettbewerb wird dabei der Wettbewerb auf Verkehrsträgerebene (Bahn, Flugzeug, Pkw) bezeichnet, während mit der intermodalen Betrachtungsebene eine verkehrsträgerübergreifende Perspektive eingenommen wird.
5   Vgl. Klein, H., Qualitätsmanagement der Deutschen Lufthansa AG, in: Bruhn, M., Stauss, B. (Hrsg.), Dienstleistungsqualität: Konzepte, Methoden, Erfahrungen, 2. Aufl., Wiesbaden 1995, S. 479.
6   Vgl. Laaser, C.-F., Die Bahnstrukturreform: Richtige Weichenstellung oder Fahrt aufs Abstellgleis?, Kieler Diskussionsbeiträge Nr. 239, Kiel 1994, S. 4.

Vor diesem Hintergrund und bedingt durch die Tatsache, daß die durch die Privatisierung hervorgerufenen Restrukturierungsbemühungen noch keineswegs abgeschlossen sind, stehen die großen Anbieter von Verkehrsdienstleistungen derzeit vor
zahlreichen unternehmens- und wettbewerbsinduzierten Herausforderungen. Bedingt
durch die wettbewerbsbezogene Reaktionsverbundenheit und einhergehend mit der hohen Austauschbarkeit der originären Grundleistung, der Beförderung von A nach B,
kommt der Profilierung der eigenen Leistung im Wettbewerb und der optimalen Ausgestaltung des Leistungsprogrammes zur Befriedigung der Mobilitätsbedürfnisse eine
zentrale Bedeutung zu.[7]

Grundlage einer Wettbewerbsprofilierung im Verkehrsdienstleistungsbereich stellen
gleichermaßen eine sorgfältige Analyse der **Determinanten der Verkehrsmittelwahl**
wie die Kenntnis der Beurteilung einer Dienstleistung durch die aktuellen und potentiellen Konsumenten dar. Das Verkehrsmittelwahlverhalten wird dabei von zahlreichen
Einflußfaktoren bestimmt.[8] In diesem Zusammenhang läßt sich zwischen personen-,
reise- und verkehrsmittelbezogenen Gesichtspunkten unterscheiden. Während personenbezogene Bestimmungsfaktoren psychographische (z. B. Einstellungen zum Verkehrsmittel) und soziodemographische (z. B. Einkommen der Nachfrager) Elemente umfassen, zählen zu den reisebezogenen Einflußfaktoren insbesondere die zurückzulegende
Streckenlänge oder der Reiseanlaß. Verkehrsmittelbezogene Faktoren beinhalten
schließlich den Preis, die Verfügbarkeit oder die mit der Wahl eines Verkehrsmittels
verbundene Reisezeit. Das Verkehrsmittelwahlverhalten ist dabei in hohem Maße situationsgeprägt und häufig mit geringen Wechselbarrieren verbunden.[9]

Die Vielzahl dieser Einflußgrößen verdeutlicht die einerseits durch eine fortschreitende
Ausweitung des Angebotsspektrums induzierte sowie andererseits durch intersubjektive
Bedürfnisunterschiede hervorgerufene Heterogenität der Nachfrage im Verkehrsdienstleistungsbereich.[10] Die Kenntnis der Bedürfnisse von Reisenden und deren Anforderungen an die offerierte Leistung sind dabei zentrale Voraussetzungen für eine an den differenzierten Konsumentenwünschen orientierte und damit zielgruppengerechte Ausrichtung eines Verkehrsunternehmens.

---

7   Vgl. Burmann, C., Touristik-Marketing, in: Meffert, H. (Hrsg.), Lexikon der aktuellen Marketingbegriffe,
     Wien 1994, S. 236.
8   Vgl. zu einer ausführlichen Diskussion der Determinanten der Verkehrsmittelwahl stellvertretend Bamberg S., Zeit und Geld: Empirische Verhaltenserklärung mittels Restriktionen am Beispiel der Verkehrsmittelwahl, in: ZUMA-Nachrichten, 38. Jg., 20. Mai 1996.
9   Vgl. Siefke, A., Zufriedenheit mit Dienstleistungen – Ein phasenorientierter Ansatz zur Operationalisierung und Erklärung der Kundenzufriedenheit im Verkehrsbereich auf empirischer Basis, Frankfurt am
     Main u. a. 1998, S. 52.
10   Überdies werden häufig auch die wachsende Kaufkraft der Nachfrager und der damit verbundene Wunsch
     nach der Suche des „Neuen" bzw. der „Abwechslung" (Variety Seeking") sowie die fortschreitende Verbreitung neuartiger Informations- und Kommunikationstechnologien als Ursachen für die zunehmende
     Heterogenität der Nachfrage angeführt. Vgl. beispielhaft Bänsch, A., Variety Seeking: Marketingfolgerungen aus Überlegungen und Untersuchungen zum Abwechslungsbedürfnis von Konsumenten, in: Jahrbuch der Absatz- und Verbrauchsforschung, 41. Jg., Heft 4, 1995, S. 342 ff.

Ein wichtiger Bestandteil dieser notwendigen Zielgruppenorientierung ist die **Markt-segmentierung**[11], deren Aufgabe aus **instrumentell-methodenorientierter** Perspektive zunächst darin besteht, den relevanten Markt in intern möglichst homogene und unter-einander heterogene Teilmärkte aufzuteilen, um so die Informationsbasis für eine erfolg-reiche Ansprache der Zielgruppen und eine entsprechende Ausgestaltung der Marke-tinginstrumente zu schaffen.[12] Darüber hinaus beinhaltet die Marktsegmentierung jedoch in einem weiteren, **strategisch-managementorientierten** Sinne zusätzlich die gezielte Bearbeitung von Marktsegmenten mit Hilfe segmentspezifischer Marketing-Programme und wird daher gängigerweise als ein **integriertes Konzept der Markterfassung und Marktbearbeitung** bezeichnet.[13]

Obgleich das Konzept der Marktsegmentierung in der wissenschaftlichen Literatur häu-fig als zentraler Baustein der Marketingwissenschaft angesehen[14] und zuweilen gar eu-phorisch mit Bezeichnungen wie „milestone in theory and practice"[15] oder „key to market success"[16] umschrieben wird, ist es bislang nur ansatzweise gelungen, die Schnittstelle zwischen Markterfassung und Marktbearbeitung zieladäquat auszugestal-ten, um damit der Philosophie eines an den Nachfragerbedürfnissen ausgerichteten **Ziel-gruppenmarketing** Rechnung zu tragen.[17] Die Ursache hierfür ist u. a. in der nach wie vor häufig anzutreffenden Verwendung von klassischen Segmentierungsansätzen zu finden, in denen kein unmittelbarer kausaler Zusammenhang zwischen den verwendeten Segmentierungsmerkmalen und dem Kauf- bzw. Auswahlverhalten der Konsumenten besteht.[18]

---

11 Der begriffliche Ursprung der Segmentierung entstammt aus dem Lateinischen, Secare = Aufteilen/-Zerschneiden.

12 Diese Informationsseite der Marktsegmentierung wird oftmals auch als Marktsegmentierung im engeren Sinne bzw. Marktsegmentierung als Marktforschungsmethode bezeichnet und umfaßte lange Zeit den Schwerpunkt forscherischer Aktivitäten. Vgl. Bauer, E., Markt-Segmentierung als Marketing-Strategie, Berlin 1976, S. 63 ff.; Frank, R.E., Massy, W.F., Wind, Y., Market Segmentation, Englewood Cliffs, N.J. 1972, S. 11 ff.

13 Vgl. Meffert, H., Marketing. Grundlagen marktorientierter Unternehmensführung, 8. Aufl., Wiesbaden 1998, S. 174. Letztlich wird diese Sichtweise auch den Gedanken von W.R. Smith gerecht, der in seinem vielzitierten Beitrag zur Marktsegmentierung den expliziten Strategiebezug hervorhob. Vgl. Smith, W.R., Product Differentiation and Market Segmentation as Alternative Marketing Strategies, in: Journal of Marketing, Vol. 21, July 1956, S. 4 ff.

14 Vgl. z. B. Myers, J.H., Segmentation and Positioning for Strategic Marketing Decisions, Chicago, Ill. 1996, S. 16; Wind, Y., Issues and Advances in Segmentation Research, in: Journal of Marketing Rese-arch, Vol. 15, August 1978, S. 317.

15 Vgl. Kotler, P., Marketing-Management, 4. Aufl., Stuttgart 1982, S. 202.

16 Vgl. Weinstein, A., Market Segmentation. Using Demograhics, Psychographics and Other Niche Marke-ting Techniques to Predict and Model Customer Behavior, 2. Aufl., Chicago, Ill. 1994, S. 2.

17 Kirchgeorg führt dies auf den nach wie vor vielfach praktizierten Irrweg von der Marketing-Philosophie zur Marketing-Technokratie zurück. Vgl. Kirchgeorg, M., Zielgruppenmarketing, in: Thexis, Fachzeit-schrift für Marketing, 12. Jg., Heft 3, 1995, S. 20.

18 Vgl. Botschen, G., Mühlbacher, H., Zielgruppenprogramm – Zielgruppenorientierung durch Nutzenseg-mentierung, in: Meyer, A. (Hrsg.), Handbuch Dienstleistungs-Marketing, Stuttgart 1998, S. 684.

Dies trifft im besonderen Maße auf den Verkehrsdienstleistungsbereich zu. Eine Segmentierung des Fernverkehrsmarktes erfolgt bei den Anbietern von Verkehrsdienstleistungen vornehmlich aus **angebotsbezogener Perspektive** oder mit Hilfe von demographischen bzw. reisedemographischen Merkmalen wie dem Alter, der Reiseklasse oder dem Reiseanlaß der Fahrgäste.[19] Aufgrund der geringen Aussagekraft solcher Ansätze für das Wahlverhalten der Nachfrager erweist sich allerdings eine an den differenzierten Nachfragebedürfnissen orientierte Marktbearbeitung auf Basis derartiger Lösungen als nur bedingt möglich.[20]

Im Gegensatz dazu setzt der von den Nachfragern vor dem Konsum von Leistungen erwartete Nutzen unmittelbar an der individuellen Präferenzbildung an und gilt somit als wesentliche Determinante des Wahlverhaltens.[21] An diesen Gedanken anknüpfend, haben die auf Arbeiten von YANKELOVICH[22] und HALEY[23] zurückgehenden Segmentierungsansätze auf der Grundlage von erwarteten Nutzenvorstellungen in der Vergangenheit zunehmend an Bedeutung gewonnen.[24] Das Anwendungsspektrum dieses in der deutschsprachigen Literatur gleichsam **Nutzen-** oder in Anlehnung an die Originalbezeichnung **Benefit-Segmentierung** genannten Marktsegmentierungskonzeptes ist sehr vielfältig und reicht von Anwendungen im Bereich kurzlebiger Konsumgüter bis hin zu komplexen Anlageentscheidungen im Investitionsgüterbereich.[25]

Den zentralen Vorteil einer hohen Verhaltensrelevanz aufgreifend wurde die Nutzensegmentierung in jüngster Zeit auch bei Dienstleistungen, die vielfach aus Kundensicht sehr individuelle Leistungen umfassen und damit an der subjektiven Auswahlentscheidung ansetzenden Segmentierungsansätzen grundsätzlich eine hohe Aussagekraft

---

19 Vgl. etwa Kaspar, C., Management der Verkehrsunternehmen, München u. a. 1998, S. 103 f.; Bretthauer, I., Deutsche Bahn AG: Marketing im Personenfernverkehr, in: Meyer, A. (Hrsg.), Handbuch Dienstleistungs-Marketing, Stuttgart 1998, S. 1558. Zu einer ausführlichen Diskussion der verschiedenen Segmentierungskriterien und deren Übertragung auf den Verkehrsdienstleistungsbereich vgl. Perrey, J., Nutzenorientierte Marktsegmentierung. Ein integrativer Ansatz zum Zielgruppenmarketing im Verkehrsdienstleistungsbereich, Wiesbaden 1998, S. 25 ff.

20 Vgl. Mühlbacher, H., Botschen, G., Benefit-Segmentierung von Dienstleistungsmärkten, in: Marketing Zeitschrift für Forschung und Praxis, 12. Jg., Heft 3, 1990, S. 160.

21 Vgl. Sampson, P., People are People the World over: The Case for psychological Market Segmentation, in: Market and Research Today, Vol. 3, November 1992, S. 236.

22 Yankelovich, D., New Criteria for Market Segmentation, in: Harvard Business Review, Vol. 42, March/April 1964, S. 83 ff.

23 Haley, R.I., Benefit Segmentation: A Decision-Oriented Research Tool, in: Journal of Marketing, Vol. 32, July 1968, S. 30 ff.; Haley, R.I., Beyond Benefit Segmentation, in: Journal of Advertising Research, Vol. 11, No. 4, August 1971, S. 3 ff.

24 Vgl. Aust, E., Simultane Conjointanalyse, Benefitsegmentierung, Produktlinien- und Preisgestaltung, Frankfurt am Main 1996, S. 32 f.; Gutsche, J., Produktpräferenzanalyse. Ein modelltheoretisches und methodisches Konzept zur Marktsimulation mittels Präferenzerfassungsmodellen, Berlin 1995, S. 227.

25 Zu einer detaillierten Übersicht der Vielzahl an Anwendungen nutzenorientierter Segmentierungskonzepte vgl. stellvertretend Perrey, J., Nutzenorientierte Marktsegmentierung. Ein integrativer Ansatz zum Zielgruppenmarketing im Verkehrsdienstleistungsbereich, a.a.O., S. 6.

zukommen lassen, verstärkt eingesetzt.[26] Dieser generellen Tauglichkeit Rechnung tragend, soll der an der **Präferenzbildung der Abnehmer** anknüpfende und damit Handlungsalternativen für eine zielgruppenspezifische Marktbearbeitung aufzeigende Nutzensegmentierungsansatz im vorliegenden Beitrag in geeigneter Weise auf den Verkehrsdienstleistungsbereich übertragen werden. Auf der Grundlage einer Analyse der bisherigen Anwendungen zur Nutzensegmentierung im Verkehrsdienstleistungsbereich steht im Mittelpunkt der Betrachtung die Frage, wie ein derartiges Segmentierungskonzept zweckadäquat auszugestalten ist, um im Sinne der übergeordneten Philosophie eines an den Nachfragerbedürfnissen ausgerichteten Zielgruppenmarketing die Schnittstelle zwischen Markterfassung und Marktbearbeitung zu schließen. Der theoriegeleitet entwickelte Segmentierungsansatz wird schließlich im Untersuchungsbereich des **innerdeutschen Schienenpersonenfernverkehrs** empirisch angewendet. Der historische Kontext der Deutschen Bahn AG als derzeit noch Monopolanbieter dieser Dienstleistung und die zahlreichen Herausforderungen, denen sich dieses Unternehmen derzeit gegenüber sieht, machen die nutzenorientierte Marktsegmentierung gerade an diesem Beispiel zu einem interessanten Forschungsfeld.

1.2 Anforderungen an einen nutzenorientierten Segmentierungsansatz

Grundgedanke der Nutzensegmentierung ist die Aufteilung der Konsumenten in bezüglich ihrer **Nutzenerwartungen** hinsichtlich bestimmter Leistungen intern homogene und untereinander heterogene Marktsegmente. Damit gilt der von den Nachfragern empfundene Nutzen als Begründung für die Existenz unterschiedlicher Marktsegmente.[27] Streng genommen kann die Nutzensegmentierung als eine Variante der produktspezifischen Einstellungsmessung betrachtet werden, wobei mit der Nutzenerwartung lediglich die motivationale bzw. affektive Komponente der Einstellung zugrunde gelegt wird.[28]

Die Leistungsfähigkeit eines nutzenorientierten Segmentierungsansatzes kann grundsätzlich daran beurteilt werden, inwieweit die zur Aufteilung eines Gesamtmarktes verwendeten Segmentierungsmerkmale eine sinnvolle Abgrenzung, Beschreibung sowie Bearbeitung von Marktsegmenten ermöglichen.[29] Dazu lassen sich zumeist verschiedene **Anforderungen** heranziehen, welche einerseits die Zweckmäßigkeit der Marktauftei-

---

26 Vgl. dazu ebenda, S. 6 f.

27 Vgl. Haley, R.I., Benefit Segmentation: A Decision-Oriented Research Tool, in: Journal of Marketing, Vol. 32, July 1968, S. 31. Zu einer segmentierungsspezifischen Diskussion des Nutzenbegriffs vgl. Perrey, J., Nutzenorientierte Marktsegmentierung. Ein integrativer Ansatz zum Zielgruppenmarketing im Verkehrsdienstleistungsbereich, a.a.O., S. 12 ff.

28 Vgl. Böhler, H., Methoden und Modelle der Marktsegmentierung, Stuttgart 1977, S. 103.

29 Vgl. Meffert, H., Perrey, J., Nutzenorientierte Marktsegmentierung im Verkehrsdienstleistungsbereich – theoretische Grundlagen und empirische Erkenntnisse am Beispiel des Schienenpersonenverkehrs, in: Tourismus Journal, 1. Jg., Heft 1, 1997, S. 17.

lung gewährleisten und andererseits eine situationsspezifische Eingrenzung der Vielzahl möglicher Segmentierungskriterien erlauben sollen. In den zahlreichen Veröffentlichungen zur Marktsegmentierung werden in diesem Zusammenhang unterschiedliche Anforderungen genannt,[30] die sich dem dualen Charakter der Marktsegmentierung entsprechend in Anforderungen der Markterfassung und Anforderungen der Marktbearbeitung unterteilen lassen. Darüber hinaus sind ökonomische Anforderungen heranzuziehen:

- Aus Meßgesichtspunkten ist es zunächst erforderlich, daß sich die zur Segmentierung verwendeten Merkmale inhaltlich und semantisch konkretisieren und mit geeigneten Methoden einer Messung unterziehen lassen (**Operationalisier- und Meßbarkeit**).

- Zur Sicherstellung einer aussagefähigen Marktbearbeitung müssen die Segmentierungskriterien insbesondere geeignete Indikatoren für das zukünftige Kauf- und Wahlverhalten der Nachfrager darstellen (**Kaufverhaltensrelevanz**).[31] Überdies sollten die zur Segmentierung herangezogenen Merkmale die Ausgestaltung und den gezielten Einsatz des Marketing-Instrumentariums ermöglichen, um damit die Verbindung zwischen Markterfassung und -bearbeitung herzustellen (**Aussagefähigkeit für den Instrumenteeinsatz**). Schließlich ist eine Marktsegmentierung nur wenig zweckdienlich, wenn die identifizierten Segmente nicht vom Marketing-Instrumentarium erreicht bzw. einer segmentspezifischen Ansprache zugänglich gemacht werden können (**Zugänglichkeit/Erreichbarkeit**).

- Aus ökonomischer Perspektive gilt es sicherzustellen, daß die Segmentierungskosten den Informationsnutzen der Segmentierung nicht übersteigen. Da der Nutzen einer Marktsegmentierung ex ante indes kaum zu quantifizieren ist, sind insbesondere die Kosten des Erfassungsprozesses zu evaluieren (**Kosten**).[32] Zudem sollten die durch die Segmentierungskriterien erhobenen Informationen über den Planungszeitraum stabil sein und somit für Bearbeitungsmaßnahmen möglichst lange Gültigkeit besitzen (**zeitliche Stabilität**).

Im Falle einer Segmentierung im Markt für **Verkehrsdienstleistungen** ist dieser Anforderungskatalog um einen weiteren Aspekt, den **Dienstleistungsbezug**, zu ergänzen. Die Segmentierungskriterien haben dabei die folgenden Besonderheiten von Verkehrsdienstleistungen zu berücksichtigen:

---

30 Vgl. Meffert, H., Marketing. Grundlagen marktorientierter Unternehmensführung, a.a.O., S. 178 f.; Backhaus, K., Industriegütermarketing, 5. Aufl., München 1997, S. 184; Kotler, P., Bliemel, F., Marketing-Management. Analyse, Planung, Umsetzung und Steuerung, 8. Aufl., Stuttgart 1995, S. 446; Freter, H., Marktsegmentierung, Stuttgart u. a. 1983, S. 45 ff.

31 Um die Ergebnisse der Markterfassung in geeigneter Weise in eine zielgruppenspezifische Marktbearbeitung zu überführen, stellt die Kaufverhaltensrelevanz damit strenggenommen eine K.O.-Anforderung dar.

32 In der Literatur wird in diesem Zusammenhang häufig die Anforderung der „Wirtschaftlichkeit" verwendet. Vgl. Freter, H., Marktsegmentierung, a.a.O., S. 58. Eine Wirtschaftlichkeitsanalyse würde allerdings grundsätzlich einen vollständigen Vergleich von Kosten und Nutzen einer Segmentierung beinhalten, welcher keinesfalls ohne eine Betrachtung der übrigen Anforderungen durchgeführt werden könnte.

- Verkehrsdienstleistungen sind dadurch gekennzeichnet, daß sie eine abstrakte, **immaterielle Leistung** darstellen. Die eigentliche Kernleistung „Beförderung" ist grundsätzlich immateriell, wenngleich eine Verbindung mit Sachleistungen z. B. in Form des Zugmaterials besteht.
- Des weiteren sind Verkehrsdienstleistungen nicht lager- und nur in Ausnahmefällen transportfähig. Dieser Umstand ist auf die Tatsache zurückzuführen, daß bei Verkehrsdienstleistungen eine **Simultaneität von Produktion und Konsumtion** vorliegt. Erst die Inanspruchnahme führt zu einer Produktion der Dienstleistung für den Kunden. Nicht besetzte Plätze bedeuten damit einen Verfall von Leistungspotentialen. Darüber hinaus besteht für den Kunden nur eingeschränkt die Möglichkeit, die Qualität einer Verkehrsdienstleistung vor der eigentlichen Leistungserstellung zu beurteilen. Der Kauf einer Fahrkarte erfolgt in der Annahme einer ordnungsgemäßen Erbringung der Leistung und beinhaltet daher für den Kunden ein im Vergleich zum Konsumgüterbereich als höher empfundenes **Kaufrisiko**.
- Verkehrsdienstleistungen verkörpern oft eine **individualisierte Leistung** und sind daher nur schwer standardisierbar. Dabei wird die Dienstleistung jeweils neu erstellt und kann somit im Umfang und in der Servicequalität individuell verschieden sein.
- Die Leistungserstellung erfolgt unter Einbeziehung des Kunden **(Integration des externen Faktors)**. So kann die Beförderung eines Reisenden nur erfolgen, wenn dieser persönlich anwesend ist. Systembedingt muß sich der Kunde zur Leistungserstellung zum Standort des Unternehmens – etwa dem Bahnhof – begeben.

Ein Blick auf die vorwiegend am Beispiel von Flugdienstleistungen durchgeführten **Untersuchungen** zur Nutzensegmentierung im Verkehrsdienstleistungsbereich verdeutlicht, daß derartige Studien den Anforderungen an die Marktsegmentierung sehr unterschiedlich genügen. Dies ist nicht zuletzt auf die sehr unterschiedliche **Messung der** zur Segmentierung heranzuziehenden **Nutzenerwartungen** in den bisherigen Anwendungen dieses Instrumentariums zurückzuführen, so daß die Erklärungskraft der resultierenden Segmentierungsergebnisse im Hinblick auf eine zielgerichtete Marktbearbeitung sehr differenziert zu beurteilen ist.

Grundsätzlich bieten sich zur Überführung der nachfrageseitigen Nutzenerwartungen in ein Meßinstrumentarium mit der kompositionellen und der dekompositionellen Methode zwei alternative Skalierungsformen an.[33] In der **kompositionellen Variante** wird der Gesamtnutzenwert einer multiattributiven Verkehrsdienstleistung (z. B. Bahnreise von A nach B) ausgehend von merkmalsspezifischen Einzelbeurteilungen ermittelt (Bottom Up). Die Nutzenbeiträge einzelner Eigenschaften (z. B. Reisezeit) können dann bspw. auf einer Ratingskala erhoben und gemessen werden, woraufhin sich anschließend mit einer geeigneten Verknüpfungsregel der leistungsspezifische Gesamtnutzenwert ermit-

---

33 Vgl. Meffert, H., Perrey, J., Nutzensegmentierung im Verkehrsdienstleistungsbereich – theoretische Grundlagen und empirische Erkenntnisse am Beispiel des Schienenpersonenverkehrs, a.a.O., S. 21. Unter Skalierungsform wird dabei das Herstellen einer Skala mit Hilfe von empirischen Meßgrößen verstanden. Vgl. Kroeber-Riel, W., Weinberg, P., Konsumentenverhalten, a.a.O., S. 194.

teln läßt. In der **dekompositionellen Skalierungsform** bilden dagegen die Gesamtnutzenurteile der Befragten die Datenbasis (Top Down), um daraus die Nutzenerwartungen
einzelner Attribute bestimmen zu können.[34] Obwohl die kompositionellen Verfahren
aufgrund ihrer vergleichsweise einfachen Anwendbarkeit und der Möglichkeit, eine hohe
Anzahl an Untersuchungsmerkmalen in die Betrachtung zu integrieren, nach wie vor auf
Akzeptanz in der Praxis stoßen, weisen diese dennoch aus konzeptioneller Perspektive
erhebliche Mängel auf, von denen im Besonderen die folgenden genannt werden:[35]

- Die Befragten tendieren dazu, viele der zu beurteilenden Eigenschaften als besonders
  wichtig einzustufen (Anspruchsinflation),
- der Wahlentscheidungsprozeß wird aufgrund der isolierten Merkmalsbeurteilung
  nicht geeignet abgebildet,
- Entscheidungen zwischen konkurrierenden Angeboten werden nicht berücksichtigt
  (z. B. Bahnreise vs. Flugreise).

Eine von ROBINSON/WIND am Beispiel von Nordatlantik-Flugreisenden durchgeführte
Untersuchung unterstreicht die **eingeschränkte Aussagefähigkeit** von nutzenorientierten Segmentierungsanwendungen auf Basis der kompositionellen Skalierungssform.[36]
Zwar gelang es den Verfassern, zahlreiche entscheidungsrelevante Merkmale in der
Untersuchung aufzunehmen, doch führte die daraus resultierende Segmentierung zu
einer nur bedingt trennscharfen Vier-Zielgruppen-Lösung (Comfort Conscious, Anti
Group Flights, Anti Booking Restrictions, Price Sensitive). Von den in der Befragung
aufgenommenen zwölf Merkmalen trugen dabei lediglich sechs Kriterien zu einer Erklärung der Gruppenzugehörigkeit bei. Überdies wurde die Mehrzahl der Merkmale von
den Befragten als bedeutend eingeschätzt, was auf die der kompositionellen Befragungs-
form inhärente Anspruchsinflation der Auskunftspersonen zurückzuführen ist. Schließlich zeigte sich im Widerspruch zu den Ergebnissen anderer Untersuchungen ein überraschend kleines Segment preisorientierter Reisender[37], so daß auf eine ungenaue Abbildung des Auswahlprozesses in dieser Erhebung geschlossen werden muß.

Die gravierenden Nachteile der kompositionellen Skalierungsform – einer eingeschränkten Verhaltensnähe des Auswahlprozesses – können zwar mit Hilfe der dekom-

---

34 Vgl. Gutsche, J., Produktpräferenzanalyse. Ein modelltheoretisches und methodisches Konzept zur
    Marktsimulation mittels Präferenzerfassungsmodellen, a.a.O., S. 75.
35 Vgl. Hahn, C., Conjoint- und Discrete Choice-Analyse als Verfahren zur Abbildung von Präfe-
    renzstrukturen und Produktauswahlentscheidungen. Ein theoretischer und computergestützter empirischer
    Vergleich, Münster 1997, S. 35 ff.
36 Vgl. Robinson, P.J., Wind, Y., Multinational Trade-off Segmentation, in: Wind, Y., Greenberg, M.G.
    (Hrsg.), Moving Ahead with Attitude Research, Chicago, Ill. 1977, S. 50 ff.
37 So identifizierte Laakmann in einer auf Grundlage der dekompositionellen Erfassungsweise durchge-
    führten Nutzensegmentierung im Flugdienstleistungsbereich für Privatreisende ein 67 % der Befragten
    umfassendes Segment „preissensibler Commodity-Flieger". Auch für Geschäftsreisende wies dieses
    Segment immerhin noch eine Größe von 41 % der Grundgesamtheit auf. Vgl. Laakmann, K., Value-
    Added Services als Profilierungsinstrument im Wettbewerb: Analyse, Generierung und Bewertung,
    a.a.O., S. 223 ff.

positionellen Vorgehensweise weitestgehend vermieden werden, doch die zu diesem Zweck häufig verwendeten multivariaten Meßverfahren wie die Conjoint-Analyse oder die zuletzt stärker beachtete Discrete Choice-Analyse unterliegen in ihren traditionellen Formen der Restriktion einer **begrenzten Eigenschaftsanzahl**, was ihre Tauglichkeit im komplexen Entscheidungsfeld von Verkehrsdienstleistungen ebenfalls in Zweifel stellt. Dieses Urteil kann mit Blick auf die von STEGMÜLLER im Flugdienstleistungsbereich durchgeführte länderübergreifende Analyse bestätigt werden.[38] So ließen sich zwar mit Hilfe der dekompositionellen Skalierungsform länderindividuell sehr unterschiedliche Zielgruppen und damit im Gegensatz zur vergleichend eingesetzten kompositionellen Anwendung deutlich trennschärfere Ergebnisse identifizieren, doch konnten von STEGMÜLLER – trotz des Einsatzes eines computergestützten Erhebungsprogramms – lediglich sieben entscheidungsrelevante Kriterien in die dekompositionelle Betrachtung einbezogen werden. Aufgrund des eingeschränkten Merkmalsspektrums sowie der Tatsache, daß Eigenschaften wie „Zusatzangebote" oder „Qualität der Verbindungen" auf einem vergleichsweise hohen **Abstraktionsniveau** abgefragt wurden, boten sich daher nur eingeschränkte Möglichkeiten, die Segmentierungsergebnisse in zielgerichtete Handlungsempfehlungen zu überführen.

Eine ähnliche Interpretation läßt sich auch mit Blick auf eine von PAS/HUBER durchgeführte Nutzensegmentierung von potentiellen Inter-City-Kunden in Kalifornien vornehmen.[39] Den Verfassern gelingt es zwar, fünf trennscharfe Nutzensegmente zu ermitteln (Functional Traveler, Day Tripper, Train Lover, Leisure Traveler, Family Traveler), die hierzu verwendeten fünf Merkmale decken allerdings keinesfalls das vollständige Entscheidungsspektrum der Verkehrsmittelwahl ab und vernachlässigen dabei häufig herangezogene Kriterien wie Pünktlichkeit oder Serviceaspekte. Somit fehlt für die Ableitung ganzheitlicher Programme der Marktbearbeitung auch hier die detaillierte Informationsgrundlage.

Insgesamt weisen die empirischen Studien zur Nutzensegmentierung im Verkehrsdienstleistungsbereich somit auf ein zentrales Problemfeld dieses Ansatzes hin. Augenscheinlich ist es bislang nicht hinreichend gelungen, den Anforderungen der Operationalisier- und Meßbarkeit auf der einen sowie der Verhaltensrelevanz und der damit einhergehenden Aussagefähigkeit für das Marketing-Instrumentarium auf der anderen Seite gleichzeitig Rechnung zu tragen. Damit kann allerdings auch die Schnittstelle zwischen Markterfassung und Marktbearbeitung als nur bedingt überbrückt angesehen werden. Hierbei erscheint der **Verzicht auf konkrete Untersuchungsmerkmale** und damit die eingeschränkte, aber zumindest am tatsächlichen Konsumentenverhalten orientierte Bearbeitungsfähigkeit mit dem Einsatz der dekompositionellen Skalierungsform auf

---

38 Vgl. Stegmüller, B., Internationale Marktsegmentierung als Grundlage für internationale Marketing-Konzeptionen, Bergisch-Gladbach, Köln 1995, S. 306 ff.

39 Vgl. Pas, E.I., Huber, J.C., Market Segmentation Analysis of Potential Inter-City rail travelers, in: Transportation, Vol. 19, No. 2, 1992, S. 177 ff. Auch hier wurde die dekompositionelle Skalierungsform eingesetzt.

mittlerem Abstraktionsniveau der einbezogenen Merkmale den vermeintlich „besten Kompromiß" darzustellen.

Über dieses Spannungsfeld hinaus deuten die Studien zur Nutzensegmentierung auch auf einen anderen Problembereich hin, welcher oftmals nur indirekt zum Vorschein kommt, allerdings bei genauer Betrachtung von hoher Tragweite ist.[40] So ist es bislang nur selten gelungen, gleichsam verhaltensunterschiedliche wie demographisch differenzierende Zielgruppen zu gewinnen.[41] Dabei ließen sich in der Mehrzahl der Studien zur Nutzensegmentierung zwar Zielgruppen mit sehr heterogenen Nachfragerbedürfnissen identifizieren, die zur Beschreibung der Segmente verwendeten Soziodemographika wiesen indes nur wenig unterschiedliche Strukturen auf.[42] Damit scheinen sich allerdings mit der „Aussagefähigkeit für den Instrumenteeinsatz" und der „Zugänglichkeit/Erreichbarkeit" zwei zentrale bearbeitungsspezifische Anforderungen an die Marktsegmentierung diametral gegenüber zu stehen. Die hohe Aussagefähigkeit der auf Basis von Nutzenerwartungen gewonnenen Segmentlösungen für eine zielgruppenspezifische und damit an den differenzierten Bedürfnissen der Nachfrager orientierten Marktbearbeitung führt sich allerdings selbst ad absurdum, wenn die identifizierten Segmente nicht geeignet durch das Marketing erreicht werden können.

Dieser auch als **Dilemma der Marktsegmentierung** zu bezeichnende Tatbestand wurde im Rahmen einer von BONOMA/SHAPIRO vorgenommenen Beurteilung alternativer Segmentierungsansätze treffend umschrieben. Die Verfasser formulieren dabei mit dem „Identifiable/Accessible Approach" sowie der „Needs/Benefits Orientation" zwei grundsätzliche Strategien der Marktsegmentierung, welche die scheinbare Unvereinbarkeit der beiden zentralen Anforderungen unterstreicht. *„Clearly, the benefits-oriented approach is the more attractive in the theoretical sense, but most difficult for managers to implement. The identifiability approach provides readily-definable customer groupings, but can clam no causal relationship to sought benefits."*[43] Während somit etwa Segmentierungen auf der Grundlage von geographischen oder soziodemographischen Merkmalen in hohem Maße die Ansprechbarkeit der Zielgruppen durch das Marketing gestatten,

---

40 Das im folgenden skizzierte Problemfeld tritt insofern oftmals nur indirekt auf, da diesbezügliche Informationen in der Mehrzahl der Anwendungen nicht oder nur ansatzweise aufgeführt werden, um damit die Aussagekraft der Segmentierungsergebnisse nicht grundsätzlich in Frage zu stellen.

41 Vgl. Moriarty, R.T., Reibstein, D.J., Benefit Segmentation in Industrial Markets, in: Journal of Business Research, Vol. 14, 1986, S. 465; Kirchgeorg, M., Zielgruppenmarketing, a.a.O., S. 22.

42 So ermittelte Laakmann sowohl für Geschäftsreisende als auch für Privatreisende jeweils drei strukturgleiche Nutzensegmente, die sich lediglich hinsichtlich ihrer Segmentgröße etwas voneinander unterschieden. Damit konnte auf Basis dieses reisedemographischen Merkmals lediglich ansatzweise auf Verhaltensunterschiede geschlossen werden. Vgl. Laakmann, K., Value-Added Services als Profilierungsinstrument im Wettbewerb: Analyse, Generierung und Bewertung, a.a.O., S. 223 ff. Auch die Soziodemographie der von Pas/Huber im Schienenpersonenverkehr ermittelten Nutzensegmente deutet lediglich auf geringfügige Segmentunterschiede hin. Vgl. Pas, E.I., Huber, J.C., Market Segmentation Analysis of Potential Inter-City rail travelers, a.a.O., S. 190 f.

43 Bonoma, T.V., Shapiro, B.P., Evaluating Market Segmentation Approaches, in: Industrial Marketing Management, Vol. 13, 1984, S. 259.

weisen die entstehenden Segmente nur grobe Bezüge zum Kauf- und Auswahlverhalten der Nachfrager auf und ermöglichen damit nur ansatzweise eine inhaltliche Ausgestaltung der Marketing-Instrumente (z. B. der Preis-Leistungsgestaltung). Nutzensegmentierungen unterliegen schließlich dem umgekehrten Zusammenhang. Die Verhaltensnähe der Zielgruppenlösung geht dabei mit einer mangelnden Zugänglichkeit der identifizierten Segmente einher.

Nach Ansicht von BONOMA/SHAPIRO muß es damit Zielsetzung einer Marktsegmentierung sein, die Schnittmenge zwischen beiden Ansätzen zu optimieren, um damit gleichsam verhaltensbezogene wie erreichbare Zielgruppen zu gewinnen.[44] Diese theoretisch sicherlich treffend formulierte Forderung ließ sich allerdings in praktischen Segmentierungsanwendungen im Konsumgüter- und Dienstleistungsmarketing bislang kaum umsetzen. Auch im Verkehrsdienstleistungsbereich erscheint damit ein Rückgriff auf bestehende Ansätze nicht möglich. Als Ausweg aus diesem Dilemma kann folglich lediglich die Entwicklung eines Segmentierungsansatzes angesehen werden, welcher den beiden zentralen Anforderungen der Marktbearbeitung Rechnung trägt. Dies setzt allerdings die **Integration verhaltensnaher und zugänglichkeitssteuernder Merkmale** in einen solchen Ansatz voraus. Zusätzlich zu den Nutzenerwartungen sind damit ein oder mehrere Segmentierungsmerkmale zu integrieren, welche eine geeignete Ansprechbarkeit der Segmentlösung sicherstellen.

Über die dargestellte Analyse der Anforderungen aus Markterfassung und Marktbearbeitung hinaus ist schließlich noch den **ökonomischen Anforderungen** an eine Nutzensegmentierung ein kurzes Augenmerk zu widmen. Hinsichtlich der Wirtschaftlichkeit des Markterfassungsprozesses kann konstatiert werden, daß Nutzensegmentierungen zumeist eine umfassende Primärerhebung voraussetzen und daher mit höheren Kosten als die oft auf sekundärstatistischen Daten beruhenden soziodemographischen oder geographischen Segmentierungsansätze verbunden sind. Auf der anderen Seite sind die zur Datenanalyse existierenden Verfahren kontinuierlich weiterentwickelt worden und ermöglichen somit eine weitgehend standardisierte Datenauswertung.[45] Schließlich zeigen empirische Studien, daß Nutzenerwartungen eine etwas geringere zeitliche Stabilität als andere Segmentierungsmerkmale aufweisen. So ergaben sich bei einer von CALANTONE/ SAWYER durchgeführten Zeitreihenbetrachtung beachtliche Verschiebungen der Segmentzugehörigkeit von Befragten nach einer im Abstand von zwei Jahren wiederholten Nutzensegmentierung mit identischem Erhebungsdesign.[46] Die Nutzenstruktur der Ziel-

---

44 Vgl. ebenda, S. 259.

45 Hinsichtlich der Verwendung der kompositionellen oder dekompositionellen Methode zur Erfassung der Nutzenerwartungen unterscheiden sich die Kosten der Datenerhebung geringfügig. So beruht der Erhebungsprozeß sowie die Datenauswertung auf einem aufwendigeren Vorgehen und ist demzufolge – trotz der weitestgehend standardisierten Auswertungs- und Erhebungstechniken – mit etwas höheren Kosten verbunden.

46 Vgl. Calantone, R.J., Sawyer, A.G., The Stability of Benefit Segments, in: Journal of Marketing Research, Vol. 15, August 1978, S. 395 ff.

gruppen unterschied sich indes kaum. Damit erscheint es sinnvoll, die Nutzensegmentierung einer dynamischen Perspektive zu unterziehen, um Segmentveränderungen bereits
frühzeitig antizipieren zu können.

Zusammenfassend lassen sich die zentralen Herausforderungen an die Entwicklung eines
Segmentierungsansatzes auf der Grundlage von Nutzenerwartungen im Verkehrsdienstleistungsbereich aus der in Abbildung 1 dargestellten anforderungsbezogenen Stärken-
und Schwächenanalyse der Nutzensegmentierung ableiten.

Anforderungen \ Varianten	Kompositionelle Messung	Dekompositionelle Messung
Markterfassung • Operationalisier-/ Meßbarkeit	• Einfache Handhabung, Aufnahme vieler Merkmale möglich **+**	• Leistungsstarke und weitentwickelte Analyseverfahren, begrenzte Merkmalsanzahl **0**
Marktbearbeitung • Kaufverhaltens- relevanz	• Entscheidungsprozeß wird nur ansatzweise erfaßt **0**	• Realitätsnahe Abbildung des Entscheidungsprozesses **++**
• Aussagefähigkeit für Instrumente-Einsatz	• Eingeschränkte Aussagefähigkeit der Nutzenerwartungen schränkt Handlungsfähigkeit ein **0**	• Insbes. in Produkt- u. Preispolitik konkrete Umsetzung mögl., ganzheitliche Bearbeitung kaum mögl. **+**
• Zugänglichkeit/ Erreichbarkeit	• Eingeschränkte Kausalität zwischen Nutzenerwartungen und beschreibenden Merkmalen (Demographie etc.) **-**	• Eingeschränkte Kausalität zwischen Nutzenerwartungen und beschreibenden Merkmalen (Demographie etc.) **-**
Ökonomische Anforderungen • Kosten	• Kosten für Primärerhebung, standardisierte Auswertungsverfahren **0/+**	• Kosten für Primärerhebung, standardisierte Auswertungsverfahren, etwas aufwendigeres Vorgehen **0**
• Zeitliche Stabilität	• Dynamik in Merkmalsbeurteilung und Segmentgröße **0/-**	• Dynamik in Merkmalsbeurteilung und Segmentgröße **0/-**

++ = sehr anforderungsgerecht 0 = eingeschränkt anforderungsgerecht - = kaum anforderungsgerecht
+ = anforderungsgerecht   -- = nicht anforderungsgerecht

Abb. 1: Anforderungsbezogene Beurteilung der Nutzensegmentierung
         im Verkehrsdienstleistungsbereich

Dabei erweist sich der dekompositionelle Meßansatz aufgrund der mit dieser Methode
einhergehenden Vorteile der hohen Kaufverhaltensrelevanz und der Aussagefähigkeit für
den Einsatz des Marketing-Mix dem kompositionellen Vorgehen als deutlich überlegen
und ist somit der Konzeption eines nutzenorientierten Segmentierungsansatzes zugrunde
zu legen.

2. Integrativer Ansatz zur nutzenorientierten Marktsegmentierung im Verkehrsdienstleistungsbereich

Die Durchführung einer nutzenorientierten Segmentierung im Markt für Verkehrsdienstleistungen impliziert die Ausgestaltung zahlreicher Entscheidungstatbestände der Informations- und Aktionsseite einer Marktsegmentierung. Dabei stellt eine geeignete Erfassung der Nutzenerwartungen und Präferenzen von Nachfragern die Grundlage zur Ableitung eines solchen Segmentierungsansatzes dar.

2.1 Konzepte und Methoden zur Erfassung von Nutzenerwartungen und Präferenzen als Grundlage nutzenorientierter Marktsegmentierung

„The benefit segmentation approach is based upon being able to measure customer value systems in detail, together with what the customer thinks about various brands in the product category of interest. While this concept seems simple enough, operationally it is very complex.“[47]

Vor dem Hintergrund dieser von HALEY treffend formulierten Feststellung gilt es, ein Instrumentarium zur Erfassung der Nutzenerwartungen zu entwickeln, welches dem integrativen Charakter einer Marktsegmentierung aus Erfassung und Bearbeitung in geeigneter Weise Rechnung trägt. Im Gegensatz zu den konkret beobachtbaren und daher vergleichsweise einfach meßbaren Segmentierungskriterien, wie etwa demographischen und geographischen Merkmalen, stellt der Nutzen ein theoretisches Konstrukt dar, welches sich einer unmittelbaren Quantifizierung und intensitätsmäßigen Erfassung entzieht.[48] Zur Durchführung einer nutzenorientierten Marktsegmentierung ist es daher unerläßlich, diesen abstrakten Untersuchungsgegenstand einer Messung zugänglich zu machen. Zu diesem Zweck sind zunächst im Rahmen der **Konzeptualisierung** des Nutzenkonstrukts die dieses Konstrukt repräsentierenden Nutzendimensionen zu erarbeiten, während anschließend mit der **Operationalisierung** die Überführung des Nutzenkonstrukts in ein Meßinstrumentarium im Sinne der Festlegung einer geeigneten Skalierungsform durchzuführen ist.[49] Auf diese Weise läßt sich dann eine quantitative Erfassung des Nutzens vornehmen, die als Grundlage der späteren Segmentierung fungieren kann (vgl. Abbildung 2).

---

47   Haley, R.I., Benefit Segmentation: A Decision-Oriented Research Tool, a.a.O., S. 31.
48   Vgl. Meffert, H., Marketingforschung und Käuferverhalten, Wiesbaden 1992, S. 183.
49   Homburg, Ch., Giering, A., Konzeptualisierung und Operationalisierung komplexer Konstrukte. Ein Leitfaden für die Marketingforschung, in: Marketing Zeitschrift für Forschung und Praxis, 18. Jg., Heft 1, 1996, S. 5.

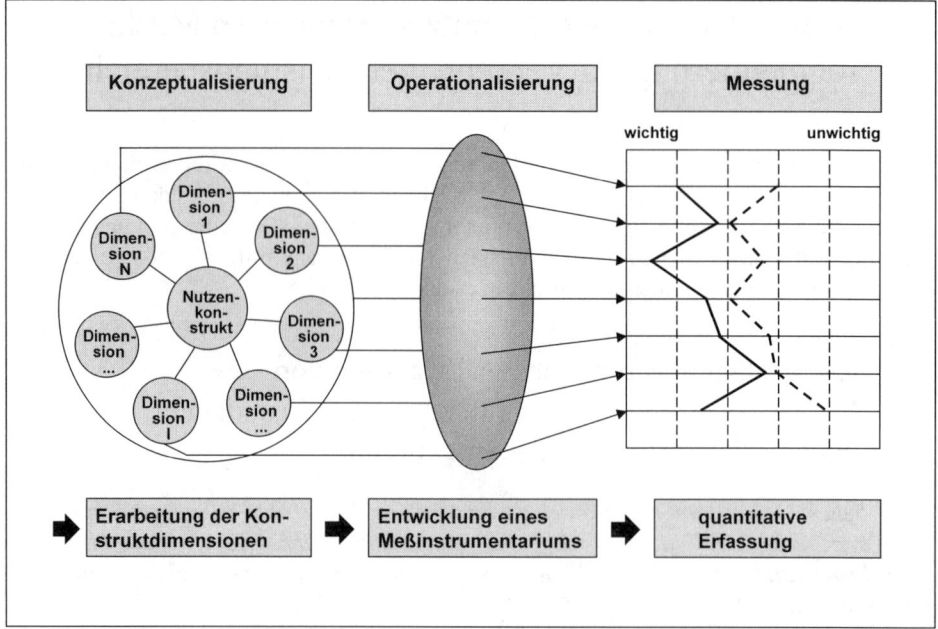

Abb. 2:   Konzeptualisierung und Operationalisierung des Nutzenkonstrukts

Im Rahmen der **Konzeptualisierung** des Nutzenkonstrukts gilt es, dieses komplexe Phänomen im Sinne einer inhaltlichen Präzisierung möglichst umfassend abzubilden und zu strukturieren. Auch wenn die Erfassung der Nutzenerwartungen von Nachfragern dabei grundsätzlich unter dem Primat der Berücksichtigung eines vollständigen Merkmalsspektrums zu erfolgen hat, wird es kaum gelingen, sämtliche nutzenstiftende Bestandteile von Verkehrsdienstleistungen zu einer Messung heranzuziehen.[50] Aus **Komplexitätsgründen** ist es daher ebenso wie aufgrund der differenzierten Assoziationen der Nachfrager erforderlich, die zahlreichen entscheidungsrelevanten Leistungsmerkmale von Verkehrsdienstleistungen auf ein hinreichend konkretes Set von Schlüsselmerkmalen zu reduzieren, die dann als relevante Nutzenkomponenten in ein Instrumentarium zur Messung des erwarteten Nutzens überführt werden können. Insgesamt bietet sich zur Auswahl der Nutzenkomponenten ein dreistufige Vorgehen an:

1. Aufbauend auf einer Sekundäranalyse ist im Rahmen einer **explorativen Befragungsstufe** zunächst ein grundsätzliches Verständnis für den komplexen Untersuchungsgegenstand „Verkehrsdienstleistungen" zu schaffen. Das Ergebnis dieser Un-

---

50 So werden im Rahmen von empirischen Untersuchungen zum Kauf- und Auswahlverhalten oftmals mehrere Hundert entscheidungsrelevante Merkmale gesammelt. Vgl. Griffin, A., Hauser, J.R., The Voice of the Customer, in: Marketing Science, Vol. 12, No. 1, Winter 1993, S. 14.

tersuchung stellt ein sämtliche Einflußgrößen des Verkehrsmittelwahlverhaltens umfassendes Variablenspektrum dar.

2. Auf Basis von Expertenwissen und unter Zuhilfenahme ausgewählter Systematisierungstechniken[51] läßt sich anschließend eine **Strukturierung** des von den Nachfragern vorgenommenen Auswahlprozesses durchführen und daraus ein umfassendes Set von Nutzenkomponenten auf niedrigem Abstraktionsniveau ableiten, welches das Wahlverhalten im Verkehrsdienstleistungsbereich wesentlich charakterisiert.

3. Erweist sich diese Merkmalsanzahl als zu groß, um vollständig in ein Instrumentarium zur Messung der Nutzenerwartungen aufgenommen zu werden, kann im Rahmen einer **standardisierten Befragung** eine Priorisierung der Einzelmerkmale durchgeführt werden.[52] Mit Hilfe multivariater Verfahren wie der **Faktorenanalyse** läßt sich dann auf Basis dieser Resultate eine Reduktion der zahlreichen Einflußgrößen zu übergeordneten Nutzendimensionen vornehmen, die schließlich als Grundlage zur Messung des von Verkehrsdienstleistungen gestifteten Nutzens dienen können.

Damit ist bereits der Übergang zur Festlegung eines geeigneten Verfahrens zur **Messung der Nutzenerwartungen** und Präferenzen angesprochen. Aus der Vielzahl der unmittelbar an der individuellen Wahlentscheidung von Nachfragern ansetzenden **dekompositionellen Ansätze** zur Nutzen- und Präferenzmessung erfreute sich in der Vergangenheit an erster Stelle das Verfahren der **Conjoint-Analyse** einer großen Beliebtheit.[53] So wurde diese Methode auch bereits mehrfach als Grundlage einer Nutzensegmentierung im Verkehrsdienstleistungsbereich eingesetzt.[54] Die auf Forschungsarbeiten der mathematischen Psychologie von LUCE/TUCKEY[55] zurückgehende und zu Marketingzwecken erstmals von GREEN/RAO[56] aufgegriffene Conjoint-Analyse stellt ein Verfahren der multivariaten Analysemethoden dar, bei dem unterstellt wird, daß sich der Gesamtnutzen einer multiattributen Leistung in der Regel additiv aus den Teilnutzenwerten der Merkmale

---

51 Zu derartigen Techniken wie etwa dem Laddering-Verfahren vgl. Perrey, J., Nutzenorientierte Marktsegmentierung. Ein integrativer Ansatz zum Zielgruppenmarketing im Verkehrsdienstleistungsbereich, a.a.O., S. 57 ff.

52 Hierzu kann beispielsweise eine Beurteilung der Merkmalswichtigkeiten auf Rating-Skalen erfolgen. Damit ist indes bereits implizit der Übergang zur Messung der Nutzenerwartungen angesprochen, da eine solche Wichtigkeitseinschätzung einzelner Merkmale letztlich der traditionellen kompositionellen Meßweise entspricht.

53 So wurde allein die Zahl der jährlich in den USA durchgeführten kommerziellen Anwendungen dieses Verfahrens bereits in 1989 auf ca. 2000 geschätzt. Vgl. Wittink, D.R., Cattin, P., Commercial Use of Conjoint Analysis: An Update, in: Journal of Marketing, Vol. 53, July 1989, S. 91 ff.

54 Insgesamt zeigten repräsentative Befragungen von Wittink et al. auf, daß ca. jede dritte kommerzielle Anwendung der Conjoint-Analyse zum Zwecke einer Marktsegmentierung vorgenommen wird. Vgl. Wittink, D.R., Vriens, M., Burhenne, W., Commercial Use of Conjoint Analysis in Europe: Results and Critical Reflections, in: International Journal of Research in Marketing, Vol. 11, No. 1, 1994, S. 44.

55 Vgl. Luce, R.D., Tuckey, J.W., Simultaneous Conjoint Measurement: A New Type of Fundamental Measurement, in: Journal of Mathematical Psychology, Vol. 1, 1964, S. 1 ff.

56 Vgl. Green, P.E., Rao, V.R., Conjoint Measurement for Quantifying Judgmental Data, in: Journal of Marketing Research, Vol. 12, August 1971, S. 355 ff.

bzw. deren Ausprägungen zusammensetzt.[57] Die Gesamtnutzenurteile von befragten Personen bilden dabei die Datenbasis der Analyse, aus der dann die Nutzenerwartungen bezüglich einzelner Eigenschaftsausprägungen (Teilnutzenwerte) sowie die Wichtigkeiten der Untersuchungsmerkmale ermittelt werden können.[58] Herausragender Vorteil der Conjoint-Analyse ist die **realitätsnahe Abbildung** von Kauf- bzw. Auswahlentscheidungen, die vom Kunden bezüglich Leistungen mit mehreren Eigenschaften und Ausprägungen getroffen werden. Der in einer Auswahlsituation auftretende Trade-Off zwischen unterschiedlichen Leistungsmerkmalen wird durch das Verfahren geeignet nachvollzogen. Ein weiterer, insbesondere für Segmentierungszwecke relevanter Vorteil dieses Ansatzes besteht darin, daß die Anwendung der Methode nicht auf die Untersuchung realer Angebote beschränkt ist, sondern durch den Einsatz „konstruierter" Leistungen auch der Effekt von Merkmalen, die in der Realität lediglich eine geringe Streuung aufweisen, geschätzt werden kann.[59] Die Ergebnisse einer Conjoint-Analyse stellen somit eine aussagekräftige Grundlage zur Leistungsprogrammgestaltung dar. Dabei bildet die Conjoint-Analyse oftmals den Ausgangspunkt für die Durchführung von Marktsimulationen sowie für die Konstruktion von Preisresponsefunktionen.[60]

Hinsichtlich der **Eignung der Conjoint-Analyse** zur Segmentierung im Markt für Verkehrsdienstleistungen kann konstatiert werden, daß sich dieses Verfahren durch eine hohe Realitätsnähe des Beurteilungsprozesses und geringe inhaltliche und zeitliche Anforderungen an die Auskunftspersonen auszeichnet. Bei der üblicherweise zur Datenerhebung eingesetzten Profilmethode mit Hilfe reduzierter Erhebungsdesigns beschränkt sich der Befragungsaufwand dabei i.d.R. auf die Rangordnung einer überschaubaren Anzahl von Untersuchungsstimuli.[61] Schließlich lassen sich mit Hilfe der klassischen

---

57 Vgl. Perrey, J., Erhebungsdesign-Effekte bei der Conjoint-Analyse, in: Marketing Zeitschrift für Forschung und Praxis, 18. Jg., Heft 2, 1996, S. 105.

58 Die Conjoint-Analyse stellt hohe Ansprüche an das Verfahrens-Know-how des Anwenders. Bis zur letztendlichen Ermittlung der Teilnutzenwerte müssen bei der Anwendung einer Conjoint-Analyse zahlreiche Untersuchungsschritte durchlaufen werden, deren Ausgestaltung die resultierenden Schätzwerte in entscheidender Weise beeinflussen kann. Zur ausführlichen Diskussion des (segmentierungsspezifischen) Ablaufs der Conjoint-Analyse vgl. stellvertretend Green, P.E., Srinivasan, V., Conjoint Analysis in Consumer Research: Issues and Outlook, in: Journal of Consumer Research, Vol. 5, September 1978, S. 105 ff.; Perrey, J., Nutzenorientierte Marktsegmentierung. Ein integrativer Ansatz zum Zielgruppenmarketing im Verkehrsdienstleistungsbereich, a.a.O., S. 64 ff.

59 Vgl. Schweikl, H., Computergestützte Präferenzanalyse mit individuell wichtigen Produktmerkmalen, Berlin 1985, S. 42.

60 Vgl. Gutsche, J., Produktpräferenzanalyse. Ein modelltheoretisches und methodisches Konzept zur Marktsimulation mittels Präferenzerfassungsmodellen, a.a.O., S. 175 ff.

61 Im Rahmen der Profilmethode werden den Auskunftspersonen Stimuli vorgelegt, die sich aus einer Kombination jeweils einer Attributausprägung über alle in die Untersuchung einbezogenen Merkmale zusammensetzen. Bei einem vollständigen Design impliziert ein derartiges Vorgehen einen mit zunehmender Merkmalsanzahl exponentiell steigenden Bewertungsaufwand. So entstehen bei einer Untersuchung von 5 Merkmalen mit jeweils 3 Ausprägungen bereits 243 Beurteilungsobjekte. Anstelle der wenig probaten Alternative ein – alle Attributekombinationen umfassendes – vollständiges Design einzusetzen, wird in Conjoint-Anwendungen somit zumeist auf ein sog. reduziertes Design zurückgegriffen, welches lediglich eine Teilmenge aus der Gesamtheit aller möglichen Stimuli umfaßt.

Conjoint-Analyse auf Basis eines für alle Befragten identischen Merkmalsspektrums individuelle Nutzenprofile ermitteln, was als notwendige Bedingung zur Durchführung einer aussagekräftigen Marktsegmentierung anzusehen ist.[62] Nachteilig wirkt sich indes die in der traditionellen Anwendungsform der Conjoint-Analyse immanente Restriktion einer begrenzten Anzahl an Untersuchungsmerkmalen aus. Die Verhaltensrelevanz der Conjoint-Lösungen kann damit zumeist nur unter Verzicht auf eine größere Zahl untersuchungsrelevanter Merkmale realisiert werden.

Als Reaktion auf die Kritik an der in der klassischen Conjoint-Analyse vorherrschenden Restriktion eines eingeschränkten Merkmalsspektrums wurden in der Vergangenheit zahlreiche **Weiterentwicklungen** des Conjoint-Ansatzes vorgenommen.[63] Zu den am häufigsten aufgegriffenen Varianten zählen insbesondere die hybride Conjoint-Analyse sowie der computergestützte ACA-Ansatz (Adaptive Conjoint-Analyse). Den Ansätzen gemeinsam ist der Grundgedanke, die dekompositionelle Vorgehensweise der Conjoint-Analyse mit einem kompositionellen Ansatz der Nutzenschätzung zu kombinieren.[64] Dabei ist insbesondere der ACA-Ansatz in junger Vergangenheit auf große Beliebtheit gestoßen, da sich dieses Verfahren – wie andere der neueren Conjoint-Derivate durch eine vollständig computergestützte und auf die individuelle Auskunftsperson zugeschnittene **Datenerfassung** auszeichnet.[65]

Obgleich die verschiedenen Conjoint-Modifikationen i.d.R. durch eine höhere Anwenderfreundlichkeit charakterisiert werden können und die Aufnahme eines im Vergleich zu den klassischen Conjoint-Ansätzen umfassenderen Merkmalssets gestatten, weisen die Verfahren zu Zwecken der Marktsegmentierung **gravierende Nachteile** auf.[66] Während etwa die hybride Conjoint-Analyse keine „aus Segmentierungssicht" erforderliche, echte Individualanalyse vornimmt, gelingt es beim ACA-Verfahren kaum, eine einheitliche Segmentierungsgrundlage sicherzustellen, da hier von den Auskunftspersonen eine individuelle Zusammenstellung der in Betracht gezogenen Merkmale und deren Ausprägungen vorgenommen wird. Damit liegt indes für die spätere Segmentierung keine gleiche Beurteilungsbasis zugrunde. Über diese Schwächen hinaus steigen auch die inhaltlichen und zeitlichen

---

62 Vgl. Weiber, R., Rosendahl, T., Anwendungsprobleme der Conjoint-Analyse: Die Eignung conjointanalytischer Untersuchungsansätze zur Abbildung realer Entscheidungsprozesse, in: Marketing Zeitschrift für Forschung und Praxis, 19. Jg., Heft 2, 1997, S. 115.; Myers, J.H., Segmentation and Positioning for Strategic Marketing Decisions, a.a.O., S. 56.

63 Vgl. für einen detaillierten Überblick über die Derivate der Conjoint-Analyse Weiber, R., Rosendahl, T., Anwendungsprobleme der Conjoint-Analyse: Die Eignung conjointanalytischer Untersuchungsansätze zur Abbildung realer Entscheidungsprozesse, a.a.O., S. 109.

64 Vgl. Gutsche, J., Produktpräferenzanalyse. Ein modelltheoretisches und methodisches Konzept zur Marktsimulation mittels Präferenzerfassungsmodellen, a.a.O., S. 95.

65 Vgl. Baier, D., Säuerlich, F., Kundenschätzung mittels individueller Hybrid-Conjointanalyse in: Zeitschrift für betriebswirtschaftliche Forschung, 49. Jg., Heft 11, 1997, S. 953.

66 Vgl. dazu ausführlich Perrey, J., Nutzenorientierte Marktsegmentierung. Ein integrativer Ansatz zum Zielgruppenmarketing im Verkehrsdienstleistungsbereich, a.a.O., S. 78 ff.

Anforderungen an die Auskunftspersonen, da in derartigen Conjoint-Anwendungen zumeist mehrere Bewertungsphasen zu durchlaufen sind. Schließlich sinkt durch diese kombinierte Vorgehensweise auch die Realitätsnähe des Beurteilungsprozesses.

Zusammenfassend kann somit zur Durchführung einer aussagefähigen Marktsegmentierung im Verkehrsdienstleistungsbereich offenbar allenfalls das **traditionelle Conjoint-Verfahren** als zweckmäßige Segmentierungsgrundlage fungieren. Ein solcher Einsatz impliziert allerdings den Verzicht auf wesentliche Nutzenkomponenten und birgt somit die Gefahr, aus den Ergebnissen der Markterfassung entweder unvollständige oder auf einem hohem Abstraktionsniveau angesiedelte Ergebnisse zu erzielen, die sich damit nicht geeignet in zielgerichtete Marktbearbeitungsempfehlungen überführen lassen. Angesichts dieses Problemfeldes ist es erforderlich, ein Instrumentarium zur Erfassung der Nutzenerwartungen zu entwickeln, welches auf der realitätsnahen Vorgehensweise der traditionellen Conjoint-Analyse beruht, aber gleichzeitig die Aufnahme eines umfassenden Merkmalsspektrums gewährleisten kann.

2.2 Hierarchisches Conjoint-Design zur umfassenden Erfassung der Nutzenerwartungen im Verkehrsdienstleistungsbereich

Zur Handhabung des Problems großer Merkmalsanzahlen bei der Anwendung einer traditionellen Conjoint-Analyse werden in der Literatur unterschiedliche Vorgehensweisen diskutiert.[67] Ausgehend von einem umfassenden, sämtliche Untersuchungsmerkmale integrierenden Erhebungsdesign erfolgt in diesem Zusammenhang zumeist eine Zerlegung des von den Auskunftspersonen vorzunehmenden Beurteilungsprozesses durch eine Konstruktion einzelner Subdesigns. Da die Aussagefähigkeit der später zur Segmentierung heranzuziehenden Schätzergebnisse in hohem Maße von der Validität derartiger Subdesigns abhängig ist, muß die Parzellierung des Bewertungsvorgangs dabei dem Informationsverarbeitungsprozeß von Nachfragern in sinnvoller Weise Rechnung tragen.

Zur realitätsnahen Abbildung des Informationsverarbeitungsprozesses von Nachfragern kommt insbesondere dem von LOUVIERE Mitte der achtziger Jahre entwickelten Konzept der hierarchischen Informationsintegration eine hohe Bedeutung zu.[68] Der in der Zwi-

---

67   Vgl. Carroll, J.D., Green, P.E., Psychometric Methods in Marketing Research: Part 1, Conjoint Analysis, in: Journal of Marketing Research, Vol. 32, November 1995, S. 386 ff.; Green, P.E., Srinivasan, V., Conjoint Analysis in Marketing: New Developments with Implications for Research and Practice, in: Journal of Marketing, Vol. 54, October 1990, S. 8 ff.

68   Vgl. Louviere, J.J., Hierarchical Information Integration: A new Method for the Design and Analysis of Complex Multiattribute Judgement Problems, in: Advances in Consumer Research, Vol. 11, 1984, S. 148 ff.

schenzeit vielfach empirisch validierte[69] Ansatz fußt auf dem Grundgedanken, daß Nachfrager das wahrgenommene Merkmalsspektrum bei komplexen Entscheidungsproblemen nach bestimmten Gesichtspunkten gruppieren. Dabei wird von einer Simplifizierung des Entscheidungsprozesses durch die Bildung partieller Beurteilungen ausgegangen.[70] Von den Nachfragern werden dazu Beurteilungskonstrukte auf höherer Abstraktionsebene herangezogen, die eine Funktion der zugehörigen konkretisierten Attribute auf niedriger Ebene darstellen.[71] Die im Konzept der hierarchischen Informationsintegration postulierte Entscheidungslogik von Nachfragern läßt sich damit zur Ableitung eines Instrumentariums zur Erfassung der Nutzenerwartungen heranziehen, welches gleichermaßen die Aufnahme eines umfassenden Merkmalsspektrums gewährleistet sowie am tatsächlichen Auswahlverhalten der Nachfrager orientiert ist und damit ein zweckmäßiges Fundament zur Marktsegmentierung im Verkehrsdienstleistungsbereich darstellt.

Die Grundidee dieses Ansatzes stellt eine Hierarchisierung der nachfragerseitigen Bewertungsaufgabe durch die Konstruktion einer sog. Meta-Ebene und daran anknüpfende Untermodule dar, um auf diese Weise die Nutzenerwartungen der Nachfrager auf Grundlage eines umfassenden Merkmalsspektrums im Verkehrsdienstleistungsbereich ermitteln zu können. Auf der übergeordneten **Meta-Ebene** ist dabei zunächst eine Beurteilung von zentralen, übergreifenden Nutzendimensionen vorzunehmen, die als subjektive, funktionale Nutzenvorstellungen („Benefits") gegenüber Verkehrsdienstleistungen charakterisiert werden können. Diese Metakriterien sind das Ergebnis einer faktoranalytischen Verdichtung oder einer inhaltlichen Strukturierung des Entscheidungsproblems und werden durch ein nicht-überlappendes Set von Detailmerkmalen repräsentiert. Aus Segmentierungssicht kann die in diesem Schritt vorzunehmende Bewertung der Metakriterien zwar wertvolle Hinweise im Hinblick auf eine Gewichtung der entscheidungsrelevanten Aspekte von Verkehrsdienstleistungen liefern (z. B. Stellenwert der Nutzendimension Service), Ansatzpunkte für konkrete Maßnahmen des Marketing-Instrumentariums lassen sich indes aufgrund des zumeist hohen Aggregationsniveaus dieser Merkmale nicht erzielen. Erkenntnisse für einen solchen zielgruppenspezifischen Einsatz des Marketingmix kann allerdings eine auf der zweiten Stufe ansetzende Ermittlung von Nutzenerwartungen in den sog. **Untermodulen** liefern, die eine inhaltliche Konkretisierung der vergleichsweise abstrakten und wenig operationalen Metakriterien darstellen und damit als physikalisch-funktionale Leistungsbestandteile von Verkehrsdienstleistungen („Characteristics") interpretiert werden können (vgl. Abbildung 3).

---

69   Vgl. etwa Louviere, J.J., Gaeth, G.J., Decomposing the Determinants of Retail Facility Choice Using the Method of Hierarchical Information Integration: A Supermarket Illustration, in: Journal of Retailing, Vol. 63, No. 1, 1987, S. 25 ff.; Louviere, J.J., Timmermans, H.J.P., Hierarchical Information Integration Applied to Residential Choice Behavior, in: Geographical Analysis, Vol. 22, No. 2, 1990, S. 127 ff.

70   Vgl. Oppewal, H., Louviere, J.J., Timmermans, H.J.P., Modeling Hierarchical Conjoint Process with Integrated Choice Experiments, in: Journal of Marketing Research, Vol. 31, February 1994, S. 93.

71   Vgl. Reiners, W., Multiattributive Präferenzstrukturmodellierung durch die Conjoint-Analyse. Diskussion der Verfahrensmöglichkeiten und Optimierung von Paarvergleichsaufgaben bei der adaptiven Conjoint-Analyse, Münster 1996, S. 109.

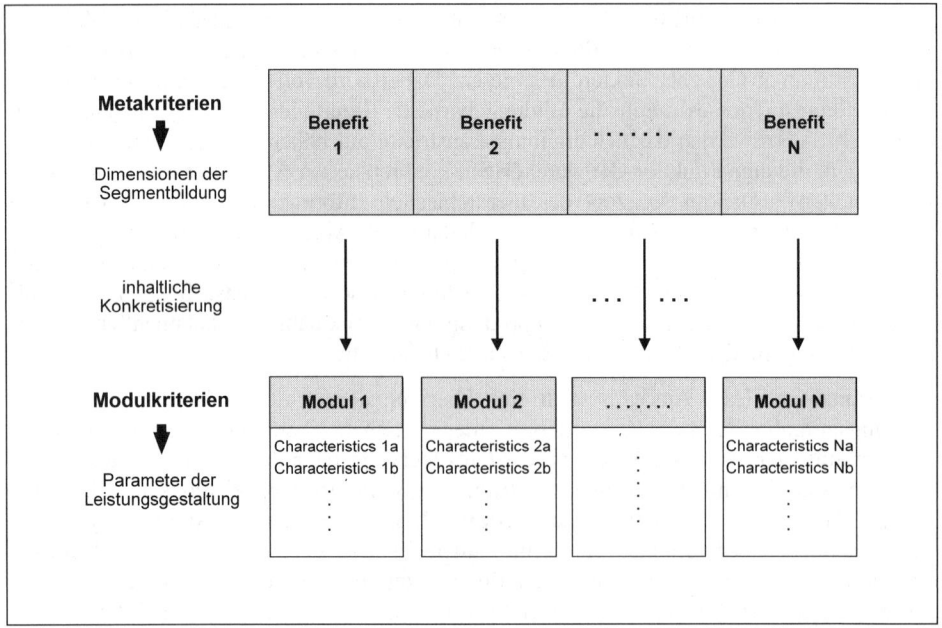

Abb. 3: Zweistufiges Design zur Erfassung der Nutzenerwartungen im Verkehrsdienstleistungsbereich

Dieses zweistufige Vorgehen trägt nicht nur in zweckmäßiger Weise der Entscheidungslogik von Nachfragern, sondern auch dem **dualen Charakter** der Marktsegmentierung
aus Erfassung und Bearbeitung Rechnung. Dabei lassen sich die Ergebnisse einer Beurteilung der Metakriterien als sinnvolle Grundlage zur Segmentbildung (Markterfassung)
heranziehen, da diese übergeordnete und damit voneinander weitestgehend unabhängige
Einflußfaktoren des Verkehrsmittelwahlverhaltens darstellen. Die Nutzendimensionen
auf Modulebene umfassen dagegen konkrete Parameter der Leistungsgestaltung, so daß
sich die Ergebnisse einer Nutzenschätzung auf dieser unteren Ebene unmittelbar in zielgruppenspezifische Handlungsempfehlungen übertragen lassen. Auf Basis einer derartigen Strukturierung des Entscheidungsproblems läßt sich zur Schätzung der Nutzenwerte
schließlich das zur Marktsegmentierung im Verkehrsdienstleistungsbereich besonders
geeignete Verfahren der traditionellen **Conjoint-Analyse** mit für die Auskunftspersonen
überschaubaren Erhebungsdesigns heranziehen.[72]

Um eine Schätzung der Nutzenwerte auf Grundlage der in Abbildung 3 dargestellten
hierarchischen Designstruktur mit Hilfe der traditionellen Conjoint-Analyse vorzuneh-

---

72   Zur Diskussion der hierzu erforderlichen Bewertungs- und Verknüpfungsregeln vgl. Perrey, J., Nutzenorientierte Marktsegmentierung. Ein integrativer Ansatz zum Zielgruppenmarketing im Verkehrsdienstleistungsbereich, a.a.O., S. 101 ff.

men, ist von den Auskunftspersonen strenggenommen eine Beurteilung der Stimuli von N (Anzahl der Untermodule) + 1 (Meta-Design) separaten Conjoint-Designs erforderlich. Unter der Annahme, daß die Nutzendimensionen der übergeordneten Meta-Ebene vollständig von den Merkmalen der zugehörigen Untermodule repräsentiert werden, können die resultierenden Schätzergebnisse der Submodule dann mit den Nutzenwerten der übergeordneten Meta-Ebene verknüpft werden. Zur Vermeidung einer Überforderung der Auskunftspersonen durch die Bewertung aller Conjoint-Designs läßt sich dazu folgendes Vorgehen heranziehen:

1. Sämtlichen Auskunftspersonen sind die Stimuli des übergeordneten **Meta-Designs** zur Beurteilung vorzulegen. Dieses Meta-Design umfaßt die zentralen Nutzendimensionen von Verkehrsdienstleistungen und enthält damit die zur Segmentbildung heranzuziehenden Variablen, die sich aus einer Verdichtung der in den Untermodulen angeordneten Detailmerkmalen zusammensetzen.[73]

2. Auf der Ebene der Untermodule ist von den Auskunftspersonen schließlich nur **eines der verschiedenen Teilmodule** zu beurteilen. Dazu werden die Probanden entsprechend der Anzahl der Untermodule in N Gruppen aufgeteilt. Voraussetzung für die Verknüpfung der Ergebnisse der Nutzenschätzung auf der Meta-Ebene mit den Schätzwerten der Modulergebnisse ist die Gleichheit des Beurteilungsprozesses auf der übergeordneten Bewertungsebene. Dies geht einher mit der Annahme, daß die Beurteilung der Stimuli auf der Meta-Ebene durch die Auskunftspersonen unabhängig von dem beurteilten Untermodul vorgenommen wird. Zu diesem Zweck ist die statistische Gleichheit der Nutzenstrukturen auf Meta-Ebene für alle N Gruppen nachzuweisen. Eine Überprüfung dieser Hypothese läßt sich allerdings nur mit Hilfe einer ausreichenden Stichprobengröße sicherstellen.[74]

3. Zur Verknüpfung der Schätzwerte auf Modulebene mit den übergeordneten Nutzenwerten kann schließlich eine **Gewichtung** der Nutzenschätzung in den Untermodulen durch die ermittelten Merkmalswichtigkeiten auf Meta-Ebene herangezogen werden.

Die mit Hilfe dieses zweistufigen Conjoint-Ansatzes ermittelten Nutzenerwartungen zeichnen sich zum einen durch eine hohe Verhaltensrelevanz aus und erfüllen zum anderen die zum Zwecke einer aussagefähigen Marktbearbeitung gestellte Anforderung der Abbildung eines umfassenden Merkmalsspektrums. Die so erzielten Nutzenwerte bilden damit eine geeignete Grundlage zur Durchführung einer nutzenorientierten Marktseg-

---

73 Zur Sicherstellung einer eindeutigen, nachfragerübergreifenden Wahrnehmung dieser Nutzendimensionen ist den Probanden zusätzlich zu den Untersuchungsstimuli ein Erläuterungsbogen vorzulegen, in welchem die von den Ausprägungen der Metakriterien repräsentierten Detailmerkmale explizit dargestellt und erläutert werden. Auf diese Weise läßt sich die unterstellte hierarchische Entscheidungsstruktur bereits a-priori implizit darlegen.

74 Dabei impliziert die Aufteilung der Auskunftspersonen in N Gruppen eine Vergrößerung der Stichprobe um das N-fache der üblicherweise im Rahmen von Conjoint-Studien heranzuziehenden Stichprobengröße. Dieser wird von Hahn mit 100 Probanden beziffert. Vgl. Hahn, C., Conjoint- und Discrete Choice-Analyse als Verfahren zur Abbildung von Präferenzstrukturen und Produktauswahlentscheidungen. Ein theoretischer und computergestützter empirischer Vergleich, a.a.O., S. 136.

mentierung im Verkehrsdienstleistungsbereich, wobei zu diesem Zweck gängigerweise das multivariate Verfahren der **Clusteranalyse** eingesetzt wird.[75] Auf Basis der aus einer individuellen Beurteilung des Meta-Designs resultierenden Nutzenerwartungen von Nachfragern kann mit diesem Verfahren eine Bildung von Marktsegmenten im Verkehrsdienstleistungsbereich vorgenommen werden, die sich durch eine homogene Nutzenstruktur der Mitglieder eines Segmentes charakterisieren lassen. Zu Zwecken der segmentspezifischen Marktbearbeitung lassen sich für die resultierenden Segmente dann mit Hilfe der in den Untermodulen erzielten Nutzenergebnisse konkrete Empfehlungen hinsichtlich einer nutzenorientierten Ausgestaltung des Marketing-Instrumentariums ableiten. Ein derartiges Vorgehen ist indes nur dann zielführend, wenn die identifizierten Nutzensegmente auch geeignet durch das Marketing-Instrumentarium erreicht werden können, um die festgelegte Instrumente-Konfiguration streuverlustminimal auf die Nachfragergruppen auszurichten. Die **Zugänglichkeit** der auf Basis von Nutzenerwartungen ermittelten Zielgruppen wird jedoch in der Segmentierungsliteratur oftmals als zentrales Problemfeld dieses Ansatzes angeführt.[76] So formulieren etwa BERRIGAN/ FINKBEINER treffend:

„A very common difficulty with needs-based segmentation is that of finding the customers who are members of a given segment. "[77]

Der isolierte Einsatz von Nutzenerwartungen ist damit offenbar nicht ausreichend, um den wesentlichen Anforderungen an einen aussagefähigen Segmentierungsansatz im Markt für Verkehrsdienstleistungen Rechnung zu tragen. Das einen hohen **Gestaltungsbezug** aufweisende Nutzenkonstrukt ist zu Marktbearbeitungszwecken folglich durch eine Zugänglichkeitsdimension im Sinne eines **Ausrichtungsbezugs** der Bearbeitung zu ergänzen. An die Stelle einer ausschließlichen Verwendung der Nutzenerwartungen von Nachfragern als Grundlage der Marktsegmentierung tritt damit die Entwicklung eines integrativen Segmentierungsansatzes im Verkehrsdienstleistungsbereich.[78]

---

75 Zum segmentierungsspezifischen Einsatz der Clusteranalyse vgl. stellvertretend Green, P.E., Krieger, A.M., Alternative Approaches to Cluster-Based Market Segmentation, in: Journal of Market Research Society, Vol. 37, No. 3, 1995, S. 221 ff.

76 Vgl. Kols, P., Bedarfsorientierte Marktsegmentierung auf Produktivgütermärkten, Frankfurt am Main 1986, S. 53; Moriarty, R.T., Reibstein, D.J., Benefit Segmentation in Industrial Markets, a.a.O., S. 465.

77 Berrigan, J., Finkbeiner, C., Segmentation Marketing: New Methods for Capturing Business Markets, New York 1992, S. 45.

78 Durch die Integration werden somit die bearbeitungsspezifischen Anforderungen an die Marktsegmentierung konzeptinduziert verknüpft, so daß aus ihrem Zusammenwirken ein „synergetischer" Wert entsteht. Im Sinne des Integrationspostulats gilt dabei: „Das Ganze ist mehr als die Summe seiner Teile". Meffert, H., Der Integrationsgedanke in der Betriebswirtschaftslehre – Leitbild für die Handelshochschule Leipzig (HHL), in: Meffert, H., Gisholt, O. (Hrsg.), Managementperspektiven und Managementausbildung, Leipzig 1997, S.4.

2.3   Das Konzept der Reiseanlaß-Nutzensegmentierung

Das Ausmaß der Zugänglichkeit von Marktsegmenten übt einen mehr oder weniger starken Einfluß auf die zielgruppenspezifische Ausrichtung aller absatzpolitischer Instrumente aus. Dabei ist die Anforderung einer Zugänglichkeit der Segmente insbesondere im Rahmen der **Kommunikations- und Distributionspolitik** zur Sicherstellung der medialen Erreichbarkeit von Nachfragergruppen sowie zur Selektion der Absatzkanäle von zentraler Bedeutung.[79] Über diese beiden Instrumente hinaus kann der Grad der Zugänglichkeit von Marktsegmenten jedoch auch Konsequenzen hinsichtlich der Ausrichtung des leistungs- und preispolitischen Instrumentariums nach sich ziehen. So wirkt sich die Erreichbarkeit von Nachfragergruppen hier auf die Integration des externen Faktors in den Prozeß der Leistungserstellung sowie den Einsatz spezifischer Formen der Preisdifferenzierung aus.

Dem Gedanken eines zugänglichkeitsadäquaten Ansatzes einer nutzenorientierten Marktsegmentierung kann insbesondere durch die Integration eines **situativen Merkmals** Rechnung getragen werden, welches ein komplexes Untersuchungsfeld zu strukturieren und auf diese Weise die verschiedenen Ausprägungen der zugänglichkeitssteuernden Merkmale (z. B. Soziodemographie oder Einkaufsstättenwahl) auf die Unterschiede der Auswahlsituation zurückzuführen vermag.[80] Im Verkehrsdienstleistungsbereich bietet sich zu diesem Zweck das reisedemographische Merkmal des **Reiseanlasses** an. So kann etwa derselbe Kunde situationsbedingt verschiedene Verkehrsmittel (z. B. geschäftlich das Flugzeug und privat die Bahn) wählen, so daß die einer Auswahlentscheidung zugrunde gelegten Merkmale von Verkehrsdienstleistungen möglicherweise konstellationsspezifisch variieren bzw. eine unterschiedliche Bedeutung einnehmen.

In einem integrativen Ansatz der Marktsegmentierung stellt der im Verkehrsdienstleistungsbereich vielfach zur Klassifizierung des Nachfrageverhaltens herangezogene Reiseanlaß allerdings **kein Kriteriensubstitut** der verhaltensbezogenen Nutzenerwar-

---

79   Freter beschreibt die Zugänglichkeitsanforderung dabei wie folgt: „Die Segmentierungsmerkmale sollen zu Segmenten führen, die insbes. über Kommunikations- und Distributionskanäle erreicht werden können." Freter, H., Marktsegmentierung im Dienstleistungsbereich, in: Meffert, H., Bruhn, M. (Hrsg.), Handbuch Dienstleistungsmanagement, Wiesbaden 1998, S. 238.

80   Vgl. Meffert, H., Der Integrationsgedanke in der Betriebswirtschaftslehre – Leitbild für die Handelshochschule Leipzig (HHL), a.a.O., S. 12.

tungen dar,[81] sondern kann vielmehr als eine zugänglichkeitssteigernde Ergänzung zur nutzenorientierten Zielgruppenbildung fungieren. Während die Nutzenerwartungen von Nachfragern die Grundlage zur bedürfnisgerechten Ausgestaltung der Marketing-Instrumente bilden, dient der Reiseanlaß damit **als Steuerungsvariable der Zugänglichkeit**. So steht der Reiseanlaß in einem engen Bezug zur nachfragerbezogenen Wahl der Einkaufsstätten. Dabei greifen Privatreisende verstärkt auf den Ticketvertrieb am Systemstandort (z. B. Bahnhof) zurück, während Geschäftsreisende alternative Einkaufsstätten bevorzugen.[82] Auf Basis einer solchen Erkenntnis lassen sich die unterschiedlichen Vertriebswege auf die spezifischen Charakteristika der Nachfrager ausrichten (Großkundenbetreuung etc.). Darüber hinaus ist davon auszugehen, daß der Reiseanlaß auch zu einer Erhöhung der Trennschärfe der im Rahmen von Nutzensegmentierungen nur wenig differenzierenden soziodemographischen Nachfragerprofile beiträgt. So besteht etwa ein enger Bezug des Reiseanlasses zu **soziodemographischen Kerndaten** wie dem durchschnittlichen Alter oder dem Einkommen der Reisenden.[83]

Überdies trägt die Einbeziehung einer **situativen Variable** in einen nutzenorientierten Marktsegmentierungsansatz auch den Forderungen anderer Autoren Rechnung.[84] So beeinflußt die von Nachfragern im Privat- und Berufsleben wahrgenommene Umwelt die bei der Auswahl einer Leistung heranzuziehenden Eigenschaften.[85] Auf der Grundlage des Reiseanlasses können den Nachfragern von Verkehrsdienstleistungen damit die entsprechenden Leistungsvorteile auf die spezifische Auswahlsituation bezogen vermit-

---

81 Dennoch wird dem Reiseanlaß zuweilen eine unmittelbare Verhaltensrelevanz im Sinne einer zentralen Determinante der Präferenzbildung zugesprochen. Vgl. Wagner, W., Personenverkehr der Deutschen Bundesbahn, Hannover 1991, S. 82. Der Reiseanlaß erscheint allerdings aus verschiedenen Gründen kein geeigneter Indikator für das Auswahlverhalten der Nachfrager darzustellen. So ist die aktuelle Wettbewerbssituation derzeit in nahezu allen Geschäftszweigen durch einen fortwährenden Konkurrenz- und einen damit verbundenen Kosten- und Preisdruck gekennzeichnet, was auch die oft zitierten Unterschiede der Preiselastizitäten von Geschäfts- und Privatreisenden zunehmend nivelliert. Überdies geht der steigende Qualitätsanspruch von Nachfragern gegenüber Dienstleistungen auch im Privatreisendenbereich mit wachsenden Ansprüchen an Verkehrsdienstleistungen einher, so daß etwa das von solchen Leistungen erwartete Service- und Komfortniveau kaum vom Reiseanlaß determiniert wird.

82 Vgl. Forschungsstelle Bahnmarketing, Non-User Analyse bei der Deutschen Bahn AG, unveröffentlichte Studie der Forschungsstelle Bahnmarketing in der Wissenschaftlichen Gesellschaft für Marketing und Unternehmensführung e.V. im Auftrag der Deutschen Bahn AG, Münster 1996; Forschungsstelle Bahnmarketing, User-Analyse bei der Deutschen Bahn AG, unveröffentlichte Studie der Forschungsstelle Bahnmarketing in der Wissenschaftlichen Gesellschaft für Marketing und Unternehmensführung e.V. im Auftrag der Deutschen Bahn AG, Münster 1995.

83 Vgl. ebenda.

84 So schlägt etwa Dubow mit der sog. „Gelegenheitsorientierten Nutzensegmentierung" einen Segmentierungsansatz auf der Grundlage von Nutzenerwartungen und situativen Merkmalen vor. Vgl. Dubow, J.S., Occasion-Based versus User-Based Benefit Segmentation: A Case Study, in: Journal of Advertising Research, Vol. 32, No. 2, March/April 1992, S. 11 ff. Auch Mühlbacher/Botschen halten die Einbeziehung situativer Merkmale in einen Ansatz der nutzenorientierten Marktsegmentierung für erforderlich. Mühlbacher, H., Botschen, G., Benefit-Segmentierung von Dienstleistungsmärkten, a.a.O., S. 161.

85 Vgl. Dickson, P.R., Person-Situation: Segmentation's Missing Link, in: Journal of Marketing, Vol. 46, Fall 1982, S. 56.

telt werden, was zu einer deutlichen Erhöhung des Ausrichtungsbezugs der Ansprache beiträgt. Eine Marktsegmentierung auf Basis von Nutzenerwartungen und des Reiseanlasses entspricht damit einer Ermittlung **situationsbezogener Nutzensegmente**.

Schließlich geht die Einbeziehung des Reiseanlasses auch mit einer Erhöhung der **Transparenz** der ermittelten Zielgruppenlösung einher. Eine auf diese Weise identifizierte Nachfragerstruktur stellt eine an den Anforderungen des Marktes in Form heterogener Nachfragerbedürfnisse orientierte **evolutorische Weiterentwicklung** des klassischen Segmentierungsvorgehens im Verkehrsdienstleistungsbereich dar. Somit wird die Implementierung einer solchen Lösung in Form einer Ableitung zielgruppenspezifischer Marketing-Maßnahmen auf allen Organisationsebenen wirksam gefördert.

Mit Hilfe der Nutzenerwartungen von Nachfragern gegenüber dem Angebotsspektrum von Verkehrsdienstleistungen sowie auf Basis des situativen Merkmals „Reiseanlaß" kann nun ein integratives Segmentierungskonzept im Verkehrsdienstleistungsbereich abgeleitet werden, welches auf einem mehrstufigen Segmentierungsvorgehen basiert und den wesentlichen Anforderungen an eine Marktsegmentierung in übergreifender Weise Rechnung trägt (vgl. Abbildung 4).

Auf einer ersten Segmentierungsstufe lassen sich dabei zunächst die Nutzenerwartungen der Nachfrager zur clusterbasierten Bestimmung von **Nutzensegmenten** heranziehen. Die resultierenden Makro-Zielgruppen tragen den zentralen Segmentierungsanforderungen einer Verhaltensrelevanz sowie der damit einhergehenden **Aussagefähigkeit** der Segmentlösung für die Gestaltung des Marketing-Instrumentariums Rechnung. In Verbindung mit einem hierarchischen Conjoint-Design zur Erfassung der Nutzenerwartungen ist überdies die Aufnahme eines umfassenden Merkmalsspektrums sichergestellt. Daran anschließend kann auf der zweiten Segmentierungsstufe eine Verfeinerung der Zielgruppenlösung durch die Integration der zugänglichkeitssteuernden Variable „Reiseanlaß" erzielt werden. Die entstehenden **Reiseanlaß-Nutzensegmente** sind damit im Gegensatz zu den alleine auf Basis von Nutzenerwartungen ermittelten Makro-Segmenten in adäquater Weise einer segmentspezifischen Ansprache zugänglich.

Das in Abbildung 4 dargestellte Vorgehen der Reiseanlaß-Nutzensegmentierung basiert auf der Grundidee der im Industriegütermarketing vorgeschlagenen mehrstufigen Segmentierungsansätze.[86] Gleichwohl weist dieser zweistufige Ansatz im Vergleich zu den mehrstufigen Ansätzen der Marktsegmentierung im „Business-to-Business" Bereich einen **konzeptionellen Unterschied** auf. Während die Segmentierungskonzepte des Industriegütermarketing aufgrund der Komplexität organisationaler Vermarktungsprozesse unterschiedliche Einflußfaktoren des organisationalen Beschaffungsverhaltens zur Zielgruppenidentifikation heranziehen, dient die Mehrstufigkeit des hier vorgeschlagenen Ansatzes zur **Integration** scheinbar unvereinbarer **Segmentierungsziele**.

---

86   Vgl. dazu Backhaus, K., Industriegütermarketing, a.a.O., S. 185 ff.

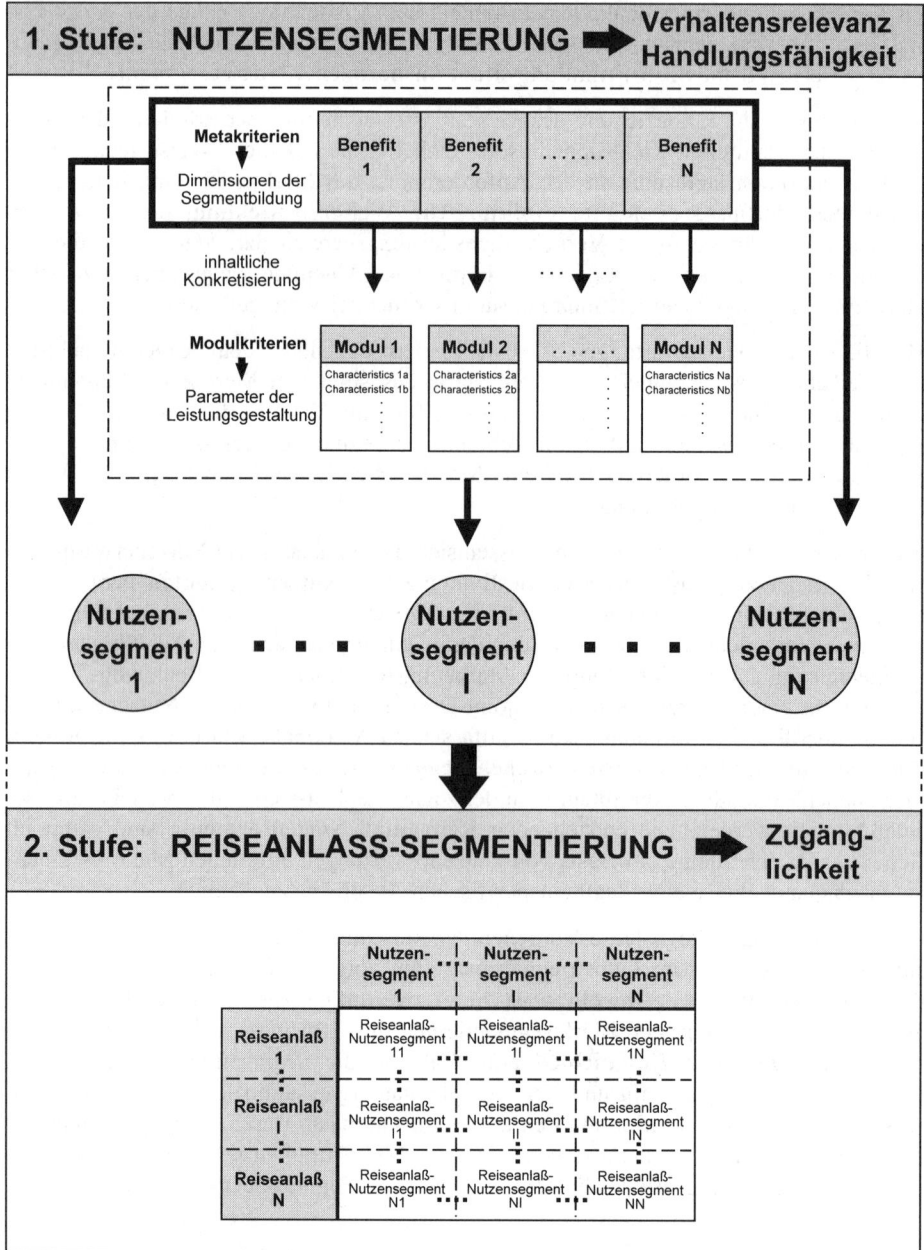

Abb. 4: Das Konzept der Reiseanlaß-Nutzensegmentierung

Bezugnehmend auf das problematisierte Dilemma der Marktsegmentierung lassen sich mit Hilfe dieses zweistufigen Vorgehens die scheinbar unvereinbaren Anforderungen der „Aussagefähigkeit für den Instrumenteeinsatz" und der „Zugänglichkeit/Erreichbarkeit" konzeptinduziert verknüpfen. Die resultierenden Reiseanlaß-Nutzensegmente können dabei in einer transparenten **Matrixdarstellung** wiedergegeben werden.

Zusammenfassend läßt sich mit Hilfe der Reiseanlaß-Nutzensegmentierung eine nutzenorientierte Zielgruppenlösung ermitteln, welche einen hohen **Gestaltungs- und Ausrichtungsbezug** für die Ableitung segmentspezifischer Marketing-Maßnahmen im Verkehrsdienstleistungsbereich aufweist. Dieser integrative Segmentierungsansatz soll somit im folgenden am Beispiel des innerdeutschen Schienenpersonenfernverkehrs angewendet werden, um darauf aufbauend ausgewählte Ansatzpunkte zur differenzierten, nutzenorientierten Marktbearbeitung in diesem Untersuchungsbereich aufzuzeigen. Im Sinne der Verfolgung einer **Intensivierungsstrategie** wird der Schwerpunkt der empirischen Analyse dabei auf eine Segmentierung der aktuellen Kunden der Deutschen Bahn AG gelegt. Zur Erreichung der übergeordneten Zielsetzung eines Ausbaus der Marktposition muß es daneben langfristige Zielsetzung der Deutschen Bahn AG darstellen, eine Ausweitung des Kundenstamms im Rahmen einer Extensivierungsstrategie anzustreben. In einer verkehrsmittelübergreifenden Perspektive wären zu diesem Zweck zusätzlich Nachfrager alternativer Verkehrsmittel (z. B. Flug) sowie Nutzer der „selbsterstellten Dienstleistung" Pkw-Reise zur Segmentierung heranzuziehen.[87] Vor dem Hintergrund einer durch die Niedrigpreisstrategien von Flugdienstleistern induzierten Verschärfung des intermodalen Wettbewerbs sowie eines im Rahmen der Bahnreform zu erwartenden Eintritts von intramodaler Konkurrenz ist indes derzeit der Sicherung und dem Ausbau des vorhandenen Ertragspotentials aus Sicht der Deutschen Bahn AG die höchste Priorität einzuräumen. Diese Erkenntnis gewinnt angesichts der im verkehrsmittelübergreifenden Vergleich geringen Loyalität von Kunden zum Verkehrsmittel Bahn an zusätzlichem Nachdruck, so daß es im Sinne einer Intensivierungsstrategie vordergründige Aufgabe darstellt, das **Ertragspotential** des aktuellen Kundenstamms mit Hilfe einer bedürfnisgerechten Leistungsgestaltung in effizienter Weise auszuschöpfen.

3. Empirische Analyse zur nutzenorientierten Marktsegmentierung im Schienenpersonenfernverkehr

Die empirische Analyse zur nutzenorientierten Marktsegmentierung im Verkehrsdienstleistungsbereich erfolgt auf Basis des Datenmaterials einer von der Forschungsstelle Bahnmarketing in der Wissenschaftlichen Gesellschaft für Marketing und Unternehmensführung e.V. in enger Zusammenarbeit mit der Deutschen Bahn AG durchgeführten

---

87 Vgl. den Beitrag von Meffert, H., Perrey, J., Schneider, H. in diesem Band.

Studie zur „Zielgruppenanalyse im Personenfernverkehr der Deutschen Bahn AG". Im Zeitraum zwischen Sommer 1995 und Frühjahr 1997 wurden verschiedene empirische Befragungsstufen und Workshops mit Mitarbeitern der Deutschen Bahn AG durchgeführt, welche die Grundlage für die Ausführungen dieses Abschnitts darstellen.[88]

3.1   Design und Methoden der empirischen Analyse

Die empirische Grundlage des Segmentierungsprojektes gliederte sich in drei Phasen. Im Rahmen einer studentischen Projektarbeitsgemeinschaft der Forschungsstelle Bahnmarketing in Zusammenarbeit mit der Deutschen Bahn AG stand zunächst eine **explorative Generierung** von Nutzendimensionen im Verkehrsdienstleistungsbereich im Mittelpunkt der Betrachtung. Zu diesem Zweck wurde eine standardisierte, mündliche Befragung unter Einbeziehung offener Fragen von insgesamt 97 Fernreisenden durchgeführt.[89] Das Ziel dieser Vorstudie bestand in einer Exploration und Bewertung von Nutzendimensionen unterschiedlicher Verkehrsmittel. Aufgrund dieser verkehrsmittelübergreifenden Perspektive erfolgten die Interviews sowohl an Bahnhöfen und Flughäfen als auch an verschiedenen Autobahnraststätten. Den Schwerpunkt der Gespräche stellten offene Fragen zu den Vor- und Nachteilen der drei Verkehrsmittel Flugzeug, Bahn und Pkw dar.[90]

Auf Grundlage der in dieser explorativen Vorstudie erzielten Ergebnisse erfolgte in einer zweiten Befragungsstufe die Durchführung einer **standardisierten Befragung** von insgesamt 418 Reisenden auf Bahnhöfen sowie in Fernverkehrszügen[91] der Deutschen Bahn AG. Die Zielsetzung dieser Untersuchung bestand in der Aufdeckung und Kategorisierung zentraler Nutzendimensionen einer Bahnreise. Zur Merkmalsauswahl wurden neben den Ergebnissen der explorativen Vorstudie auch zurückliegende Studien der Deutschen Bahn AG sowie Erkenntnisse aus Expertengesprächen mit Mitarbeitern der Deutschen Bahn AG herangezogen. Die Interviews orientierten sich in ihrem Aufbau an den verschiedenen Phasen einer Bahnreise und beinhalteten somit umfangreiche Fragenkomplexe zu den Reiseabschnitten „vor der Bahnfahrt", „während der Bahnfahrt" und „nach der Bahnfahrt".[92] Auf diese Weise konnten die entscheidungsrelevanten Nutzendimensionen einer Bahnreise vollständig erfaßt und im Rahmen der Datenanalyse auf

---

88   Der Verfasser möchte sich an dieser Stelle bei allen Mitarbeitern der Deutschen Bahn AG, die zur Durchführung und Fertigstellung dieser Studie beigetragen haben, herzlich bedanken.

89   Zur eindeutigen Abgrenzung von Reisen des personengebundenen Nahverkehrs wurden Fernreisen als Reisen mit einer Länge von mindestens 100 km einfache Entfernung definiert.

90   Zu einer vollständigen Übersicht der Fragebögen der empirischen Untersuchung vgl. Perrey, J., Nutzenorientierte Marktsegmentierung. Ein integrativer Ansatz zum Zielgruppenmarketing im Verkehrsdienstleistungsbereich, a.a.O., S. 269 ff.

91   Die Interviews von Bahnreisenden wurden in den Zugtypen ICE, IC/EC, IR durchgeführt.

92   Neben den entscheidungsrelevanten Merkmalen einer Bahnreise wurden im Rahmen dieser Befragungsstufe auch verschiedene personen- (Alter, Geschlecht etc.) und reisebezogene (Reiseanlaß etc.) Merkmale erfaßt, die als Grundlage vergleichender Analysen fungierten.

geeignete Weise strukturiert werden. Im Mittelpunkt der Befragung stand eine Wichtigkeitsbeurteilung der Merkmale einer Bahnreise auf einer fünfstufigen Ratingskala.

Anknüpfend an eine Verdichtung und Strukturierung der Ergebnisse dieser Analyse erfolgte schließlich die Ausgestaltung einer abschließenden Erhebung. Den Schwerpunkt dieser **standardisierten Befragung** stellte die Beurteilung verschiedener Conjoint-Experimente zur Ermittlung der Nutzenerwartungen von Nachfragern gegenüber dem Angebot einer Bahndienstleistung dar, deren Ergebnisse zur letztendlichen Segmentbildung dienten. Auf Basis einer hierarchischen Conjoint-Struktur wurden zu diesem Zweck verschiedene Subexperimente konstruiert, wobei den Probanden die Untersuchungsstimuli von jeweils zwei dieser Teilexperimente zur Rangreihung vorgelegt wurden. Daneben ließen sich mit Hilfe eines zweiseitigen Begleitfragebogens Informationen zur spezifischen Reisesituation, zum Reiseinformationsverhalten, zum allgemeinen Reiseverhalten sowie zu soziodemographischen Merkmalen der Befragten erfassen. Insgesamt konnten im Rahmen dieser Befragungsstufe über 5.000 Interviews mit Fernverkehrsreisenden in ICE-, IC/EC- und IR-Zügen der Deutschen Bahn AG auf ausgewählten Streckenverbindungen in Deutschland durchgeführt werden. Nach einer Vollständigkeitsüberprüfung und weiterer Validitätsanalysen ließen sich schließlich 4.343 Datensätze zur eigentlichen Nutzensegmentierung heranziehen (vgl. Abbildung 5).

Die statistische Datenauswertung erfolgte mit Hilfe des Softwarepakets SPSS sowie des Conjoint-Programms LINMAP in der Version IV[93]. Das **Statistikpaket SPSS** (Superior Performing Software Systems)[94] gelangte für verschiedene uni-, bi- und multivariate Verfahren zur Anwendung. Dabei wurde zur Verdichtung der Nutzenkomponenten auf die Faktorenanalyse zurückgegriffen, während die Bildung der Marktsegmente mit Hilfe der Clusteranalyse erfolgte. Zur Signifikanzüberprüfung kamen schließlich unterschiedliche Testverfahren sowie die Diskriminanzanalyse und die Kontingenzanalyse zum Einsatz.[95]

Aufbauend auf diesen Grundlagen wird im folgenden eine empirische Analyse der Ablaufschritte einer nutzenorientierten Marktsegmentierung im Verkehrsdienstleistungsbereich am Beispiel des schienengebundenen Personenfernverkehrs vorgenommen. Die nutzenorientierte Markterfassung stellt den Ausgangspunkt der Betrachtung dar.

---

[93] Vgl. stellvertretend Bretton-Clark Inc. (Hrsg.), Conjoint LINMAP, User's Manual, New York 1989, S. 6 ff.

[94] Vgl. stellvertretend Norius, M.J., SPSS Inc., SPSS for Windows: Advanced Statistics, Release 5, Chicago, Ill. 1992; derselbe, SPSS Inc., SPSS for Windows: Professional Statistics, Release 5, Chicago, Ill. 1992.

[95] Zu Gegenstand und Ausgestaltung dieser Verfahren vgl. stellvertretend Bleymüller, J., Gehlert, G., Gülicher, H., Statistik für Wirtschaftswissenschaftler, 10. Aufl., München 1996, S. 101 ff.

	InterCityExpress (ICE)	InterCity/EuroCity (IC/EC)	InterRegio (IR)	Gesamt
Stichproben-anteil	39%	40%	21%	n = 5.174
Reiseanlaß • geschäftlich • privat (inkl. Fernpendler)	32% 68%	36% 64%	18% 82%	30% 70%
Klasse • 1. Klasse • 2. Klasse	23% 77%	23% 77%	10% 90%	20% 80%
Geschlecht • weiblich • männlich	41% 59%	42% 58%	48% 52%	43% 57%
Alter • bis 26 Jahre • 27-59 Jahre • 60 Jahre und älter	24% 66% 10%	25% 67% 8%	29% 57% 14%	26% 64% 10%

Abb. 5: Zusammensetzung der Stichprobe zur Marktsegmentierung

3.2 Nutzenorientierte Markterfassung im Schienenpersonenfernverkehr

Die Festlegung der zur Segmentierung im Markt für Verkehrsdienstleistungen heranzuziehenden Nutzendimensionen erfordert zunächst eine **Offenlegung** des umfangreichen Spektrums entscheidungsrelevanter Merkmale des Verkehrsmittelwahlverhaltens. Dabei gilt es, insbesondere die wahlentscheidungsdeterminierenden Dimensionen zu identifizieren, um diese im weiteren Verlauf der Analyse in geeigneter Weise in ein Meßinstrumentarium zur Erfassung der Nutzenerwartungen zu überführen.

3.21 Generierung und Verdichtung von Nutzenkomponenten

Zur Erreichung dieser Zielsetzung können die Ergebnisse der im Rahmen einer Ausgangsbefragung durchgeführten Exploration von Nutzendimensionen unterschiedlicher Verkehrsmittel einen ersten Beitrag leisten. Die in der mündlichen Befragung von Auskunftspersonen genannten Vor- und Nachteile der Verkehrsmittel Bahn, Flugzeug und Pkw sind in Abbildung 6 dargestellt.[96]

Bahn	**Flugzeug**	**Pkw**
■ **Vorteile**	■ **Vorteile**	■ **Vorteile**
„Zuverlässigkeit"	„Zeitgewinn"	„Gepäckbeförderung"
„Zentrale Bahnhofslage"	„Pünktlichkeit"	„Flexibilität"
„Entspannung während der Fahrt"	„Gepäckbeförderung"	„Zeitgewinn"
„Arbeitsmöglichkeiten"	„Service"	„Geringe Kosten"
„Verpflegung"	„Soziales Umfeld"	„Kostensenkung
„Bewegung im Zug"	„Image"	durch Mitnahme-
„Bequemes Reisen"		möglichkeit"
„Telefonische Information und		„Kein Umsteigen"
Reservierung"		
■ **Nachteile**	■ **Nachteile**	■ **Nachteile**
„Bahnhofsumfeld"	„Anreise zum Flughafen"	„Streß"
„Geringe Flexibilität"	„Hoher Preis"	„Überfüllte Straßen"
„Hoher Preis"	„Geringe Frequenz"	„Umweltschädlichkeit"
„Überfüllung der Züge"	„Geringe Flexibilität"	
„Verschmutzte Züge"		
„Schlechte Parkplatzanlage"		
„Fehlende Abstimmung mit ÖPNV"		
„Problem der Anschlußverbindungen"		
„Verspätungen"		

Abb. 6: Exploration von Nutzendimensionen im Verkehrsdienstleistungsbereich

Mit Blick auf die verschiedenen Argumente wird deutlich, daß diese ein breites Spektrum von „harten" (z. B. Zeit, Preis, Verbindungen) und „weichen" Komponenten der Verkehrsmittelwahl (z. B. Komfort, Service, Umfeld) abbilden. Im Hinblick auf das Verkehrsmittelwahlverhalten läßt sich aus dieser Exploration die Schlußfolgerung ableiten, daß die Wahrnehmung und Auswahl eines Verkehrsmittels stark von Preis- und Zeitaspekten sowie einer „**catch-all-Komponente**", die mit „Convenience" umschrieben werden kann, geprägt ist. Diese Erkenntnisse konnten im Rahmen einer Erfassung der Bedeutung und Erfüllung einzelner Nutzendimensionen von Verkehrsdienstleistungen

---

96 Aus der Vielzahl der von den 97 befragten Auskunftspersonen angeführten Einzelargumente bilden die in Abbildung 6 aufgeführten Items die mit größter Häufigkeit genannten Merkmale bzw. eine Verdichtung von Einzelaussagen zu übergeordneten Schlüsselargumenten ab.

präzisiert werden.[97] So vereinten hier insbesondere Preis- und Reisezeitaspekte hohe durchschnittliche Wichtigkeiten auf sich, während Service- und Komfortmerkmale etwas geringere Bedeutungen einnahmen.[98] Für das Verkehrsmittel Bahn zeigten sich im Rahmen dieser Analyse insbesondere deutliche Defizite in der von den Befragten wahrgenommenen Erfüllung der Nutzendimensionen Preis und Reisezeit, was sich auch aus den explorativen Ergebnissen in Abbildung 6 ableiten läßt.

Da die Ergebnisse dieser Vorstudie zwar einen ersten wichtigen Einblick in die Kriterien des Verkehrsmittelwahlverhaltens vermitteln, jedoch aufgrund des hohen **Allgemeinheitsgrades** der Aussagen keine hinreichend konkreten Hinweise – etwa im Sinne eines Variablensets – zum Zwecke der Marktsegmentierung liefern können, wurde anknüpfend an die Resultate der explorativen Vorstudie eine stärker strukturierte Analyse von Nutzendimensionen im Verkehrsdienstleistungsbereich durchgeführt. Vor dem Hintergrund der Aufgabenstellung einer Zielgruppenanalyse im Schienenpersonenfernverkehr beschränkte sich die zu diesem Zweck durchgeführte Befragung auf die Aufdeckung und Bestimmung von zentralen Nutzendimensionen einer Bahnreise.

Insgesamt konnte in diesem Zusammenhang festgestellt werden, daß die Befragten sehr viele der ihnen vorgelegten Merkmale einer Bahnreise als wichtig einstuften,[99] wobei insbesondere zahlreichen Items zum Reiseabschnitt während der Fahrt eine hohe Bedeutung beigemessen wurden. Neben grundnutzenorientierten Aspekten der eigentlichen Beförderung von A nach B (Reisezeit, Gepäcktransport, Sicherheit etc.) nahmen auch Gesichtspunkte des Zusatznutzens wie Service- und Ausstattungsmerkmale sowie die Freundlichkeit und Kompetenz des Personals einen übergeordneten Stellenwert ein. Die hohe Wichtigkeit einer Vielzahl von Nutzenkomponenten unterstrich dabei das oftmals mit einer gestützten und isolierten Beurteilung einzelner Merkmale einhergehende Problem der **Anspruchsinflation** nachdrücklich.[100] Zur Prognose des tatsächlichen Wahlverhaltens von Nachfragern konnten diese Ergebnisse damit lediglich einen eingeschränkten Erklärungsbeitrag leisten, was ihren Einsatz zum Zwecke der Marktsegmentierung als wenig sinnvoll erscheinen ließ.

---

97   Die Randpunkte der Skala wurden dabei mit „1 = sehr wichtig" und „5 = gar nicht wichtig" bzw. „1 = sehr erfüllt" und „5 = gar nicht erfüllt" belegt.

98   Auf eine detaillierte Darstellung dieser Ergebnisse soll an dieser Stelle aufgrund des geringen Stichprobenumfangs sowie der explorativen Zielsetzung dieser Befragungsstufe ebenso wie auf eine Signifikanzanalyse verzichtet werden.

99   Auf einer fünfstufigen Ratingskala mit „1 = sehr wichtig" und „5 = völlig unwichtig" nahmen diese Items dabei – nach Aggregation der Beurteilungen der 418 Befragten – Werte zwischen 1 und 2 ein. Insgesamt wurden den Probanden über 100 Einzelmerkmale zur Beurteilung vorgelegt.

100 Vgl. Dichtl, E., Müller, S., Anspruchsinflation und Nivellierungstendenz als meßtechnische Probleme in der Absatzforschung, in: Marketing Zeitschrift für Forschung und Praxis, 8. Jg., Heft 4, 1986, S. 233 ff.

Faktor (Nutzendimension)	Anteil erklärte Varianz	Faktor (Nutzendimension)	Anteil erklärte Varianz
(S) Betreuung	16,0%	Neue Medien (Buchung)	1,6%
Orientierung am Bahnhof	5,8%	Handhabbarkeit (Automaten)	1,5%
(S) Verpflegung	4,4%		
(S) Personal	3,0%	Reiseinformationen	1,5%
Ästhetik (Waggongestaltung)	2,8%	Parkmöglichkeiten	1,4%
		(A) Passagierlounge	1,4%
(Z) Ticketerwerb	2,6%	(Z) Fahrtdauer	1,3%
(SN) Behindertenaspekte	2,5%	(A) Business (Arbeitsmöglichkeit etc.)	1,3%
Shopping am Bahnhof	2,3%		
(S) Sicherheit	2,1%	(A) Platzangebot	1,3%
(S) Sauberkeit	2,1%	(Z) Pünktlichkeit	1,2%
(A) Spezialabteile	1,8%	(A) Medienangebot	1,2%
(SN) Umweltorientierung	1,8%	(Z) Problemloses Reisen (Verbindung)	1,2%
Internationale Aspekte	1,7%		
Kulanz (Storno etc.)	1,6%	Σ Erklärte Varianz	67,0%
(Z) Schnittstelle ÖPNV	1,6%		
A= Ausstattung; S= Service; SN= Sozialer Nutzen; Z= Zeitaufwand			

Abb. 7: Nutzendimensionen der explorativen Faktorenanalyse

Zur Sicherstellung aussagefähiger Segmentierungsergebnisse sollte zur Erfassung der Nutzenerwartungen von Nachfragern daher das an der tatsächlichen Präferenzbildung ansetzende Verfahren der Conjoint-Analyse eingesetzt werden. Aus der Vielzahl von Einzelmerkmalen galt es dazu allerdings zunächst, ein voneinander unabhängiges Spektrum von Nutzendimensionen zu generieren, welches als sinnvolle Basis zur Durchführung einer Conjoint-Analyse sowie der anschließenden Marktsegmentierung fungieren konnte. Aus diesen Gründen wurde eine Reduktion der Nutzenkomponenten auf ein **zentrales Merkmalsset** mit Hilfe der explorativen Faktorenanalyse vorgenommen. Dabei konnten 26 voneinander unabhängige Nutzendimensionen identifiziert werden, die – einschließlich ihres jeweiligen Anteils an erklärter Varianz – in Abbildung 7 aufgeführt sind.[101] Die Summe der erklärten Varianz belief sich insgesamt auf 67,0 %.[102]

---

101 Auf Basis der Hauptkomponentenmethode wurde zur Faktorextraktion das Kaiser-Kriterium verwendet. Zur besseren Interpretation der Ergebnisse erfolgte daran anschließend eine orthogonale (rechtwinklige) Rotation der Faktormatrix. Vgl. dazu Überla, K., Faktorenanalyse, 2. Aufl., Berlin u. a. 1971, S. 157 ff. Zur Interpretation der Ergebnisse wurden die Variablen mit einer Faktorladung von 0,5 und größer herangezogen. Vgl. Backhaus, K. et al., Multivariate Analysemethoden: Eine anwendungsorientierte Einführung, 8. Aufl., Berlin u. a. 1996, S. 229.

Obgleich sich damit im Vergleich zum ursprünglichen Variablenset eine deutliche Merkmalsreduktion erzielen ließ, erwies sich die verbleibende Zahl an Nutzendimensionen dennoch als deutlich zu umfangreich, um das zu Segmentierungszwecken in hohem Maße geeignete traditionelle Conjoint-Verfahren einsetzen zu können. Um die Vorteile dieses Verfahrens dennoch zu nutzen, sollte daher auf das oben beschriebene hierarchische Design zur Erfassung der Nutzenerwartungen zurückgegriffen werden, welches neben der Möglichkeit einer conjointanalytischen Schätzung der Nutzenwerte an der in Auswahlsituationen von Nachfragern zugrundegelegten Entscheidungslogik ansetzt und somit ein zweckmäßiges Fundament zur Marktsegmentierung darstellt.

3.22   Konstruktion eines hierarchischen Conjoint-Designs und Schätzung der Nutzenwerte

Die Ableitung des hierarchischen Erfassungsdesigns konnte in enger Anlehnung an die Ergebnisse der explorativen Faktorenanalyse vorgenommen werden. Dabei sollten sich die zur Segmentierung heranzuziehenden Merkmale insbesondere auf den eigentlichen Gegenstand einer innerdeutschen Fernverkehrsreise, der **Ortsveränderung von A nach B**, zurückführen lassen. Aus diesem Grund wurden von der weiteren Analyse bahnhofsbezogene Faktoren (Orientierung und Einkaufsmöglichkeiten am Bahnhof sowie Parkmöglichkeiten) und Spezialaspekte wie der Bereich neuer Medien (elektronische Buchung), internationale Anschlüsse sowie Reiseinformationen (Agenturen und Reisebüros) ausgeschlossen (vgl. Abbildung 7). Überdies erschienen die Faktoren Kulanz und Ästhetik nur wenig geeignet, um aufbauend auf den heterogenen Bedürfnissen von Nachfragern eine differenzierte Marktbearbeitung sicherzustellen, so daß auch auf die Aufnahme dieser Merkmale verzichtet wurde.[103] Auf Basis der verbleibenden 17 Faktoren erfolgte schließlich die Konstruktion eines zweistufigen Designs zur Erfassung der Nutzenerwartungen.[104]

Auf der Grundlage der Erkenntnisse aus Expertengesprächen wurde zu diesem Zweck eine inhaltliche **Kategorisierung** der empirisch ermittelten Faktoren zu übergeordneten Nutzendimensionen, sog. Metakriterien, vorgenommen. Dabei ließen sich die Metakriterien *Service*, *Reisezeitaufwand*, *Ausstattung* und *Sozialer Nutzen* identifizieren, denen die empirischen Faktoren überschneidungsfrei zugeordnet werden konnten (vgl. Abbildung 7). Unter der zusätzlichen Berücksichtigung des Merkmals *Preis*, welches das monetäre Äquivalent der durch die übrigen Variablen beschriebenen Gesamtleistung darstellt und dementsprechend nicht weiter präzisiert werden mußte, konnte schließlich die Struktur

---

102 Das Kaiser-Meyer-Olkin-Kriterium als Globalmaß zur Beurteilung der Eignung der Korrelationsmatrix wies einen Wert von 0,742 auf und ist damit als gut zu bezeichnen. Vgl. ebenda, S. 206.

103 So beinhaltet der Faktor Ästhetik Merkmale wie das Design der Züge. Nicht zuletzt aufgrund der übergeordneten Anforderung einer Aufrechterhaltung der „Corporate Identity" ist das Differenzierungspotential hier stark eingeschränkt.

104 Die Summe der durch diese Faktoren erklärten Varianz betrug 46,8 %.

des im Rahmen dieser Untersuchung verwendeten zweistufigen Designs zur Erfassung der Nutzenerwartungen von Nachfragern gegenüber schienengebundenen Verkehrsdienstleistungen abgeleitet werden, welche in Abbildung 8 synoptisch dargestellt ist.[105]

Die Metakriterien, die sich als übergeordnete Nutzendimensionen einer Bahnreise charakterisieren lassen („**Benefits**"), werden hier durch ein nicht-überlappendes Set von Modulkriterien repräsentiert. Die Bewertung der übergeordneten Merkmale kann dabei zwar einen sinnvollen Beitrag zur Bildung von Marktsegmenten, nicht aber zur Ableitung von Empfehlungen zum segmentspezifischen Einsatz des Marketing-Instrumentariums leisten. Diese Zielsetzung läßt sich jedoch unter Heranziehung der Ergebnisse einer Beurteilung der Nutzendimensionen auf Modulebene sicherstellen, welche konkrete Parameter der Leistungsgestaltung im Sinne physikalisch-funktionaler Bestandteile des Bahnangebots („**Characteristics**") darstellen und somit unmittelbar in zielgruppenspezifische Handlungsempfehlungen überführbar sind.

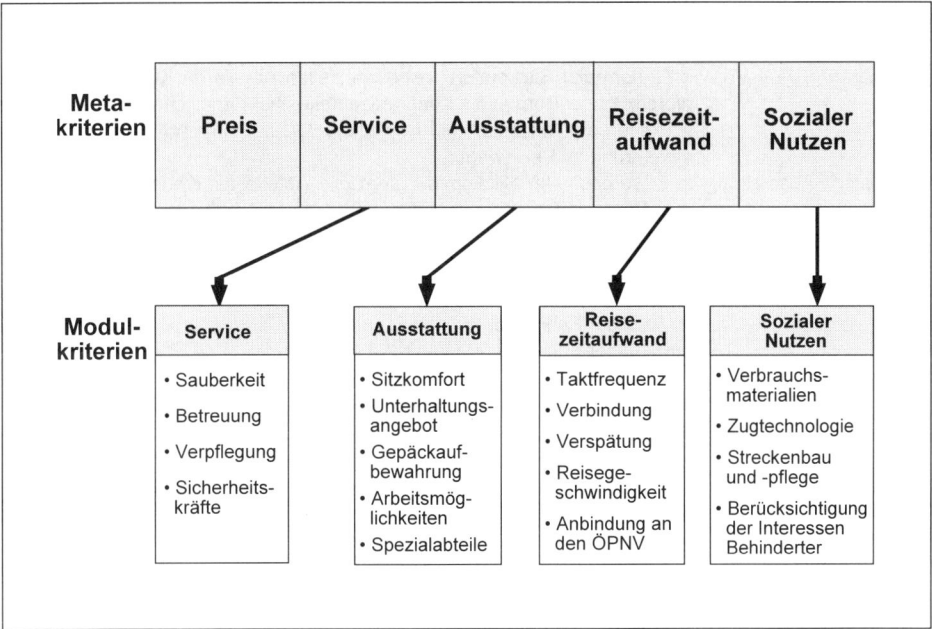

Abb. 8: Zweistufiges Design zur Erfassung der Nutzenerwartungen

---

105 Basierend auf den Erkenntnissen aus Expertengesprächen wurde dabei auf den Faktor Personal verzichtet, da dieser bereits implizit im Faktor Betreuung erfaßt werden konnte. Auch die Faktoren Ticketerwerb und Passagierlounge (jeweils Merkmale der Vorreisephase) wurden nicht verwendet und statt dessen die Merkmale Taktfrequenz und Sitzkomfort als eigenständige Merkmale aufgenommen sowie der Faktor Umweltorientierung in drei unterschiedliche Aspekte aufgeteilt.

Auf Basis einer derartigen Strukturierung des Entscheidungsproblems konnte zur Schätzung der Nutzenwerte das Verfahren der traditionellen **Conjoint-Analyse** in verschiedenen Subexperimenten mit für die Auskunftspersonen überschaubaren Erhebungsdesigns
herangezogen werden. Auf Grundlage der hierarchischen Designstruktur waren hierfür
insgesamt 5 Conjoint-Experimente zu konstruieren.[106] Die Ausgestaltung des Meta-
Designs erfolgte in unmittelbarer Anlehnung an die in Abbildung 8 dargestellte Designstruktur. Die Metakriterien wurden dabei mit Hilfe der zugehörigen Modulkriterien
folgendermaßen konzeptualisiert:

Service:
Basisservice — z. B. keine Verpflegungsmöglichkeit an Bord, Personal mit geringer Auskunfts- und Servicefunktion, kein Sicherheitspersonal an Bord, tägliche Standardreinigung von Zug und Zugtoiletten am Abend
Erweiterter Service — z. B. Verpflegungsmöglichkeit an Bord, Personal mit Auskunfts- und Servicefunktion, Sicherheitspersonal an Bord, regelmäßige Reinigung von Zug und Zugtoiletten auch während der Fahrt

Ausstattung:
Standard — z. B. normaler Sitzkomfort, keine speziellen Abteile für Kinder und Senioren, keine Büro- und Konferenzabteile, herkömmliche Arbeitsmöglichkeiten am Sitzplatz, kein Radio und TV, herkömmliche Gepäckaufbewahrung im Reisewagen
Erweiterte Ausstattung — z. B. verbesserter Sitzkomfort, spezielle Abteile für Kinder und Senioren, Büro- und Konferenzabteile, verbesserte Arbeitsmöglichkeiten am Sitzplatz, Radio und TV, verbesserte Gepäckaufbewahrung im Reisewagen

Preis:
Ihr heutiger Fahrpreis abzüglich 20 %
Ihr heutiger Fahrpreis
Ihr heutiger Fahrpreis zuzüglich 20 %

Reisezeitaufwand:
gering — z. B. hohe Reisegeschwindigkeit, hohe Taktfrequenz, mehr als 5 Min. Verspätung bei Abfahrt und Ankunft nahezu ausgeschlossen, Direktverbindung, gute Anbindung an den öffentlichen Nahverkehr
hoch — z. B. normale Reisegeschwindigkeit, niedrigere Taktfrequenz, mehr als 5 Min. Verspätung bei Abfahrt und Ankunft möglich, eventuelles Umsteigen, geringe Anbindung an den öffentlichen Nahverkehr

Sozialer Nutzen:
normal — Erfüllung der gesetzlichen Auflagen
erweitert — behindertengerecht gestaltete Bahnhöfe und Züge, umweltfreundliche Zugtechnologie, schwerpunktmäßige Verwendung umweltfreundlicher Materialien im gesamten Reiseablauf, getrennte Abfallentsorgung in den Zügen, Berücksichtigung ökologischer Aspekte bei Streckenpflege und -bau

---

106 Neben der Konstruktion eines Conjoint-Experiments für das Meta-Design mußten dabei die Stimuli der vier Untermodule ausgestaltet werden.

Zur Sicherstellung einer am tatsächlichen Wahlverhalten orientierten Beurteilung der Stimuli durch die Auskunftspersonen erfolgte die Datensammlung im Rahmen der Conjoint-Analyse mit Hilfe der **Profilmethode**. Anknüpfend an die obige Ausgestaltung der Merkmale und Ausprägungen konnte zu diesem Zweck ein reduziertes Erhebungsdesign mit einer für die Auskunftspersonen überschaubaren Anzahl von acht Untersuchungsstimuli konstruiert werden, welche in Form handlicher Karten visualisiert wurden.[107] Ein im Meta-Design verwendeter Stimulus ist in Abbildung 9 exemplarisch dargestellt. Um die Merkmalsassoziationen der Auskunftspersonen auf die gewünschten Detailmerkmale zu lenken, wurde den Conjoint-Karten die oben dargestellte Beschreibung der verwendeten Metakriterien auf einem gesonderten Erläuterungsbogen beigefügt.

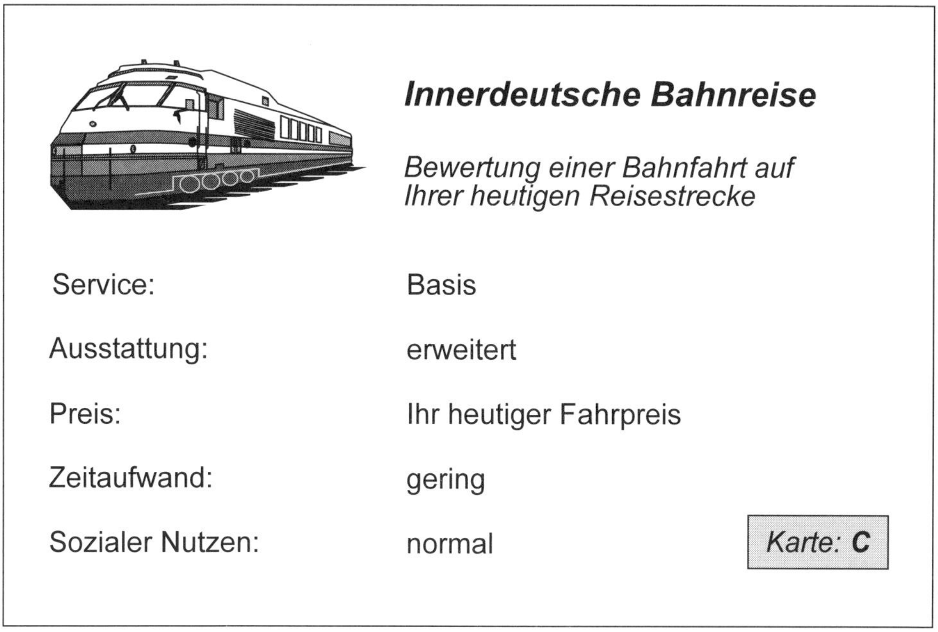

Innerdeutsche Bahnreise

Bewertung einer Bahnfahrt auf Ihrer heutigen Reisestrecke

Service: Basis

Ausstattung: erweitert

Preis: Ihr heutiger Fahrpreis

Zeitaufwand: gering

Sozialer Nutzen: normal

Karte: C

Abb. 9: Beispielstimulus des Meta-Designs

Die Ausgestaltung der Conjoint-Experimente für die vier Untermodule erfolgte in analoger Weise zum Vorgehen auf der übergeordneten Meta-Ebene. Auf Grundlage der Er-

---

107 Dieses asymmetrische Design (3 Ausprägungen des Merkmals Preis, jeweils 2 Ausprägungen der übrigen 4 Merkmale) wurde in Anlehnung an ein von Addelman erstelltes Erhebungsdesign konstruiert. Aus den insgesamt 48 Kombinationen konnte die Zahl der Stimuli damit auf 8 reduziert werden. Vgl. Addelman, S., Orthogonal Main-Effect Plans for Asymmetrical Factorial Experiments, in: Technometrics, Vol. 4, No. 1, 1962, S. 36.

gebnisse von Expertengesprächen sowie unter Zuhilfenahme der Variablenzuordnung der explorativen Faktorenanalyse konnten schließlich für die Submodule *Reisezeitaufwand*, *Ausstattung* und Sozialer *Nutzen* ebenfalls Erhebungsdesigns mit jeweils acht Untersuchungsstimuli konstruiert werden, während sich das Kartenset für das Modul *Service* aus neun Stimuli zusammensetzte. Die im Rahmen der Conjoint-Analysen eingesetzten Merkmale und deren Ausprägungen sind in Abbildung 10 aufgeführt.[108] Zur Sicherstellung präziser **Assoziationen** wurde den Probanden auch zur Beurteilung der Untersuchungsstimuli aus den Untermodulen eine ausführliche Beschreibung der jeweiligen Ausprägungen vorgelegt.

Untermodul Service		**Untermodul Ausstattung**	
• Sauberkeit	(Standortreinigung, mehrfache Reinigung)	• Sitzkomfort	(normal, verbessert)
• Betreuung	(geringe Ankunftsfunktion, umfassende Auskunfts- und Servicefunktion, intensive persönliche Betreuung)	• Unterhaltungsangebot	(nicht vorhanden, Radio+TV)
		• Gepäckaufbewahrung im Reisewagen	(herkömmlich, verbessert)
• Verpflegung	(keine Verpflegungsmöglichkeiten an Bord, Imbiß- und Speisemöglichkeit)	• Arbeitsmöglichkeiten am Sitzplatz	(herkömmlich, erweitert)
• Sicherheitskräfte (am Bahnhof, im Zug)		• Spezialabteile	(nicht vorhanden, vorhanden)
Untermodul Reisezeitaufwand		**Untermodul Sozialer Nutzen**	
• Taktfrequenz	(normal, hoch)	• Verbrauchsmaterialien	(herkömmlich, umweltverträglich)
• Verbindung	(umsteigen z.T. erforderlich, Direktverbindung)	• Bahntechnologie	(Standard, ökologieorientiert)
• Verspätung	(mehr als fünf Minuten möglich, mehr als fünf Minuten nahezu ausgeschlossen)	• Abfallentsorgung	(herkömmlich, getrennt)
• Reisegeschwindigkeit	(herkömmlich, hoch)	• Berücksichtigung der Interessen Behinderter	(herkömmlich, intensiv)
• Anbindung an den ÖPNV	(normal, verbessert)		

Abb. 10: Merkmale und Ausprägungen der Untermodule

---

108 Für das Untermodul Service mußte ein asymmetrisches Design (2 Eigenschaften mit 2 Ausprägungen sowie 2 Eigenschaften mit 3 Ausprägungen) konstruiert werden. Auch hier konnte auf einen von Addelman entwickelten Plan zurückgegriffen werden, mit dem die insgesamt 36 Kombinationen auf 9 Stimuli reduziert wurden. Vgl. Addelman, S., Orthogonal Main-Effect Plans for Asymmetrical Factorial Experiments, a.a.O., S. 24. Für die Submodule Reisezeitaufwand und Ausstattung wurde hingegen ein symmetrisches Derivat des Meta-Designs eingesetzt (5 Eigenschaften mit 2 Ausprägungen), mit dem die 32 Anordnungsmöglichkeiten auf 8 Untersuchungsstimuli verringert werden konnten. Auf ähnliche Weise ließ sich schließlich das Design für das Modul Sozialer Nutzen erstellen, wobei für die 4 Merkmale mit jeweils 2 Ausprägungen eine Reduktion der Beurteilungsstimuli von 16 auf 8 erfolgte.

In einer ersten Zusammenfassung kann damit festgehalten werden, daß es mit Hilfe der hierarchischen Designstruktur und den daraus konstruierten Conjoint-Experimenten gelang, bei der Nutzenschätzung auf den Einsatz kompositioneller Erhebungstechniken und eine Inkaufnahme der diesen Verfahren inhärenten Schwächen wie Anspruchsinflation und fehlende Kaufverhaltensrelevanz zu verzichten. Im Rahmen des **Bewertungsprozesses** kam schließlich allen Befragten die Aufgabe zu, die acht Karten des Meta-Designs in eine Rangfolge entsprechend ihrer persönlichen Präferenzen zu bringen, während jeder Auskunftsperson darüber hinaus nur **eines** der vier Untermodule zur Bewertung vorgelegt wurde.[109] Jedes dieser Subdesigns wurde damit von einem Viertel aller befragten Probanden beurteilt, so daß die Gesamtheit der Auskunftspersonen in vier Modulgruppen aufgeteilt wurde. Auf diese Weise konnte eine Überforderung der Auskunftspersonen durch eine Rangreihung sämtlicher Conjoint-Designs vermieden werden. Die Schätzung der Nutzenwerte mit Hilfe der Conjoint-Analyse führte schließlich zu den in Abbildung 11 aufgeführten aggregierten Merkmalswichtigkeiten für die Meta-Ebene und die einzelnen Submodule.[110]

Ein Blick auf die Gesamtergebnisse (Spalte 3) zeigt zunächst eine deutliche Dominanz der Nutzendimensionen *Preis* und *Reisezeitaufwand* auf. Beide Eigenschaften determinieren zusammen ca. 70 % des Gesamtnutzens einer Bahnreise über alle Befragten. Dieser Befund unterstreicht den Grundnutzencharakter von Verkehrsdienstleistungen in der nachfragerseitigen Wahrnehmung eindrucksvoll. Den aus Anbietersicht vielfach einen hohen Stellenwert beigemessenen Merkmalen *Service* und *Ausstattung* kommt hingegen eine untergeordnete Bedeutung (jeweils ca. 10 %) in der Nutzenwahrnehmung der Nachfrager zu, wobei kein signifikanter Unterschied in den Resultaten dieser Variablen identifiziert werden konnte.[111] Der *soziale Nutzen*, unter dem ökologische Aspekte sowie die Berücksichtigung der Interessen Behinderter subsumiert wurden, nimmt im Trade-Off der Befragten schließlich mit einer Merkmalswichtigkeit von ca. 8 % die geringste Bedeutung ein.

---

109 Dabei wurden den Auskunftspersonen zunächst die Stimuli des Meta-Designs zur Bewertung vorgelegt. Damit sollte eine unverhältnismäßige Aufmerksamkeit auf das entsprechende Metakriterium des zu beurteilenden Untermoduls möglichst ausgeschlossen werden.

110 Zur detaillierten Ausgestaltung des Conjoint-Ablaufs der einzelnen Experimente vgl. Perrey, J., Nutzenorientierte Marktsegmentierung. Ein integrativer Ansatz zum Zielgruppenmarketing im Verkehrsdienstleistungsbereich, a.a.O., S. 176 ff.

111 Zur Überprüfung der Unterschiede in den Teilnutzenwerten innerhalb des Meta-Designs bzw. der unterschiedlichen Submodule wurde der Friedmann-Test als Globaltest für Unterschiede in den Schätzergebnissen herangezogen. Der Friedmann-Test überprüft für mehrere Variablen, ob diese sich in der Tendenz unterscheiden. Dabei konnten für alle Conjoint-Experimente signifikante Werte ($\alpha < 0{,}01$) ermittelt werden. Vgl. zum Friedmann-Test stellvertretend Brosius, G., SPSS/PC + Basics und Graphics. Einführung und praktische Beispiele, Hamburg u. a. 1988, S. 301.

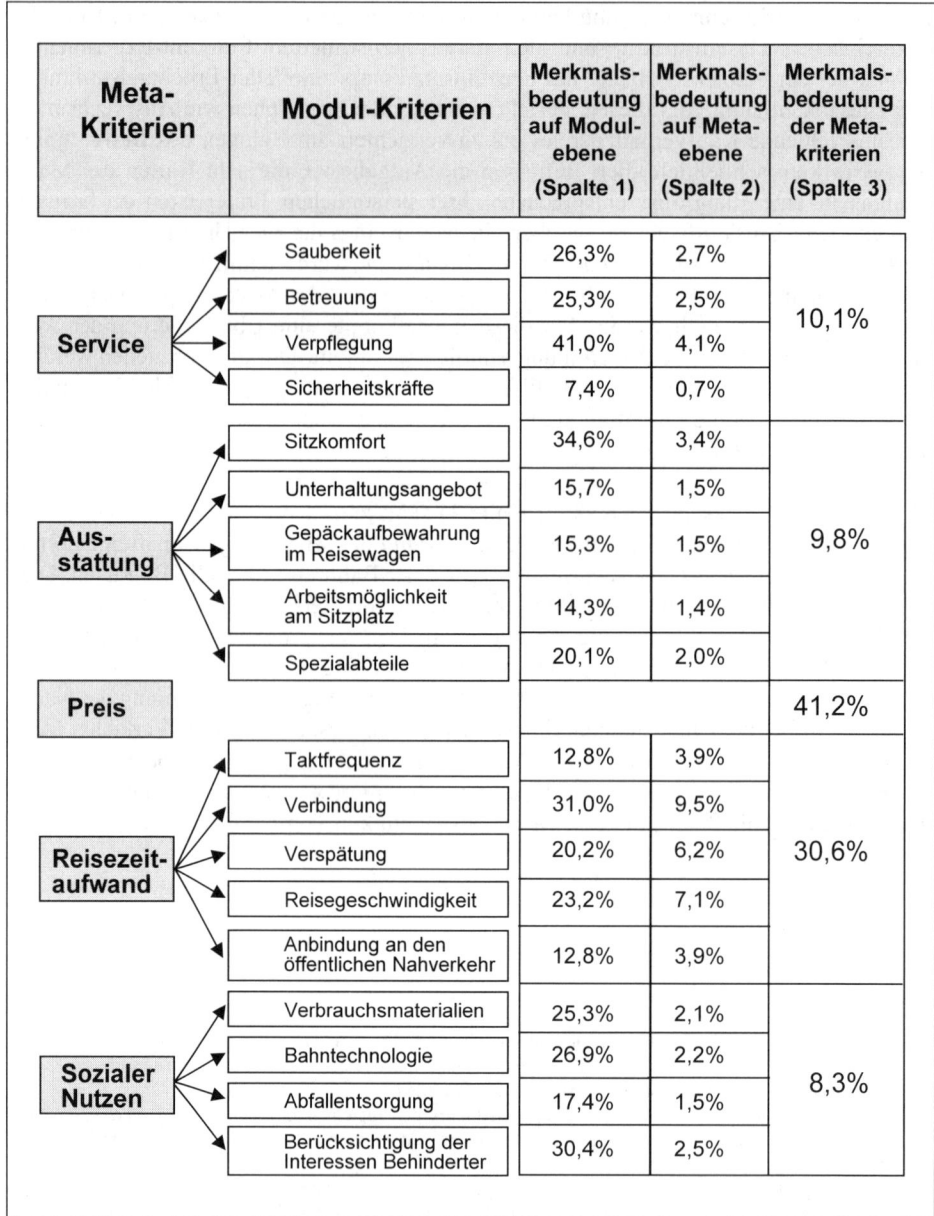

Meta-Kriterien	Modul-Kriterien	Merkmals-bedeutung auf Modul-ebene (Spalte 1)	Merkmals-bedeutung auf Meta-ebene (Spalte 2)	Merkmals-bedeutung der Meta-kriterien (Spalte 3)
Service	Sauberkeit	26,3%	2,7%	10,1%
	Betreuung	25,3%	2,5%	
	Verpflegung	41,0%	4,1%	
	Sicherheitskräfte	7,4%	0,7%	
Aus-stattung	Sitzkomfort	34,6%	3,4%	9,8%
	Unterhaltungsangebot	15,7%	1,5%	
	Gepäckaufbewahrung im Reisewagen	15,3%	1,5%	
	Arbeitsmöglichkeit am Sitzplatz	14,3%	1,4%	
	Spezialabteile	20,1%	2,0%	
Preis				41,2%
Reisezeit-aufwand	Taktfrequenz	12,8%	3,9%	30,6%
	Verbindung	31,0%	9,5%	
	Verspätung	20,2%	6,2%	
	Reisegeschwindigkeit	23,2%	7,1%	
	Anbindung an den öffentlichen Nahverkehr	12,8%	3,9%	
Sozialer Nutzen	Verbrauchsmaterialien	25,3%	2,1%	8,3%
	Bahntechnologie	26,9%	2,2%	
	Abfallentsorgung	17,4%	1,5%	
	Berücksichtigung der Interessen Behinderter	30,4%	2,5%	

Abb. 11:   Gesamtergebnis der Nutzenschätzung mit Hilfe der Conjoint-Analyse

Eine Interpretation der Ergebnisse auf Modulebene (Spalte 1) offenbart aufschlußreiche Erkenntnisse im Detail. Innerhalb des – nach der nicht weiter differenzierten Dimension *Preis* – wichtigsten Untermoduls *Reisezeitaufwand* stellt die *Direktverbindung* mit einer Merkmalswichtigkeit von ca. 30 % das zentrale Element dar. Interessanterweise fällt die Wichtigkeit der *Pünktlichkeit* mit ca. 20 % (Merkmal *Verspätung*) unerwartet gering aus.[112] Im Service-Modul wurde der *Verpflegung* mit über 40 % Merkmalswichtigkeit die höchste Bedeutung beigemessen, während der *Sitzkomfort* im Rahmen der Ausstattungs-Aspekte mit einer Merkmalswichtigkeit von ca. 35 % die größte Bedeutung auf sich vereint.

Um eine **übergreifende Ergebnisinterpretation** vorzunehmen, können die Ergebnisse der Meta-Ebene mit den aus einer Beurteilung der Untermodule hervorgegangenen Resultaten verknüpft werden. Zu diesem Zweck läßt sich eine einfache Gewichtung der Nutzenwerte aus den Submodulen mit den Merkmalswichtigkeiten des Meta-Designs durchführen. Die daraus resultierenden Gesamtwichtigkeiten der Detailmerkmale sind in Spalte 2 der Abbildung 11 aufgeführt.[113] Im Rahmen dieser übergreifenden **Gesamtbetrachtung** kommt den Merkmalen *Direktverbindung* (ca. 10 %), *Reisegeschwindigkeit* (ca. 7 %) sowie *Pünktlichkeit* (ca. 6 %) und *Verpflegung* (ca. 4 %) bei der Auswahlentscheidung der Nachfrager die größte Bedeutung unter den 18 untersuchten Detailmerkmalen zu. Dagegen nehmen die viel diskutierten Features[114] wie *Unterhaltungsangebot* oder *Arbeitsmöglichkeiten am Sitzplatz* (jeweils ca. 1,5 %) eine vergleichsweise geringe Gesamtwichtigkeit ein, was die Notwendigkeit einer differenzierten **Kosten-Nutzen-Analyse** bei der Implementierung derartiger Ausstattungselemente verdeutlicht.

3.23 Ableitung einer Reiseanlaß-Nutzensegment-Matrix

Auf der Grundlage dieser Nutzenerwartungen gegenüber schienengebundenen Verkehrsdienstleistungen erfolgte dann die Bestimmung nutzenorientierter Marktsegmente mit Hilfe der **Clusteranalyse**. Zu diesem Zweck wurde ein dreistufiges Vorgehen eingesetzt,

---

112 Diese Eigenschaft hätte durchaus auch als K.O.-Kriterium betrachtet werden können und damit strenggenommen nicht in die Untersuchung einbezogen werden dürfen. Empirische Belege in den Pünktlichkeitsschwankungen im Verkehrsdienstleistungsbereich unterstreichen indes die Notwendigkeit einer Aufnahme dieses Merkmals.

113 Die Erfüllung der zur Zulässigkeit einer solchen Verknüpfung erforderlichen Bedingung gleicher Nutzenstrukturen auf Meta-Ebene über die vier Modulgruppen wurde mit Hilfe der einfaktoriellen Varianzanalyse sowie dem Scheffeé-Test zur Überprüfung von Mittelwertunterschieden überprüft. Insgesamt bestätigten die Tests, daß das von den Probanden beurteilte Untermodul kaum einen Einfluß auf die Bewertung und die daraus resultierenden Schätzwerte des Meta-Designs ausübt. Vgl. Perrey, J., Nutzenorientierte Marktsegmentierung. Ein integrativer Ansatz zum Zielgruppenmarketing im Verkehrsdienstleistungsbereich, a.a.O., S. 182 ff.

114 Vgl. Gaertner, K., Der Service im ICE: leistungsstark und effizient, in: Die Deutsche Bahn, 1. Jg., Heft 5, 1992, S. 501 ff.

welches eine hohe Trennschärfe der Segmentierungslösung garantieren sollte.[115] Das Ergebnis der Clusteranalyse ist in Abbildung 12 dargestellt. Neben den Merkmalswichtigkeiten auf der übergeordneten Meta-Ebene (Gesamtbedeutungs-Spalten) sind hier wiederum die Resultate der multiplikativen Verknüpfung von Meta- und Modulergebnissen aufgeführt (Merkmalsbedeutungs-Spalten).

Das Cluster der *Preissensiblen* stellt mit ca. 51 % der Befragten das volumenstärkste Nutzensegment dar. Hier läßt sich eine deutliche Dominanz des Merkmals *Preis* mit einer Wichtigkeit von ca. 60 % identifizieren. Dem *Zeitaufwand* kommt als zweitwichtigstem Kriterium innerhalb dieses Segments mit ca. 17 % eine vergleichsweise geringe Bedeutung zu, während die weiteren Kriterien Wichtigkeiten von deutlich unter 10 % auf sich vereinen können und somit im Rahmen der Auswahlentscheidung der Nachfrager einen untergeordneten Stellenwert einnehmen. Insbesondere die *servicebezogenen* Gesichtspunkte bieten dabei mit einer Gesamtwichtigkeit von lediglich 5 % kaum Ansatzpunkte zur segmentspezifischen Angebotsprofilierung. Die zentrale Bedeutung des Merkmals *Preis* deutet zudem auf geringe Deckungsbeitragspotentiale in diesem Segment hin.

Das Segment der *Reisezeitminimierer* umfaßt diejenigen Befragten, die ihre Auswahlentscheidung in erster Linie von dem mit einer Bahnreise verbundenen *Zeitaufwand* (Merkmalswichtigkeit von ca. 64 %) abhängig machen. Mit einer Wichtigkeit von ca. 24 % nimmt hier der *Preis* den zweiten Rang ein. Dagegen kommt den übrigen Merkmalen bei der Auswahlentscheidung der Nachfrager mit Merkmalswichtigkeiten von unter 5 % eine zu vernachlässigende Bedeutung zu. Mit den *Preissensiblen* und den *Reisezeitminimierern* können damit zwei Marktsegmente identifiziert werden, die zusammen über 80 % des gesamten Nachfragevolumens umfassen. Da die Nutzenbestandteile beider Segmente durch grundnutzenorientierte Aspekte gekennzeichnet sind, wird die Notwendigkeit einer anbieterseitigen Profilierung durch Kernleistungsaspekte im Sinne einer zügigen und/oder preisgünstigen Beförderung von A nach B offenkundig.

---

115 Aufbauend auf einer Elimination von Ausreißern mit Hilfe des zur Gruppe der hierarchisch-agglomerativen Ansätze der Clusteranalyse zählenden Single-Linkage-Verfahrens diente in einem zweiten Schritt das in der Praxis häufig zur Segmentierung herangezogene Ward-Verfahren zur Ermittlung der optimalen Clusteranzahl. Eine Analyse der Fehlerquadratsummen-Entwicklung führte schließlich zu drei Marktsegmenten, deren Centroide als Startpartition einer im Anschluß durchgeführten partitionierenden Clusteranalyse zur Optimierung der Segmentlösung dienten. Die im Rahmen dieses dreistufigen Vorgehens verwendete Kombination hierarchischer und partitionierender Clusterverfahren kombiniert die Vorteile verschiedener Ansätze der Clusteranalyse und führt dementsprechend zur Ermittlung trennscharfer Segmentlösungen. Zu einer ähnlichen Vorgehensweise vgl. Green, P.E., Krieger, A.M., Alternative Approaches to Cluster-Based Market Segmentation, in: Journal of Market Research Society, Vol. 37, No. 3, 1995, S. 221ff. Die hohe Trennschärfe der ermittelten Clusterlösung wurde anschließend diskriminanzanalytisch bestätigt, wobei dabei ein Anteil korrekter Klassifizierungen von 97,1 % erzielt werden konnte.

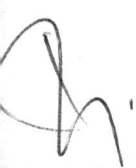

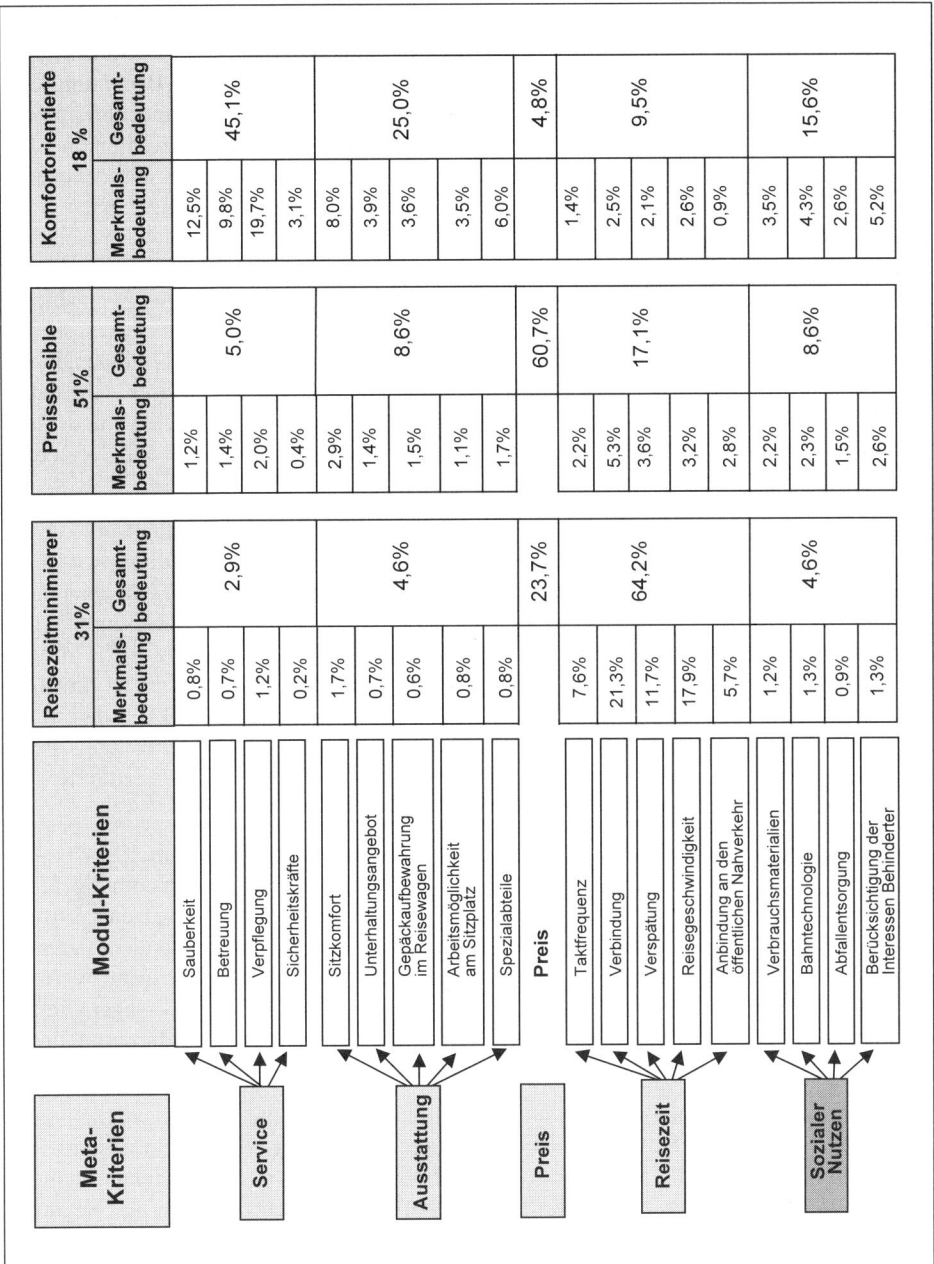

Meta-Kriterien	Modul-Kriterien	Reisezeitminimierer 31%		Preissensible 51%		Komfortorientierte 18%	
		Merkmals-bedeutung	Gesamt-bedeutung	Merkmals-bedeutung	Gesamt-bedeutung	Merkmals-bedeutung	Gesamt-bedeutung
Service	Sauberkeit	0,8%		1,2%		12,5%	
	Betreuung	0,7%	2,9%	1,4%	5,0%	9,8%	45,1%
	Verpflegung	1,2%		2,0%		19,7%	
	Sicherheitskräfte	0,2%		0,4%		3,1%	
Ausstattung	Sitzkomfort	1,7%		2,9%		8,0%	
	Unterhaltungsangebot	0,7%		1,4%		3,9%	
	Gepäckaufbewahrung im Reisewagen	0,6%	4,6%	1,5%	8,6%	3,6%	25,0%
	Arbeitsmöglichkeit am Sitzplatz	0,8%		1,1%		3,5%	
	Spezialabteile	0,8%		1,7%		6,0%	
Preis	Preis	23,7%	23,7%	60,7%	60,7%	4,8%	4,8%
Reisezeit	Taktfrequenz	7,6%		2,2%		1,4%	
	Verbindung	21,3%		5,3%		2,5%	
	Verspätung	11,7%	64,2%	3,6%	17,1%	2,1%	9,5%
	Reisegeschwindigkeit	17,9%		3,2%		2,6%	
	Anbindung an den öffentlichen Nahverkehr	5,7%		2,8%		0,9%	
Sozialer Nutzen	Verbrauchsmaterialien	1,2%		2,2%		3,5%	
	Bahntechnologie	1,3%	4,6%	2,3%	8,6%	4,3%	15,6%
	Abfallentsorgung	0,9%		1,5%		2,6%	
	Berücksichtigung der Interessen Behinderter	1,3%		2,6%		5,2%	

Abb. 12: Ergebnis der Nutzensegmentierung auf Basis der Conjoint-Schätzwerte

Die **komfortorientierten** Reisenden bilden schließlich mit ca. 18 % der Befragten das kleinste Segment. Die für die *Reisezeitminimierer* sowie die *Preissensiblen* zentralen Kriterien *Reisezeitaufwand* und *Preis* nehmen hier eine untergeordnete Bedeutung ein. Vielmehr werden die Merkmale *Service* und *Ausstattung* von dieser Kundengruppe als zentrale Nutzendimensionen einer Bahnreise angesehen und vereinen zusammen über 70 % des Gesamtnutzens der Verkehrsdienstleistung auf sich, wobei den *servicebezogenen* Aspekten mit einer Wichtigkeit von 45 % der größte Stellenwert beigemessen wird. Offensichtlich bietet dieses Segment damit zahlreiche Ansatzpunkte einer zusatznutzenorientierten Leistungsprofilierung, welche aufbauend auf den zugehörigen Detailmerkmalen präzisiert werden können. Schließlich kommt im Rahmen der Auswahlentscheidung von Nachfragern dieses Segments auch dem Merkmal *Sozialer Nutzen* mit einer Wichtigkeit von ca. 16 % noch eine höhere Bedeutung als den Nutzendimensionen *Preis* und *Reisezeitaufwand* zu. Durch die geringe Wichtigkeit des *Preises* wird dabei die hohe Preisbereitschaft dieser Nachfragergruppe gegenüber service- und ausstattungsbezogenen Aspekten unterstrichen, was bei einem entsprechenden Kostenniveau unausgeschöpfte Deckungsbeiträge signalisiert.

Ein Blick auf die Ergebnisse der **Modulkriterien** kann interessante Anhaltspunkte für eine an den differenzierten Nachfragerbedürfnissen ansetzende **Leistungsgestaltung** liefern. So zeigt sich etwa, daß im Cluster der *Reisezeitminimierer* allein eine geeignete *Verbindung* sowie eine hohe *Reisegeschwindigkeit* bereits ca. 40 % des Gesamtnutzens einer Bahnreise auf sich vereinen können. Auch für die *komfortorientierten* Nachfrager tragen mit den Merkmalen *Betreuung, Verpflegung* sowie *Sitzkomfort* bereits drei Detailkomponenten zu knapp 40 % des gesamten Nutzens bei. Insgesamt kann damit auf Basis der Nutzenbeiträge dieser Detailmerkmale und unter Heranziehung leistungsspezifischer Kostendaten eine an den differenzierten Nachfragerbedürfnissen orientierte Optimierung der Leistungsgestaltung erfolgen.

In einem Zwischenfazit bleibt festzuhalten, daß die Analyse der drei ermittelten Nutzensegmente ausgeprägte Unterschiede im Hinblick auf die Nutzenwahrnehmung einer Bahnreise offenbart. Zur Ableitung von Empfehlungen für eine an den Nutzenerwartungen der Nachfragersegmente anknüpfende Leistungsgestaltung können die identifizierten Nutzenwerte der Detailmerkmale einen aussagekräftigen Beitrag leisten. Damit vermag die gewonnene Segmentlösung mit der „Verhaltensrelevanz" und der „Aussagefähigkeit für den Instrumente-Einsatz" zwei zentralen bearbeitungsspezifischen Anforderungen an die Marktsegmentierung in geeigneter Weise Rechnung zu tragen.

Eine anschließende Analyse der Häufigkeitsstrukturen verschiedener zugänglichkeitssteuernder Merkmale offenbarte indes nur **geringe Unterschiede** im Segmentvergleich. So ließen sich weder für ausgewählte soziodemographische noch für einkaufsstättenwahlbezogenen Variablen nennenswerte Häufigkeitsdifferenzen zwischen den Segmenten identifizieren.

Die zum Zwecke einer differenzierten Marktbearbeitung erforderliche Zugänglichkeit der ermittelten Nutzensegmente erwies sich mithin als **kaum hinreichend**. Die Sicherstellung gleichermaßen verhaltensbezogener wie für das Marketing-Instrumentarium zugänglicher Zielgruppen erforderte damit – aufbauend auf den identifizierten Nutzensegmenten – eine **vertiefende Segmentbildung**, welche eine verbesserte Erreichbarkeit der Nachfragergruppen gewährleisten sollte. Zu diesem Zweck wurde die Tauglichkeit des situativen Merkmals *Reiseanlaß* zur Sicherstellung einer **instrumenteübergreifenden Zugänglichkeit** analysiert.

Dabei konnten für den *Reiseanlaß* mittlere Beziehungen zu sämtlichen der untersuchten soziodemographischen und einkaufsstättenwahlbezogenen Variablen identifiziert werden.[116] Aus den im Rahmen der Untersuchung insgesamt erfaßten sechs Kategorien des *Reiseanlasses* erwies sich schließlich die Kategorisierung des *Reiseanlasses* in die Anlässe **Geschäfts-, Privat-** und **Pendlerreise**[117] als besonders differenzierende Lösung.[118] Die Häufigkeitsverteilungen zentraler Kerndaten zur Steuerung der Zugänglichkeit sind für diese Gruppen in Abbildung 13 dargestellt.[119] Die Ergebnisse können die **Trennstärke** des *Reiseanlasses* hinsichtlich der wesentlichen zugänglichkeitssteuernden Merkmale nachhaltig verdeutlichen. Für alle der aufgeführten Variablen lassen sich deutliche Unterschiede zwischen den drei Reiseanlässen identifizieren, wobei die **Signifikanzüberprüfungen** mit Hilfe des Chi-Quadrat-Tests die Trennschärfe dieser Lösung nachhaltig unterstreichen.

---

116 Als Prüfgröße fungierte zu diesem Zweck das dem Chi-Quadrat-Test zugeordnete Gütemaß Cramer's V, welches einen Indikator zur Messung der Stärke des Zusammenhangs zwischen den Kategorien verschiedener nominal-skalierter Variablen darstellt. Vgl. Brosius, G., SPSS/PC + Basics und Graphics. Einführung und praktische Beispiele, a.a.O., S. 226 f.

117 Als Pendlerreisen werden in diesem Zusammenhang Reisen betrachtet, die mit gewisser Regelmäßigkeit auf der gleichen Strecke zwecks gleicher Funktion (beruflich/privat) erfolgen.

118 Den Privatreisen wurden dabei zusätzlich die Kategorien Urlaubsreise, Kurzurlaub und private Verpflichtung zugewiesen. Die Bildung von vier Gruppen mit einer separaten Betrachtung der Urlaubsreisenden (inkl. Kurzurlaub) führte zu einem deutlichen Verlust an Trennschärfe der zugänglichkeitssteuernden Merkmale zwischen den Gruppen. Dabei zeigte sich, daß die Gruppen der Privat- und Urlaubsreisenden nahezu übereinstimmende soziodemographische Strukturen aufweisen.

119 Zur Überprüfung der Signifikanz der Häufigkeitsverteilungen zwischen den Gruppen wurde erneut auf den Chi-Quadrat-Test zurückgegriffen.

			Gesamt	Reisezeit-mini-mierer 31 %	Preis-sensible 51 %	Komfort-orien-tierte 18 %	Chi-Quadrat Test
Soziodemographie	**Alter**	• bis 26 Jahre	26%	22%	28%	22%	α < 0,1
		• 27 - 49 Jahre	51%	55%	49%	51%	
		• 50 - 59 Jahre	14%	14%	12%	16%	
		• 60 und älter	9%	9%	11%	11%	
	Ge-schlecht	• weiblich	43%	36%	48%	41%	α < 0,01
		• männlich	57%	64%	52%	59%	
	Beruf	• Angestellte	37%	42%	34%	36%	α < 0,05
		• Beamte	12%	14%	11%	13%	
		• Selbständige	11%	12%	10%	14%	
		• Ausbildung	20%	15%	24%	16%	
		• Sonstiges (z.B. Rentner,GWDL)	20%	17%	21%	21%	
	HH - Netto-Einkommen	• unter DM 1000	12%	10%	14%	11%	α < 0,01
		• DM 1000-2000	12%	8%	14%	11%	
		• DM 2000-4000	32%	28%	34%	30%	
		• über DM 4000	44%	54%	38%	48%	
Einkaufs-stättenwahl	**Ticket-erwerb**	• DB-Agentur	9%	9%	8%	10%	α < 0,1
		• Reisezentrum/ Bahnhof	50%	46%	54%	47%	
		• Reisebüro	27%	27%	26%	27%	
		• Sonstiges (GKA, etc.)	14%	18%	12%	16%	

Abb. 13: Charakterisierung der Reiseanlässe anhand zentraler zugänglichkeitssteuernder Merkmale

Mit Hilfe einer derartigen Kategorisierung des *Reiseanlasses* können damit Nachfragergruppen gewonnen werden, die sich durch eine differenzierte Struktur der wesentlichen
zur Steuerung der Zugänglichkeit heranzuziehenden soziodemographischen und einkaufsstättenwahlbezogenen Merkmale auszeichnen. In Kombination mit den verhaltensbezogenen und eine hohe Aussagekraft für die segmentspezifische Ausgestaltung des
absatzpolitischen Instrumentariums aufweisenden Nutzenerwartungen lassen sich die
drei Reiseanlaßgruppen nun in eine **integrative Reiseanlaß-Nutzensegmentlösung** im
Markt für schienengebundene Verkehrsdienstleistungen überführen, die den Anforderungen an eine Marktsegmentierung in übergreifender Weise Rechnung trägt. Die Verteilung der Nachfrager auf diese Reiseanlaß-Nutzensegmente ist in Abbildung 14 dargestellt.

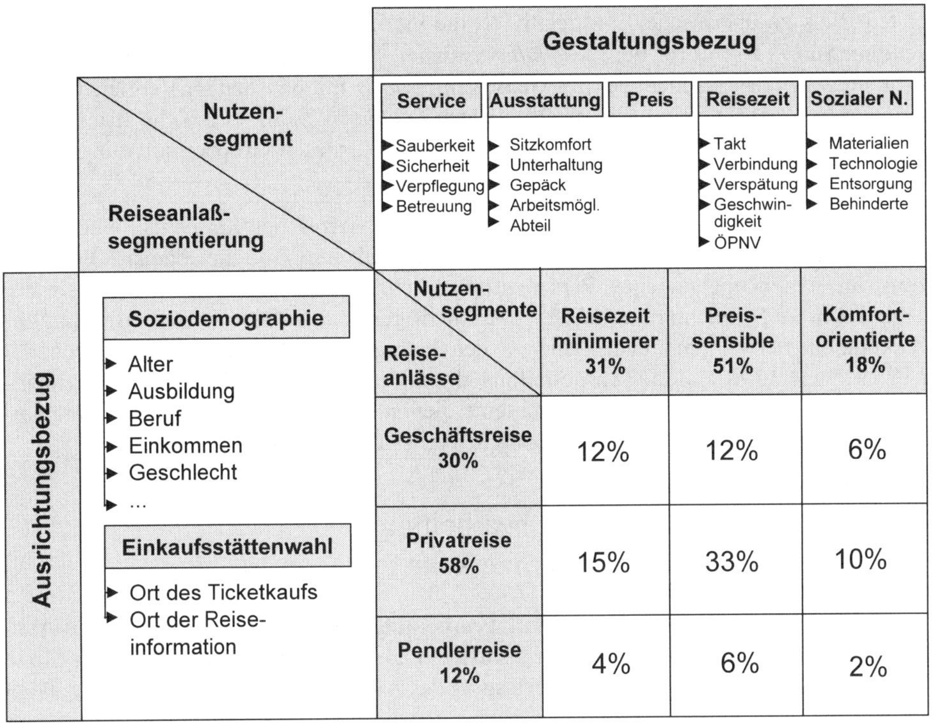

Gestaltungsbezug

Service	Ausstattung	Preis	Reisezeit	Sozialer N.
► Sauberkeit ► Sicherheit ► Verpflegung ► Betreuung	► Sitzkomfort ► Unterhaltung ► Gepäck ► Arbeitsmögl. ► Abteil		► Takt ► Verbindung ► Verspätung ► Geschwin- digkeit ► ÖPNV	► Materialien ► Technologie ► Entsorgung ► Behinderte

Nutzensegment / Reiseanlaßsegmentierung

Ausrichtungsbezug

Soziodemographie
- ► Alter
- ► Ausbildung
- ► Beruf
- ► Einkommen
- ► Geschlecht
- ► ...

Einkaufsstättenwahl
- ► Ort des Ticketkaufs
- ► Ort der Reise-information

Nutzensegmente Reiseanlässe	Reisezeit minimierer 31%	Preis-sensible 51%	Komfort-orientierte 18%
Geschäftsreise 30%	12%	12%	6%
Privatreise 58%	15%	33%	10%
Pendlerreise 12%	4%	6%	2%

Abb. 14: Integrative Segmentierung im Markt für schienengebundene Verkehrsdienstleistungen

Mit einem Anteil von 33 % an allen Bahnreisen umfaßt die Gruppe der *preissensiblen Privatreisenden* das volumenstärkste Segment. Der Preis stellt in diesem durch ein unterdurchschnittliches Haushaltseinkommen sowie einen hohen Anteil an jungen und älteren Reisenden gekennzeichneten Segment die zentrale Nutzendimension einer Bahnreise dar. Damit kann vermutet werden, daß dieses aufgrund seiner Größe sicherlich kaum zu vernachlässigende Segment durch vergleichsweise geringe Deckungsspannen gekennzeichnet ist.

Ansatzpunkte zur leistungsbezogenen Profilierung bieten sich in den Nachfragergruppen der *zeit-* bzw. *komfortorientierten Privatreisenden,* die mit Anteilen von 15 % bzw. 10 % am Absatzvolumen jedoch deutlich weniger Reisen auf sich vereinen können. Mit einem Umfang von jeweils 12 % des Absatzvolumens teilen sich die *Geschäftsreisenden* zu gleichen Anteilen in die Segmente der *Reisezeitminimierer* und der *Preissensiblen* auf. Die Gruppe der *komfortorientierten Geschäftsreisenden* umfaßt schließlich noch einen Anteil von 6 % aller Reisen. Dieses geringe Segmentvolumen vermag dabei insbesondere im Vergleich zur doppelt so großen Gruppe der *preissensiblen Geschäftsreisenden* – trotz des deutlichen Größenunterschiedes der übergeordneten Nutzensegmente – auf den ersten Blick zu überraschen und relativiert die vielfach unterstellte Dominanz der Nutzendimension „Komfort" bei *Geschäftsreisenden*[120] nachdrücklich. Wenig unerwartet kann hingegen das Segment der *preissensiblen Pendler* mit 6 % den im Vergleich zu den Gruppen der *reisezeit-* und *komfortorientierten Pendler* (4 % bzw. 2 %) höchsten Anteil an Pendlerreisen auf sich vereinen. Insgesamt kommt diesen Gruppen allerdings angesichts ihrer Größen eher eine „Nischenstellung" zu.

Aufbauend auf dieser mit Hilfe des integrativen Ansatzes der Reiseanlaß-Nutzensegmentierung vorgenommenen Markterfassung läßt sich nun eine zieladäquate **Bearbeitung** im schienengebundenen Personenfernverkehrsmarkt vornehmen. Auf Basis der zahlreichen im Segmentierungsansatz – auf niedrigem Abstraktionsniveau erfaßten Nutzenkomponenten – kann dabei eine an den heterogenen Nachfragerbedürfnissen der Nutzensegmente orientierte Ausgestaltung des Marketing-Mix erfolgen. Zur segmentspezifischen Ausrichtung dieser Instrumente dienen schließlich die in ihren Ausprägungen durch den Reiseanlaß erfaßten zugänglichkeitssteuernden Merkmale.

3.3   Nutzenorientierte Marktbearbeitung im Schienenpersonenfernverkehr

Im Mittelpunkt der differenzierten Marktbearbeitung steht die segmentspezifische Ausgestaltung des Angebotsspektrums mit Hilfe der Leistungs- und Preispolitik. Im Sinne einer zielgruppengerechten **Positionierung** ist das Angebot der Bahndienstleistung dabei an den heterogenen Nutzenerwartungen der Kundengruppen auszurichten. Mit Blick auf das aktuelle Leistungsspektrum der Deutschen Bahn AG wird offenkundig, daß eine **nutzenorientierte** Angebotsdifferenzierung im schienengebundenen Fernverkehr bislang nur ansatzweise erfolgt. Einer durch die eingesetzten Zugtypen (ICE, IC/EC, IR) zum Ausdruck gebrachten (mehr oder weniger stark ausgeprägten) Leistungshomogenität[121] steht eine Vielzahl von Sondertarifen gegenüber, die jedoch weniger an den heterogenen Nutzenerwartungen als vielmehr an demographischen Charakteristika von Nachfragern bzw. der spezifischen Angebotssituation orientiert sind.

Aus den Nutzenstrukturen der ermittelten Zielgruppen können jedoch zahlreiche Ansatzpunkte für eine an den heterogenen Bedürfnissen der Nachfrager orientierte Gestaltung des Angebotsspektrums abgeleitet werden. Mit den übergeordneten Nutzendimensionen *Preis*, *Reisezeit* und *Komfort* (*Ausstattung* und *Service*) lassen sich dabei drei trennscharfe und damit besonders differenzierungsfähige Dimensionen zur Gestaltung eines heterogenen Leistungsspektrums erkennen. Eine Differenzierung über den Faktor

---

120 Vgl. z. B. Wagner, W., Personenverkehr der Deutschen Bundesbahn, a.a.O., S. 82.

121 Von den drei Zugtypen weist vorwiegend der ICE ein differenziertes Leistungsprofil auf, wobei dieses Angebot gleichermaßen auf die Nutzendimensionen Komfort und Reisezeit ausgerichtet ist. Vgl. Rahn, T., Der Hochgeschwindigkeitszug InterCityExpress der Deutschen Bahn, in: Die Bundesbahn, 67. Jg., Heft 5, 1991, S. 537 ff.

Reisezeit setzt unmittelbar an einzelnen Produkten bzw. Zugtypen an (z. B. schnellerer Zug ICE vs. langsamerer Zug IR) an und kann demnach als **vertikale** bzw. produktspezifische Differenzierung angesehen werden. Im Sinne einer produktübergreifenden Differenzierung läßt sich dagegen eine Variation des *Komfortniveaus* (z. B. 1. vs. 2. Klasse) als **horizontale** Differenzierung bezeichnen. In Abhängigkeit des Grades der vertikalen und horizontalen Differenzierung kann schließlich eine Modifikation des *Preises* – dem monetären Gegenpol der Leistungsdifferenzierung – als **laterale** Differenzierungskomponente fungieren.

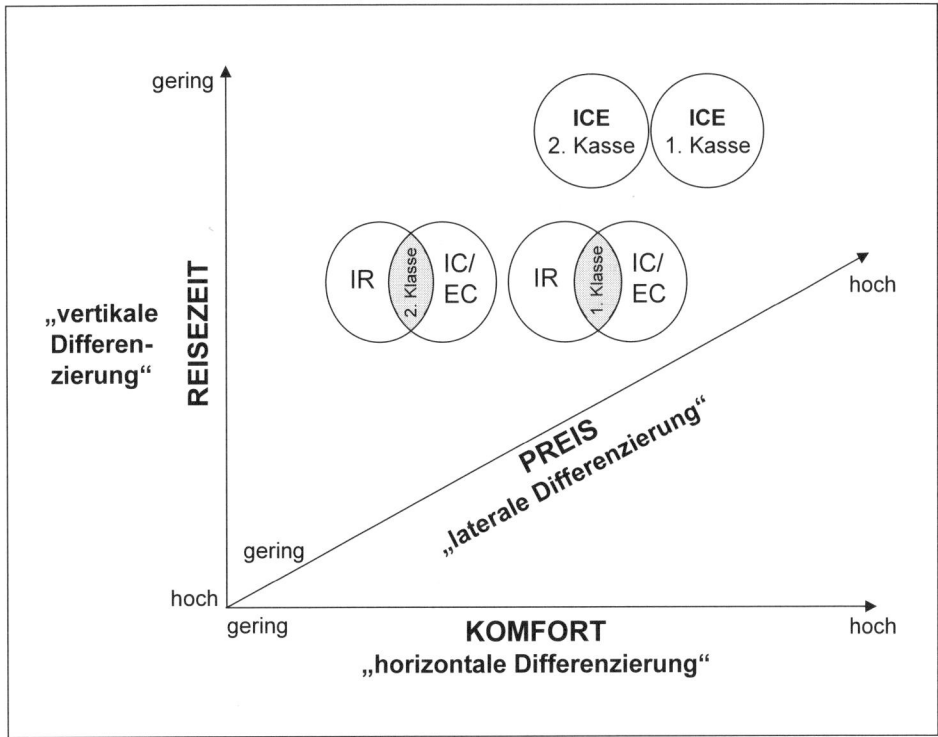

Abb. 15:   Differenziertes Angebotsspektrum der Deutschen Bahn AG

Abbildung 15 faßt diese grundsätzlichen Optionen der differenzierten Angebotsgestaltung zusammen und enthält überdies den Versuch einer Einordnung des aktuellen Leistungsspektrums der Deutschen Bahn AG in diesen „Differenzierungsrahmen". Dabei wird offenkundig, daß die grundsätzlichen Differenzierungsoptionen bislang nur **wenig zielgruppenkonform** eingesetzt werden. So läßt sich kaum eine Differenzierung zwischen den Zugtypen IC/EC und IR ausmachen, da beide durch vergleichbare *Reisezeiten* und *Komfortniveaus* charakterisiert werden können.[122] Überdies nivelliert sich die praktizierte Differenzierung in zwei *Komfortklassen* aufgrund der kontinuierlichen Innovationszyklen praktisch selbst, was sich etwa im hohen *Komfortniveau* der zweiten Klasse des ICE niederschlägt, die dementsprechend kaum noch einen Leistungsnachteil gegenüber der ersten Klasse in den Zugtypen älteren Baujahrs (insbes. IC/EC) aufweist. Ein Nutzenzuwachs hinsichtlich der Leistungsdimension *Komfort* geht somit häufig auch unmittelbar mit einer (nicht notwendigerweise vom Nachfrager gewünschten) Verbesserung der Nutzendimension *Reisezeit* einher. Beide Nutzenkomponenten sind damit angebotsstrukturell aneinander gekoppelt. Vor dem Hintergrund der durch die heterogenen Anforderungen der drei Nutzensegmente zum Ausdruck gebrachten Differenzierungserfordernis lassen sich auf Basis dieser Befunde zwei zentrale **Anforderungen** an die Angebotsgestaltung im Schienenpersonenfernverkehr ableiten.

■   Das praktizierte „Drei-Zugtyp-Konzept" geht aufgrund der vergleichsweise homogenen Produkte IC/EC und IR mit der Gefahr einer angebotsinduzierten Verwischung der Differenzierungselemente einher. Um den Nutzenerwartungen der übergeordneten Marktsegmente *Reisezeitminimierer* (31 %) und *Preissensible* (51 %) in geeigneter Weise Rechnung zu tragen, erscheint es daher sinnvoll, eine trennscharfe Positionierung von nur noch **zwei** – durch die zentralen Nutzendimensionen *Reisezeit* und *Preis* differenzierten – **Zugkonzepten** anzustreben. Während das „Basisprodukt" dabei auf die *preissensiblen* Reisenden abstellt und dementsprechend am Grundnutzen der „Beförderung von A nach B" orientiert ist, bietet das „Premiumprodukt" einen zentralen Zeitvorteil und kann so die diesbezüglichen Preisbereitschaften im Segment der *Reisezeitminimierer* abschöpfen.[123]

■   Überdies sollte es Ziel der Marktbearbeitung sein, eine **funktionale Entkopplung** der Differenzierungselemente *Reisezeit* und *Komfort* bestmöglich sicherzustellen, um damit den Anforderungen der *komfortorientierten* Reisenden (18 %) produktübergreifend Rechnung zu tragen. Zu diesem Zweck kann eine funktionale und/oder modulare Service- und Komfortstruktur einen sinnvollen Beitrag leisten. Dabei lassen sich die nutzenstiftenden *Komfortelemente* auf unterschiedliche Weise miteinander verknüpfen und isoliert oder im Paket anbieten, so daß die vorhandenen Ertragspo-

---

122   Die hier vorgenommene Einordnung der Zugtypen InterRegio (IR) und InterCity/EuroCity (IC/EC) widerspricht dabei in gewisser Weise der Selbsteinschätzung durch die Deutsche Bahn AG, die eine deutliche Leistungsdifferenzierung zwischen beiden Konzepten sieht. Vgl. Bretthauer, I., Deutsche Bahn AG: Marketing im Personenfernverkehr, a.a.O., S. 1555. An dieser Stelle darf jedoch nicht übersehen werden, daß die InterRegio-Züge in den für die Nachfrager sichtbaren Komponenten modernisiert sind und damit den konzeptinduzierten Komfortnachteil (z. B. kein Speise- sondern Bistrowaggon) durch modernere Komfortbestandteile (z. B. Sitze) nahezu ausgleichen.

123   Neben produktbezogenen Ansatzpunkten zur differenzierten Ausgestaltung der Nutzendimension „Reisezeit" besteht im Verkehrsdienstleistungsbereich die zentrale Herausforderung in der Suche nach „intelligenten" Formen der Reisezeitminimierung. Neben einer Netzoptimierung bietet dazu insbesondere der Bahnhof Ansatzpunkte. Zur zielgruppenspezifischen Marktbearbeitung nimmt allerdings auch hier die Differenzierung des Angebots eine übergeordnete Bedeutung ein.

tentiale auf maximale Weise ausgeschöpft werden können. Während es aufgrund der kontinuierlichen Innovationszyklen nur schwer gelingen wird, ein einheitliches *Komfortniveau* hinsichtlich einzelner *Ausstattungselemente* (z. B. Sitzkomfort) zu gewährleisten, bieten zahlreiche Service- und Komfortitems (z. B. Betreuung, Unterhaltung, Verpflegung) die Möglichkeit eines produktübergreifenden Einsatzes mit **gleichem Leistungsstandard**. Abbildung 16 faßt die grundsätzlichen Überlegungen zur differenzierten Angebotsgestaltung im Schienenpersonenfernverkehr zusammen und beinhaltet eine exemplarische Ausgestaltung des an den heterogenen Nutzenerwartungen der identifizierten Zielgruppen orientierten „Zwei-Zugtyp-Konzeptes".[124]

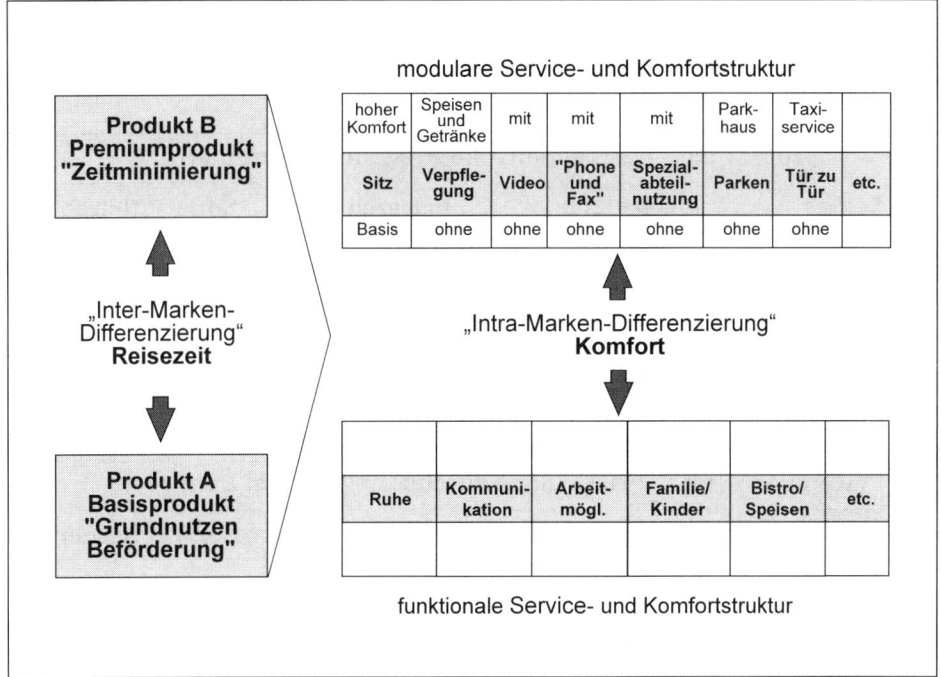

Abb. 16: Exemplarische Ausgestaltung des „Zwei-Zugtyp-Konzeptes" zur zielgruppenspezifischen Marktbearbeitung

Neben diesen übergeordneten und auf die langfristige Strategie zur differenzierten Marktbearbeitung im Schienenpersonenfernverkehr ausgerichteten Empfehlungen lassen

---

124 Hinsichtlich der Umsetzung eines derartigen Ansatzes gilt es allerdings, das Problem der Verbundeffekte im Rahmen der Bahnleistungen zu lösen. So kann sicherlich nicht immer vollständig gewährleistet werden, daß bei Reisen mit Umsteigeerfordernis die gewählte „Angebotskonfiguration" durchgängig zur Verfügung steht.

sich aus den conjointanalytisch ermittelten Nutzenstrukturen der verschiedenen Zielgruppen auch Ansatzpunkte zur nutzenorientierten Ausgestaltung des leistungs- und preispolitischen Instrumentariums im Detail ableiten. Auf Basis von Marktsimulationen und daraus resultierenden Preisresponsefunktionen sowie unter Heranziehung segmentspezifischer Kostendaten kann dabei etwa eine gewinnmaximale und an den Nutzenerwartungen der Zielgruppen orientierte Angebotsgestaltung vorgenommen werden.

Zur Verdeutlichung derartiger Überlegungen soll eine exemplarische Preisresponsefunktion für den schienengebundenen Personenfernverkehr mit Hilfe der sog. First-Choice-Regel abgeleitet werden.[125] Der Anschaulichkeit halber beschränkt sich die Simulation auf eine Angebotssituation von zwei alternativen Zugkonzepten. Mit dem Angebot *„Top-Train"* konkurriert dabei beispielhaft ein hochwertiger und besonders auf Reisezeitaspekte ausgerichteter Zug gegen einen primär auf die breite Zielgruppe ausgelegtes Konzept *„Regular-Train"*.

„Top-Train" Systematische Preisstufenvarianten			
Service	**Ausstattung**	**Reisezeit**	**Sozialer Nutzen**
• Standardreinigung • geringe Betreuung • keine zusätzlichen Sicherheitskräfte • Imbiß+Speisemöglichkeit	• verbesserter Sitzkomfort • Radio+TV an Bord • herkömmliche Arbeitsmöglichkeiten • herkömmliche Gepäckaufbewahrung • keine Spezialabteile	• normale Taktfrequenz • Direktverbindung • Verspätung möglich • hohe Geschwindigkeit • normale Anbindung an ÖPNV	• umweltverträgliche Verbrauchsmaterialien • ökologieorientierte Bahntechnologie • getrennte Abfallentsorgung • intensive Behindertenberücksichtigung
„Regular-Train" 20 % unter durchschnittlichem Bahnpreis			
Service	**Ausstattung**	**Reisezeit**	**Sozialer Nutzen**
• Standardreinigung • geringe Betreuung • keine zusätzlichen Sicherheitskräfte • Imbißmöglichkeit	• normaler Sitzkomfort • kein Unterhaltungsangebot • herkömmliche Arbeitsmöglichkeiten • herkömmliche Gepäckaufbewahrung • keine Spezialabteile	• hohe Taktfrequenz • Umsteigen z.T. erforderlich • Verspätung möglich • normale Geschwindigkeit • normale Anbindung an ÖPNV	• umweltverträgliche Verbrauchsmaterialien • herkömmliche Bahntechnologie • getrennte Abfallentsorgung • herkömmliche Behindertenberücksichtigung

Abb. 17: Ausgangssituation der Marktsimulation

---

125 Dieser Ansatz fußt auf der Grundannahme, daß ein Kunde aus der Vielzahl konkurrierender Objekte diejenige Leistung auswählt, die ihm den höchsten Nutzenbeitrag liefert.

Die in Abbildung 17 dargestellten „Features" beider Zugkonzepte unterstreichen die Realitätsnähe dieser Simulationssituation, in der etwa auf einer ausgewählten Relation ein *ICE* mit Direktverbindung und ausgewählten Ausstattungselementen einem niedrigpreisigen und ein geringeres Leistungsspektrum aufweisenden *InterRegio-Angebot* mit Umsteigeerfordernis gegenübersteht.[126] Anhand einer systematischen Variation der Preisstufen des Untersuchungsobjektes „*Top-Train*" lassen sich nun unterschiedliche Nachfrageanteile dieses Zugkonzeptes ermitteln und in eine Preisresponsefunktion überführen. Der Verlauf der in Abbildung 18 für das Gesamtvolumen und auf Nutzensegmentebene dargestellten Funktionen kann dann aufschlußreiche Erkenntnisse für die Ableitung zielgruppenspezifischer Empfehlungen der nutzenorientierten Leistungs- und Preisgestaltung im Sinne des „**Value Pricing**" hervorrufen.[127]

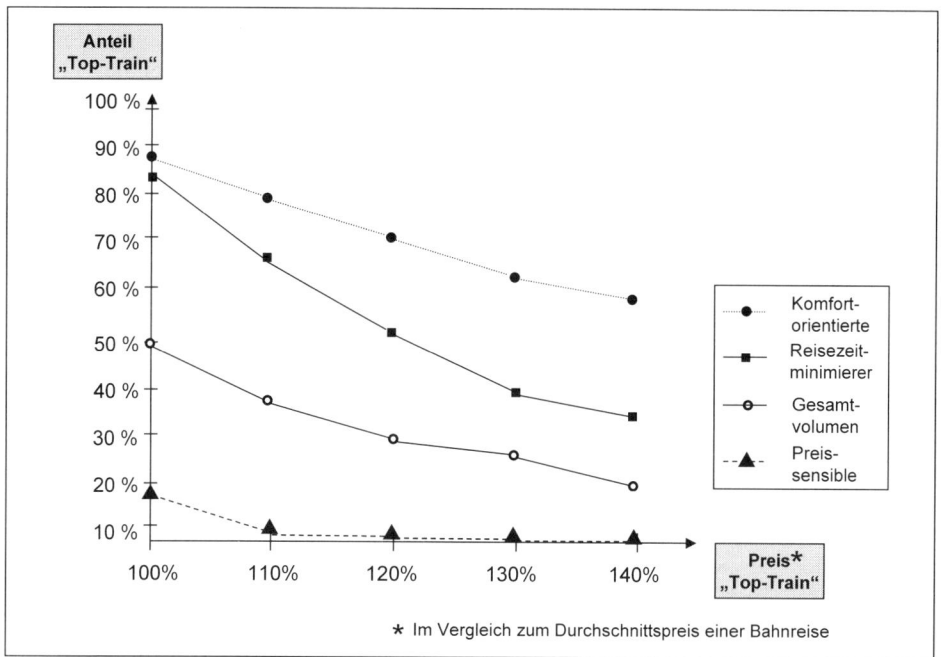

Abb. 18: Segmentspezifische Preisresponsefunktion nach der First-Choice-Regel für das Untersuchungsbeispiel

---

126 Die gewählten Ausprägungen wurden weitestgehend in Anlehnung an das oben diskutierte Zwei-Zugtyp-Konzept gewählt.

127 Zur Marktsimulation wurden dabei sämtliche durch die übergeordneten Metadimensionen gewichteten Detailmerkmale herangezogen. Dabei wurden für die nicht explizit beurteilten Modulkriterien die entsprechenden Durchschnittswerte über alle Befragten verwendet.

Dabei wird zunächst deutlich, daß das Kundenpotential für das hochwertige Angebot „*Top-Train*" in Abhängigkeit des Preises für diese Leistung zwischen 50 % und 23 % des gesamten Absatzvolumens variiert. Offensichtlich sind somit 23 % der Nachfrager bereit, für das *reisezeitminimierende* Angebot einen Preisaufschlag von 60 % im Vergleich zum Standardprodukt zu entrichten. Aufschlußreiche Anhaltspunkte zur Preis-Leistungsgestaltung können in diesem Zusammenhang zudem aus dem Verlauf der Preisresponsefunktionen auf **Segmentebene** abgeleitet werden. Während der Anteil an Nachfragern für die „*Top-Train*"-Variante im Segment der *Komfortorientierten* zwischen 88 % und 61 % variiert, ist das Kundenpotential bei den *preissensiblen* Reisenden deutlich geringer. Selbst bei einem dem Durchschnitt einer Bahnreise entsprechenden Tarif (100 %) beträgt der Anteil von „*Top-Train*" in diesem Segment lediglich 17 %; eine Steigerung des Angebotspreises führt indes zu deutlichen Anteilsverlusten. Die Preisresponsefunktion für das Segment der Reisezeitminimierer verläuft schließlich zwischen den beiden anderen Funktionen. Augenscheinlich weist allerdings sowohl diese Funktion als auch die Responsebeziehung der *Preissensiblen* auf deutlich höhere Preiselastizitäten dieser Zielgruppen im Vergleich zum Segment der *Komfortorientierten* hin. Dies unterstreicht den vom Preis vergleichsweise unabhängigen Kundenanteil im „Nischensegment" der *Komfortorientierten* und damit das mit den hohen Preisbereitschaften einhergehende, unausgeschöpfte Ertragspotential dieser Zielgruppe.

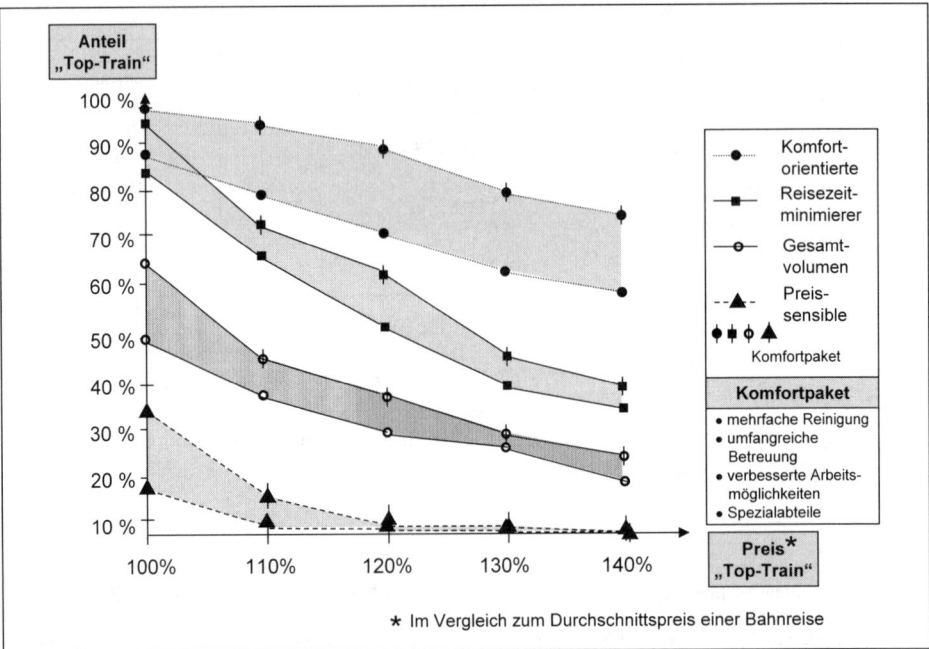

Abb. 19:   Segmentspezifische Preisresponsefunktion nach der First-Choice-Regel für das erweiterte Untersuchungsbeispiel

Auch einzelne, im Hinblick auf die Gesamtnutzenwahrnehmung einer Bahnreise nur wenig bedeutende Komfortmerkmale können zu einer zusätzlichen Abschöpfung vorhandener Preisbereitschaften führen. Beispielhaft sei das Simulationsprodukt „Top-Train" um ein **„Komfortpaket"** bestehend aus *mehrfacher Reinigung, umfangreicher Betreuung, verbesserten Arbeitsmöglichkeiten am Sitzplatz* und ausgewählten *Spezialabteilen* angereichert. Die Verläufe der in Abbildung 19 dargestellten Preisresponsefunktionen durch die First-Choice-Regel dokumentieren dabei die zielgruppenspezifischen Profilierungsmöglichkeiten, die sich mit Hilfe solcher Komfortaspekte bieten.

Wie zu erwarten, vermag das „Komfortpaket" insbesondere im Segment der *komfortorientierten* Reisenden eine nachhaltige Steigerung des Kundenanteils der „Top-Train"-Variante beizusteuern. Durch die zusätzlichen service- und ausstattungsbezogenen Leistungskomponenten entsteht ein erheblicher **Komfortpräferenzeffekt**, welcher sich in Anteilen zwischen 98 % und 80 % (gegenüber 88 % zu 61 % ohne Komfortpaket) für das aufgewertete Zugkonzept niederschlägt. Ein solcher Effekt läßt sich auch – wenngleich auf deutlich geringerem Niveau – in den Segmenten der *Preissensiblen* und *Reisezeitminimierer* ausmachen. Durch ein produktübergreifendes Komfortangebot im Sinne der oben beschriebenen **modularisierten** Angebotsgestaltung kann der Komfortpräferenzeffekt schließlich weiter gesteigert werden.[128]

Zusammenfassend bleibt festzuhalten, daß die identifizierte Zielgruppenlösung zahlreiche Ansatzpunkte zur differenzierten und an den heterogenen Nutzenerwartungen der Nachfrager orientierten Angebotsgestaltung bietet. Offenkundig besteht im schienengebundenen Personenfernverkehr ein derzeit von der Deutschen Bahn AG noch nicht hinreichend ausgeschöpftes **Potential zur Preisdifferenzierung**. So lassen sich zwischen den Segmenten der *Reisezeitminimierer* (31 %) und insbesondere der *Komfortorientierten* (18 %) auf der einen und der *Preissensiblen* (51 %) auf der anderen Seite deutliche Unterschiede in den Preisbereitschaften aufdecken, welche mit Hilfe der Ergebnisse der exemplarischen Marktsimulationen unterstrichen werden konnten. Diese Befunde legen die Vermutung nahe, daß den heterogenen Preisbereitschaften durch die aktuelle Differenzierung des Bahn-Kilometerpreises nicht ausreichend Rechnung getragen wird.

---

128 So ist das „Komfortpaket" im Simulationsbeispiel an die höherwertige Variante „Top-Train" geknüpft. Somit wurde eine Modifikation der Simulationssituation durch das Angebot von insgesamt vier Angeboten vorgenommen. Dabei sollten die oben beschriebenen Varianten „Top-Train" und „Regular-Train" mit und ohne das Komfortpaket als separate Leistungen simuliert werden. Die beiden Varianten mit integriertem Komfortpaket wurden dabei mit einer Preissteigerung von 10 % gegenüber den Varianten ohne diese Zusatzleistungen versehen. Dieser Betrag entspricht der durchschnittlichen Preisbereitschaft, die sich über alle Befragten für das Komfortpaket ermitteln läßt. In exemplarischen Simulationsrechnungen konnte auf Basis dieser Ausgangskonstellation stets ein beachtlicher Kundenanteil für die Variante „Regular-Train" mit Komfortpaket ermittelt werden, also solcher Nachfrager, die lediglich den zusätzlichen Komfortitems, nicht aber der insgesamt höherwertigen Zugvariante „Top-Train", im Rahmen ihrer Auswahlentscheidung eine Bedeutung zukommen ließen. Ohne Berücksichtigung von Kosteninformationen ließ sich dabei eine deutliche Vorteilhaftigkeit einer derartigen modularen Angebotsstruktur im Vergleich zur funktionalen Kopplung des Komfortpakets an die höherwertige Variante identifizieren. Die abschließende Beurteilung der Tauglichkeit einer solchen Leistungsstruktur ist indes an die Berücksichtigung der für die Einführung derartiger Komfortmodule anfallenden fixen und variablen Kosten gebunden, welche zu Zwecken dieses Beitrags nicht zur Verfügung standen.

Unter Hinzunahme von Kostendaten lassen sich schließlich mit Hilfe der segment-spezifischen Preisresponsefunktionen gewinnmaximale Preis-Leistungskonfigurationen des differenzierten Bahnangebots ermitteln. Die wirksame Umsetzung einer solchen nutzenorientierten Angebotsdifferenzierung setzt jedoch eine **konturierte Positionie-rung** des heterogenen Leistungsspektrums im Schienenpersonenfernverkehr voraus. Vor dem Hintergrund der eingeschränkten Möglichkeiten einer faktischen Leistungsdifferen-zierung kommt im fixkostenintensiven Verkehrsdienstleistungsbereich zu diesem Zweck insbesondere einer zielgruppenspezifischen **Markierung** des Angebotsspektrums eine besondere Bedeutung zu. Das volumenstarke Segment der *Preissensiblen* (51 %) legt es dabei nahe, der „Premium-Marke" ICE ein auf den breiten Massenmarkt ausgerichtetes Basisprodukt entgegenzustellen, welches möglicherweise faktisch bereits existiert (Inter-Regio[129]), im Markt jedoch noch nicht ausreichend differenziert angeboten wird.[130]

Vor dem Hintergrund des auf den Massenmarkt ausgerichteten Angebots im Verkehrs-dienstleistungsbereich kann die nachfragerseitige Wahrnehmung eines differenzierten Leistungsspektrums schließlich in besonderer Weise durch eine an den Nutzenerwartun-gen der Zielgruppen orientierte **Kommunikationspolitik** gefördert werden. Die ermit-telte Reiseanlaß-Nutzensegmentlösung bietet dabei zur Entwicklung zielgruppenspezifi-scher Kommunikationsmaßnahmen in zweifacher Hinsicht ein aussagekräftiges Funda-ment. Aufbauend auf den durch das situative Merkmal *Reiseanlaß* identifizierten, trenn-scharfen Soziodemographiestrukturen der Nachfrager läßt sich zunächst eine Streuverlu-ste minimierende Selektion adäquater **Werbeträger** für die klassische Werbung vor-nehmen. Auf diese Weise kann der kommunikative Zugang zu den soziodemographisch nur wenig heterogenen Nutzensegmenten gesteigert und damit die Kommunikationseffi-zienz insgesamt erhöht werden.

Dieses Vorgehen setzt an dem grundsätzlichen Verständnis einer über **alle** Reiseanlässe zu beobachteten Heterogenität der Bedürfnisstrukturen gegenüber dem Angebot einer Bahnreise an. Dem Reiseanlaß kommt folglich weniger eine Steuerungsfunktion der inhaltlichen Kommunikationsgestaltung – wie bislang vorwiegend von der Deutschen Bahn AG praktiziert – als vielmehr eine **Ausrichtungsfunktion** dieser differenzierten Kommunikationsmaßnahmen zu. Die hinsichtlich ihres Absatzvolumens gleichbedeu-tenden Segmente der *reisezeit-* und *preisorientierten Geschäftsreisenden* (jeweils 12 % des Gesamtvolumens) unterstreichen diese Folgerung nachdrücklich. Beide Kunden-gruppen sind somit – wenngleich mit unterschiedlicher Priorität – über ähnliche Werbe-träger, aber mit unterschiedlichen, auf die heterogenen Nutzenerwartungen abgestellten Kommunikationsbotschaften zu bearbeiten.

Neben der segmentspezifischen Ausrichtung der Kommunikationsmaßnahmen stellt die Gestaltung der an den Nutzenerwartungen der Zielsegmente orientierten **Werbebot-**

---

129 Vgl. Garre, K.-H., Inter-Regio: Ein neues Leistungsangebot der Deutschen Bundesbahn im Schienenper-sonenverkehr, in: Die Bundesbahn, 64. Jg., Heft 9, 1988, S. 775 ff.

130 Der nicht ausgeschöpfte Preisdifferenzierungsspielraum des ICE stellt dabei nur ein Beispiel dar.

schaften einen zweiten Schwerpunkt differenzierter Kommunikation auf Basis der Reiseanlaß-Nutzensegmentierung dar (Kommunikationseffektivität). In diesem Kontext verdeutlicht die Größe des 51 % des gesamten Absatzvolumens umfassenden Segments der *Preissensiblen* die Notwendigkeit einer wirksamen Preiskommunikation. Vor dem Hintergrund des tatsächlich vergleichsweise niedrig angesiedelten Kilometerpreises der Bahn muß dabei insbesondere eine kommunikative Verbesserung des **Preisimages** der Verkehrsdienstleistung „Bahnreise" ein zentrales Kommunikationsziel darstellen.[131] Zu diesem Zweck bietet sich der Einsatz von bekannten Persönlichkeiten, sog. Testimonials, im Rahmen der Gestaltung der Kommunikationsbotschaft an. Auf diese Weise kann die **Glaubwürdigkeit** der Botschaft einer „preiswerten Bahnreise", auf die jeweilige Zielgruppe zugeschnitten (Geschäfts- vs. Privatreise), erhöht werden.[132]

Auch die Botschaftsgestaltung zur Bearbeitung der *Reisezeitminimierer* und der *Komfortorientierten* kann unmittelbar an den zentralen Nutzendimensionen dieser Zielgruppen ansetzen. So ist bei den *Reisezeitminimierern* die Wahrnehmung der *Pünktlichkeit* zu verbessern sowie der Zeitvorteil einer Bahnreise im Wettbewerbsumfeld weiter herauszustellen. Im Rahmen der kommunikativen Bearbeitung des Segments der *Komfortorientierten* gilt es dagegen, den hohen Komfort einer Bahnreise über die **gesamte Reisekette** zu verdeutlichen. Auch hier könnte der Einsatz von Testimonials einen sinnvollen Beitrag zur Herausstellung des **„Prestiges komfortablen Bahnreisens"** leisten.

Im Rahmen der zielgruppenspezifischen **Distributionspolitik** ist schließlich ein an den Reiseanlaß-Nutzensegmenten orientiertes Vertriebssystem für den Absatz von Bahndienstleistungen festzulegen. Die über den *Reiseanlaß* zum Ausdruck gebrachten Unterschiede in der nachfragerbezogenen Wahl der Einkaufsstätten stellen zu diesem Zweck eine aussagekräftige Grundlage dar. So bietet sich etwa eine Ausweitung des „Key Account Management" für den Vertrieb an Großkunden im Segment der *Geschäftsreisenden* an. Darüber hinaus erscheint eine besondere Ausrichtung des beratungsintensiven Vertriebs über Reisebüros für *Geschäftsreisende* sinnvoll. Der direkte Vertrieb über Reisezentren am Bahnhof ist dagegen schwerpunktmäßig auf die Betreuung von Privatreisenden auszulegen.

Auch die heterogenen Nutzenstrukturen der Marktsegmente können einen Beitrag zur zielgruppenspezifischen Ausgestaltung des Absatzkanalsystems leisten. So eröffnet das Segment der *Preissensiblen* Chancen für eine Ausweitung der mit geringen Kosten verbundenen Formen des direkten **Selbstbedienungsvertriebs**. In diesem Zusammenhang könnten etwa die Absatzkanäle des Online-Vertriebs, des Vertriebs über Automaten sowie bedingt auch des telefonischen Vertriebs über Call-Center mit geringen Preisabschlägen verbunden sein. Auf diese Weise lassen sich die geringeren Vertriebskosten zum Teil an die Nachfrager weitergeben, so daß dem Gedanken des **„Value Pricing"**

---

131 Zum Preisimage vgl. Diller, H., Preisehrlichkeit – Eine neue Zielgröße im Preismanagement des Einzelhandels, in: Thexis, Fachzeitschrift für Marketing, 14. Jg., Heft 2, 1997, S. 17.

132 Vgl. Meffert, H., Marketing. Grundlagen marktorientierter Unternehmensführung, a.a.O., S. 747.

auch im **Vertrieb** Rechnung getragen wird. Auf ähnliche Art kann auch der mit höheren Preisbereitschaften verbundenen *Reisezeitorientierung* von Nachfragern begegnet werden. Hier sind etwa Preisaufschläge für die Nutzung von „Express-Schaltern" im Bahnhof oder den Ticketerwerb im Zug denkbar.

Insgesamt kommt der **kommunikativen Verankerung** der Nutzensegmentlösung auf der Ebene der Absatzmittler eine zentrale und als übergreifende Aufgabe von Kommunikations- und Distributionspolitik zu betrachtende Stellung zu. Das Denken in Nutzenkategorien der Kunden kann an diesem wesentlichen Kontaktpunkt zwischen Anbieter und Nachfrager der Verkehrsdienstleistung eine bedeutende Funktion zur Ausschöpfung des Ertragspotentials eines jeden Kunden darstellen.

4.   Zusammenfassung und Ausblick

Geleitet von der Erkenntnis einer Heterogenität der Nachfrage im Markt für Verkehrsdienstleistungen und der daraus resultierenden Notwendigkeit einer zielgruppengerechten Ausrichtung eines Verkehrsunternehmens wurde im vorliegenden Beitrag ein Ansatz zur Segmentierung auf der Grundlage von Nutzenerwartungen vorgestellt, der den wesentlichen Anforderungen an eine Marktsegmentierung übergreifend Rechnung trägt. Im integrativen Anlaß der Reiseanlaß-Nutzensegmentierung werden dabei scheinbar unvereinbare Anforderungen an das Instrumentarium der Marktsegmentierung konzeptionell verknüpft. Mit der „Verhaltensrelevanz", der „Aussagefähigkeit für den Instrumente-Einsatz" sowie der „Zugänglichkeit" genügt der abgeleitete Segmentierungsansatz den bearbeitungsspezifischen Anforderungen an die Marktsegmentierung in integrativer Weise und weist somit einen gleichermaßen hohen **Gestaltungs- und Ausrichtungsbezug** für die Ableitung segmentspezifischer Marketing-Maßnahmen im Verkehrsdienstleistungsbereich auf. Die auf einer umfangreichen Stichprobe von über 5.000 Befragten basierenden und damit statistisch abgesicherten empirischen Untersuchungsergebnisse im schienengebundenen Personenfernverkehr unterstreichen die Leistungsfähigkeit des entwickelten Segmentierungsansatzes.

Ungeachtet der hohen Aussagekraft der Reiseanlaß-Nutzensegmentierung ist das Zielgruppenmarketing insgesamt im Zuge der dynamischen Entwicklung des Konsumentenverhaltens zuletzt verstärkt in die Kritik geraten, welche vordergründig an der **mangelnden Prognostizierbarkeit des Wahlverhaltens** von Nachfragern ansetzt und die Ableitung zeitlich stabiler Segmentlösungen in Frage stellt. Auch wenn der zuweilen skizzierte Übergang zum „multioptionalen Konsumenten" im Verkehrsdienstleistungsbereich infolge des vergleichsweise stark ausgeprägten Grundnutzencharakters der offerierten Leistungen noch nicht zu erkennen ist, wird auch hier zukünftig von einer sinkenden zeitlichen Stabilität nutzenorientierter Zielgruppenlösungen auszugehen sein.

Trotz der dynamischen Entwicklung des Nachfragerverhaltens ist indes eine generelle Abkehr vom Zielgruppenmarketing weder zu erkennen, noch als grundsätzlich sinnvoll

zu erachten. Auch der in der Literatur zuweilen als „Königsweg" zur Ablösung des Zielgruppenmarketing bezeichnete „**Segment-of-One Approach**" ist derzeit selbst hinsichtlich der individuellen Konsumentenansprache noch in weiter Ferne und kann im Hinblick auf eine nachfrageorientierte Leistungsgestaltung auch zukünftig nicht als Substitut
des Zielgruppengedankens in fixkostenintensiven Märkten – wie dem Verkehrsdienstleistungsbereich – fungieren. Dennoch steht das nutzenorientierte Zielgruppenmarketing
zukünftig mehr denn je vor der zentralen Herausforderung, potentielle Veränderungen
der Konsumstrukturen möglichst frühzeitig zu antizipieren, um das eigene Leistungsspektrum rechtzeitig an die modifizierten Nutzenerwartungen anzupassen und neue Er-
folgspotentiale aufzuspüren. Zur kontinuierlichen Erfassung von Bedürfnisstrukturen ist
der statische Ansatz der Nutzensegmentierung damit um **dynamische Aspekte** weiterzu-
entwickeln.

Dabei erfordert ein dynamisches Segment-Management im Verkehrsdienstleistungsbereich an erster Stelle eine wiederholte Erfassung von Nutzenerwartungen und Präferenzen und eine darauf aufbauende, kontinuierliche Bildung nutzenorientierter Marktsegmente. Im Sinne eines **inputdynamischen Segmentierungsmonitoring** gilt es hier, die
in eine solche Analyse einzubeziehenden Nutzendimensionen fortwährend zu aktualisie-
ren bzw. zu ergänzen. Ähnlich des Grundgedankens von Früherkennungssystemen können schwache Signale damit rechtzeitig erfaßt und in die erneute Segmentbildung integriert werden. Auch bei wiederholter Durchführung einer nutzenorientierten Marktsegmentierung stellt die ermittelte Zielgruppenlösung jedoch stets eine zeitpunktbezogene
Abbildung differenzierter Nachfragerbedürfnisse dar. Abhängig von der Länge des Zeit-
intervalls bis zur wiederholten Segmentbildung empfiehlt es sich daher, die Zielgruppenlösung mit einem zukunftsgerichteten Korrekturfaktor zu versehen. Zu diesem
Zweck lassen sich verschiedene Prognosetechniken heranziehen, die eine Überführung
der zeitpunktbezogenen in eine **vorwärtsgerichtete Zielgruppenlösung** ermöglichen.
Abbildung 20 faßt diese ersten Überlegungen zur Dynamisierung des nutzenorientierten
Segmentierungsansatzes zusammen und unterstreicht gleichzeitig den offenen For-
schungsbedarf in diesem herausfordernden Untersuchungsfeld.

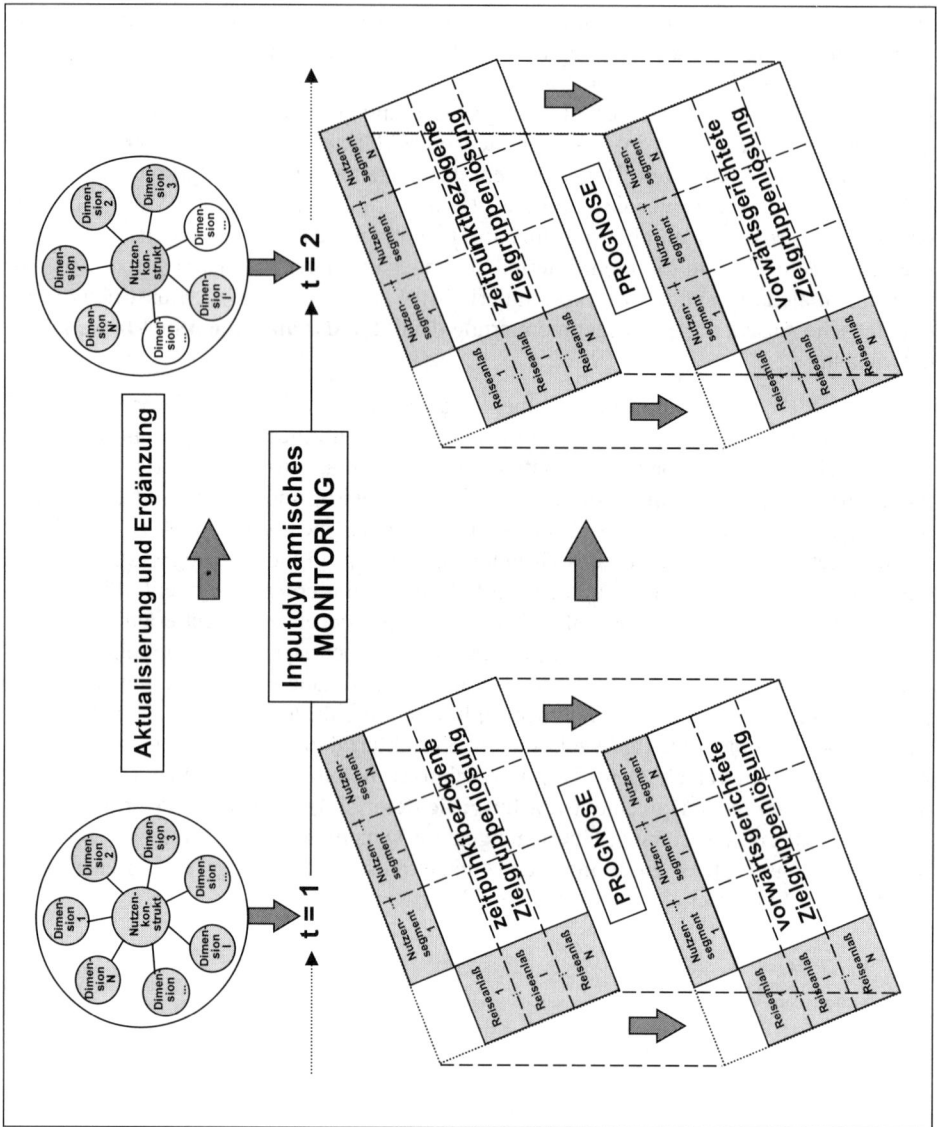

Abb. 20: Ansatzpunkte zur Dynamisierung des nutzenorientierten Segmentierungs-
konzepts

Helmut Schneider

Preisbeurteilung
im Verkehrsdienstleistungsbereich

Konzeptionelle Grundlagen und Ergebnisse einer empirischen Analyse

1. Preisbeurteilung als Herausforderung an das Marketing der Deutschen Bahn AG

1.1 Preisbeurteilung als Erfolgsfaktor im Verkehrsdienstleistungsmarketing

Am rasanten **Wachstum im Markt für Verkehrsdienstleistungen**, dessen Volumen in den vergangenen zwei Jahrzehnten in erster Linie aufgrund der vielzitierten „Ent-Lokalisierung" von geschäftlichen und privaten Interaktionen[1] um rund 60 % gewachsen ist[2], konnte der Verkehrsträger Bahn und damit das Unternehmen **Deutsche Bahn AG nicht partizipieren**. Im Gegenteil, der Marktanteil der Bahn sank im Fernverkehr von rund 30 % in den 50er Jahren auf unter 10 % zu Beginn der 90er Jahre.[3] Gewinner im Wettbewerb der Verkehrsdienstleistungsbranche ist bei einem aktuellen Marktanteil von rund 70 % vor allem der Pkw.

Die Verschiebung in den Marktanteilen des Verkehrsdienstleistungsbereiches ist auf eine Vielzahl von Einflußfaktoren zurückzuführen, hinter denen sich letztlich das Verhalten steuernde Kosten-Nutzen-Bewertungen der zur Disposition stehenden alternativen Verkehrsträger bzw. Mobilitätsanbieter verbergen. Empirischen Studien zufolge kommt dabei dem Preis als Ausdruck des Kostenbestandteils eines Nettonutzens im Verkehrsdienstleistungsbereich jedoch eine zentrale Bedeutung für die Wahl des Verkehrsmittels zu.

Diese **Preiswichtigkeit** wurde im Rahmen empirischer Studien der Forschungsstelle Bahnmarketing zu Nutzendimensionen von Fernreisen, die differenziert für Bahn-User und Bahn-Non-User durchgeführt wurden, nachgewiesen.[4] Für Bahn-User, also diejenigen Mobilitätsnachfrager, die einen vergleichsweise hohen Anteil von Bahnfahrten an ihrer gesamten Mobilitätsnachfrage aufweisen, hat der **Preis** für die Verkehrsmittelwahl

---

1   Vgl. Litzenroth, H., Dem Verbraucher auf der Spur. Quantitative und qualitative Konsumtrends, in: Jahrbuch der Absatz- und Verbrauchsforschung, 41. Jg., Heft 3, 1995, S. 242; Laakmann, K., Mobilitäts-Marketing, in: Meffert, H. (Hrsg.), Lexikon der aktuellen Marketingbegriffe, Wien 1994, S. 161; Meffert, H., Euromarketing im Spannungsfeld zwischen nationalen Bedürfnissen und globalem Wettbewerb, in: Bruhn, M., Wehrle, F. (Hrsg.), Europa 1992 – Chancen und Risiken für das Marketing, Münster 1989, S. 14 ff.

2   Bundesministerium für Verkehr (Hrsg.), Verkehr in Zahlen, Bonn 1997, S. 216.

3   Vgl. Garre, K.-H., Inter-Regio: Ein neues Leistungsangebot der Deutschen Bundesbahn im Schienenpersonenverkehr, in: Die Bundesbahn, 64. Jg., Heft 9, 1988, S. 775; Weigand, W., Planungs- und Prognosemethoden für das Angebot im Hochgeschwindigkeitsverkehr der Zukunft, in: Eisenbahntechnische Rundschau, 43. Jg., Heft 5, 1994, S. 279.

4   Vgl. Forschungsstelle Bahnmarketing, User Analyse, unveröffentlichte Studie der Forschungsstelle Bahnmarketing in der Wissenschaftlichen Gesellschaft für Marketing und Unternehmensführung e.V. im Auftrag der Deutschen Bahn AG, Münster 1995; Forschungsstelle Bahnmarketing, Non-User Analyse, unveröffentlichte Studie der Forschungsstelle Bahnmarketing in der Wissenschaftlichen Gesellschaft für Marketing und Unternehmensführung e.V. im Auftrag der Deutschen Bahn AG, Münster 1996.

eine Wichtigkeit von 41 % und ist damit **zentrales Merkmal der Verkehrsmittelwahl.**[5] Dies gilt ebenso für Bahn-Non-User, für die ein geringerer Bahnanteil an der Gesamt-mobilität kennzeichnend ist. Diese Gruppe ordnet dem Preis bei einer Wichtigkeit von 58 % eine sogar noch höhere Bedeutung für die Verkehrsmittelwahl zu als die Bahn-User. Ungeachtet aller erfolgreichen Bemühungen der Deutschen Bahn AG um eine Verbesserung der Leistung, vor allem in den wichtigen Bereichen Zeit und Service, ist damit zu konstatieren, daß die ehrgeizigen Wachstumsziele der Bahn, die unternehmens-bedingt sehr stark auf ein Mengenwachstum ausgelegt sind, letztlich vermutlich nicht ohne eine vom Konsumenten wahrgenommene Verbesserung der Preisdimension zu realisieren sein werden.

Die kundenseitig bekundete Wichtigkeit des Preises geht aus Perspektive des Unterneh-mens mit einer besonderen **Erfolgskritizität** dieses Marketinginstrumentes einher. Der Preis wirkt – preiselastische Nachfrage unterstellt – sowohl auf die Mengen- als auch auf die Wertkomponente des Deckungsbeitrages und ist damit für den Unternehmenserfolg von herausragender Bedeutung.[6] Neben diesem definitorischen Zusammenhang zwi-schen Preis, Menge und Deckungsbeitrag zeichnet sich der Preis im Vergleich zu ande-ren Marketinginstrumenten durch weitere erfolgsrelevante Charakteristika aus.[7] In die-sem Zusammenhang ist insbesondere die schnelle Einsetzbarkeit preispolitischer Instru-mente hervorzuheben, die allerdings auch rasche und in der Regel heftige preispolitische Reaktionen der Konkurrenz nach sich zieht.

Das Preismanagement im Fernverkehr der Deutschen Bahn AG sieht sich so einem **Preisdilemma** ausgesetzt. Auf der einen Seite induziert eine hohe Preiswichtigkeit und die damit vermutlich einhergehende preiselastische Verkehrsmittelnachfrage Preissen-kungen, um das erklärte Mengenwachstumsziel der Bahn erreichen zu können. Anderer-seits bewegt sich das Unternehmen seit der Bahnstrukturreform in engen betriebswirt-schaftlichen Rahmenbedingungen, die infolge der nunmehr wieder wachsenden Ab-

---

5   Die hohe Bedeutung des Preises für die Verkehrsmittelwahl belegen auch andere Untersuchungen. Vgl. zu einer Studie für den Flugdienstleistungsbereich, bei der 67 % der Befragten dem Segment der „Preis-sensiblen" zugerechnet wurden: Laakmann, K., Value-Added Services als Profilierungsinstrument im Wettbewerb. Analyse, Generierung und Bewertung, Frankfurt am Main u. a. 1995, S. 230.

6   Vgl. Meffert, H., Einführung in die Problemstellung, in: Meffert, H., Wagner, H. (Hrsg.), Preismanage-ment – Dokumentation des Workshops vom 18. Mai 1990 – Dokumentationspapier Nr. 60 der Wissen-schaftlichen Gesellschaft für Marketing und Unternehmensführung e.V., Münster 1990, S. 2.

7   Vgl. Simon, H., Preismanagement. Analyse, Strategie, Umsetzung, 2. Aufl., Wiesbaden 1992, S. 6; Schmalen, H., Preispolitik, 2. Aufl., Stuttgart, Jena 1995, S. 4.

schreibungen immer restriktiver werden.[8] Sie lassen einen zumindest vorsichtigen Umgang mit dem preispolitischen Instrumentarium aufgrund der beschriebenen Erfolgs- bzw. Mißerfolgswirksamkeit des Preises ratsam erscheinen.

Dieses Spannungsfeld aus **Preiswichtigkeit** und **Preisrelevanz** kann unter Berücksichtigung der Erkenntnisse aus der verhaltenswissenschaftlichen Preisforschung gemildert werden. Die Verkehrsmittelwahl als Marktreaktion ist demnach weniger Resultat einer die Wertseite des Deckungsbeitrages determinierenden objektiven Preissetzung als vielmehr Ergebnis der vom Mobilitätsnachfrager wahrgenommenen Preis- und Leistungsbestandteile alternativer Verkehrsträger.[9] Auf diese Weise wird der definitorische Zusammenhang zwischen Preis und Deckungsbeitrag modifiziert. Die Wertseite des Deckungsbeitrages wird durch den objektiven, das Mengengerüst durch den subjektiv wahrgenommenen Preis bestimmt.[10]

Dieser Umstand erfährt für das Preismanagement der Bahn insofern eine weitere Verschärfung, als daß es eine Vielzahl von empirischen Belegen dafür gibt, daß die Diskrepanz zwischen objektiven und subjektiv wahrgenommenen Preisen hinsichtlich der Angebote der Deutschen Bahn AG, hier als **Preisfehler** charakterisiert, besonders groß ist. So ergab sich beispielsweise in der bereits angeführten Non-User-Studie eine Verzerrung des Bahn-km-Preises von 223 %. Ein ähnliches Bild zeigte sich bei der hier dokumentierten Untersuchung. Der Preis für 100 Bahn-km wurde mit 197 %, der für die Relation München-Hamburg mit 142 % des realen Preises rekonstruiert. Bei einer Untersuchung im Rahmen des kontinuierlichen Berichtssystems der Bahn sah sich ein Drittel der Befragten außerstande, den Preis für einen Bahn-km zu nennen, ein Drittel schätzte den Preis in etwa richtig bzw. zu niedrig und ein weiteres Drittel zu hoch ein.[11]

---

8   Vgl. o.V., „Die Bahn muß jedes Jahr 1,4 Mrd. DM besser werden", Unternehmergespräch mit Johannes Ludewig, in: Frankfurter Allgemeine Zeitung vom 14.4.1998, S. 21. Vgl. zur Bahnstrukturreform: Wissenschaftlicher Beirat beim Bundesminister für Verkehr, Bahnstrukturreform in Deutschland – Empfehlungen zur weiteren Entwicklung – Stellungnahmen vom November 1997, in: Internationales Verkehrswesen, 49. Jg., Heft 12, 1997, S. 626-633. Vgl. zu einer umfassenden Darstellung des Prozesses der Bahnstrukturreform: Julitz, L., Bestandsaufnahme Deutsche Bahn. Das Abenteuer einer Privatisierung, Frankfurt am Main 1998; Schröder, J., Die Vorschläge zur Sanierung der Bahn in Deutschland – Geschichte, Synopse und Quintessenz, in: Netzwerke. Berichte aus dem Institut für Verkehrswissenschaft an der Universität Münster, Schwerpunktthema: Reform der Eisenbahnen, Münster 1994, S. 3-13; Laaser, C.-F., Die Bahnstrukturreform: Richtige Weichenstellung oder Fahrt aufs Abstellgleis, Kieler Diskussionsbeiträge Nr. 239, Kiel 1994.

9   Vgl. zum Prozeß der Verkehrsmittelwahl: Bamberg, S., Schmidt, P., Verkehrsmittelwahl: Eine Anwendung der Theorie des geplanten Verhaltens, in: Zeitschrift für Sozialpsychologie, 24. Jg., Heft 1, 1993, S. 25-37.

10 Vgl. zu der Unterscheidung zwischen objektivem und subjektivem Preis: Zeithaml, V.A., Consumer Perceptions of Price, Quality and Value: A Means-End Model and Synthesis of Evidence, in: Journal of Marketing, Vol. 52, July 1988, S. 10.

11 Vgl. Deutsche Bahn AG (Hrsg.), Kontinuierliches Berichtssystem zum Image und Leistungsprofil der Deutschen Bahn AG, Bericht zum I. Quartal 1996, Quartalsthema: Preisgestaltung bei der Bahn, Frankfurt am Main 1996.

Den herausragenden Stellenwert der Preisbeurteilung und damit der verhaltenswissenschaftlichen Preistheorie für das Marketing der Deutschen Bahn AG verdeutlicht
zusammenfassend Abbildung 1.

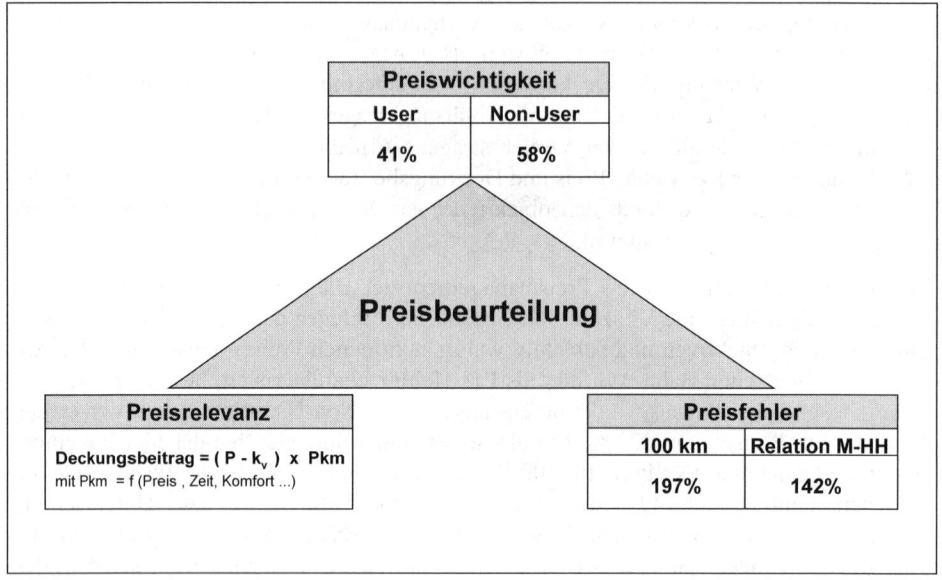

Abb. 1: Preisbeurteilung als Schlüsselgröße des Preismanagement der Deutschen Bahn
         AG

Aus entscheidungsorientierter Sicht besteht somit die Notwendigkeit, die die Preisbeurteilung im Verkehrsdienstleistungsbereich beeinflussenden Faktoren zu analysieren, um
so Ansatzpunkte für eine Verbesserung der Preisbeurteilung der Deutschen Bahn AG
aufzuzeigen. Dabei erscheint es wahrscheinlich, daß der gleiche Zuwachs an Nachfrage
ökonomisch vorteilhafter über eine Verbesserung der Preisbeurteilung als über faktische
Preissenkungen erzielt werden kann.

1.2 Verhaltenswissenschaftliche Preisforschung im Kontext verkehrsdienstleistungsspezifischer Besonderheiten

Die Auseinandersetzung mit dem Preis beschäftigt die wirtschaftswissenschaftliche
Disziplin seit ihren Anfängen. Insbesondere **die klassische Mikroökonomie** als die
Lehre vom einzelwirtschaftlichen Handeln ist durch die Frage nach dem optimalen Preis
unter verschiedenen Rahmenbedingungen, vor allem unterschiedlichen Marktformen,

ganz wesentlich gekennzeichnet.[12] Demgegenüber hat die Marketingwissenschaft das preispolitische Entscheidungsfeld lange Zeit eher stiefmütterlich behandelt.[13] Ausschlaggebend dafür war in erster Linie das Spannungsfeld aus der theoretischen Exaktheit der mikroökonomischen Preistheorie auf der einen und deren Irrelevanz für praktische Fragestellungen aufgrund der **Vielzahl unrealistischer Annahmen** auf der anderen Seite. Zu diesen Fiktionen zählt nicht zuletzt das Menschenbild des homo oeconomicus, das den Blick auf den Zusammenhang zwischen dem Stimulus Preis und der aggregierten Nachfrage als Response lenkte und die internen, verhaltenssteuernden Prozesse außer Betracht ließ.[14]

Die Kritik am mangelnden Erklärungsgehalt mikroökonomischer Theorien[15] führte ausgehend von der amerikanischen Forschung in den 70er Jahren[16] zu einer **verhaltenswissenschaftlichen Erweiterung** bzw. Modifikation[17] der Preistheorie (vgl. Abbildung 2). Ziel dieser von Diller[18] im deutschsprachigen Raum initiierten Forschungsrichtung ist es, unter Zuhilfenahme hypothetischer Konstrukte die aus der Mikroökonomie stammenden Preis-Absatz-Funktionen theoretisch zu fundieren, andererseits aber auch diese im Hinblick auf ihren Erklärungsgehalt für empirische Phänomene kritisch zu hinterfragen.

Eine weitere für die hier zu erörternde Fragestellung wichtige Entwicklung in der Preisforschung stellt die Auseinandersetzung mit einer gesonderten **Preistheorie für den Dienstleistungsbereich** dar (vgl. Abbildung 2). Im Mittelpunkt stand dabei die (rhetorische) Frage, ob „die Besonderheiten der Dienstleistung spezifische Implikationen für die Preispolitik haben".[19] Unabhängig von der nach wie vor umstrittenen Frage, was den Charakter einer Dienstleistung im einzelnen ausmacht, besteht in der Forschung Übereinstimmung dahingehend, daß **dienstleistungsspezifische Besonderheiten der Preis-**

---

12 Vgl. den Überblick über die mikroökonomische Preistheorie bei Krelle, W., Preistheorie, 2. Aufl., Tübingen 1976.

13 Vgl. Simon, H., Preismanagement. Analyse, Strategie, Umsetzung, a.a.O., S. 23.

14 Vgl. Schnabl, H., Verhaltenswissenschaftliche Konsumtheorie, Stuttgart usw. 1979, S. 15 f.; Müller, S., Mai, G., Kann die Preiskenntnis als Indikator für die Preisbeachtung im Kaufentscheidungsprozeß dienen?, in: Jahrbuch der Absatz- und Verbrauchsforschung, 32. Jg., Heft 2, 1986, S. 101.

15 Vgl. die Übersicht bei Meffert, H., Marketing. Grundlagen der Absatzpolitik, 7. Aufl., Wiesbaden 1986, S. 323 f.

16 Vgl. die Übersicht bei: Shapiro, B.P., The Psychology of Pricing, in: Harvard Business Review, July/August 1968, S. 14-25.

17 Vgl. zum Verhältnis von klassischer Preistheorie und den Ansätzen der verhaltenswissenschaftlichen Preistheorie: Müller-Hagedorn, L., Die Beurteilung von Preisen durch Konsumenten – Erkenntnisse und Lücken, in: Mazanec, J., Scheuch, F. (Hrsg.), Marktorientierte Unternehmensführung: Wissenschaftliche Tagung des Verbandes der Hochschullehrer für Betriebswirtschaft e.V., Wien 1984, S. 544 ff.

18 Vgl. Diller, H., Das Preisbewußtsein der Verbraucher und seine Förderung durch Bereitstellung von Verbraucherinformationen, Habil.-Schrift, Mannheim 1978.

19 Woratschek, H., Möglichkeiten und Grenzen preispolitischer Faustregeln für den Dienstleistungsbereich, in: Meyer, A. (Hrsg.), Grundsatzfragen und Herausforderungen des Dienstleistungsmarketing, Wiesbaden 1996, S. 99.

politik existieren.[20] Dazu zählen u. a. die vielfältigen Formen von Preisdifferenzierung, deren Anwendung durch die Dienstleistungscharakteristika erleichtert wird, sowie die im Dienstleistungsbereich sehr wichtige ertragsoptimale Auslastungssteuerung (Yield-Management) als zusätzliche Zieldimension der Preispolitik. Nicht zuletzt durch methodische Weiterentwicklungen konnte die preispolitische Forschung hier in den vergangenen Jahren deutliche Fortschritte machen.[21]

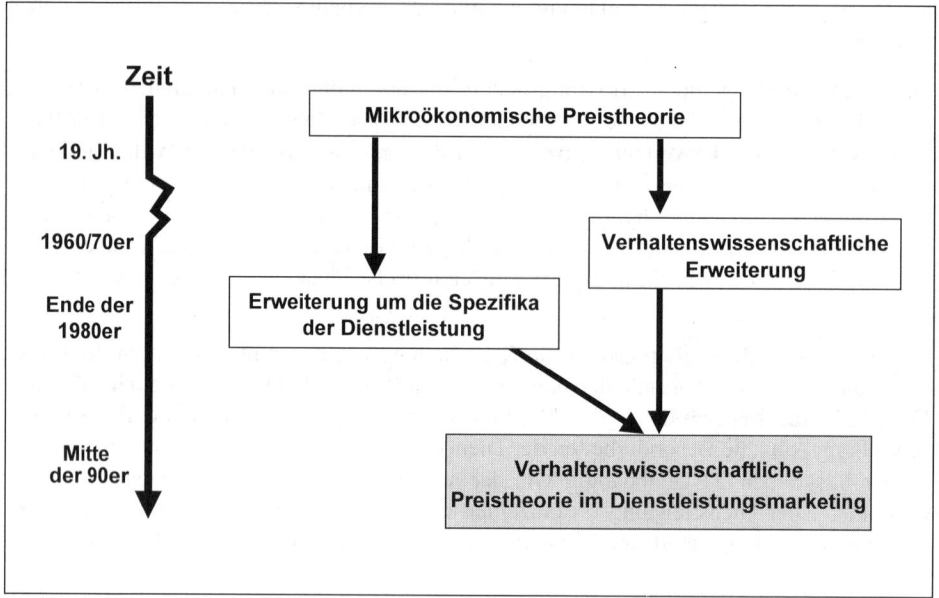

Abb. 2: Ausgewählte Entwicklungen in der Preisforschung

Aufbauend auf den verhaltenswissenschaftlichen Erweiterungen in der Preistheorie und der Erkenntnis, daß die Dienstleistungsbesonderheiten eine spezielle Analyse der Bildung von Dienstleistungspreisen erfordern, ist in jüngster Zeit eine Verknüpfung dieser Forschungszweige in Form einer „**verhaltensorientierten Preistheorie im Dienstlei-**

20   Vgl. etwa Simon, H., Preismanagement. Analyse, Strategie, Umsetzung, a.a.O., S. 563; Meffert, H., Bruhn, M., Dienstleistungsmarketing, 2. Aufl., Wiesbaden 1997, S. 400; Woratschek, H., Möglichkeiten und Grenzen preispolitischer Faustregeln für den Dienstleistungsbereich, a.a.O., S. 119; Berry, L.L., Yadav, M., Oft falsch berechnet und verwirrend – die Preise für Dienstleistungen, in: Harvard Business Manager, 19. Jg., Heft 1, 1997, S. 57-67.
21   Vgl. Meffert, H., Marketing. Grundlagen marktorientierter Unternehmensführung, 8. Aufl., Wiesbaden 1998, S. 528 f.

stungsmarketing"[22] zu beobachten (vgl. Abbildung 2).[23] Im Zentrum dieser Forschung stand dabei bislang die Auseinandersetzung mit dem Konstrukt des Preisurteils. Analog zur bisherigen Forschung geht es in diesem Zusammenhang um die kritische Evaluierung des Transferpotentials der vorwiegend für den Sachgüterbereich entwickelten preispsychologischen Urteilsmodelle für den Dienstleistungsbereich.

Die verhaltenswissenschaftliche Preisforschung im Dienstleistungsbereich hat sich in erster Linie mit den Auswirkungen der **allgemeinen** Leistungsspezifika von Dienstleistungen auf die Preisbeurteilung auseinandergesetzt. Die hier angestrebte Diskussion der Preisbeurteilung im Verkehrsdienstleistungsbereich im allgemeinen und der Deutschen Bahn AG im besonderen erfordert darüber hinaus die Berücksichtigung weiterer relevanter Eigenarten des Untersuchungsobjektes. Dazu zählen vor allem Besonderheiten der **Verkehrsdienstleistung**, des Wettbewerbsumfeldes der Deutschen Bahn AG sowie des Unternehmens selbst.

Bei der an dieser Stelle gebotenen Fokussierung soll im Zusammenhang mit den **Spezifika von Verkehrsdienstleistungen**[24] auf die für die Preispolitik wesentliche **Kostenstrukturproblematik** eingegangen werden. Der hohe Anteil fixer Kosten, der wesentlich durch die Nichtlagerfähigkeit von Verkehrsdienstleistungen und die dadurch erforderliche permanente Leistungsbereitstellung verursacht wird, verhindert nicht nur eine verursachungsgerechte Kostenverrechnung und damit kostenorientierte Ansätze der Preisfindung, sondern verleiht der Preispolitik bei unterstellter preiselastischer Nachfrage nach Verkehrsdienstleistungen eine zentrale Funktion im Rahmen der erfolgskritischen Auslastungssteuerung.[25] Darüber hinaus macht die Nichtlagerfähigkeit Arbitragevorgänge sowohl in zeitlicher als auch räumlicher Hinsicht unmöglich und erleichtert so im Verkehrsdienstleistungsbereich die Anwendung von Ansätzen der **Preisdifferenzie-**

---

22 Vgl. Müller, W., Klein, S., Grundzüge einer verhaltensorientierten Preistheorie im integrativen Dienstleistungsmarketing: Teil 1 – Preisgünstigkeitsurteile, in: Jahrbuch der Absatz- und Verbrauchsforschung, 39. Jg., Heft 3, 1993, S 261-282; Müller, W., Klein, S., Grundzüge einer verhaltensorientierten Preistheorie im integrativen Dienstleistungsmarketing: Teil 2 – Preisgelenkte Qualitätsbeurteilungsprozesse und Preiswürdigkeitsurteile, in: Jahrbuch der Absatz- und Verbrauchsforschung, 39. Jg., Heft 4, 1993, S. 360-385.

23 Neben der Preisbeurteilung im Dienstleistungsbereich sind in jüngerer Zeit auch andere komplexe preispolitische Probleme einer verhaltenswissenschaftlichen Analyse unterzogen worden. Vgl. etwa zum Problem der Preisfestlegung bei komplexen Gütern: Dieckmann, R., Optimale Preis- und Angebotspolitik für komplexe Produkte. Eine Analyse der Güterbündelung unter Berücksichtigung der Verarbeitung von Preisen durch Konsumenten, Frankfurt am Main 1993 oder Herrmann zur Preisbeurteilung bei mehrdimensionaler Preisstellung: Herrmann, A., zur Preisbeurteilung bei mehrdimensionaler Preisstellung, in: Jahrbuch der Absatz- und Verbrauchsforschung, 44. Jg., Heft 1, 1998, S. 47-64.

24 Vgl. zu einer ausführlicheren Darstellung der konstitutiven Merkmale von Verkehrsdienstleistungen den Beitrag von Meffert, H., Perrey, J., Schneider, H. in diesem Band.

25 Vgl. zu einer kritischen Auseinandersetzung mit dem Schönen Wochenende Ticket als preispolitischem Instrument der Kapazitätssteuerung bei der Deutschen Bahn AG: Schnittka, M., Das „Schöne-Wochenende-Ticket" der DB AG als Instrument des Kapazitätsmanagement, in: Engelhardt, W.H. (Hrsg.), Perspektiven des Dienstleistungsmarketing. Ansatzpunkte für Forschung und Praxis, Wiesbaden 1998, S. 123-150.

rung. Gleiches gilt für die auf die Integration des externen Faktors zurückzuführende Nichtübertragbarkeit von Dienstleistungen, die personelle Preisdifferenzierungen etwa in Form nicht linearer Tarife ermöglicht. Den Chancen einer stark differenzierten Preispolitik, z. B. im Hinblick auf eine optimierte Auslastung oder abgeschöpfte Konsumentenrente, steht allerdings das Risiko einer übermäßigen **Tarifkomplexität** mit den in diesem Zusammenhang vermuteten Opportunitätskosten in Form entgangener Erlöse gegenüber.[26]

Hinsichtlich des **Wettbewerbsumfeldes** der Bahn sind sowohl das paradoxe Wettbewerbsumfeld als auch das intramodale Quasimonopol für eine Analyse der Preisbeurteilung relevant. Mit dem Begriff der **paradoxen Wettbewerbsverhältnisse** wird der Umstand beschrieben, daß die hohe Potentialausstattung der privaten Haushalte mit einem eigenen Pkw den potentiellen Kunden der Bahn gleichzeitig zu ihrem Hauptwettbewerber macht.[27] Der „Marktanteil" von rund 70 % des Pkw am gesamten innerdeutschen Fernverkehr in 1996 zeigt die immense Bedeutung der Eigenproduktion im Verkehrsdienstleistungsbereich.[28] Das **intramodale Quasimonopol** der Deutschen Bahn AG als zumindest im Fernverkehr einzigem Anbieter von SchienenVerkehrsdienstleistungen führt dazu, daß die Marktleistung der Deutschen Bahn AG für den Kunden intramodal nicht vergleichbar ist, und sich somit Urteile über die relative Vorteilsposition der Bahn immer aus einer Konfrontierung mit anderen Verkehrsträgern in deren jeweiligem Kontext ergeben.

Schließlich gehen auch vom **Unternehmen Deutsche Bahn AG** selbst Wirkungen auf die Preispolitik und damit auf die Preisbeurteilung aus, die nicht zuletzt auf den Bund als Eigentümer der Bahn zurückzuführen sind. Hierzu zählt insbesondere das soziale Element in der Preispolitik[29], das nach wie vor Bestandteil der Preispolitik der Bahn ist und zumindest für einen Teil der Mobilitätsnachfrager auch zu einer Anforderungsdimension[30] gegenüber Bahnpreisen geworden ist.[31]

---

26 Vgl. Faßnacht, M., Preisdifferenzierung bei Dienstleistungen. Implementationsformen und Determinanten, Wiesbaden 1996, S. 147.

27 Michel definiert die Tätigkeit des Konsumenten, mit der die Aktivität eines Produzenten (hier der Deutschen Bahn AG) substituiert wird, als Prosuming. Vgl. Michel, St., Prosuming-Marketing. Konzeption und Anwendung, Bern, Stuttgart, Wien 1996, S. 21.

28 Vgl. Heinze, J., Schedl, H., Eigenproduktion und Schwarzarbeit: Alternativen zur Deckung des Dienstleistungsbedarfs, in: ifo-Schnelldienst, 40. Jg., Heft 14/15, 1987, S. 50; Heinze, J., Schedl, H., Vogler-Ludwig, K., Wachstumsfelder am Rande der offiziellen Wirtschaft, ifo-Studien zur Strukturforschung Bd. 7, München 1986, S. 101 ff.

29 Vgl. Schote, L. (Hrsg.), Die Bahn: was sie ist und wie sie funktioniert, 2. Aufl., Heidelberg 1990, S. 23.

30 Vgl. zu den ökonomischen und sozialen Komponenten eines fairen Preises als möglicher Ausprägung eines Referenzpreises: Maxwell, S., How Buyers Perceive a „Fair" Price: Economic and Social Acceptability, in: Estelami, H., Palij, P. (Hrsg.), Behavioral Perspectives on Pricing, Conference Summary, Marketing Science Institute, Report No. 95-114, Cambridge 1995, S. 43-44.

1.3   Zielsetzungen der Untersuchung

Wie die obigen Ausführungen verdeutlicht haben, ist die verhaltenswissenschaftliche Preisforschung ein sehr heterogener und vielschichtiger Forschungszweig der Marketingdisziplin. Dieser Umstand erfährt durch die geschilderten Besonderheiten des Untersuchungsobjektes Fernverkehr der Deutschen Bahn AG darüber hinaus eine weitere Verschärfung. Ziel der empirischen Untersuchung war daher weniger die spezifische Analyse eines einzelnen Konstruktes der verhaltenswissenschaftlichen Preisforschung als vielmehr **ein möglichst umfassendes Ausleuchten der relevanten Bestandteile von Preisbeurteilungsprozessen** im Verkehrsdienstleistungsbereich. Die bei einer solchen Zielsetzung möglicherweise verbleibenden Wissensdefizite im Detail wurden dabei billigend in Kauf genommen. Im Gegenteil ermöglicht erst eine zunächst eher überblicksartige Auseinandersetzung mit der Thematik eine dann tiefergehende Analyse einzelner Teilfragen.

Das Preisverhalten der Konsumenten, also ihr Verhalten gegenüber dem Preis eines Anbieters, wird in der Literatur übereinstimmend als ein spezifischer Informationsverarbeitungsprozeß gekennzeichnet.[32] Eine vereinfachte Modellierung eines derartigen Verarbeitunsprozesses von Preisinformation für den Verkehrsdienstleistungsbereich zeigt nachfolgende Abbildung.[33]

Die Aufnahme von **Preisinformationen** bildet den Ausgangspunkt des skizzierten Preisbeurteilungsprozesses[34] im Verkehrdienstleistungsbereich. Bei diesem Teil des Preisverhaltens, der eher dem Preisinteresse und damit den aktivierenden Bestandteilen des Preisverhaltens zuzurechnen ist, steht in der vorliegenden Untersuchung die Frage im Mittelpunkt, welche Informationskanäle im Verkehrsdienstleistungsbereich von den Konsumenten für Preise herangezogen werden. Die genaue Kenntnis des Informationsbedarfes, der Informationskanäle, der Informationsanlässe und ähnlicher Bestandteile ermöglicht Verkehrsdienstleistungsunternehmen eine effektive Übermittlung von Preis-

---

31   So halten rund 90 % der Bevölkerung Vergünstigungen für Familien bei Bahnfahrten für wichtig bzw. sehr wichtig. Vgl. Deutsche Bahn AG (Hrsg.), Kontinuierliches Berichtssystem zum Image und Leistungsprofil der Deutschen Bahn AG, Bericht zum I. Quartal 1996, Quartalsthema: Preisgestaltung bei der Bahn, Frankfurt am Main 1996.

32   Vgl. etwa: Kaas, K.P., Hay, Ch., Preisschwellen bei Konsumgütern – Eine theoretische und empirische Analyse, in: Zeitschrift für betriebswirtschaftliche Forschung, Heft 5, 36. Jg., 1984, S. 342; Diller, H, Preispolitik, 2. Aufl., Stuttgart 1991, S. 52; Feider, J., Konsumentenreaktionen auf Preise, Göttingen 1985, S. 2; Lenzen, W., Die Beurteilung von Preisen durch Konsumenten. Eine empirische Studie zur Verarbeitung von Preisinformationen des Lebensmitteleinzelhandels, Frankfurt am Main 1984, S. 8; Jacoby, J., Olson, J., Consumer Response to Price. An Attitudinal, Information Processing Perspective, in: Wind, Y., Greenberg, M. (Hrsg.), Moving Ahead with Attitude Research, Chicago, Ill. 1977, S. 75.

33   Vgl. zu einer ähnlichen Modellierung von Preisbeurteilungsprozessen: Schmalen, H., Preispolitik, 2. Aufl., Stuttgart, Jena 1995, S. 16.

34   Vgl. Lenzen, W., Die Beurteilung von Preisen durch Konsumenten. Eine empirische Studie zur Verarbeitung von Preisinformationen des Lebensmitteleinzelhandels, a.a.O., S. 11.

informationen. Dies gilt um so mehr, als daß eine Vielzahl von empirischen Studien belegt, daß das Wissen um die Preise im Verkehrsdienstleistungsbereich nur sehr unzureichend ausgebildet ist.

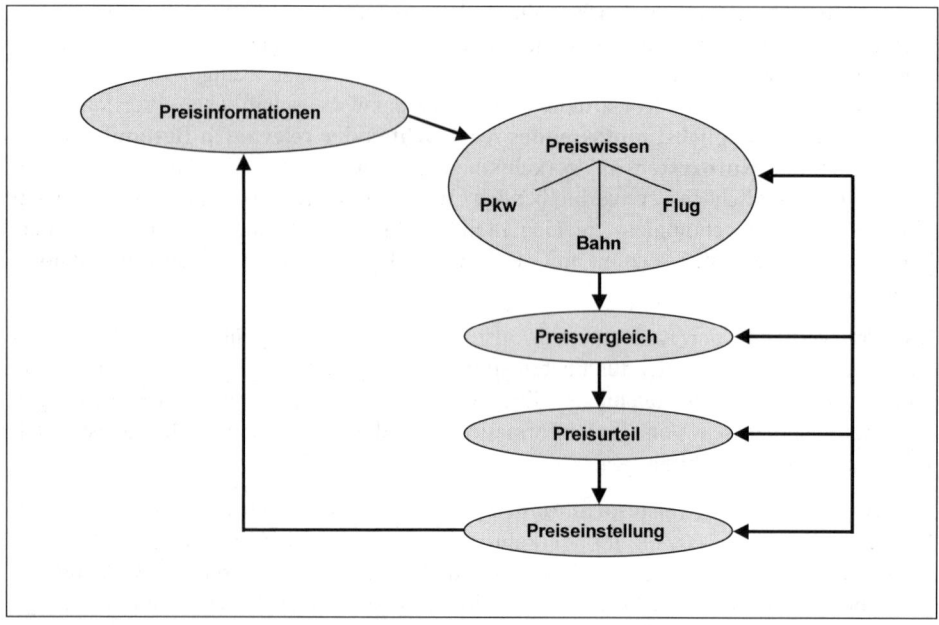

Abb. 3: Dimensionen des Preisbeurteilungsprozesses

In diesem Zusammenhang sollte die Untersuchung daher auch Aufschluß über Umfang und Genauigkeit von **Preiswissen** im Verkehrsdienstleistungsbereich geben. Das Preiswissen umfaßt auch Bewertungsmaßstäbe, mit deren Hilfe Konsumenten ihr Preiswissen in Preisurteile überführen. Hinsichtlich des Preiswissens wird vor allem der Frage nachgegangen, welchen Einfluß unterschiedliche Bezugsobjekte, etwa eine feste Strecke oder eine bestimmte Relation, auf das Preiswissen ausüben und welche Unterschiede sich hinsichtlich des Preiswissens in bezug auf alternative Verkehrsmittel herauskristallisieren.

Zwischen dem Wissen über Preise und einem Preisurteil steht der Vergleich dieser Preisinformationen. Demzufolge bildet der **Preisvergleich** einen weiteren hier zu untersuchenden Tatbestand des Preisverhaltens. Inbesondere soll dabei analysiert werden, inwieweit im Verkehrsdienstleistungsbereich Preisurteilen überhaupt Preisvergleiche vorausgehen und welche Verkehrsmittel in einen solchen Vergleich einbezogen werden.

Am Ende des Preisbeurteilungsprozesses steht das **Preisurteil** und schafft über kategoriale Bewertungen wie „billig" oder „teuer"[35] die Verbindung zum Kaufverhalten. Angesichts der hohen Preiswichtigkeit im Verkehrsdienstleistungsbereich bestimmen diese Urteile maßgeblich die Verkehrsmittelwahl. Wie die Preise der Bahn beurteilt werden und welche Faktoren dieses Urteil beeinflussen, sind somit ganz wesentliche Fragestellungen der Untersuchung.

Derartige Preisurteile können auch durch Übertragung aus anderen Urteilsprozessen gewonnen werden.[36] Besondere Relevanz kommt hier generalisierenden Preisurteilen über ein Unternehmen oder eine Geschäftsstätte, der sog. **Preiseinstellung**, zu. Dabei wird davon ausgegangen, daß ein Preisurteil in einer bestimmten Transaktion über Generalisierungsprozesse auf Basis abgespeicherter, generalisierter Urteile über die Preisvorteilhaftigkeit eines Geschäftes oder Unternehmens gefällt werden kann.[37] Insofern kann, wie in Abbildung 3 verdeutlicht, die Preiseinstellung auf alle zuvor dargestellten Bausteine des Preisverhaltens wirken.

Aufbauend auf den so gewonnenen Erkenntnissen über die Preisbeurteilung im Verkehrsdienstleistungsbereich sollen schließlich Ansatzpunkte für eine Verbesserung der Preisbeurteilung der Deutschen Bahn AG eruiert werden. Dabei wird vor allem den folgenden Fragen nachgegangen:

- Wie informieren sich Kunden über Preise im Verkehrsdienstleistungsbereich?
- Welche Kenntnis besteht über Preise im Verkehrsdienstleistungsbereich?
- Inwieweit finden Preisvergleiche im Verkehrsdienstleistungsbereich statt?
- Wie werden Preise und Angebote der Deutschen Bahn AG beurteilt?
- Welche Ansatzpunkte bestehen zur Verbesserung der Preisbeurteilung bei der Deutschen Bahn AG?

---

35   Vgl. Feider, J., Konsumentenreaktionen auf Preise, a.a.O., S. 22.
36   Vgl. Müller-Hagedorn, L., Wahrnehmung und Verarbeitung von Preisen durch Verbraucher: Ein theoretischer Rahmen, in: Zeitschrift für betriebswirtschaftliche Forschung, 35. Jg., Heft 11/12, 1983, S. 949.
37   Vgl. Lenzen, W., Die Beurteilung von Preisen durch Konsumenten. Eine empirische Studie zur Verarbeitung von Preisinformationen des Lebensmitteleinzelhandels, a.a.O., S. 42 ff.

2. Ausgewählte Ergebnisse einer empirischen Untersuchung über die Preisbeurteilung im Fernverkehr der Deutschen Bahn AG

2.1 Design der empirischen Untersuchung

Aus entscheidungsorientierter Perspektive ist die offenkundig verzerrte Preisbeurteilung der Bahn insbesondere ein Hindernis für die Neukundengewinnung bzw. Intensivierung der Geschäftsbeziehung mit bestehenden Kunden. Eine negative Preisbeurteilung von Bahnpreisen bei gleichzeitiger Nutzung der Bahn soll damit nicht als vernachlässigbarer Sachverhalt eingestuft werden, stellt aber vor dem Hintergrund des erklärten Wachstumsziels der Bahn[38] einen sekundären Fragenkomplex dar. Aus diesem Umstand erwächst die Anforderung an das Design der Untersuchung, insbesondere das **Preisbeurteilungsverhalten der Bahn-Non-User** geeignet abzubilden.[39]

Unabhängig von der gewählten Definition eines Bahn-Non-User läßt die geforderte explizite Berücksichtigung von Bahn-Non-Usern eine **reine Im-Zug-Befragung wenig sinnvoll** bzw. unmöglich erscheinen. Darüber hinaus kann nicht ausgeschlossen werden, daß die situative Nutzung des Verkehrsmittels das Preisbeurteilungsverhalten beeinflußt. Aus diesen Gründen wurde die Untersuchung nicht nur in den drei Fernverkehrsprodukten der Deutschen Bahn AG (IC/EC, IR, ICE), sondern auch an vier Autobahnraststätten sowie am Flughafen Münster-Osnabrück durchgeführt. Insgesamt wurden **2.446 Personen** befragt, davon rund 48,9 % Bahnreisende, 28,9 % Pkw-Reisende, 19,3 % Flugreisende und 3 % Reisende, die mit sonstigen Verkehrsmitteln, insbesondere Motorrad und Reisebus, unterwegs waren. Auf diese Weise konnten der **angestrebte Mix der Verkehrsmittel** realisiert sowie die Untersuchung von Non-Usern sowohl nach absoluter als auch relativer Definition gewährleistet werden. Um Verzerrungen im Gesamtergebnis durch das gewählte Mix der Verkehrsmittel zu vermeiden, wurde die umfangreiche

---

38 Mit der Bahnstrukturreform wurden im wesentlichen zwei Ziele verfolgt. Erstens sollte der Steuerzahler entlastet und zweitens mehr Verkehr auf die Schiene gebracht werden. Vgl. beispielhaft: o.V., Die Bahn hat auch 1995 Gewinne erwirtschaftet, in: Frankfurter Allgemeine Zeitung vom 23.2.1996; o.V., Reform auf zehn Jahre angelegt, in: Handelsblatt vom 15.3.1996.

39 Die Charakterisierung eines Bahn-Non-User läßt sich dabei auf zweierlei Arten vornehmen. Auf der einen Seite kann ein Non-User unter Zugrundelegung eines Zeithorizontes von einem Jahr als Person definiert werden, die in den letzten zwölf Monaten keine Bahnfahrt unternommen hat. Eine solche absolute Definition vernachlässigt allerdings das sonstige Mobilitätsverhalten, also das Verhältnis von Bahnfahrten zu sonstigen Fernfahrten pro Jahr. Diesen Mangel kann eine relative Non-User Abgrenzung überwinden, bei der ein Non-User über den Anteil von Bahnfahrten an der Gesamtmobilität definiert wird. Bei dieser Abgrenzung soll eine Person mit z. B. unter 5 %igem Anteil von Bahnfahrten an der Gesamtmobilität als Bahn-Non-User aufgefaßt werden. Beide Non-User-Typen lassen sich durch das gewählte Design geeignet abbilden.

Stichprobe gemäß den Marktanteilen der einzelnen Verkehrsträger, dem sog. Modalsplit, gewichtet (vgl. Abbildung 4).

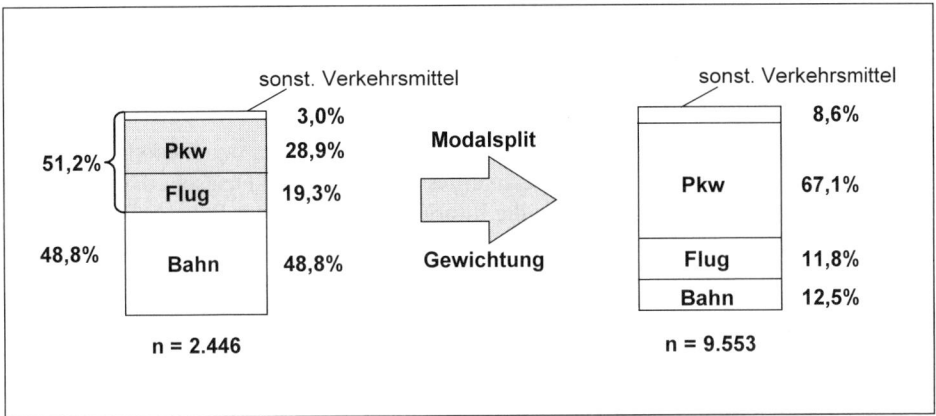

Abb. 4:   Design der Untersuchung

Der zugrunde gelegte Fragebogen umfaßte insgesamt 59 Fragen zu den Bereichen Preisbeurteilung, allgemeines Mobilitätsverhalten, aktuelle Reise sowie Soziodemographika.

2.2   Dimensionen des Preisbeurteilungsprozesses

Anknüpfend an die in Abbildung 3 dargestellten Dimensionen des hier untersuchten Preisbeurteilungsprozesses im Verkehrsdienstleistungsbereich sollen nachfolgend die Bausteine Preisinformation, Preiswissen, Preisvergleich, Preisurteil und schließlich Preiseinstellung näher untersucht werden.

2.21   Das Preisinformationsverhalten im Verkehrsdienstleistungsbereich

Die Beschaffung von Preisinformationen bildet den Ausgangspunkt einer kognitiv gesteuerten Verkehrsmittelwahl. Preisinformationen umfassen nach Diller „alle thematischen und unthematischen Wahrnehmungen der Konsumenten über die absolute und relative Höhe des Preises einer Ware oder gewerblichen Leistung".[40]

---

40   Diller, H., Das Preisbewußtsein der Verbraucher und seine Förderung durch Bereitstellung von Verbraucherinformationen, a.a.O., S. 252.

Während bei der Mehrzahl von Konsumgütern, insbesondere des täglichen Bedarfs, Preisinformationen über Auszeichnungen auf dem Produkt dem Nachfrager unmittelbar präsent gemacht werden, fehlt aufgrund der Leistungsspezifika im Verkehrsdienstleistungsbereich diese Möglichkeit.[41] Hieraus erwächst für Anbieter von Verkehrsdienstleistungen die Notwendigkeit, **Preisinformationen** über geeignete Kanäle **aktiv zu übermitteln**, nicht zuletzt auch um Art und Weise der Informationsdarbietung, die einen nicht unwesentlichen Einfluß auf die Preisbeurteilung haben[42], zu steuern.

Im Hinblick auf das Informationsverhalten der Konsumenten im Verkehrsdienstleistungsbereich stehen somit aus Perspektive des Unternehmens Deutsche Bahn AG die Fragen im Vordergrund, **wie bekannt** die Informationsquellen der Bahn sind, **wie stark** sie **genutzt** und **wie** sie aus Konsumentenperspektive **beurteilt** werden.[43] Vor dem Hintergrund eines vergleichsweise schlechten Preiswissens über die Bahn sollen so Erkenntnisse über mögliche Defizite in der bestehenden Informationspolitik und Perspektiven für neuartige Informationskanäle gewonnen werden.

Darüber hinaus wurde der Frage nachgegangen, ob sich die Kunden **vor** der Entscheidung für die Bahn als Verkehrsmittel über die Preise der Bahn informieren oder erst **nachdem** die grundsätzliche Entscheidung für die Bahn als Verkehrsmittel getroffen ist. Dabei ist zu vermuten, daß die nachgewiesene hohe Bedeutung des Preises für die Verkehrsmittelwahl zu einem Informationsverhalten führt, bei dem Preisinformationen vor der Entscheidung für ein Verkehrsmittel eingeholt werden. Ist dies nicht der Fall, kann auf ein stärker **habitualisiertes Verkehrsmittelwahlverhalten** geschlossen werden, etwa weil die Konsumenten die Preise der Bahn bzw. deren relative Position zu anderen Verkehrsträgern kennen oder zu kennen glauben.

Der gestützt abgefragte **Bekanntheitsgrad der Bahnpreisinformationsquellen** variiert sehr stark mit dem Betrachtungsobjekt. Die drei bekanntesten Bahnpreisinformationsquellen sind das *Reisezentrum* (64 % Bekanntheit), das *Reisebüro* (56 % Bekanntheit) sowie die *Servicenummer 19419* (53 % Bekanntheit). Alle weiteren Informationsquellen, wie etwa *Prospekte, Servicepoint* oder das *Internet,* sind nur rund einem Drittel der Befragten als mögliche Informationsquelle für Bahnpreise geläufig.

Trotz der vergleichsweise hohen Bekanntheit zumindest der drei erstgenannten Informationsquellen werden Bahnpreisinformationsquellen generell jedoch **nur schwach genutzt**. Zwar werden das *Reisezentrum*, das *Reisebüro* und die *Servicenummer* entsprechend der Bekanntheit auch am häufigsten zur Information über Bahnpreise herangezogen, auf einer 5er-Skala (*nutze ich sehr oft* bis *nutze ich nie*) ergab sich jedoch für das

---

41 Vgl. Müller, W., Klein, S., Grundzüge einer verhaltensorientierten Preistheorie im integrativen Dienstleistungsmarketing: Teil 1 – Preisgünstigkeitsurteile, a.a.O., S. 271.

42 Müller, W., Grundzüge des Preisbeurteilungsverhaltens von Dienstleistungsnachfragern, a.a.O., S. 28.

43 Vgl. Meffert, H., Die Beurteilung und Nutzung von Informationsquellen beim Kauf von Konsumgütern. Empirische Ergebnisse und Prüfung ausgewählter Hypothesen, in: Meffert, H., Steffenhagen, H., Freter, H., Konsumentenverhalten und Information, Wiesbaden 1979, S. 39-65.

Reisezentrum als am häufigsten genutzte Informationsquelle lediglich ein Maximalwert von 3,14. Mit 3,9 dementsprechend niedrig fällt der Nutzungsmittelwert für alle Bahnpreisinformationsquellen aus.

Da die hohe Bedeutung des Preises für die Verkehrsmittelwahl prinzipiell ein ausgeprägtes Preisinteresse[44] vermuten läßt, gleichzeitig aber sowohl eine schlechte Preiskenntnis als auch eine nur geringe Nutzung von Informationsquellen zu konstatieren sind, stellt sich die Frage, ob die nur geringe Nutzung der Informationsquellen auf ihre **mangelnde Attraktivität** zurückzuführen ist. Dazu wurden die Befragten aufgefordert, aus einer Liste von zehn möglichen Quellen für Bahnpreisinformationen die drei für sie attraktivsten herauszusuchen. Zur Beurteilung der Attraktivität aus Kundensicht kann nun einerseits die Zahl der Nennungen herangezogen werden, d. h. wie oft eine bestimmte Informationsquelle auf Platz eins, zwei oder drei gesetzt wurde als auch der Mittelwert des Rangplatzes. Wird zunächst nur der Rangplatz berücksichtigt, so sind die drei attraktivsten Informationsquellen die *Reisekostenstelle* (Rang 1,76), das *Reisezentrum* (Rang 1,78) und das *Internet* (Rang 1,79). Die am häufigsten als attraktiv eingestuften Informationskanäle sind analog zur ihrer Bekanntheit das *Reisezentrum* (6.046), das *Reisebüro* (4.502) sowie die *Servicenummer 19419* (4.325). Offenkundig besteht bei der Mehrzahl der Befragten ein Bedarf nach persönlicher Information im Sinne einer Preisberatung. Damit wird auch die hohe **Bedeutung des Personals für die Übermittlung von Preisinformationen** und den weiteren Preisbeurteilungsprozeß offenkundig.

In Abbildung 5 sind in einem Portfolio **Attraktivität und Nutzungsintensität** der Informationsquellen angeführt. Der Durchmesser der Kreise bildet dabei die Häufigkeit der Nennungen bei der Frage nach der Attraktivität der Informationsquellen ab. Es zeigt sich in dem oberen rechten Feld, daß konsequenterweise die am häufigsten genutzten Informationsquellen auch von sehr vielen Befragten als überdurchschnittlich attraktiv eingestuft werden. Umgekehrt werden die weniger attraktiven Informationskanäle auch seltener genutzt. Aufschlußreich ist das obere linke Feld, in dem zwei **neuere Informationsmedien** angeführt sind, die bislang offenkundig im Durchschnitt der Befragten noch nicht sehr stark in Anspruch genommen werden, von einer kleineren Gruppe aber als sehr attraktiv bewertet werden. Die Ergebnisse legen einen weiteren Ausbau der Informationsaktivitäten über solche neuen Medien nahe.

---

44 Diller definiert Preisinteresse „als das Bedürfnis, nach Preisinformationen zu suchen und diese bei den Einkaufsentscheidungen zu berücksichtigen". Diller, H., Das Preisinteresse von Konsumenten, Zeitschrift für betriebswirtschaftliche Forschung, 34. Jg., Heft 4, 1982, S. 315. Müller-Hagedorn hebt bei seiner Definition lediglich auf das Suchbedürfnis ab und schließt somit die Berücksichtigung bei der Kaufentscheidung aus. Müller-Hagedorn, L., Das Konsumentenverhalten, Grundlagen für die Marktforschung, Wiesbaden 1986, S. 215.

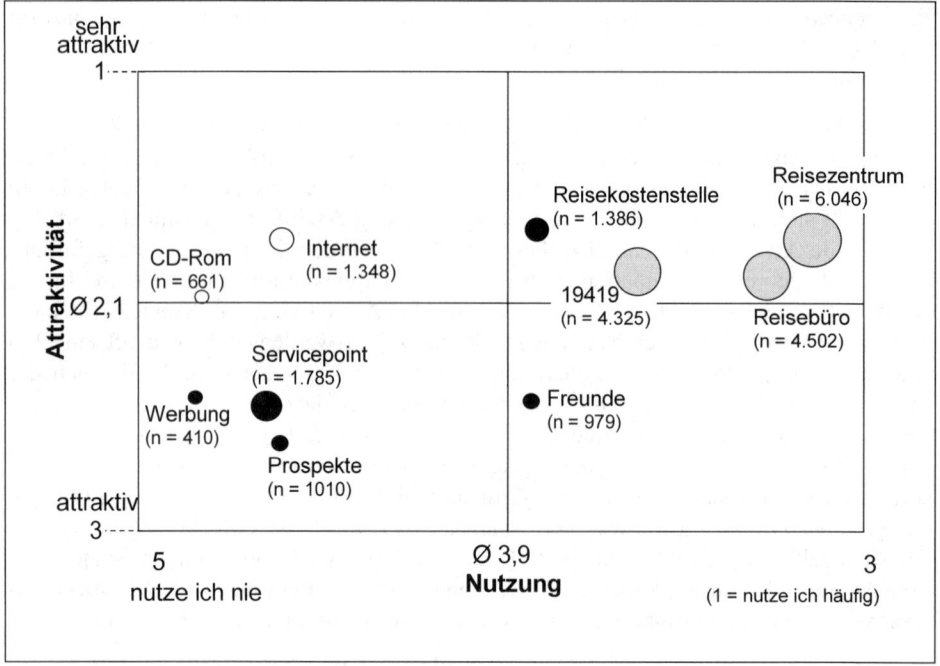

Abb. 5: Attraktivität und Nutzung von Bahnpreisinformationsquellen

Der **Zeitpunkt der Information** über Preise der Deutschen Bahn AG korrespondiert mit der hohen Bedeutung des Preises für die Verkehrsmittelwahl. 74 % der Befragten holen **vor der Entscheidung für die Bahn** als Verkehrsmittel Informationen über Bahnpreise ein. Lediglich für 26 % ist – wohl auch situativ bedingt – der Preis offenbar ein nachgelagertes Kriterium der Verkehrsmittelwahl. Die Entscheidung für die Bahn als Verkehrsmittel ist augenscheinlich bei der überwiegenden Zahl der Befragten an die vorherige Information über die Preise dieses Verkehrsträgers gekoppelt. Dies darf allerdings nicht zu dem Schluß verleiten, daß die Verkehrsmittelwahl für andere Verkehrsmittel generell extensiven Entscheidungsprozessen unterliegt.

2.22 Preiswissen über alternative Verkehrsmittel

Das Preiswissen, gelegentlich auch mit Preiskenntnis umschrieben, stellt einen häufig untersuchten Teilbereich der verhaltenswissenschaftlichen Preisforschung dar.[45] Unter Preiswissen werden „jegliche Informationen aus dem Langzeitgedächtnis der Konsumenten verstanden, die für die Beurteilung der preisbezogenen Vorteilhaftigkeit beliebiger Produkte oder Dienstleistungen subjektiv relevant sind".[46] Dabei umfaßt das Konstrukt des Preiswissens neben quantitativen Elementen, die insbesondere die Genauigkeit und den Umfang des Preiswissens zum Inhalt haben, auch qualitative Bausteine, wie etwa die Selbstsicherheit der Konsumenten im Zusammenhang mit Preiswissen sowie die Form, die Verfügbarkeit und den Inhalt von Preiskenntnissen.[47]

Entscheidend für den Preisbeurteilungsprozeß sind insbesondere die über das reine Preiswissen hinausgehenden Bestandteile des Konstrukts, insbesondere jene Kenntnisse, die zur **Beurteilung von Preisen** herangezogen werden. Damit werden über das Preiswissen nicht nur das Wissen über Einzelpreise und über die Preisverteilung[48] der Konsumenten beschrieben, sondern auch **Preisurteilsanker** abgebildet. Preisurteilsanker werden in diesem Zusammenhang in **Referenzpreise**, die in Vergleichsprozessen zur Beurteilung eines Preises herangezogen werden, und Preisbereitschaftsschwellen unterteilt. **Preisbereitschaftsschwellen** markieren als absolute Preisschwellen den oberen und unteren Grenzbereich einer individuellen Kaufbereitschaft und als relative Preisschwellen den Übergang zu einem günstigeren bzw. schlechteren Preisurteil im Rahmen diskontinuierlicher Preisbeurteilungsfunktionen.

Die Untersuchung des Preiswissens im Verkehrsdienstleistungsbereich unterliegt einigen Besonderheiten. Zunächst einmal sind **intermodal** im Verkehrsdienstleistungsbereich die Preise alternativer Verkehrsmittel, vor allem Bahn, Flugzeug und Pkw, zu berücksichtigen. Das vielschichtige Preissystem der Bahn erfordert darüber hinaus **intramodal** zumindest die Analyse dreier Bezugsobjekte des Preiswissens: der Pauschalangebote inkl. der BahnCard, des km-Grund-Preises sowie des situativ variierenden Relationspreises, etwa für eine Strecke Berlin-Hannover. Für den Referenzpreis als Urteilsanker ergibt sich außerdem die Besonderheit der Konkurrenz durch eine selbst erstellte Mobilitätsdienstleistung in Form der Pkw-Reise, die von den Konsumenten nicht zu Marktpreisen bewertet wird bzw. werden kann.

---

45 Vgl. zu einer Übersicht: Urbany, J.E., Dickson, P.R., Consumer knowledge of normal prices. An exploratory study and framework, Report Summary of Reports No. 90-112, Working paper of the Marketing Science Institute, Cambridge 1990.

46 Diller, H., Das Preiswissen von Konsumenten. Neue Ansatzpunkte und empirische Ergebnisse, in: Marketing Zeitschrift für Forschung und Praxis, 10. Jg., Heft 1, 1988, S. 18.

47 Diller, H., Das Preiswissen von Konsumenten. Neue Ansatzpunkte und empirische Ergebnisse, a.a.O., S. 17.

48 Über das Konstrukt Preisverteilung wird der Tatsache Rechnung getragen, daß der Preis in Abhängigkeit vom Kaufzeitpunkt, der Einkaufsstätte, der Marke sowie der Bezugsmenge variiert.

Im Rahmen der Untersuchung über das Preiswissen bei den Angeboten wurden die Befragten zunächst gebeten, ihre Selbsteinschätzung über die **Kenntnis** ausgewählter **Bahnangebote** auf einer 3er-Skala (*kenne es genau* bis *gar nicht bekannt*) wiederzugeben. Die subjektiv größte Bekanntheit genießt dabei die *BahnCard* mit einem Wert von 1,57. Vom *Schöne-Wochenende-Ticket* (1,82), dem *Mitfahrerpreis* (1,98) sowie dem *Guten-Abend-Ticket* haben die Befragten zumindest schon einmal gehört. Der bekundet guten Kenntnis der *BahnCard* steht tendenziell auch ein hohes Wissen um dieses Angebot gegenüber. So wußten zwei Drittel der Befragten den richtigen Rabattsatz der *Bahn-Card* (50 %). Immerhin 10 % der Befragten konnten den richtigen Preis für die *Bahn-Card* angeben, weitere 25 % lagen innerhalb einer 10 %igen Fehlertoleranz. Ein sehr genaues Preiswissen gibt es beim *Schöne-Wochenende-Ticket*, einem Angebot des Nahverkehrs, dessen Preis von knapp einem Drittel der Befragten genau richtig angegeben wurde. Insgesamt ist das **Preiswissen im Zusammenhang mit den Angeboten** der Bahn vergleichsweise **genau**. Dies gilt insbesondere im Vergleich mit anderen Bezugsobjekten, wie dem km- oder Relationspreis.

In der Erhebung wurden die Probanden nach dem Preis für **100 Bahn-km** sowie für eine **Bahnfahrt von München nach Hamburg** gefragt. Der Bahn-km-Preis wurde dabei von den Befragten deutlich teurer wiedergegeben als der reale Preis. 83,6 % der Befragten schätzten den km-Preis um mehr als 10 % über dem realen Preis, insgesamt wird der Bahn-km-Preis mit einem Verzerrungszuschlag von fast 100 % rekonstruiert.[49] Dabei ist allerdings zu berücksichtigen, daß lediglich 15 % der Befragten den Preis für 100 Bahn-km unter Zuhilfenahme des Preises für einen Bahn-km ermitteln, sondern die Mehrheit (51 %) den Preis für 100 Bahn-km auf Basis einer ihnen bekannten Relation errechnet. Mit der Länge dieser zugrunde gelegten Strecke, deren Preis und der anschließenden Division sind somit **drei potentielle Fehlerquellen** für die beobachtete Überteuerung des Bahn-km-Preises denkbar. Der Preisfehler sinkt dabei mit steigender Nutzungsintensität der Bahn. Gleichzeitig steigt bei zunehmender Nutzungsintensität der Anteil der Befragten, die den Preis der Bahn unterschätzen. Bei den Heavy-Bahn-Usern, die mehr als zwölf Bahnfahrten im Jahr unternehmen, beträgt der Anteil dieser Gruppe knapp ein Drittel (vgl. Abbildung 6), wobei der sehr hohe BahnCard-Anteil (71,3 %) in dieser Gruppe einen Einfluß der BahnCard auf den rekonstruierten km-Preis nahelegt.

---

49 Helgeson und Beatty weisen darauf hin, daß Fehler bei der Preiserinnerung sehr stark von dem Verhältnis der Preiserwartung zum Preisstimuli abhängen. Ist ein Preis höher als erwartet, wird der Preis bei der Rekonstruktion nach unten korrigiert, ist er niedriger als erwartet, wird er in der Erinnerung höher rekonstruiert. Vgl. Helgeson, J.G., Beatty, S.E., Price Expectation and Price Recall Error. An Empirical Study, in: Journal of Consumer Research, Vol. 14, December 1987, S. 379-386. Ob dieser Zusammenhang für das Beispiel der Deutschen Bahn AG Anwendung finden kann, erscheint angesichts der Ergebnisse allerdings fraglich.

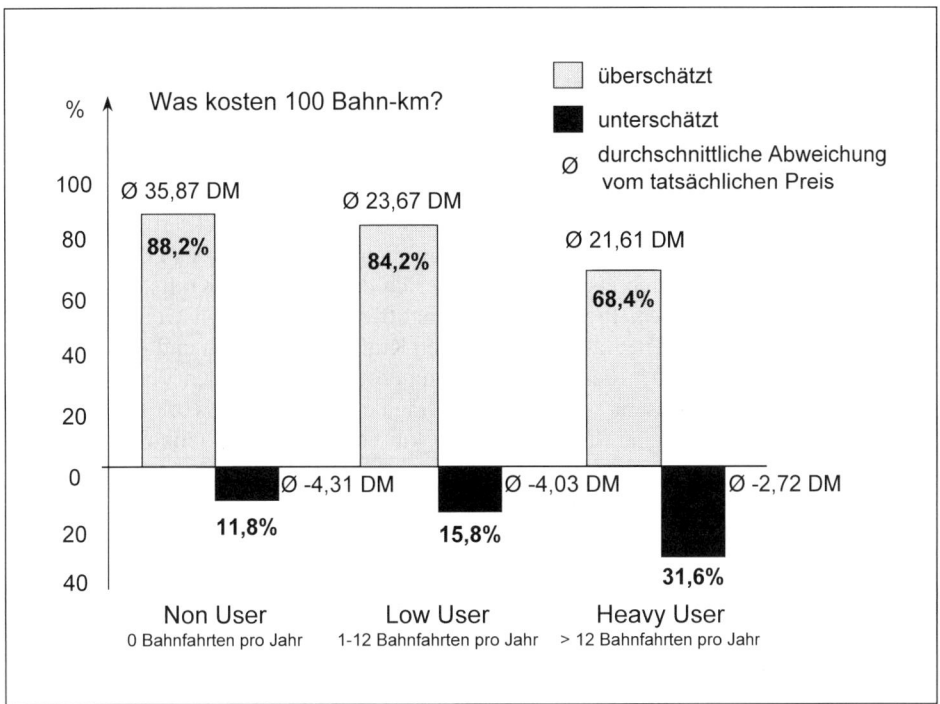

Abb. 6: Preisfehler in Abhängigkeit der Bahnnutzungsintensität

Auch hinsichtlich der untersuchten **Relation München-Hamburg** weicht das Preiswissen deutlich vom tatsächlichen Bahnpreis nach oben ab. Rund 70 % der Befragten überschätzen den Preis bei einer 10 %igen Fehlertoleranz. Die Diskrepanz fällt allerdings bei einem Preisfehler von 42 % über dem realen Preis deutlich geringer aus als beim Bezugsobjekt 100 km.

Mit Blick auf das **Referenzpreiskonzept** ist festzuhalten, daß der im Konsumgüterbereich am häufigsten verwendete Urteilsanker, nämlich der Preis identischer oder sehr ähnlicher Produkte,[50] im Verkehrsdienstleistungsbereich einiger Modifikationen bedarf.[51] Dies erklärt sich zum einen aus dem intramodalen Monopol der Deutschen

---

50   Diller, H., Preispolitik, a.a.O., S. 53.

51   Die von Chandrashekaran und Jagpal beispielsweise vorgeschlagene Konzeptualisierung des Referenzpreiskonstruktes (fair price, lowest price, highest price and normal price) kann aufgrund der Spezifika des Verkehrsdienstleistungsbereiches hier kaum Anwendung finden. Vgl. Chandrashekaran, R., Development and Empirical Validation of Alternative Models of Reference Price, in: Estelami, H., Palij, P. (Hrsg.), Behavioral Perspectives on Pricing, Conference Summary, Marketing Science Institute, Report No. 95-114, Cambridge 1995, S. 7-9.

Bahn AG, zum anderen aus der Nicht-Marktfähigkeit der selbst erstellten Pkw-Mobilität. Als mögliche Referenzpreise zur Beurteilung eines Bahnpreises können vor diesem Hintergrund einerseits andere Bahnpreise als auch andererseits die Kosten einer etwaigen Pkw-Nutzung herangezogen werden. Daher wurden sowohl Fragen nach dem „günstigen Bahn-km" als auch nach den vermuteten Kosten der Pkw-Nutzung bei den genannten Bezugsobjekten in die Untersuchung aufgenommen.

In Abbildung 7 ist das **Preiswissen über die Pkw-Nutzung** überblicksartig dargestellt. Die Preise sind zur besseren Vergleichbarkeit auf die gemeinsame Basis DM/km umgerechnet worden. Der Benzinpreis pro km ergibt sich dabei aus dem Kraftstoffverbrauch des eigenen Pkw sowie dem Preis dieses Kraftstoffes. Beide Größen wurden von den Probanden explizit abgefragt. Das Wissen um den Kraftstoffverbrauch und -preis ist sehr präzise, wohl auch, weil 80 % der Befragten zumindest gelegentlich den Verbrauch ihres Pkw kontrollieren. Interessant ist, daß die Befragten den Pkw-Preis für die Relation München-Hamburg bzw. eine Strecke von 100 km eher voll- denn teilkostenorientiert rekonstruieren.

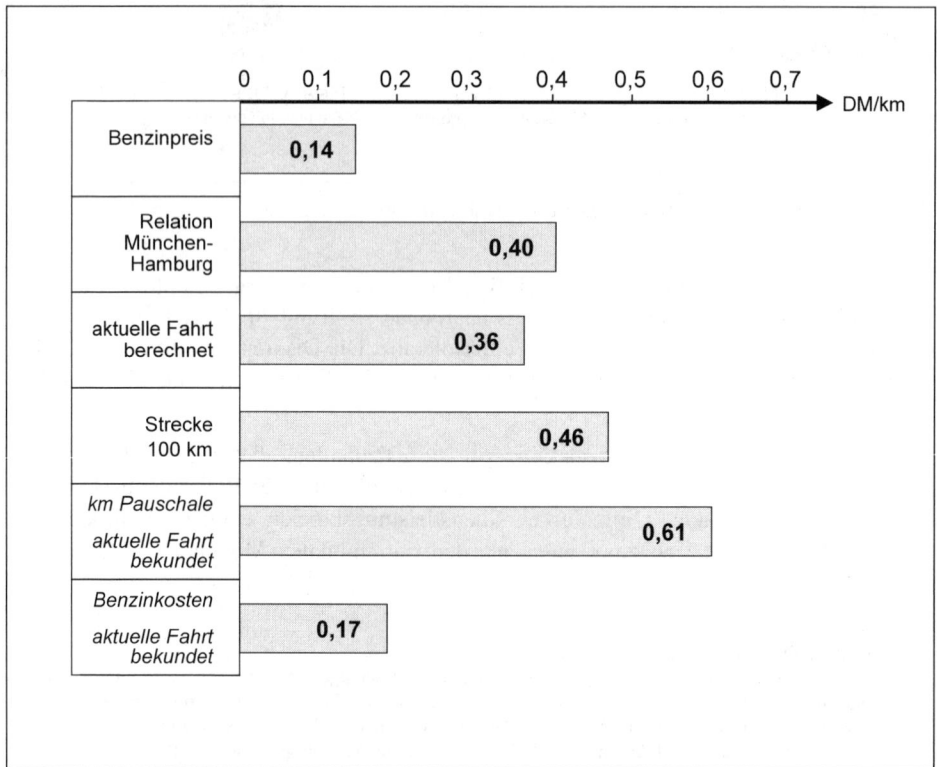

Abb. 7: Pkw-Preiswissen bei unterschiedlichen Bezugsobjekten

Neben den Pkw-Kosten als Referenzpreis für die Beurteilung des Preisangebotes der Deutschen Bahn AG läßt sich auch vermuten, daß die Konsumenten eine vergleichsweise genaue Vorstellung von einem **günstigen Bahnpreis** besitzen und diesen als Urteilsanker heranziehen. Dieser Referenzpreis wäre dann gleichsam auch Preisbereitschaftsschwelle für die Preisbeurteilung der Bahn.

Als Indikator für einen günstigen Bahnpreis wurde in der Untersuchung die Frage nach einer preiswerten Bahnfahrt von Stuttgart nach Hamburg (ICE, 2. Klasse) einbezogen. Im Mittel ergab sich ein Wert von 151,05 DM bzw. 0,21 DM/km als **Preisgünstigkeitsschwelle** für diese spezifische Relation. Der am häufigsten genannte Wert (21,1 %) entspricht mit 0,14 DM/km exakt dem an anderer Stelle ermittelten Benzinpreis der Pkw-Nutzung. Dies bekräftigt die Vermutung, daß der Benzinpreis zumindest für einen Großteil der Befragten den relevanten Referenzpreis zur Beurteilung von Bahnpreisen darstellt. In Abbildung 8 ist die Preisgünstigkeitsschwelle von 0,21 DM/km im Verhältnis zu den von den Befragten vermuteten Bahnpreisen wiedergegeben.

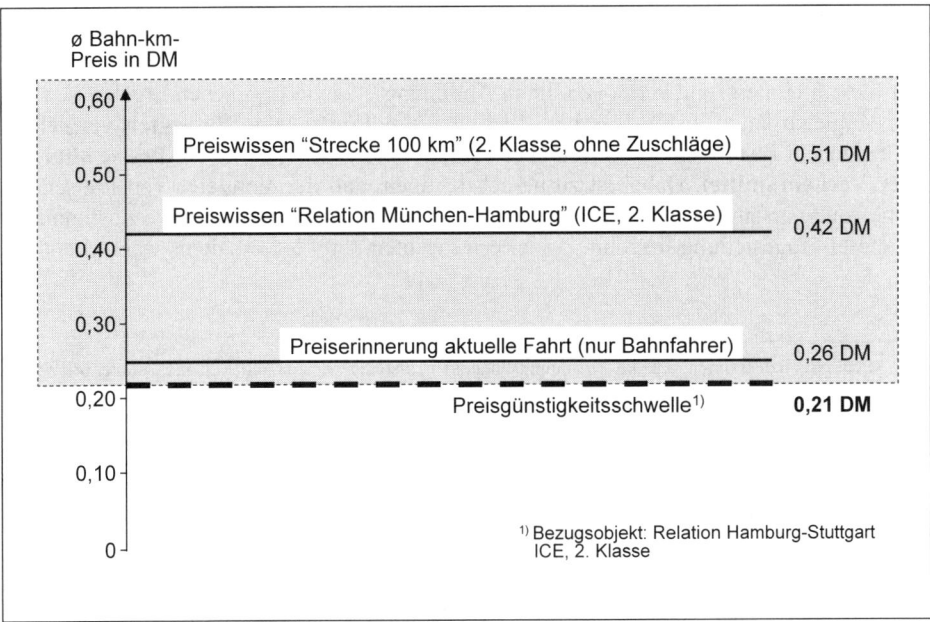

Abb. 8: Preisgünstigkeitsschwelle und Bahn-km-Preise

Um Anhaltspunkte für die grundsätzliche Relevanz komplexer Preisbeurteilungsprozesse bei der Verkehrsmittelwahl zu erhalten, soll nachfolgend die Frage erörtert werden, inwieweit überhaupt Preisvergleiche im Verkehrsdienstleistungsbereich einer Verkehrsmittelwahlentscheidung vorausgehen. Nicht zuletzt aufgrund der selbst erstellten Dienstleistung als Alternative zu marktlichen Mobilitätsangeboten ist es denkbar, daß Nachfrager ihre Verkehrsmittelwahl in hohem Maße habitualisieren.

2.23   Preisvergleiche zwischen Verkehrsmitteln

Die Option, eine Mobilitätsdienstleistung selbst zu erstellen, eröffnet dem Konsumenten die Möglichkeit, sich für ein Verkehrsmittel zu entscheiden, ohne überhaupt mit einer Preisinformation in Kontakt zu kommen und Preisvergleiche durchzuführen.[52] Da Mobilitätskosten der Pkw-Nutzung nicht zwingend unmittelbar, sondern häufig erst zeitlich nachgelagert als Auszahlung beim Tanken realisiert werden, kann Mobilität so unter Umständen sogar zu vermeintlichen „Null-Kosten" selbst erstellt werden. Aber auch bei unterstellter zeitnaher Reflexion der Kosten selbst erstellter Mobilität ist aufgrund empirischer Befunde[53] zumindest von einer Teilkostenorientierung auszugehen.[54]

Unter diesen Bedingungen ist es denkbar, daß Mobilitätsnachfrager eine vermeintliche **Preisdominanz der selbst erstellten Pkw-Dienstleistung** gegenüber einer am Markt eingekauften Leistung nicht mehr in Frage stellen und somit im Hinblick auf den Faktor Preis einem stärker habitualisierten Verkehrsmittelwahlprozeß unterliegen. Nicht auszuschließen ist in diesem Zusammenhang sogar, daß die beschriebene Tendenz durch den größeren Kontext eines von den Konsumenten vermuteten generellen Preisvorteils einer selbst erstellten zu einer am Markt eingekauften Dienstleistung verstärkt wird.[55]

Vor diesem Hintergrund vermögen die in Abbildung 9 wiedergegebenen Ergebnisse zum Preisvergleich kaum zu überraschen. Lediglich **ein Fünftel der Befragten vergleicht** nach eigenem Bekunden bei Reisen über 100 km häufig oder immer die **Preise alternativer Verkehrsmittel**. Dabei ist zu berücksichtigen, daß der Vergleich von Preisen im Sinne von Sparsamkeit ein eher positiv besetzter Wert ist, was eine größere Zustimmung bei dieser Fragestellung im Sinne sozial erwünschten Antwortverhaltens wahrscheinlich

---

52   Michel ist zuzustimmen, daß das Prosuming-Phänomen, also die selbst erstellte Dienstleistung, prinzipiell die Möglichkeit eines Preisvergleichs zwischen make or buy Alternative eröffnet. Fraglich ist jedoch, ob ein solcher Vergleich immer durchgeführt wird oder ob nicht vielmehr Prosuming-Aktivitäten durch im Vergleich zu Konsumentscheidungen vergleichsweise geringe Preisvergleichsaktivitäten gekennzeichnet sind. Vgl. Michel, St., Prosuming-Marketing. Konzeption und Anwendung, a.a.O., S. 149.

53   Vgl. Forschungsstelle Bahnmarketing, Non-User Analyse, unveröffentlichte Studie der Forschungsstelle Bahnmarketing in der Wissenschaftlichen Gesellschaft für Marketing und Unternehmensführung e.V. im Auftrag der Deutschen Bahn AG, Münster 1996. Von den Befragten, die sich an den Preis ihrer Fahrt erinnern konnten (69,9 %), gaben 83,8 % an, als Basis ihrer Preisschätzung den Benzinpreis zugrunde zu legen; Molt, W., Preiswahrnehmung komplexer Güter am Beispiel PKW-Nutzung, in: Preistheorie und Preisverhalten, Hrsg.: Böcker, F., München 1982, S. 53.

54   Dies gilt im übrigen auch für den Großteil der Geschäftsreisen. Der in manchen publizierten Preisvergleichen zugrunde gelegte Vollkostensatz des Pkw ist ökonomisch nur bei der Anschaffungsentscheidung für einen Pkw rational (vgl. o.V., Handelsblatt Special, Business Travel in Deutschland, in: Handelsblatt vom 24.6.1996, S. 21). Insofern werden auch bei Geschäftsreisen Teilkosten zugrunde gelegt, allerdings im Gegensatz zum Privatbereich eher auf tatsächlicher Kosten- und nicht auf Zahlungsbasis.

55   Vgl. zu den auf Produktivitätsvorteilen der privaten Haushalte basierenden generellen Kostenvorteilen der selbst erstellten gegenüber der am Markt eingekauften Dienstleistung: Garhammer, M., Die unbezahlte häusliche Dienstleistungsproduktion – ein Beitrag zur Diskussion über Dienstleistungsbesonderheiten, in: Jahrbuch der Absatz- und Verbrauchsforschung, 34. Jg., Heft 1, 1988, S. 77 ff.

gemacht hätte[56] und bei der Erklärung des geringen Anteils der Befragten, die häufiger Preisvergleiche vornehmen, den Blick auf verkehrsdienstleistungsspezifische Ursachen lenkt. Zudem bedarf die bekundete allgemeine Bereitschaft zu Preisvergleichen angesichts des tatsächlichen Vergleichsverhaltens bei der aktuellen Reise, das an anderer Stelle der Untersuchung ermittelt wurde, einer Relativierung. Obgleich vermeintlich immer die Preise alternativer Verkehrsmittel vergleichend, haben lediglich 34 % dieser Personengruppe bei der aktuellen Fahrt tatsächlich die Preise verglichen (vgl. Abbildung 9). Insgesamt ist somit zu konstatieren, daß der Verkehrsdienstleistungsbereich durch eine eher **schwach ausgeprägte Bereitschaft zu Preisvergleichen** gekennzeichnet ist.[57] Darauf deutet auch der hohe Anteil von 84 % der Befragten hin, die am Ende der Befragung angaben, sich in der Vergangenheit noch nicht derart intensiv mit Preisüberlegungen im Rahmen der Verkehrsmittelwahl befaßt zu haben.

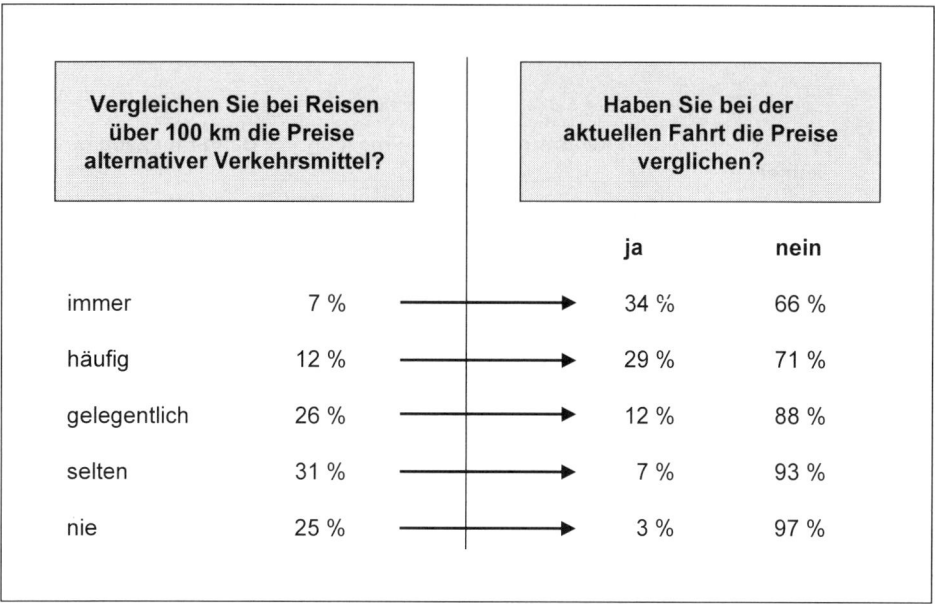

Abb. 9: Bekundete Vergleichsbereitschaft und Preisvergleich bei der aktuellen Fahrt

56 Vgl. Müller, S., Mai, G., Kann die Preiskenntnis als Indikator für die Preisbeachtung im Kaufentscheidungsprozeß dienen?, in: Jahrbuch der Absatz- und Verbrauchsforschung, 32. Jg., Heft 2, 1986, S. 109.
57 Vgl. auch Forschungsstelle Bahnmarketing, Non-User Analyse, unveröffentlichte Studie der Forschungsstelle Bahnmarketing in der Wissenschaftlichen Gesellschaft für Marketing und Unternehmensführung e.V. im Auftrag der Deutschen Bahn AG, Münster 1996. In dieser Studie hatten lediglich 14,5 % der Befragten ihrer Verkehrsmittelwahl einen Preisvergleich vorangestellt.

Es steht zu vermuten, daß die Diskrepanz aus dem in empirischen Studien zu Nutzendimensionen von Fernreisen zum Ausdruck kommenden Preisinteresse der Konsumenten einerseits und die nur geringe Informations- und Vergleichsaktivität bei der Verkehrsmittelwahl andererseits auf eher **verfestigte Vorstellungen über das Preisgefüge im Verkehrsdienstleistungsbereich** zurückzuführen ist. Diese Annahme läßt sich unter Berücksichtigung informationsökonomischer Erkenntnisse so interpretieren, daß die Kosten eines Preisvergleichs – hier nicht pagatorisch verstanden – nur in Erwartung eines angemessenen Nutzens durch diesen Preisvergleich in Kauf genommen werden.[58] Offenkundig ist dieses Verhältnis für viele Befragte im Verkehrsbereich eher unattraktiv, was eine mögliche Erklärung für das aufgezeigte Mißverhältnis zwischen hoher Bedeutung des Preises und tendenziell geringer Vergleichsbereitschaft sein könnte.[59]

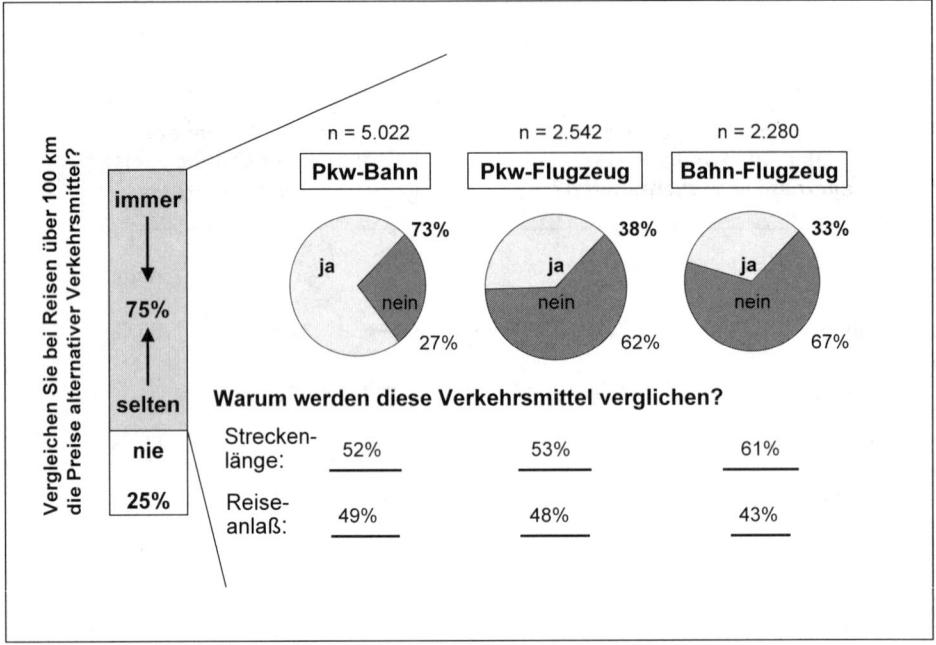

Abb. 10: Preisvergleiche im Wettbewerbsumfeld der Bahn

---

58   Vgl. Diller, H., Preisinteresse und Informationsverhalten beim Einkauf dauerhafter Lebensmittel, in: Meffert, H., Steffenhagen, H., Freter, H. (Hrsg.), Konsumentenverhalten und Information, Wiesbaden 1979, S. 68; Diller, H., Preisehrlichkeit – Eine neue Zielgröße im Preismanagement des Einzelhandels, in: Thexis, Fachzeitschrift für Marketing, 14. Jg., Heft 2, 1997, S. 17.

59   Vgl. zu den aus dem Konsumentenverhalten erklärbaren Grenzen eines Preisvergleichs: Schenk, H.-O., Der Preisvergleich, Stuttgart 1981, S. 38 ff.

Wenn Konsumenten Preise im Verkehrsbereich vergleichen, dann sind die Verkehrsträger Bahn und Pkw für knapp 80 % der Befragten die relevanten Vergleichsobjekte.
Pkw und Flugzeug bzw. Bahn und Flugzeug werden nur von rund einem Drittel der
Befragten einem Preisvergleich unterzogen. Verantwortlich für diese Auswahl sind in
erster Linie Reiselänge und -anlaß als typische situative Variablen im Verkehrsdienstleistungsbereich (vgl. Abbildung 10).

2.24   Preisurteil als Komponente der Verkehrsmittelwahl

2.241   Preisgünstigkeits- vs. Preiswürdigkeitsurteile im Verkehrsdienstleistungsbereich

Das Preisurteil ist das Ergebnis des eher kognitiven Teils des Preisverhaltens. Schon
Ende der 70er Jahre entwickelte Diller[60] in Anlehnung an Emery[61] eine Typologie von
Preisurteilen, die trotz einiger Kritik[62] bis heute in der verhaltenswissenschaftlichen
Preisforschung Verwendung findet[63] und die auch hier zugrunde gelegt werden soll.
Anhand der für den Konsumenten entstehenden Urteilskomplexität leitet Diller insgesamt fünf verschiedene Typen von Preisurteilen ab. Von besonderer Bedeutung ist dabei
die Unterscheidung zwischen Preisgünstigkeits- und Preiswürdigkeitsurteilen, die in
ihren Reinformen die Pole des Preisurteilskontinuums bilden. Bei Preisgünstigkeitsurteilen wird eine vom Nutzen der angebotenen Leistung unabhängige Bewertung des
Preises, d. h. ohne Berücksichtigung von Leistungsbestandteilen, vorgenommen. Preiswürdigkeitsurteile umfassen hingegen immer Beurteilungen der Preis- und Leistungsbestandteile der zu bewertenden Alternativen.[64]

Die Frage, welcher dieser Urteilstypen in einer konkreten Entscheidungssituation relevant wird, hängt im Dienstleistungsbereich nach Müller wesentlich von drei Faktoren
ab:[65] dem Standardisierungsgrad der Leistung, der Verhaltensrelevanz und Diskriminati-
onsfähigkeit von Suchattributen sowie der Homogenität des Qualitätsangebotes. Unge-

---

60 Diller, H., Das Preisbewußtsein der Verbraucher und seine Förderung durch Bereitstellung von Verbrau-
    cherinformationen, a.a.O., S. 193 ff.
61 Vgl. Emery, F., Some psychological Aspects of Price, in: Taylor, B., Wills, G. (Hrsg.), Pricing Strategy,
    Princeton, New York, London 1969, S. 106.
62 Vgl. etwa Hay, Ch., Die Verarbeitung von Preisen durch Konsumenten, a.a.O., S. 25.
63 Vgl. etwa Müller, W., Grundzüge des Preisbeurteilungsverhaltens von Dienstleistungsnachfragern, a.a.O.;
    Dieckmann, R., Optimale Preis- und Angebotspolitik für komplexe Produkte. Eine Analyse der Güter-
    bündelung unter Berücksichtigung der Verarbeitung von Preisen durch Konsumenten, Frankfurt am Main
    1993, S. 129.
64 Lenzen, W., Die Beurteilung von Preisen durch Konsumenten. Eine empirische Studie zur Verarbeitung
    von Preisinformationen des Lebensmitteleinzelhandels, a.a.O., S. 35.
65 Müller, W., Grundzüge des Preisbeurteilungsverhaltens von Dienstleistungsnachfragern, a.a.O., S. 32.

achtet der nicht überschneidungsfreien Kriterienabgrenzung bei Müller[66] bleibt festzuhalten, daß bei hoher Standardisierung, geringer Diskriminanz und Verhaltensrelevanz
der vor Inanspruchnahme ermittelbaren Leistungseigenschaften und vermuteter homogener Qualität des Angebotes eher Preisgünstigkeitsurteile gefällt werden, da die Leistungskomponente für den Konsumenten entweder nicht relevant, nicht eruierbar oder
nicht divergent ist.

Bei der Überprüfung dieser Voraussetzung für den Verkehrsdienstleistungsbereich ist
zunächst davon auszugehen, daß bei der Beurteilung eines Bahnpreises in der überwiegenden Zahl der Fälle die selbst erstellte Pkw-Dienstleistung die betrachtete Alternative
darstellt. Die Beurteilung der Qualitätshomogenität zwischen Bahn- und Pkw-Verkehrs-
dienstleistung hängt wesentlich von den zugrunde gelegten Leistungsbestandteilen einer
Verkehrsdienstleistung ab. Stellt die Beförderung von A nach B, sprich der Grundnutzen, den Leistungskern einer Verkehrsdienstleistung dar[67] und wird Qualität als Differenz zwischen den Erwartungen und den subjektiv erbrachten Leistungen aufgefaßt[68], so
unterscheiden sich die Pkw- und Bahnmobilität in ihrer Qualität zumindest nicht völlig,
da der Grundnutzen in einer ergebnisorientierten Betrachtung von beiden Verkehrsmitteln gewährt wird. Preisgünstigkeitsurteile sind bei einer solchen Betrachtungsweise im
Verkehrsdienstleistungsbereich eine denkbare Form von Preisurteilen.

Hinsichtlich der Relevanz von Leistungsmerkmalen für die Verkehrsmittelwahl und
deren Diskriminanz kann auf die Ergebnisse einer durch die Forschungsstelle Bahnmarketing durchgeführten verkehrsmittelübergreifenden Analyse der Nutzendimensionen
von Fernverkehrsreisen Bezug genommen werden. Demnach kommt dem Preis mit
57,8 % die höchste Wichtigkeit bei der Verkehrsmittelwahl zu. Leistungskomponenten
wie Reisezeit, Umfang der Beförderung oder Verfügbarkeit sind demnach für die Verkehrsmittelwahl im Durchschnitt der Befragten nur von sekundärer Bedeutung. Hinzu
kommt, daß das wichtigste Leistungsmerkmal Reisezeit in einer verkehrsmittelübergreifenden Perspektive eher Erfahrungs- denn Suchcharakter aufweist, da sich etwa die Pkw-
Reisezeit ex ante nur mit hoher Unsicherheit ermitteln läßt.[69]

---

66 Insbesondere das Kriterium „Standardisierungsgrad der Leistung" erscheint entbehrlich, da es positiv mit
    dem „Vorhandensein von Suchattributen" und „Homogenität des Qualitätsangebotes" einher geht. Zudem
    ist nicht klar, ob in die Anforderung der Standardisierung nur eine oder nicht alle der in Betracht kom-
    menden Dienstleistungsalternativen einbezogen werden. Wenn nur eine Dienstleistung dieses Kriterium
    erfüllen muß, ist der Bezug zum Preisurteil nicht nachvollziehbar, gilt es für alle Alternativen, geht es im
    Kriterium der homogenen Qualität auf.
67 Vgl. Perrey, J., Nutzenorientierte Marktsegmentierung. Ein integrativer Ansatz zum Zielgrup-
    penmarketing im Verkehrsdienstleistungsbereich, Wiesbaden 1998, S. 21 f.
68 Vgl. Parasuraman, A., Zeithaml, A., Berry, L.L., SERVQUAL: A Multiple-Item Scale for Measuring
    Consumer Perceptions of Service Quality, in: Journal of Retailing, Vol. 64, No. 1, 1988, S. 17.
69 Vgl. auch Perrey, der die Reisezeit als „Mischform im informationsökonomischen Dreieck" charakteri-
    siert; Perrey, J., Nutzenorientierte Marktsegmentierung. Ein integrativer Ansatz zum Zielgruppenmarke-
    ting im Verkehrsdienstleistungsbereich, a.a.O., S. 20.

Zusammenfassend kann festgehalten werden, daß die Vernachlässigung von Leistungs-komponenten bei der Preisbeurteilung, sprich das Fällen von Preisgünstigkeitsurteilen, im Verkehrsdienstleistungsbereich zumindest nicht ausgeschlossen werden kann. Dabei sind sicherlich auch die in der bereits angesprochenen Untersuchung zu Nutzendimen-sionen von Fernreisen zum Ausdruck kommenden unterschiedlichen Erwartungen an ein Verkehrsmittel zu berücksichtigen.[70] Je wichtiger der Preis als Nicht-Leistungskom-ponente die Verkehrsmittelwahl beeinflußt und die Reisezeit im intermodalen Vergleich eher Erfahrungscharakter besitzt, desto eher ist von Preisgünstigkeitsurteilen im Ver-kehrsdienstleistungsbereich auszugehen.

2.242 Alternative Referenzpreise im Verkehrsdienstleistungsbereich

Die Formierung von Preisgünstigkeitsurteilen vollzieht sich vereinfacht in zwei Schrit-ten.[71] Zunächst benötigt der Nachfrager eine Preisinformation über die zur Disposition stehende Leistung, diese verknüpft er dann unter Heranziehung einer Vergleichsbasis zu einem Preisgünstigkeitsurteil. Zur Kennzeichnung dieser Urteilsbasis, des Referenzprei-ses, finden sich in der Literatur zahlreiche Ansätze.[72] Besondere Bedeutung hat in die-sem Zusammenhang die Adaptionsniveautheorie von Helson erlangt[73], auf deren Basis Diller das Konstrukt des „mittleren Preisempfindens" entwickelt hat.[74] Das mittlere Preisempfinden entspricht dabei dem Preis, der vom Konsumenten weder als günstig noch teuer eingestuft wird.[75] Es wird unterstellt, daß jeder Konsument über eine Vor-stellung dieses mittleren Preises verfügt und jeder Preisstimulus im Hinblick auf diesen Preis bewertet wird.[76] Preisstimuli oberhalb des mittleren Preisempfindens werden als ungünstig, unterhalb desselben als günstig eingestuft.[77]

Die Operationalisierung des mittleren Preisempfindens über den weder als günstig noch teuer einzustufenden Preis bedarf in Anbetracht diskontinuierlicher Preisbewertungs-funktionen einer Modifikation. An den sog. relativen Preisschwellen verändert sich die Preisbewertung sprunghaft, z. B. von teuer zu sehr teuer. Bei einer solchen Preisbewer-tungsfunktion ist es denkbar, daß ein Preis unterhalb des in der oben beschriebenen Form ermittelten mittleren Preisempfindens dennoch nicht als günstig eingestuft wird, da er in

---

70   Vgl. Vollmann, D., Preiswahrnehmung im Verkehrsdienstleistungsbereich – Determinanten und Implika-tionen für das Marketing der Deutschen Bahn AG, unveröff. Diplomarbeit, Münster 1997, S. 64.

71   Müller, W., Klein, S., Grundzüge einer verhaltensorientierten Preistheorie im integrativen Dienstlei-stungsmarketing: Teil 1 – Preisgünstigkeitsurteile, a.a.O., S. 269.

72   Vgl. zu einer Übersicht über die verwendeten Konzepte: Biswas, A., Wilson, E.J., Licata, J.W., Reference Pricing Studies in Marketing: A Synthesis of Research Results, in: Journal of Business Review, Vol. 27, 1993, S. 240 ff.

73   Vgl. Helson, H., Adaption level theory, New York 1964.

74   Diller, H., Preispolitik, a.a.O., S. 100.

75   Vgl. Müller, W., Klein, S., Grundzüge einer verhaltensorientierten Preistheorie im integrativen Dienstlei-stungsmarketing: Teil 1 – Preisgünstigkeitsurteile, a.a.O., S. 275.

76   Vgl. Trommsdorff, V., Konsumentenverhalten, 3. Aufl., Stuttgart usw. 1998, S. 268.

77   Vgl. Hay, Ch., Die Verarbeitung von Preisen durch Konsumenten, a.a.O., S 211.

einem Indifferenzbereich des Konsumenten liegt. Es kann davon ausgegangen werden, daß die Differenzierung zwischen günstig und ungünstig für das Verkehrsmittelwahlverhalten von Belang ist und damit für das Preismanagement von Verkehrsdienstleistern die zentrale Information darstellt. In der vorliegenden Untersuchung wurde daher nicht nach dem weder als günstig noch teuer eingestuften Preis, sondern explizit nach dem als preiswert beurteilten Preis im Sinne eines kritischen Bahnpreises gefragt. Bei dieser Operationalisierung kann davon ausgegangen werden, daß jeder Preis gleich bzw. unter diesem Referenzpreis als günstig, und jeder oberhalb liegende Preis als indifferent oder ungünstig beurteilt wird (vgl. Abbildung 11).

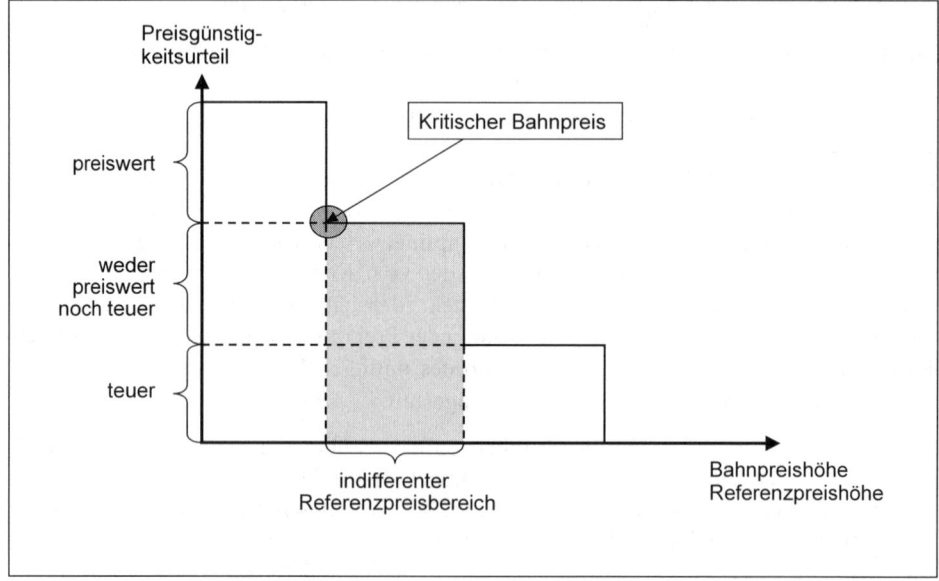

Abb. 11:   Operationalisierung des intramodalen Referenzpreises der Bahn

Damit ist bereits die Frage angesprochen, welche Preise Referenzpreise bzw. Preisbereitschaftsschwellen für Bahnpreise darstellen. In Betracht kommen hier in der Vergangenheit gezahlte Bahnpreise oder für andere Transaktionen geltende besonders günstige Bahnangebote ebenso wie die Kosten für alternative Verkehrsmittel. Abbildung 12 stellt die in der empirischen Untersuchung erhobenen möglichen Referenzpreise den von den Befragten rekonstruierten Bahnpreisen bei unterschiedlichen Bezugsobjekten gegenüber.

Die **drei** dargestellten **möglichen Referenzpreise** wurden auf unterschiedliche Weise ermittelt. Der günstige Bahn-km wurde über eine Frage nach einem als preiswert empfundenen Preis für eine Fahrt von Stuttgart nach Hamburg erhoben. Der berechnete Benzinpreis ergibt sich aus dem für den eigenen Pkw abgefragten Kraftstoffverbrauch und dem dazugehörigen Kraftstoffpreis. Der bekundete Benzinpreis schließlich wurde von einem Teil der befragten Pkw-Fahrer als Kosten für die aktuelle Pkw-Fahrt angegeben.

Es zeigt sich, daß alle drei Referenzpreise ähnliche Größenordnungen aufweisen. Insbesondere ist zu vermerken, daß der günstige Bahn-km offenkundig in engem Zusammenhang mit den Opportunitätskosten einer Bahnfahrt in Form der Pkw-Nutzung steht.

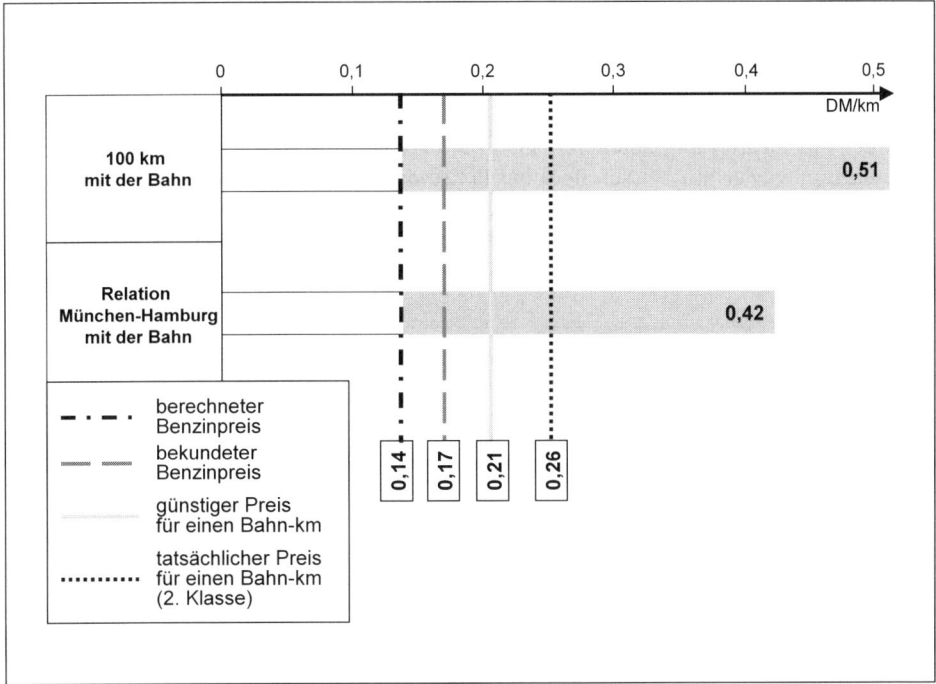

Abb. 12: Alternative Urteilsanker für Bahnpreise im Vergleich
mit Preiswissen über die Bahn

2.243 Preisgünstigkeitsurteile gegenüber Regelpreisen der Bahn

Bei einem Vergleich der Referenzpreise mit den vermuteten Bahnpreisen ist zu konstatieren, daß der vermutete Preis für die Nutzung der Bahn sowohl beim Bezugsobjekt Relation als auch bei einer Strecke von 100 km nicht nur deutlich über den tatsächlichen Preisen, sondern auch über den möglichen Referenzpreisen der Bahn liegt. Andererseits ist augenfällig, daß der von den in die Befragung einbezogenen Bahnfahrern zu Protokoll gegebene Preis von 0,26 DM pro km für die aktuelle Bahnfahrt nicht nur recht realistisch, sondern auch im näheren Bereich des günstigen Bahn-km liegt.

Die Erweiterung der aggregierten Mittelwertanalyse um eine **Individualbetrachtung** offenbart aufschlußreiche Zusammenhänge. Bei Zugrundelegung des günstigen Bahn-km als Urteilsanker ist für 8,3 % (Bezugsobjekt 100 Bahn-km) bzw. 6,8 % (Bezugsobjekt Relation München-Hamburg) der Befragten der von ihnen vermutete km-Preis der

Bahn geringer als ihr günstiger Bahn-km. Diesen Befragten kann eine höhere Wahr-scheinlichkeit der Bahnnutzung unterstellt werden. Wird der Benzinpreis als Urteilsan-ker unterstellt, sinkt der Anteil derjenigen, deren Bahnpreis unter dem Referenzpreis liegt, auf Werte zwischen 1,2 % und 3,1 %.

Der zu beobachtende **ausgeprägte Preisfehler** im Zusammenhang mit Angeboten der Deutschen Bahn AG legt es nahe, den unterschiedlichen Referenzpreisen nicht nur das subjektive Preiswissen, sondern auch die **tatsächlichen Preise** der Bahn[78] gegenüberzu-stellen. Hieraus lassen sich Ansatzpunkte für die Maßnahmengestaltung zur Verbesse-rung der Preisbeurteilung ableiten. Der Struktur von Preisgünstigkeitsurteilen folgend, kann dazu entweder am Wissen über die Preise der Bahn oder an den Referenzpreisen der Konsumenten angesetzt werden. In Abbildung 13 ist der jeweilige Anteil der Be-fragten dargestellt, deren Referenzpreis unter dem tatsächlichen Bahnpreis liegt und die somit in einem vereinfachten Modell die Bahn als preisgünstig einstufen.

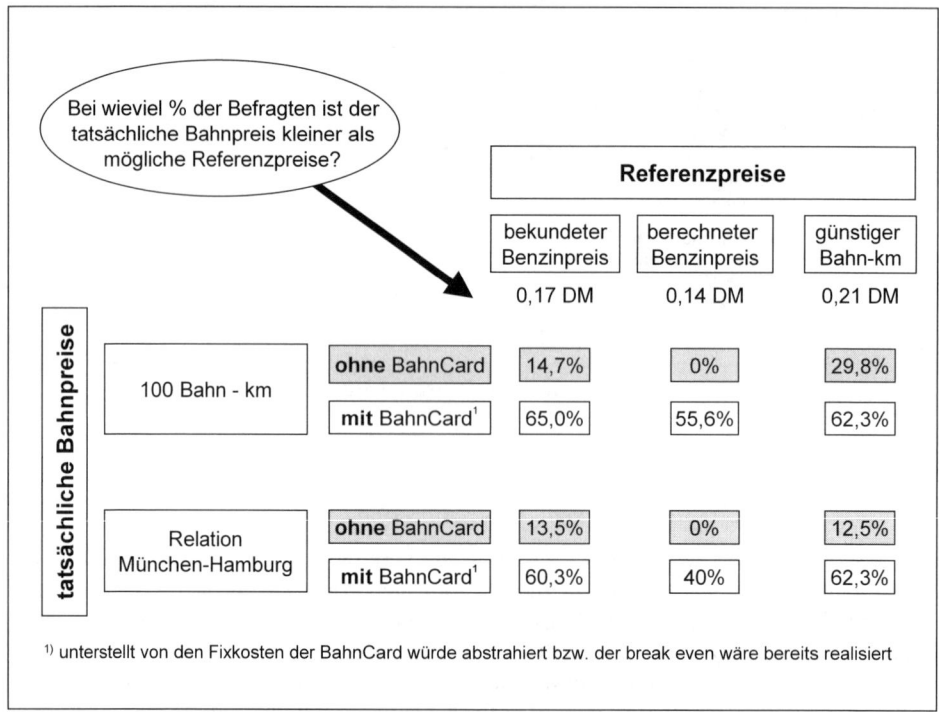

Abb. 13: Preisgünstigkeit der Bahn bei unterschiedlichen Referenzpreisen

---

78   Dabei wurden die zum Zeitpunkt der empirischen Untersuchung gültigen Preise unterstellt: Bahn-km (2. Klasse): 0,2606 DM, München-Hamburg (ICE, 2. Klasse): 243 DM.

Es zeigt sich, daß bei Gültigkeit des bekundeten Benzinpreises oder des günstigen Bahn-km als Referenzpreis der Anteil der Befragten, deren Referenzpreis über dem tatsächlichen Preis der Bahn liegt, die also die Bahn als günstig einstufen, etwa dem Marktanteil der Bahn entspricht. Eine Ausnahme stellt dabei das Verhältnis des 100-km-Preises zum günstigen Bahn-km dar. Im Vergleich dieser beiden Größen beurteilt sogar knapp **ein Drittel der Befragten die 100 Bahn-km als günstig.** Besitzt der berechnete Benzinpreis, also die vermuteten Grenzkosten der Pkw-Mobilität, Referenzpreischarakter, so sinkt der Anteil der Befragten, die die ausgewählten Bahnpreise als günstig einstufen, auf Null.

Vor diesem Hintergrund ist die Einführung der **BahnCard** zu sehen, mit der u. a. im Hinblick auf das Verhältnis von fixen zu variablen Kosten eine Wahrnehmungsanalogie zum Auto hergestellt werden sollte.[79] Daher wird in Abbildung 13 auch ein Vergleich der verschiedenen Referenzpreise mit den tatsächlichen Preisen bei BahnCard-Nutzung für 100 km bzw. auf der Relation München-Hamburg vorgenommen. Wenn die Bahn-Card-Inhaber von den Anschaffungskosten der BahnCard in einer konkreten Entscheidungssituation abstrahieren, was aufgrund des Prinzips relevanter Kosten durchaus wahrscheinlich ist, steigt der Anteil positiver Preisgünstigkeitsurteile bei allen Referenzpreisen deutlich an (vgl. Abbildung 13). In Anbetracht dieser Befunde scheint eine Berichtigung des Preiswissens bzw. eine Hinführung der Mobilitätsnachfrager zu Verkehrsmittelwahlprozessen einen vielversprechenden Weg für eine verbesserte Preisbeurteilung der Deutschen Bahn AG darzustellen.

2.244 Preisgünstigkeitsurteile gegenüber Pauschalangeboten der Bahn

Neben den Regelpreisen der Deutschen Bahn AG, also dem km-Preis sowie dem Loco-Preissystem des ICE[80], ist das Preissystem durch eine Vielzahl von **Pauschalangeboten,** wie etwa dem *Mitfahrerpreis* oder dem *Guten-Abend-Ticket,* gekennzeichnet. Zur Vervollständigung des Bildes über die Preisbeurteilung der Deutschen Bahn AG wurden daher auch diese Angebote in die Untersuchung integriert. Dazu wurden die Befragten gebeten, die Preisgünstigkeit einer Auswahl dieser Angebote, zu denen hier aus Vereinfachungsgründen auch die *BahnCard* als spezifisches Instrument der Preispolitik gezählt wird, anhand der Zustimmung zu der Aussage „Die Bahn bietet einige preisgünstige Angebote" auf einer 5er Skala von „stimme voll zu" bis „trifft gar nicht zu" vorzunehmen. Das Ergebnis dieser Beurteilung ist in Abbildung 14 dargestellt. Der jeweils vordere Wert gibt die Einschätzung der Befragten wieder, die nach eigenem Bekunden das Angebot genau kennen. Mit steigender Produktkenntnis verbessert sich die **ohnehin insgesamt durchaus positive Beurteilung der Angebote** weiter. Gleichwohl kann nicht davon ausgegangen werden, daß diese Beurteilung unmittelbar auf das Verkehrsmittelwahlverhalten wirkt. Die konkrete Preisgünstigkeit der Pauschalangebote hängt sehr

---

79   Vgl. Firner, H., Tacke, G., BahnCard – Kreative Preisstruktur, in: absatzwirtschaft, 36. Jg., Heft 5, 1993, S. 66.

80   Vgl. Bretthauer, I., Deutsche Bahn AG: Marketing im Personenfernverkehr, in: Meyer, A. (Hrsg.), Handbuch Dienstleistungsmarketing, Stuttgart 1998, S. 1557.

stark von der individuellen Reisesituation, z. B. der Streckenlänge, ab. Demnach ist die positive Beurteilung Indiz dafür, daß diese Angebote von einem Teil der Befragten schon einmal als preisgünstig erlebt wurden.

Neben einzelnen Angeboten oder den Regelpreisen der Deutschen Bahn AG kann auch das Unternehmen selbst Gegenstand von Preisbeurteilungen sein. Derartige generalisierte Preisurteile werden auch als **Preiseinstellung** gekennzeichnet.[81]

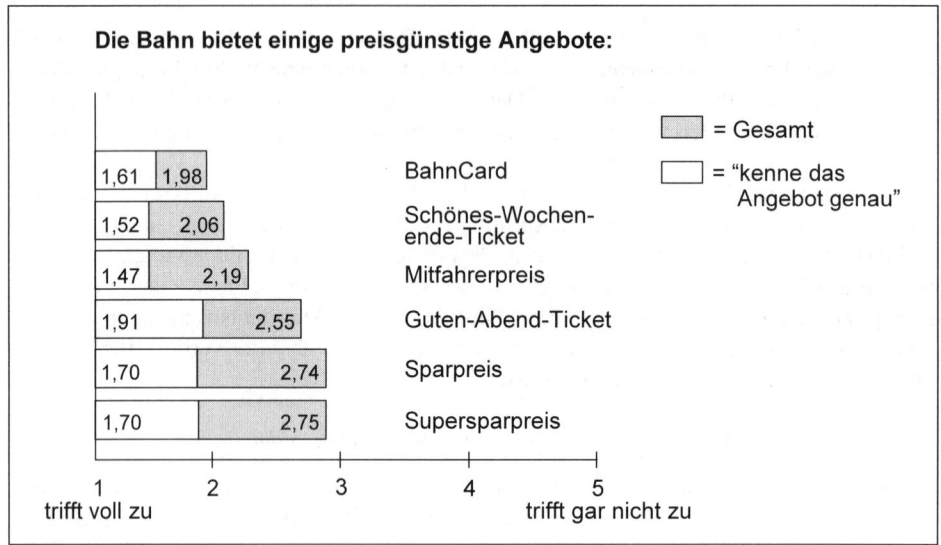

Abb. 14:   Preisgünstigkeit ausgewählter Bahnangebote

2.25   Preiseinstellung als generalisierendes Preisurteil

Das Konstrukt des Preisimages, das hier als Preiseinstellung charakterisiert wird[82], ist von Nyström in die verhaltenswissenschaftliche Preisforschung eingeführt worden.[83] Nyström differenziert damit die Ebenen der Preisbeurteilung nach Artikel- und Geschäftsebene. Die Preisbeurteilung auf Artikelebene kennzeichnet er als Preisabschätzung (Price-Evaluation), diejenige auf Geschäftsebene als Preiseinstellung. Zwischen diesen Ebenen kommt es zu Generalisierungsprozessen, d. h. Transfers von Preisurteilen von der Artikel- auf die Ge-

81   Vgl. Diller, H., Preispolitik, 2. Aufl., a.a.O., S. 279.
82   Vgl. zur Gleichsetzung des Einstellungsbegriffes mit dem Imagebegriff: Kroeber-Riel, W., Weinberg, P., Konsumentenverhalten, 6. Aufl., München 1996, S. 197.
83   Nyström, H., Retail pricing, Stockholm 1970, S. 121.

schäftsebene[84] und vice versa. Das Konstrukt der Preiseinstellung wurde somit ursprünglich weniger von der Einstellungs- als von der Handelsforschung geprägt.

Auch Diller hat sich dem Konstrukt der Preiseinstellung vorzugsweise im Zusammenhang mit dem Untersuchungsobjekt Handel genähert.[85] Er definiert Preisimage als „stark subjektiv gefärbte und damit von der objektiven Realität nicht selten weit entfernte Konglomerate von Wissen, aktuellen Wahrnehmungen, Gefühlen wie Sympathie und Antipathie und Urteilen über das Preisniveau bestimmter Anbieter bzw. Anbietergruppen".[86] Gleichwohl schwankt die Konzeptualisierung dieses Konstruktes bei Diller in seinen Veröffentlichung zwischen drei (Preis-Leistungs-Niveau, Preisgünstigkeit, Preisehrlichkeit)[87], vier (Leistungsniveau, Preispotenz, Preisaktivität, Preisfairness)[88] und zuletzt fünf Dimensionen (Preistransparenz, Preissicherheit, Preiszuverlässigkeit, Preisgünstigkeit und Preiswürdigkeit).[89]

In der deutschsprachigen Literatur finden sich indes auch Ansätze, das Konstrukt der Preiseinstellung stärker in den Kontext der Einstellungsdiskussion einzubinden.[90] So rechtfertigt Müller-Hagedorn, gleichermaßen Vertreter der Handels- wie Konsumentenverhaltensforschung, den Gebrauch des Preisimages im Zusammenhang mit Generalisierungsprozessen der Preisbeurteilung, „weil die den Imagebegriff kennzeichnenden Merkmale auch hier gegeben sind (es handelt sich um eine subjektive, wertende Stellungnahme, die erlernt ist, die relativ lange andauert und die verhaltensrelevant ist)".[91] Auch bei Diller ist in den jüngsten Veröffentlichungen das Bemühen zu beobachten, die Preiseinstellung stärker in **den Gesamtzusammenhang der Einstellungsforschung zu integrieren**.[92] So umfaßt nach Diller die Preiseinstellung eine emotionale, kognitive und intentionale Komponente.[93]

---

84 Vgl. Lenzen, W., Preisgünstigkeit als hypothetisches Konstrukt. Ergebnisse einer empirischen Untersuchung, a.a.O., S. 954.

85 Vgl. Diller, H., Das Preisimage als Wettbewerbsfaktor im Einzelhandel, Arbeitspapier Nr. 8 des Lehrstuhls für Marketing an der Universität Erlangen-Nürnberg, 1991; Diller, H., Preisimage und Preiswerbung im Reifenhandel, Arbeitspapier Nr. 18 des Lehrstuhls für Marketing an der Universität Erlangen-Nürnberg, 1993.

86 Diller, H., Preisimage und Preiswerbung im Reifenhandel, a.a.O., S. 2.

87 Vgl. Diller, H., Preisimage und Preiswerbung im Reifenhandel, a.a.O., S. 4.

88 Vgl. Diller, H., Das Preisimage als Wettbewerbsfaktor im Einzelhandel, a.a.O., S. 7 ff.

89 Vgl. Diller, H., Preis-Management im Zeichen des Beziehungsmarketing, in: Die Betriebswirtschaft, 57. Jg., Heft 6, 1997, S. 760.

90 Vgl. auch Lenzen, der für die Konstrukte Preiswürdigkeits- und Preisgünstigkeitsurteilung als Einstellung versteht und die Definition von Preisgünstigkeit und -preiswürdigkeit als Spezifizierung der Einstellungsdefinition nach Allport interpretiert. Lenzen, W., Die Beurteilung von Preisen durch Konsumenten. Eine empirische Studie zur Verarbeitung von Preisinformationen des Lebensmitteleinzelhandels, a.a.O., S. 35.

91 Müller-Hagedorn, L., Wahrnehmung und Verarbeitung von Preisen durch Verbraucher: Ein theoretischer Rahmen, in: Zeitschrift für betriebswirtschaftliche Forschung, 35. Jg., Heft 11/12, 1933, S. 949.

92 Vgl. Diller, H., Preis-Management im Zeichen des Beziehungs-Marketing, a.a.O., S. 27 f.

93 Vgl. zu den Dimensionen der Einstellung: Meffert, H., Marketingforschung und Käuferverhalten, 2. Aufl., Wiesbaden 1992, S. 56.

Die Preiseinstellung gegenüber der Deutschen Bahn AG wurde in der empirischen Un-
tersuchung über Einbeziehung drei unterschiedlicher Variablen abgebildet. Auf diese
Weise konnte die Preiseinstellung im Sinne eines generalisierten Preisurteils über das
Unternehmen Deutsche Bahn AG umfassend ermittelt werden. Zunächst wurden die
Probanden um eine Beurteilung des Preis-Leistungs-Verhältnisses der Deutschen Bahn
AG auf einer Schulnotenskala gebeten. Des weiteren sollten die Bahnpreise im Verhält-
nis zu den Preisen anderer Verkehrsmittel sowie die Preiswürdigkeit der Bahn im Kon-
text mit anderen Unternehmen[94] bewertet werden (vgl. Abbildung 15).

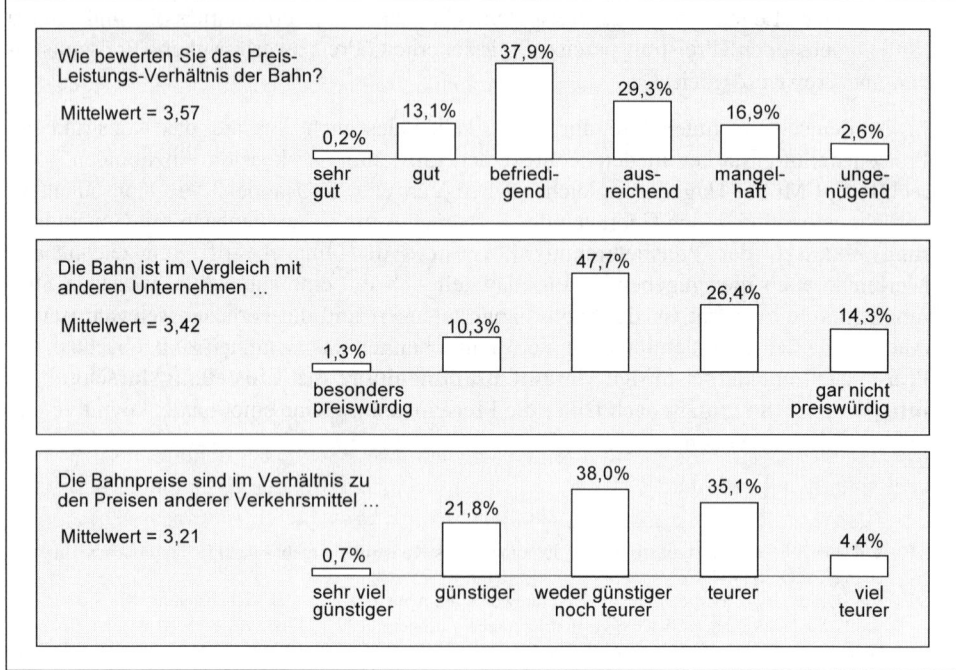

Abb. 15: Preiseinstellung gegenüber der Deutschen Bahn AG im Überblick

---

94 Die Auswahl der zu bewertenden Unternehmen sollte dabei eine Analyse im Hinblick auf eine relative
    Preiswürdigkeit der Deutschen Bahn AG ermöglichen. Daher wurden sowohl Unternehmen des Verkehrs-
    dienstleistungsbereiches (*Deutsche Britisch Airways, Lufthansa*), ehemalige öffentliche bzw. quasi öf-
    fentliche Unternehmen (*Deutsche Telekom AG, Deutsche Post AG, Sparkassen*) sowie bekanntermaßen
    als Preis- (*Aldi, Ikea*) bzw. Qualitätsführer (*Mercedes*) eingeschätzte Unternehmen in die Untersuchung
    einbezogen. Erwartungsgemäß wurde *Aldi* (1,47) mit großem Abstand als preiswürdigstes Unternehmen
    eingeschätzt. Den schlechtesten Wert wiesen die *Deutsche Post AG* (3,90) und die *Deutsche Telekom AG*
    (3,90) auf. Die *Deutsche Bahn AG* lag mit einem Wert von 3,42 auf dem fünften Platz.

Im Gesamtergebnis fällt die Preiseinstellung gegenüber der Deutschen Bahn AG **eher negativ** aus.[95] Bei allen drei Fragen ist eine zum Teil ausgeprägt rechtsschiefe Verteilung zu konstatieren. Erwartungsgemäß beurteilen **BahnCard-Besitze**r bei allen drei in die Analyse der Preiseinstellung einbezogenen Fragen die Bahn **signifikant besser** als BahnCard-Nicht-Besitzer.

Die Preiseinstellung nimmt für das Unternehmen Deutsche Bahn AG eine besondere Bedeutung ein, da sie bei sog. **indikatorgeleiteten Preisurteilen** als dominantes Merkmal der Preisbeurteilung fungieren kann.[96] Ein solcher Transfer generalisierter Preisurteile auf die Beurteilung einzelner Leistungen ist dabei um so wahrscheinlicher, je ähnlicher einzelne Leistungen vom Konsumenten gesehen werden.[97] Damit eng verbunden ist die Nutzung generalisierter Einkaufsregeln[98], hier im Sinne einer Habitualisierung des Verkehrsmittelwahlverhaltens. Die Homogenität der schienengebundenen Transportdienstleistung sowie der an der geringen Preisvergleichsintensität festgestellte **Habitualisierungsgrad bei der Verkehrsmittelwahl** rücken so die Preiseinstellung in das Zentrum der Bemühungen um eine Verbesserung der Preisbeurteilung der Deutschen Bahn AG.

In Abbildung 16 ist beispielhaft der Zusammenhang zwischen einem Ausschnitt der Preiseinstellung gegenüber der Deutsche Bahn AG und einer möglichen Operationalisierung eines Preisgünstigkeitsurteils dargestellt. Der Anteil der Befragten, deren vermuteter Preis für einen Bahn-km unter dem von ihnen als günstig eingestuften Bahn-km liegt – die somit die Bahn im Hinblick auf den km-Preis als günstig einstufen –, sinkt dabei mit schlechterer genereller Beurteilung des Unternehmens deutlich.

Vor dem Hintergrund der aufgezeigten Bedeutung der Preiseinstellung für die Verkehrsmittelwahl offenbart sich hier offensichtlich ein besonderer Handlungsbedarf für das Marketing der Deutschen Bahn AG. Dazu wären in weiteren Analysen insbesondere die Einflußfaktoren dieser Preiseinstellung näher zu analysieren, um so Anhaltspunkte für eine Verbesserung derselben aufzuzeigen.

---

95   Vgl. auch die Auffassung von Siefke, der einen Rückgang der Zufriedenheit mit einer Bahnreise bei expliziter Einbeziehung des Preises auf die generelle Betrachtung der Bahn als teures Verkehrsmittel in den Augen der Konsumenten zurückführt. Siefke, A., Zufriedenheit mit Dienstleistungen – Ein phasenorientierter Ansatz zur Operationalisierung und Erklärung der Kundenzufriedenheit im Verkehrsbereich auf empirischer Basis, a.a.O., S. 182.
96   Vgl. Diller, H., Preispolitik, a.a.O., S. 97.
97   Vgl. Müller-Hagedorn, L., Wahrnehmung und Verarbeitung von Preisen durch Verbraucher: Ein theoretischer Rahmen, a.a.O., S. 949.
98   Vgl. McGoldrick, P.J., Marks, H., Shoppers Awareness of Retail Grocery Prices, in: European Journal of Marketing, Vol. 21, No. 3, 1987, S. 63-76.

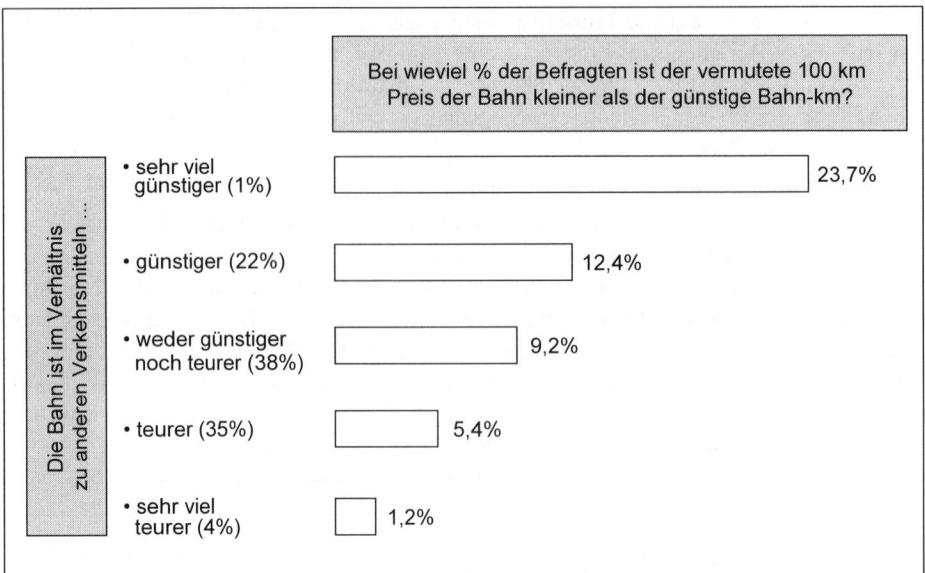

Abb. 16:   Beispielhafte Auswirkung der Preiseinstellung auf Preisurteile

2.26   Fazit

In Abbildung 17 sind die zentralen Ergebnisse aus der Analyse des Preisbeurteilungsprozesses im Verkehrsdienstleistungsbereich in den untersuchten Dimensionen
stichwortartig zusammengefaßt.

Die nur partiell hohe Bekanntheit von Bahnpreisinformationsquellen sowie deren im
Durchschnitt nur geringe Nutzung sind sicher auch ein Grund für das sehr schlechte
Wissen der Konsumenten um Bahnpreise, insbesondere Regelpreise. Analog zur geringen Informationsintensität werden auch Vergleiche von Preisen im Verkehrsdienstleistungsbereich nur selten vorgenommen. Hinsichtlich der Preisurteile wurde gezeigt,
daß für den Verkehrsdienstleistungsbereich Preisgünstigkeitsurteile relevant sein können. Die rechnerisch simulierten Preisgünstigkeitsurteile haben verdeutlicht, daß der
tatsächliche Bahnpreis als Preisstimulus im Vergleich zum rekonstruierten Bahnpreis die
Preisgünstigkeitsbeurteilung der Bahn deutlich verbessert. Insgesamt scheint die Wahl
des Verkehrsmittels sehr stark von längerfristigen Einstellungen hinsichtlich der Nutzendimension Preis geprägt zu sein und habitualisierten Prozessen zu unterliegen.

Welche Implikationen sich für das Marketing der Deutschen Bahn AG aus diesen Be-
funden ergeben, soll nachfolgend untersucht werden.

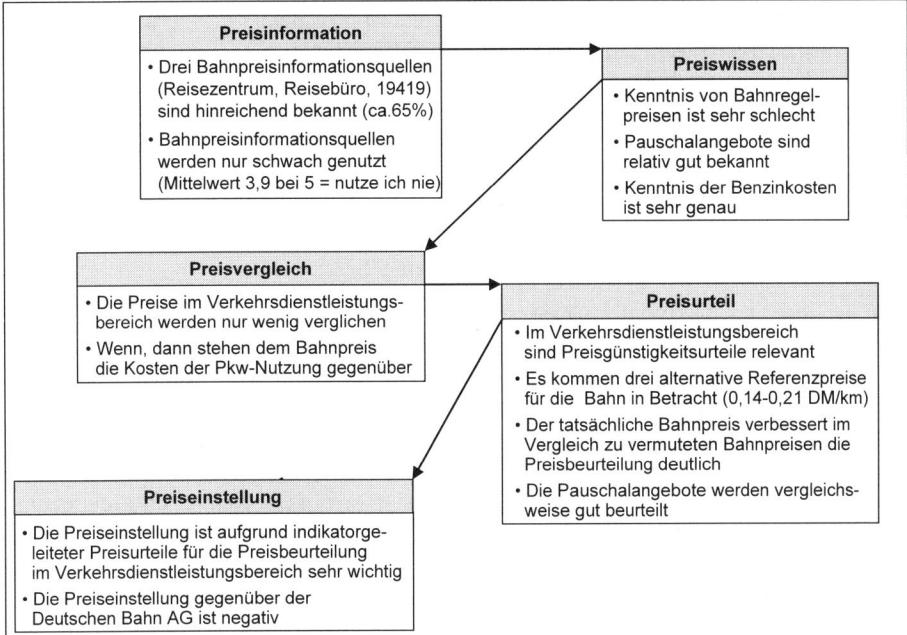

Abb. 17: Überblick über die wesentlichen Ergebnisse der Analyse
des Preisbeurteilungsprozesses

3. Implikationen für das Marketing der Deutschen Bahn AG

Die Implikationen für das Marketing der Deutschen Bahn AG sollten sich am Ziel einer Verbesserung der Preisbeurteilung mit den damit vermuteten positiven Wirkungen auf die Verkehrsmittelwahl orientieren. Grundsätzlich lassen sich hierbei **zwei komplementäre Stoßrichtungen** verfolgen. Vor dem Hintergrund der aufgezeigten Ergebnisse kann einerseits an der **Gestaltung**, andererseits an der **Durchsetzung** von Bahnpreisen angesetzt werden.

3.1 Maßnahmen zur Preisgestaltung

Die Gestaltung eines Preissystems muß einer **Vielzahl von Anforderungen** gerecht werden, unter denen die kundenseitigen nur einen, wenn auch wichtigen, Teilbereich markieren. Darüber hinaus sind neben rechtlichen oder gesellschaftlichen Gesichtspunkten insbesondere Unternehmens- und Konkurrenzaspekte zu berücksichtigen.[99] Dieses Anspruchsspektrum stellt bei konfliktären Beziehungen zwischen einzelnen Anforderungsdimensionen hohe Ansprüche an das Preismanagement. So wird beispielsweise ein Zielkonflikt zwischen einem die Auslastung fördernden stark differenzierten Preissystem und einem kundengerechten, möglichst einfachen Preissystem konstatiert.[100] Neben der Einschränkung auf die Kundenperspektive soll des weiteren nicht das gesamte Spektrum von Kundenanforderungen an ein Preissystem der Deutschen Bahn AG diskutiert werden, sondern das Augenmerk auf die sich aus analysierten Erkenntnissen der Preisbeurteilung ergebenden Implikationen gelenkt werden.

Ein in der Literatur diskutierter Ansatz zur Verbesserung der Preisbeurteilung auf Basis der Preisgestaltung ist eine stärkere Orientierung der Bahnpreise an den Nutzenvorstellungen im Sinne eines **value-pricing**.[101] Dieser Anforderung wird der starre km-Preis ebenso nur mit Einschränkung gerecht wie die Differenzierung zwischen 1. und 2. Klasse. Die geplante Einführung **eines relationsbezogenen Preissystems (Loco)** [102], bei dem in die Preisermittlung auch Nutzendimensionen wie unterschiedliche Reisezeiten einbezogen werden sollen, trägt dem Gedanken einer stärker nutzenorientierten Preissetzung besser Rechnung.[103] Allerdings haben die Ausführungen zu Preisurteilen im Verkehrsdienstleistungsbereich deutlich gemacht, daß die Leistungskomponente bei Preisurteilen unter Umständen nur ein geringes Gewicht besitzt. Voraussetzung für ein stärker nutzenorientiertes Preissystem ist somit eine vom Kunden auch wahrgenommene und mit Zahlungsbereitschaft versehene Differenzierung in den Leistungskomponenten insbesondere gegenüber dem Pkw.

Mit der Einführung der sog. Loco-Preise bei der Deutschen Bahn AG wird auch eine Vereinfachung des Preissystems im Sinne einer höheren **Transparenz** angestrebt.[104] Dabei sind allerdings die Gründe für die immer wieder beklagte Intransparenz des Bahnpreissystems genau zu analysieren. Die Komplexität des Preissystems erscheint tendenziell weniger eine lineare Funktion der Zahl der Angebote als vielmehr eine diskreten Phänomenen ähnliche Entscheidung zwischen Einheitspreis und Preisdifferenzierung zu sein. Um die Transparenz des Preissystems zu erhöhen, müßte folglich die Zahl mögli-

---

99   Vgl. Meffert, H., Die Entwicklung eines neuen Preissystems bei Verkehrsdienstleistungsunternehmen: dargestellt am Beispiel der Deutschen Bundesbahn, unveröff. Studie im Auftrag der Deutschen Bundesbahn, Münster 1980, S. 29.

100 Vgl. Faßnacht, M., Preisdifferenzierung bei Dienstleistungen. Implementationsformen und Determinanten, a.a.O., S. 147.

101 Vgl. Lauszus, D., Sebastian, K.-H., Value based-Pricing, in: Thexis, Fachzeitschrift für Marketing, 14. Jg., Heft 2, 1997, S. 2-8.

102 Loco = Location to Location. Im Gegensatz zum bisherigen Preissystem kann der Preis bei Loco nach streckenindividueller Auslastung sowie Kunden- und Wettbewerbsaspekten (z. B. alternative Fahrtzeit des Pkw) gestaltet werden.

103 Vgl. Niedecken, I., „Oberster Klinkenputzer der Reise&Touristik", in: Fremdenverkehrswirtschaft, 32. Jg., Heft 22, 1998, S. 8.

104 Vgl. Niedecken, I., „Oberster Klinkenputzer der Reise&Touristik", a.a.O., S. 8.

cher Angebote drastisch reduziert werden. Einem solchen Vorgehen stehen aber hohe **Opportunitätskosten** in Form entgangener Gewinne aufgrund von unzureichender Preisdifferenzierung gegenüber. Der Grad an Transparenz eines Preissystems ist somit kein Maximierungs-, sondern ein Optimierungsproblem. Insofern könnte eine Intransparenz des Preissystems eine logische Folge betriebswirtschaftlich sinnvoller Preissetzung im Verkehrsdienstleistungsbereich sein. Unter diesem Gesichtspunkt stellt sich somit weniger die Frage nach einer zwingenden Beseitigung der Intransparenz des Preissystems als vielmehr nach der Minderung daraus resultierender negativer Folgen, wie etwa eine Verkehrsmittelwahl ohne vorherige Information über Bahnpreise.

In diesem Zusammenhang bietet sich zum einen die **Verlagerung von Suchaktivitäten** vom Kunden zum Unternehmen an. Neue Technologien wie Call-Center[105] oder Online-Medien bieten dafür etliche Ansatzpunkte. Voraussetzung für eine Akzeptanz derartiger Angebote seitens des Kunden ist dabei neben einer als angemessen empfundenen Preissetzung das Vertrauen in den Wahrheitsgehalt der Preisinformation. Zum andern können die negativen Folgen der Intransparenz des Preissystems für das Unternehmen durch **ein positives Preisimage** deutlich gemildert werden. Ein positives Preisimage entbindet den Kunden von Suchkosten, da es als Indikator für eine generelle Preisgünstigkeit des Unternehmens fungieren und auf einzelne Transaktionen transferiert werden kann.

Die dargestellte Struktur von Preisurteilen macht bei der Gestaltung von Bahnpreisen eine **Orientierung an den Referenzpreisen** der Konsumenten erforderlich. Dieses Postulat bezieht sich sowohl auf die Höhe als auch das Bezugsobjekt des Preises. Hinsichtlich der **Preishöhe** konnte gezeigt werden, daß die tatsächlichen Bahnpreise von mehr Konsumenten als günstig beurteilt werden als dies der Marktanteil der Bahn vermuten ließ, was den Blick auf Maßnahmen zur Senkung der Differenz zwischen tatsächlichen und rekonstruierten Bahnpreisen lenkt.

Im Hinblick auf das **Bezugsobjekt** von Bahnpreisen stellt der km-Preis rechnerisch den gemeinsamen Nenner von Preisen im Verkehrsdienstleistungsbereich dar. Dennoch berechnen mehr Konsumenten den Preis für 100 Bahn-km über eine ihnen bekannte Relation als über den km-Preis, der nur sehr unzureichend bekannt ist. Gleichzeitig ist die sehr gute Kenntnis der Befragten hinsichtlich Kraftstoffverbrauch und -preis bei zudem hoher Streuung des Pkw-km-Preises unter Zugrundelegung des Benzinpreises Indiz für eine in der konkreten Mobilitätssituation vorgenommene **Referenzpreisberechnung** auf Basis des Benzinverbrauchs. Offenkundig verfügen die Mobilitätsnachfrager nicht über einen permanent abgespeicherten Referenzpreis auf km-Basis, sondern ermitteln diesen relationsspezifisch unter Zuhilfenahme des sehr exakten Wissens um Kraftstoffverbrauch und -kosten. Die Pkw-Dienstleistung wird also – wenn überhaupt – offenbar mit der Bahn-Dienstleistung im Hinblick auf eine Relation vergleichbar gemacht, was den km-Preis als mathematisch generalisierungsfähiges Bezugsobjekt ent-

---

105 So hat die Deutsche Bahn AG zum 5. Oktober 1998 ein bundesweites Call-Center für die Telefon-Auskunft unter der Rufnummer 0 18 05- 99 66 33 eingerichtet.

behrlich erscheinen läßt. Die Einführung des Loco-Preissystems macht eine Orientierung am km-Preis ohnehin unmöglich, da der Bahn-km in diesem Preissystem den jeweiligen Bestimmungsfaktoren entsprechend unterschiedlich teuer ist.

3.2 Maßnamen zur Preisdurchsetzung

In Anlehnung an die Struktur von Preisgünstigkeitsurteilen können Maßnahmen zur Verbesserung der Preisbeurteilung am wahrgenommenen Bahnpreis oder am Referenzpreis ansetzen.[106] Je kleiner der von den Konsumenten wahrgenommene Bahnpreis im Verhältnis zum Referenzpreis ist, desto wahrscheinlicher wird ein positives Preisurteil für die Bahn.

Bei der **Analyse der Referenzpreise** wurde deutlich, daß der von den Konsumenten als günstig empfundene Preis für einen Bahn-km mit durchschnittlich 21 Pfennig höher angesiedelt ist als die alternativen Referenzpreise auf Benzinkostenbasis (Durchschnitt 17 bzw. 14 Pfennig je km). Insofern wäre eine Verankerung eines solchen intramodalen, bahnbezogenen Referenzpreises anstelle von intermodalen Referenzpreisen für Mobilitätsdienstleistungen aus Bahnsicht vorteilhaft. Dem steht jedoch das de facto nach wie vor gültige **intramodale Monopol** der Deutschen Bahn AG im Fernverkehr entgegen. Der Mobilitätsnachfrager kann als Folge daraus das Preisniveau der Deutschen Bahn AG nicht mit dem anderer Bahnunternehmen vergleichen, so daß Preisurteile beinahe zwangsläufig auf einem Vergleich mit anderen Anbietern von Mobilitätsdienstleistungen bzw. der selbst erstellten Dienstleistung basieren. Im Zuge des mit der Bahnreform explizit angestrebten Zugangs Dritter zum Schienenpersonenverkehr in Deutschland könnte sich hier jedoch ein Ansatzpunkt ergeben, bahnbezogene Referenzpreise zu verankern und so die Preisbeurteilung der Deutschen Bahn AG zu verbessern.

Die Möglichkeiten, den intermodalen Referenzpreis durch eine (Voll)Kosten- statt Zahlungsorientierung für die Alternative der selbst erstellten Pkw-Dienstleistung zu erhöhen und auf diesem Weg die Preisattraktivität der Bahn zu steigern, müssen skeptisch bewertet werden. So sehr die Orientierung an den „**out of pocket Kosten**" der Autofahrer unter verkehrspolitischen Gesichtspunkten beklagenswert erscheinen mag, entspricht sie doch zumindest grundsätzlich dem ökonomischen Prinzip der Orientierung an den relevanten Kosten. Allerdings zeichnet sich ein immer deutlicherer politischer Wille ab, die **externen Kosten der Pkw-Nutzung**[107] in stärkerem Maße zu internalisieren. Darüber hinaus zwingen die angespannten öffentlichen Haushalte vermehrt zu privat finanzierten

---

106 Vgl. zur Bedeutung des Referenzpreises: Berkowitz, E.N., Walton, J.R., Contextual Influences on Consumer Price Responses. An Experimental Analysis, in: Journal of Marketing Research, Vol. 17, August 1980, S. 356.

107 Vgl. zu der kontroversen Diskussion über die externen Effekte des Verkehrs: Willecke, R., Mobilität, Verkehrsmarktordnung, externe Kosten und Nutzen des Verkehrs, Schriftenreihe des Verbandes der Automobilindustrie, Frankfurt 1996.

Verkehrsinfrastrukturprojekten mit der Konsequenz von **Mautgebühren**.[108] Beide Entwicklungen werden, wenn auch in unterschiedlicher Weise, auf mittlere Sicht vermutlich zu höheren Kosten und Auszahlungen für die Pkw-Nutzung führen und damit den Bahn-Referenzpreis heraufsetzen, was ceteris paribus eine günstigere Preisbeurteilung der Bahn zur Konsequenz haben wird.

Setzen die Bemühungen um eine Verbesserungen der Preisbeurteilung nicht an den Referenzpreisen, sondern den Preisen der Bahn an, so ist zu konstatieren, daß auch bei unveränderten Referenzpreisen auf Basis der tatsächlichen Bahnpreise deutlich mehr positive Preisgünstigkeitsurteile gefällt werden als auf Basis der abgespeicherten bzw. rekonstruierten Preise der Konsumenten. Insofern stellt sich die Aufgabe, das **Wissen um Bahnpreise** zu **verbessern**, d. h. im Zeitpunkt der Verkehrsmittelwahl den tatsächlichen, im Vergleich zum vermuteten deutlich niedrigeren Bahnpreis in den Preisbeurteilungsprozeß zu integrieren.[109] Die Vielzahl denkbarer Reisesituationen verhindert eine ex ante genaue Preiskenntnis für jede einzelne Transaktion. Eine **Senkung der Informationskosten** für Bahnpreise, z. B. durch den Einsatz neuer Informationstechnologien, könnte in diesem Rahmen dazu beitragen, den tatsächlichen Bahnpreis als Stimulus in der konkreten Verkehrsmittelwahlsituation zu verankern.

Die alternative Verankerung eines typischen, niedrigen Bahnpreises ist mit Schwierigkeiten verbunden. Ein typischer niedriger Bahnpreis müßte einerseits besonders günstig beurteilt werden, andererseits eine hinreichende Generalisierungsfähigkeit besitzen. Diesen Anforderungen wird der **km-Preis mit BahnCard**, bei dem die variablen Kosten für den Kunden in den Vordergrund gestellt werden, auf den ersten Blick gerecht. Gleichwohl hat sich gezeigt, daß die **rechnerische Generalisierungsfähigkeit des km-Preises empirisch nur sehr eingeschränkt relevant** ist. Darüber hinaus erschwert die Einführung des Loco-Preissystems in Zukunft eine Kommunikation von Bahn-km-Preisen.

---

108 Mit dem Beschluß des Bundestages, zwölf ausgewählte Straßenbau-Pilotprojekte privat vorzufinanzieren, sind offenkundig erste Schritte in diese Richtung bereits absolviert. Vgl. Bundesministerium für Verkehr (Hrsg.), Verkehrsnachrichten, Heft 7, 1998.

109 Das Problembewußtsein des Top-Managements der Bahn ist dabei vorhanden: „Wir sind konkurrenzlos preiswert für die breite Masse, aber das muß noch kommuniziert werden." So der Vorstandsvorsitzende der Deutschen Bahn AG in einem Interview. Vgl. Ungefug, H.-G., Bahn AG will preisaktiver werden. Sonderpreise je nach Auslastung, in: Fremdenverkehrswirtschaft, 30. Jg., Heft 7, 1998, S. 97 f.

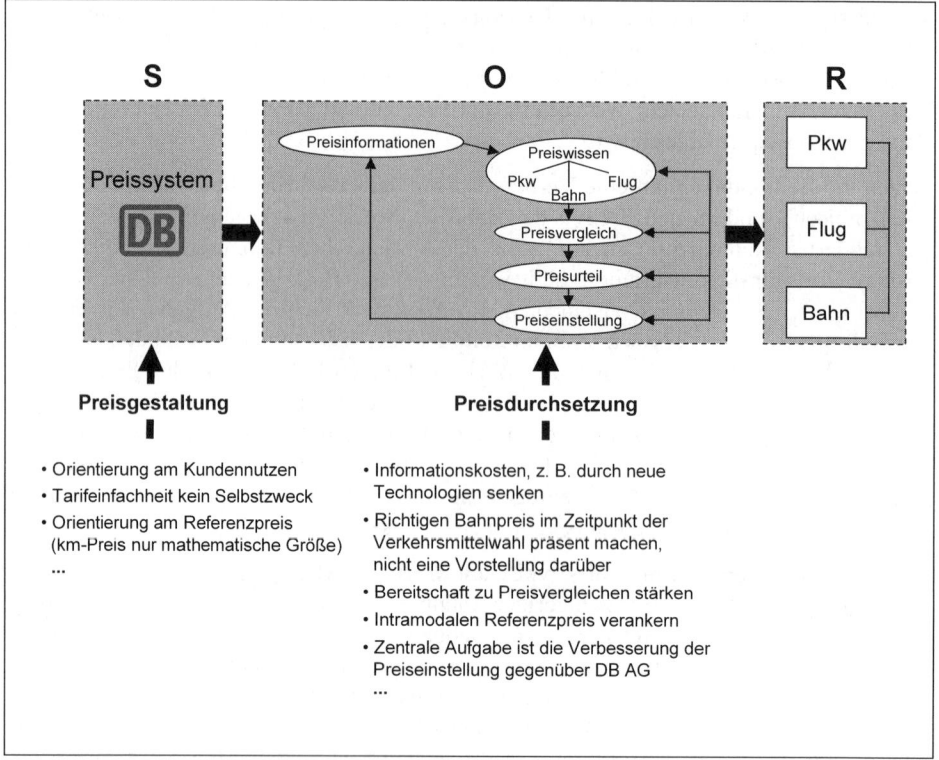

Abb. 18:   Ausgewählte Implikationen für das Preismanagement der Deutschen
           Bahn AG

Es stellt sich damit die Frage, ob es angesichts dieser Ausgangssituation überhaupt eines typischen, niedrigen und zudem generalisierungsfähigen Bahnpreises bedarf. Dieser Preis würde den empirischen Ergebnissen folgend auch nicht unmittelbar eine Verkehrsmittelwahl pro Bahn, sondern eher überhaupt einen bewußten Verkehrsmittelwahlprozeß auslösen. Dieses Ziel läßt sich wie bereits dargestellt auch durch ein **positives Preisimage** erreichen. Ein solches Preisimage führte mehr Mobilitätsnachfrager dazu, sich überhaupt mit der Möglichkeit einer preisgünstigen Bahnfahrt auseinanderzusetzen und aktiv nach Preisinformationen der Bahn zu suchen. Ein ähnlicher Effekt ließe sich durch eine **Erhöhung der Vergleichsbereitschaft** hinsichtlich der Preise im Verkehrsdienstleistungsbereich erzielen. Die Kontrolle über den vom Konsumenten herangezogenen Bahnpreisstimulus fiele dann zurück in den Einflußbereich der Deutschen Bahn AG. Einen zusammenfassenden Überblick über die vorgestellten Implikationen für das Preismanagement der Deutschen Bahn AG bietet Abbildung 18.

4. Zusammenfassung und Ausblick

Die Verkehrsmittelwahl wird neben den Nutzenerwartungen der Nachfrager durch eine Vielzahl situativer Variablen wie dem Reiseanlaß, der Reisendenzahl oder dem Wetter beeinflußt.[110] Aus entscheidungsorientierter Perspektive ist jedoch eine Konzentration auf das Aufgabenumfeld der Unternehmung Deutsche Bahn AG geboten, was die Nutzenerwartungen in den Vordergrund forscherischen Interesses rücken läßt. Zahlreiche empirische Untersuchungen belegen in diesem Zusammenhang gleichermaßen die **dominante Position des Preises** unter den Nutzenerwartungen an Verkehrsmittel wie die große Unkenntnis der Konsumenten im Zusammenhang mit Preisen im Verkehrsdienstleistungsbereich. Vor diesem Hintergrund wurden hier mit der Preisinformation, dem Preiswissen, dem Preisvergleich, dem Preisurteil und der Preiseinstellung die zentralen Dimensionen des Preisverhaltens im Verkehrsdienstleistungsbereich aus Perspektive der Deutschen Bahn AG näher untersucht. Ungeachtet der hohen Relevanz dieses Themenkomplexes wird damit gleichwohl **nur ein Ausschnitt des tatsächlichen Verkehrsmittelwahlverhaltens** analysiert. Wenn für Mobilitätsnachfrager der Preis eine wichtige Komponente der Verkehrsmittelwahl darstellt, sind zwei Wege für die Bildung eines die Verkehrsmittelwahl steuernden Preisurteils denkbar. Auf der einen Seite ist es möglich, daß der Konsument eine Preisinformation über die Bahn mit seinen internen Referenzpreisen vergleicht und je nachdem, ob der Bahnpreis über oder unter dem Referenzpreis liegt, die Bahn als ungünstig oder günstig einstuft. Die Leistungskomponenten finden bei einer solchen Form der **Preisgünstigkeitsbeurteilung** aufgrund deren Irrelevanz, Nicht-Beurteilbarkeit oder Homogenität keine Berücksichtigung. Die Bahnpreisinformationen können dabei aus dem Langzeitgedächtnis abgerufen oder aktiv eingeholt werden. In der Untersuchung wurde deutlich, daß die im Langzeitgedächtnis abgespeicherten Bahnpreise allerdings deutlich über den tatsächlichen Preisen liegen und Bahnpreisinformationsquellen darüber hinaus nur wenig genutzt werden. Schließlich konnte gezeigt werden, daß **die Verankerung des richtigen Bahnpreises im Zeitpunkt der Verkehrsmittelwahl** auch bei unveränderten Referenzpreisen die Preisbeurteilung der Bahn nachhaltig verbessert (vgl. Abbildung 19).

---

110 Vgl. Knapp, Frank D., Determinanten der Verkehrsmittelwahl, Berlin 1998; Held, M., Verkehrsmittelwahl der Verbraucher, Berlin 1982.

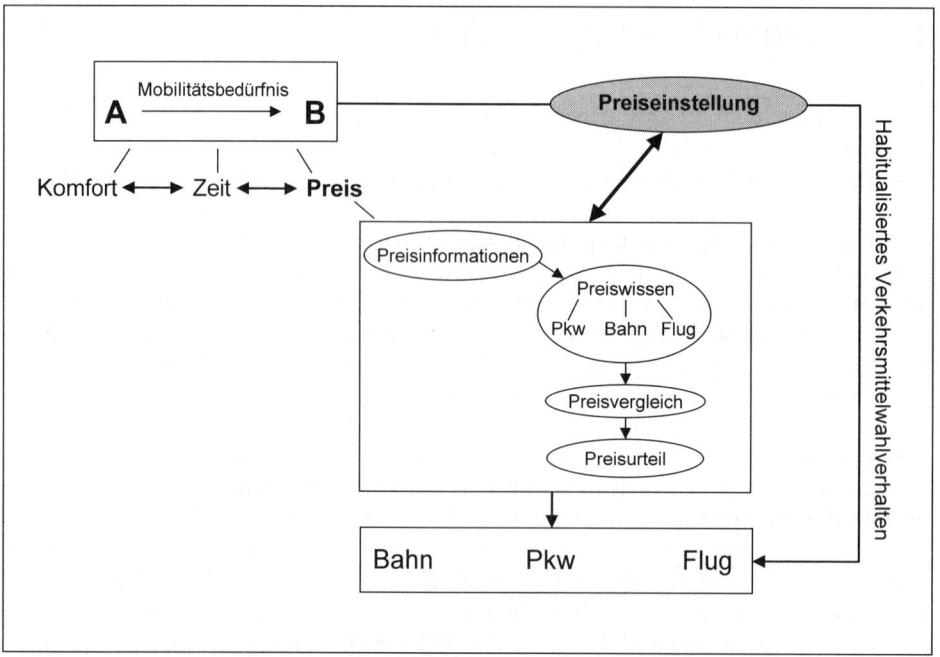

Abb. 19:   Preisbeurteilung im Verkehrsdienstleistungsbereich

Gleichzeitig wurde deutlich, daß die Möglichkeiten der Bahn, den **Referenzpreis** für Bahnfahrten zu **erhöhen** und so die Preisbeurteilung der Bahn zu verbessern, begrenzt sind, politische Entwicklungen aber eine Steigerung der Pkw-Kosten mit entsprechenden Wirkungen wahrscheinlich erscheinen lassen. Neben der dargestellten Form der Preisbeurteilung hat die Untersuchung eine Vielzahl von Hinweisen auf die Wichtigkeit der Preiseinstellung für derartige Urteilsprozesse aufgezeigt. Der große Anteil eher habitualisierter Verkehrsmittelwahlprozesse verdeutlicht, daß die hohe Bedeutung des Preises im Verkehrsdienstleistungsbereich ihren Niederschlag bei der Verkehrsmittelwahl weniger in intensiver Auseinandersetzung der Konsumenten mit preislichen Alternativen findet, sondern die **Verkehrsmittelwahl** vielmehr entscheidend **durch stabile Vorteilspositionen in Form von Preiseinstellungen gegenüber den Verkehrsträgern gesteuert** wird. Eine Verbesserung der Preiseinstellung gegenüber der Bahn kann somit sowohl den Habitualisierungsgrad der Verkehrsmittelwahl im Hinblick auf den Faktor Preis senken und damit mehr Konsumenten zu preislichen Verkehrsmittelwahlprozessen führen als auch unmittelbar positive Wirkungen für die Verkehrsmittelwahl nach sich ziehen (vgl. Abbildung 20).

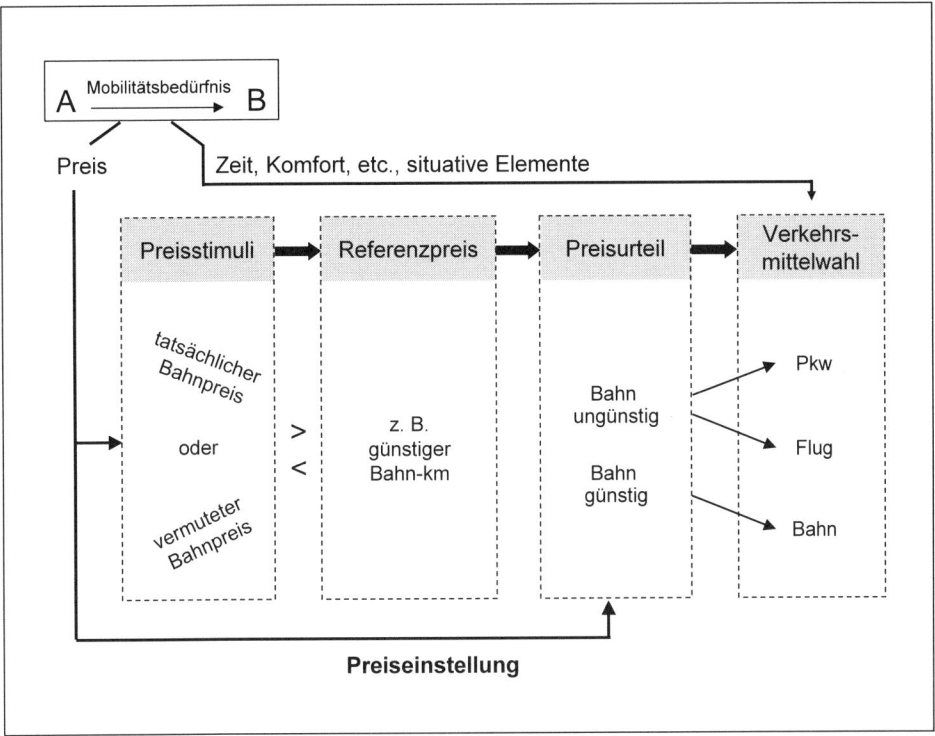

Abb. 20: Preiseinstellung als Kernfaktor der Preisbeurteilung
im Verkehrsdienstleistungsbereich

Die Verbesserung der Preiseinstellung setzt eine genaue Kenntnis ihrer Einflußfaktoren
voraus. Die weitere Forschung bleibt somit aufgefordert, anknüpfend an die in der Literatur vorzufindenden Konzeptualisierungen eine den Anforderungen des Verkehrsdienstleistungsbereiches mit seinen zahlreichen Besonderheiten gerecht werdende Operationalisierung und empirische Messung dieser Determinanten der Preiseinstellung gegenüber
der Deutschen Bahn AG zu entwickeln.

Andreas Siefke

Zufriedenheit mit Bahnreisen

Phasenorientierte Operationalisierung und Erklärung der Kundenzufriedenheit im Verkehrsdienstleistungsbereich auf empirischer Basis

1. Kundenzufriedenheit als Herausforderung an das Marketing von Dienstleistungsunternehmen

1.1 Bedeutung der Kundenzufriedenheit im Dienstleistungsbereich für die marktorientierte Unternehmensführung

Vor dem Hintergrund eines sich verschärfenden dynamischen Wettbewerbs auch und insbesondere im Dienstleistungsbereich werden Markt- und Kundenorientierung zunehmend als zentrale Erfolgsfaktoren im Wettbewerb angesehen.[1] Als Maßstab für die erreichte Kundenorientierung und -bindung wird häufig das Konstrukt der Kundenzufriedenheit herangezogen und dabei die Bedeutung der Kundenzufriedenheit für den langfristigen Unternehmenserfolg hervorgehoben. Dabei ist die besondere Betonung der Kundenzufriedenheit als Erfolgsfaktor auf verschiedene Entwicklungen und Herausforderungen zurückzuführen, mit denen sich die marktorientierte Unternehmensführung aktuell und in der Zukunft in verstärktem Maße auch im Dienstleistungsbereich konfrontiert sieht.

So stellen gesellschaftliche und demographische Veränderungen, wie verkürzte Arbeitszeiten oder eine steigende Lebenserwartung der Bevölkerung, zentrale Ursachen für die dynamische Zunahme der Dienstleistungsnachfrage dar. Diese Entwicklungen lassen sich auch als Begründung für die steigende Nachfrage nach Verkehrsdienstleistungen in den westlichen Industriestaaten heranziehen. Darüber hinaus sind in diesem Zusammenhang die zunehmende Globalisierung der Märkte sowie die Integrationsentwicklung in Europa einhergehend mit einem wachsenden Freizeit- und Mobilitätsbedürfnis der Bevölkerung zu nennen, die zu einer „Ent-Lokalisierung" von geschäftlichen und privaten Interaktionen führen.[2] Die zentrale geographische Lage in Europa verstärkt diese Tendenzen in Deutschland zusätzlich durch die Bedeutung als Transitland.

Dabei ist sowohl auf der inter- als auch der intramodalen Betrachtungsebene[3] der Anbieter von Verkehrsdienstleistungen ein intensiver Wettbewerb festzustellen bzw. noch

---

[1] Vgl. z. B. Schütze, R., Kundenzufriedenheit: After-Sales-Marketing auf industriellen Märkten, Wiesbaden 1992, S. 1 ff.

[2] Vgl. Litzenroth, H., Dem Verbraucher auf der Spur. Quantitative und qualitative Konsumtrends, in: Jahrbuch der Absatz- und Verbrauchsforschung, 41. Jg. Heft 3, 1995, S. 242 und 259; Laakmann, K., Mobilitäts-Marketing, in: Lexikon der aktuellen Marketingbegriffe, Meffert, H. (Hrsg.), Wien 1994, S. 161.

[3] Während die intermodale Sichtweise verkehrsträgerübergreifend zu verstehen ist, wird der Wettbewerb auf Verkehrsträgerebene (Flugzeug, Bahn, Pkw) als intramodal bezeichnet.

zu erwarten.[4] Ursache hierfür stellen Deregulierungs- und Privatisierungsmaßnahmen bei den ehemals staatlichen Flug- und Bahngesellschaften dar. Darüber hinaus wird mit der Liberalisierung des europäischen Eisenbahnverkehrsmarktes durch die angestrebte Öffnung der nationalen Schienennetze auch ausländischen Eisenbahngesellschaften sowie inländischen Drittanbietern die Möglichkeit eröffnet, am deutschen Verkehrsmarkt zu partizipieren. Die aufgezeigten Entwicklungen werden überdies von einem spürbar gestiegenem Anspruchsniveau der Konsumenten an die Qualität von Verkehrsdienstleistungen begleitet.[5]

In diesem Zusammenhang ist festzustellen, daß es der Deutschen Bahn AG bisher nicht ausreichend gelungen ist, am Wachstum des **Personenfernverkehrsmarktes** in der Bundesrepublik zu partizipieren. Während die Wettbewerber der DB AG – Pkw, Flugzeug und Reisebus – ihre Marktanteile steigern konnten, hat die Bahn in den letzten Jahrzehnten z. T. deutliche Marktanteilsverluste hinnehmen müssen.[6] Auch wenn das Straßennetz stetig gewachsen ist, während sich das Schienennetz zurückentwickelte, muß die Ursachenforschung für die Marktanteilsentwicklung über die Analyse rechtlichpolitischer Rahmenbedingungen hinausgehen.[7] Ein Grund für die aktuelle Marktstellung besteht darin, daß der Deutschen Bahn AG auch einige Jahre nach ihrer Privatisierung in großen Teilen der Bevölkerung immer noch das Image eines „bürokratischen Staatsbetriebes" anlastet und eine damit einhergehende nur mangelhafte Preisakzeptanz festzustellen ist. Sowohl die Ergebnisse bahneigener Erhebungen als auch die Berichterstattung in den Medien sind Beweis dafür, daß die Bahn in der Vergangenheit aus Kundensicht Fortschritte machen konnte, jedoch sowohl innerhalb des Verkehrssektors als auch branchenübergreifend weiterhin ein starker Aufholbedarf in der Imagewahrnehmung bei aktuellen und potentiellen Kunden besteht und deutliche Defizite in der Zufriedenheit mit Bahnreisen auszumachen sind.[8]

Wird in Anlehnung an Meffert/Bruhn unter Kundenzufriedenheit die Übereinstimmung zwischen den subjektiven Erwartungen an die Qualität von Produkten oder Dienstlei-

---

4   So ist im Rahmen der Bahnreform auch der Zugang Dritter als Anbieter von Schienenverkehrsleistungen vorgesehen. Vgl. Laaser, C.-F., Die Bahnstrukturreform: Richtige Weichenstellung oder Fahrt aufs Abstellgleis?, Kieler Diskussionsbeiträge Nr. 239, Kiel 1994, S. 10.

5   Vgl. u. a. Meffert, H., Bruhn, M., Dienstleistungsmarketing: Grundlagen, Konzepte, Methoden; mit Fallbeispielen, 2. Aufl., Wiesbaden 1997, S. 3 und 7 f.

6   Vgl. Garre, K.-H., InterRegio: Ein neues Leistungsangebot der Deutschen Bundesbahn im Schienenpersonenfernverkehr, in: Die Bundesbahn, 64. Jg., Heft 9, 1988, S. 775; Weigand, W., Planungs- und Prognosemethoden für das Angebot im Hochgeschwindigkeitsverkehr der Zukunft, in: Eisenbahntechnische Rundschau, 43. Jg., Heft 5, 1994, S. 279.

7   Vgl. Laaser, C.-F., Die Bahnstrukturreform: Richtige Weichenstellung oder Fahrt aufs Abstellgleis?, a.a.O., S. 3.

8   Vgl. Antrecht, R., Claßen, W., Friese, U., Wem die Deutschen trauen, in: Capital, Heft 3, 1996, S. 38 ff.; Stiftung Warentest (Hrsg.), Service der Bahn – Zügig informiert, zuviel kassiert, in: Test, Heft 5, 1995, S. 80 ff.; Meyer, A., Dornach, F., Das Deutsche Kundenbarometer: Qualität und Zufriedenheit, in: Simon, H., Homburg, Ch. (Hrsg.), Kundenzufriedenheit: Konzepte, Methoden, Erfahrungen, Wiesbaden 1995, S. 170 ff.

stungen und der tatsächlich erlebten Motivbefriedigung verstanden, sind vor allem die Verhaltenskonsequenzen von Interesse, die die Konsumenten aufgrund der wahrgenommenen Disparität zwischen Erwartungen und tatsächlich Erreichtem ziehen.[9] Hohe Zufriedenheit stellt die Basis für eine Kundenbindung bzw. Kundentreue an die Marke oder Unternehmung dar. Unzufriedenheit von Konsumenten kann unterschiedliche Reaktionsformen auf die nicht erlebte Bedürfnisbefriedigung zur Folge haben. Die Kunden können beispielsweise still zu anderen Unternehmen abwandern (sog. Unvoiced Complaints) und/oder ihr Mißfallen gegenüber den Marktbeteiligten oder anderen Personen und Institutionen zum Ausdruck bringen (z. B. durch Beschwerden).[10]

Es ist daher überraschend, daß eine ausreichend konkretisierte Aufnahme der Kundenzufriedenheit als Erfolgsindikator und Steuerungsgröße des langfristigen Unternehmenserfolges im Zielsystem von Dienstleistungsunternehmen eher die Ausnahme bildet bzw. erst in jüngerer Zeit stattfindet.[11] Dies verwundert um so mehr, als ihre Relevanz als zentrales psychographisches Ziel, bedingt durch die Erkenntnis ihres hohen Einflusses auf ökonomische Zielgrößen, überwiegend anerkannt wird.[12]

Wenngleich jedoch die hohe Bedeutung von Kundenzufriedenheit und deren Einfluß auf ökonomische Zielgrößen in Wissenschaft und Praxis kaum bestritten wird, zeigt die Vielzahl vor allem wissenschaftlicher Veröffentlichungen in jüngster Zeit, daß zentrale **konzeptionelle** und **methodische** Aspekte der Zufriedenheitsforschung weiterhin umstritten sind.[13] Bedingt durch die Besonderheiten von Dienstleistungen wird die Diskussion über das Konstrukt der Zufriedenheit und seiner Messung in diesem Bereich beson-

---

9   Vgl. Meffert, H., Bruhn, M., Beschwerdeverhalten und Zufriedenheit von Konsumenten, in: Die Betriebswirtschaft, 41. Jg., Heft 4, 1981, S. 597.

10   Vgl. Hirschmann, A.O., Abwanderung und Widerspruch – Reaktionen auf Leistungsabfall bei Unternehmungen, Organisationen und Staaten, Tübingen 1974. Neben der Diskussion der Kundenzufriedenheit als Indikator der Kundenbindung werden in der wissenschaftlichen Literatur u. a. Wechselbarrieren, Variety Seeking, also der Wunsch nach Abwechslung, sowie die Attraktivität von Konkurrenzangeboten als weitere Determinanten der Kundenloyalität genannt. Vgl. stellvertretend Dichtl, E., Peter, S., Kundenzufriedenheit und Kundenbindung in der Automobilindustrie: Ergebnisse einer empirischen Untersuchung, in: Bauer, H.H., Dichtl, E., Herrmann, A. (Hrsg.), Automobilmarktforschung: Nutzenorientierung von Pkw-Herstellern, München 1996, S. 24 ff.

11   Befunde der Erfolgsfaktorenforschung bestätigen die (bisherige) Dominanz finanzieller und marketingpolitischer Indikatoren. Vgl. Dichtl, E., Schneider, W., Kundenzufriedenheit im Zeitalter des Beziehungsmanagement, in: Belz, C., Schögel, M., Kramer, M. (Hrsg.), Lean Management und Lean Marketing, St. Gallen 1994, S. 6.

12   Während sich in der Vergangenheit die Diskussion um die Erfolgswirksamkeit von Kundenzufriedenheit vorwiegend auf theoretisch-konzeptionelle Überlegungen stützte, sind seit Ende der 80er Jahre Bemühungen erkennbar, den Einfluß von Kundenzufriedenheit auf ökonomische Erfolgsgrößen näher zu quantifizieren. Vgl. stellvertretend Anderson, E.W., Fornell, C., Lehmann, D.R., Customer Satisfaction, Market Share, and Profitability: Findings from Sweden, in: Journal of Marketing, Vol. 58, July 1994, S. 53 ff.

13   Vgl. Stauss, B., Seidel, W., Prozessuale Zufriedenheitsermittlung und Zufriedenheitsdynamik bei Dienstleistungen, in: Simon, H., Homburg, Ch. (Hrsg.), Kundenzufriedenheit: Konzepte, Methoden, Erfahrungen, Wiesbaden 1995, S. 181.

ders intensiv geführt. Die aufgezeigten Veränderungen in den **Rahmenbedingungen** haben dazu geführt, daß sich auch Unternehmen aus dem Verkehrsdienstleistungsbereich zunehmend mit der Ermittlung der Zufriedenheit ihrer Kunden auseinandersetzen.

1.2 Konzeptionelle Grundlagen einer phasenorientierten Analyse der Kundenzufriedenheit mit Dienstleistungen

Bedingt durch die teilweise sehr **unterschiedlichen Forschungsansätze**, die den Publikationen zur Zufriedenheitsforschung zugrunde liegen, konnte bislang kein Konsens über eine geschlossene Theorie der Kundenzufriedenheit gefunden werden.[14] So ist eine große Zahl unterschiedlicher Varianten der verschiedenen Komponenten des Zufriedenheitskonstruktes und der Messung von Kundenzufriedenheit in der Literatur anzutreffen.[15] Dagegen weisen eine Vielzahl von Untersuchungen die Gemeinsamkeit auf, sich primär mit der Zufriedenheit von Kunden nach dem Kauf bzw. am Ende des Dienstleistungsprozesses auseinanderzusetzen. Bedingt durch die Besonderheiten von Verkehrsdienstleistungen kommt aber der Analyse der Entstehung von Zufriedenheit in den verschiedenen **zeitlich aufeinander folgenden Phasen** große Bedeutung zu, da die eigentliche Kernleistung, also die Beförderung von A nach B, vom Kunden als selbstverständlich vorausgesetzt wird. Somit gewinnen im Kontext von Verkehrsdienstleistungen der Prozeß der Zufriedenheitsbildung und sich hieraus ergebende Fragestellungen der Zufriedenheitsmessung an Bedeutung. Veröffentlichungen der jüngeren Zeit verdeutlichen die Notwendigkeit, die Entstehung von Kundenzufriedenheit innerhalb der einzelnen Phasen des Dienstleistungsprozesses und deren Einfluß auf die Gesamtzufriedenheit zu analysieren.[16] Dementsprechend ist dem **prozessualen Ansatz** der Konsumentenzufriedenheit besondere Aufmerksamkeit zu widmen.

Hierzu ist es im Rahmen einer **definitorischen Konkretisierung** des Zufriedenheitsbegriffes zunächst erforderlich, zwischen verschiedenen Ausprägungsformen der Kundenzufriedenheit mit Dienstleistungen zu differenzieren. Aus einer konsumaktübergreifenden Perspektive heraus wird im folgenden die Zufriedenheit eines Kunden in bezug auf alle bisherigen Erfahrungen mit dem Anbieter von der Zufriedenheit mit einer konkreten Dienstleistungstransaktion abgegrenzt. Letztere wiederum beinhaltet die Zufriedenheit mit den verschiedenen Episoden einer einzelnen Dienstleistung. Diese Episo-

---

14 Vgl. Day, R.L., The Next Step: Commonly Accepted Constructs for Satisfaction Research, in: Day, R.L., Hunt, H.K. (Hrsg.), International Fare in Consumer Satisfaction and Complaining Behavior, Bloomington 1983, S. 113 ff.

15 Vgl. Homburg, Ch., Rudolph, B., Theoretische Perspektiven zur Kundenzufriedenheit, in: Simon, H., Homburg, Ch. (Hrsg.), Kundenzufriedenheit: Konzepte, Methoden, Erfahrungen, Wiesbaden 1995, S. 29 ff.

16 Vgl. stellvertretend Stauss, B., Seidel, W., Prozessuale Zufriedenheitsermittlung und Zufriedenheitsdynamik bei Dienstleistungen, a.a.O., S. 179 ff.

denzufriedenheiten resultieren ihrerseits aus der Zufriedenheit mit den einzelnen Kontaktpunkten einer Dienstleistungsepisode.[17]

Die den weiteren Ausführungen als Untersuchungsgegenstand zugrunde liegenden Verkehrsdienstleistungen werden in der Weise definiert, daß unter diese neben der eigentlichen Beförderungsleistung auch die mit der Beförderung verbundenen ergänzenden Leistungsprozesse und die hierzu erforderlichen Potentiale subsumiert werden. Dieses Verständnis von Verkehrsdienstleistungen führt dazu, auch die der eigentlichen Kerndienstleistung vor- und nachgelagerten Teilprozesse in die Betrachtung einzubeziehen.[18]

Aus einer solchen Sichtweise wird der einer Verkehrsdienstleistung inhärente Schnittstellen- und Prozeßcharakter deutlich, der die Berücksichtigung des Zusammenspiels einer Vielzahl von Teilprozessen der von einem Kunden erlebten **Reisekette**[19] zwingend erforderlich macht, um Erkenntnisse über den Entstehungsprozeß der Kundenzufriedenheit gewinnen zu können. Während die Reisekette in erster Linie die unternehmensseitig erbrachten Teilprozesse umfaßt, beinhaltet der **Kundenprozeß**[20] darüber hinaus auch die vom Kunden vor, während und nach einer Reise selbst erstellten Teilprozesse, deren Verlauf wiederum die Kundenzufriedenheit in entscheidender Weise prägen und damit auch die zukünftige Verkehrsmittelwahl und -beurteilung beeinflussen kann. Darüber hinaus soll die spezifische Reisesituation von Verkehrsdienstleistungskunden als eine weitere zentrale Determinante der Kundenzufriedenheit mit Verkehrsdienstleistungen Berücksichtigung finden.

Auf einem vergleichsweise abstrakten Niveau besteht in der Literatur weitestgehend Einigkeit darin, daß unter Kundenzufriedenheit das Ergebnis eines psychischen Soll-Ist-Vergleiches über ein Konsumerlebnis zu verstehen ist.[21] Dabei zeigt sich jedoch, daß sehr unterschiedliche Interpretationsformen hinsichtlich der **konkreten** Operationalisierung der Soll- als auch der Konsumerlebniskomponente anzutreffen sind. Vor allem die Notwendigkeit einer expliziten Operationalisierung der Soll-Komponente wird in der jüngeren Zeit zunehmend in Frage gestellt.[22] So wird auch in der vorliegenden Untersuchung einer direkten Messung der Vorzug eingeräumt. Des weiteren ist festzustellen, daß das **Konsumerlebniselement** der Kundenzufriedenheit in zwei verschiedenen Erscheinungsformen (zeitliche Dimension) und auf unterschiedlichen Aggregationsebenen

---

17 Vgl. ebenda, S. 191.
18 Vgl. Ihde, G.B., Transport, Verkehr, Logistik: gesamtwirtschaftliche Aspekte und einzelwirtschaftliche Handhabung, 2. Aufl., München 1991, S. 8 ff.
19 Zum Begriff der Reisekette vgl. z. B. Pompl, W., Touristikmanagement 2: Qualitäts-, Produkt-, Preismanagement, Berlin u. a. 1996, S. 40.
20 Zur Begriff des Kundenprozesses vgl. Stauss, B., Kundenprozeßorientiertes Qualitätsmanagement im Dienstleistungsbereich, in: Preßmar, D.B. (Hrsg.), Total Quality Management II, Wiesbaden 1995, S. 27.
21 Vgl. hierzu und im folgenden z. B. Homburg, Ch., Rudolph, B., Theoretische Perspektiven zur Kundenzufriedenheit, a.a.O., S. 37 ff.
22 Vgl. z. B. Hentschel, B., Dienstleistungsqualität aus Kundensicht: Vom merkmals- zum ereignisorientierten Ansatz, Wiesbaden 1992, S. 124 f.

(sachliche Dimension) diskutiert und interpretiert wird.[23] Während die statische Sichtweise die Kundenzufriedenheit im Sinne einer Momentaufnahme behandelt, spiegelt sich
in der dynamischen Sichtweise ein konsumakt- bzw. konsumphasenbezogenes und damit
prozeßorientiertes Verständnis der Kundenzufriedenheit wider (zeitliche Dimension).
Darüber hinaus gilt es zu unterscheiden, ob die Mikro- oder die Makroebene der Kundenzufriedenheit Gegenstand des Interesses ist (sachliche Dimension).

Die Diskussion dieser Sachverhalte erfolgt in der Literatur vornehmlich im Zusammenhang mit dem **Disconfirmation-Modell der Kundenzufriedenheit**, das die höchste
Verbreitung in der Zufriedenheitsforschung erfahren hat.[24] Über die Problematik der
Operationalisierung der Soll-Komponente hinaus ist zusätzlich anzumerken, daß das
Modell in seiner ursprünglichen Form den Prozeßcharakter von Dienstleistungen nur
unzureichend berücksichtigt. Der Episodencharakter von (Verkehrs-)Dienstleistungen
auf der einen Seite sowie die damit einhergehende prozeßbezogene Entstehung des Zufriedenheitsurteils auf der anderen Seite machen jedoch eine Dynamisierung des Discon-
firmation-Modells zwingend erforderlich.[25]

Hierzu gilt es zunächst, den Kundenprozeß umfassend zu strukturieren und zu visualisieren. Dies geschieht in der vorliegenden Untersuchung am Beispiel des innerdeutschen
schienengebundenen Personenfernverkehrs. Im Mittelpunkt der Untersuchung steht die
prozeßorientierte Analyse der Kundenzufriedenheit auf der Transaktionsebene. Unter
einer **Dienstleistungstransaktion** soll in diesem Zusammenhang das aus Sicht des Kunden spezifische und vollständige Erleben einer einzelnen Bahnreise verstanden werden.[26]

---

23 Vgl. hierzu und im folgenden z. B. Renoux, Y., Consumer Dissatisfaction and Public Policy, in: Public
    Policy and Marketing Practices, Allvine, F.C. (Hrsg.), Chicago, Ill. 1973, S. 55 ff.; Walker, J.L., Service
    Encounter Satisfaction: Conceptualized, in: Journal of Services Marketing, Vol. 9, No. 1, 1995, S. 5 ff.

24 Dieses Modell basiert auf zwei Prozessen, der Bildung eines Vergleichsstandards vor der Inanspruch-
    nahme einer Leistung und der Bestätigung (Confirmation) bzw. Nichtbestätigung (Disconfirmation) des
    Vergleichsstandards durch die wahrgenommene Leistung. Dem Prozeß der (Nicht-)Bestätigung kommt
    dabei die Rolle einer vermittelnden Variablen zwischen den Konstruktkomponenten und der eigentlichen
    Zufriedenheit zu. Vgl. Oliver, R.L., A Cognitive Model of the Antecedents and Consequences of Satis-
    faction Decisions, in: Journal of Marketing Research, Vol. 17, November 1980, S. 460 ff.

25 Dabei macht eine nähere Analyse der psychologischen Grundlagen des Entstehungsprozesses von Kun-
    denzufriedenheit deutlich, daß für eine prozeßorientierte Operationalisierung der Kundenzufriedenheit auf
    der theoretischen Sprachebene mit dem Konzept der episodischen Informationsverarbeitung bzw. dem
    Service-Script-Ansatz eine fundierte theoretische Basis zur Verfügung steht. Vgl. zu diesen Konzepten
    Hentschel, B., Dienstleistungsqualität aus Kundensicht: Vom merkmals- zum ereignisorientierten Ansatz,
    a.a.O, S. 158 ff.; Solomon, M.R., Surprenant, C., Czepiel, J.A., Gutman, E.G., A Role Theory Perspective
    on Dyadic Interactions: The Service Encounter, in: Journal of Marketing, Vol. 49, Winter 1985, S. 99 ff.;
    Smith, R.A., Houston, M.J., Script-Based Evaluations of Satisfaction with Services, in: Emerging Per-
    spectives on Services Marketing, Proceedings Series, American Marketing Association, Berry, L.L.,
    Shostack, G.L., Upah, G.D. (Hrsg.), Chicago, Ill. 1983, S. 59 ff.

26 Vgl. Stauss, B., Seidel, W., Prozessuale Zufriedenheitsermittlung und Zufriedenheitsdynamik bei Dienst-
    leistungen, a.a.O., S. 186.

Zur Strukturierung des kundenseitigen Nutzungsprozesses wird eine aus drei Ebenen bestehende Prozeßhierarchie aufgestellt, die das Ergebnis umfassender explorativer Voruntersuchungen sowie einer detaillierten Auswertung bahneigener Studien zu verschiedenen Aspekten der Kundenzufriedenheit und die Erkenntnisse aus Expertengesprächen darstellt. Wie Abbildung 1 zu entnehmen ist, werden auf der **Episodenebene** vier Teilprozesse des Kundenpfades identifiziert.

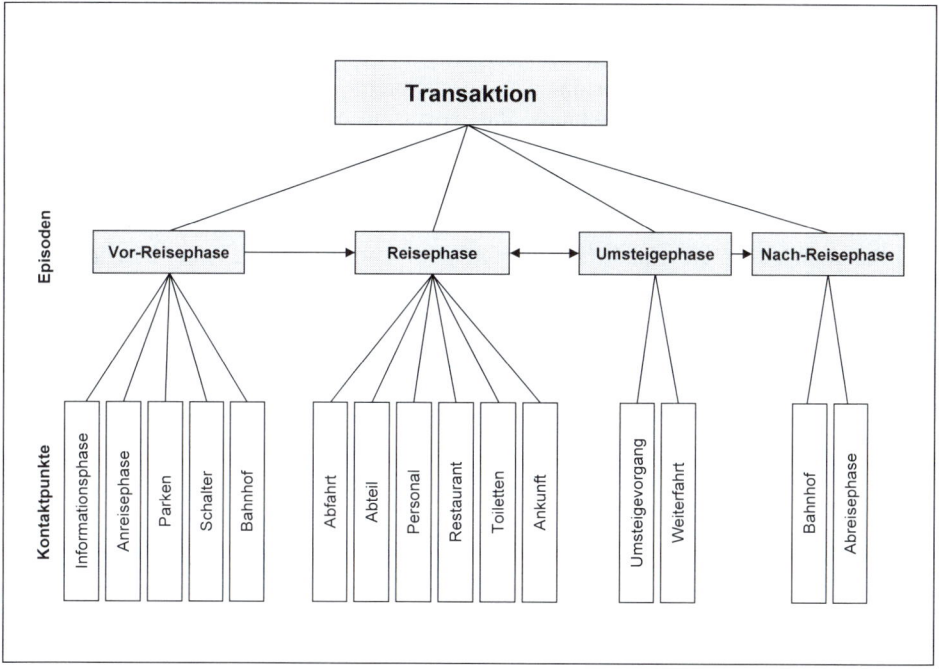

Abb. 1: Hierarchie des Kundenprozesses bei schienengebundenen Verkehrsdienstleistungen

Der erste Teilprozeß, die Vor-Reisephase, umfaßt alle Aspekte einer Bahnreise von der Vorbereitung bis zur Abfahrt des Zuges am Startbahnhof. Die Reisephase beinhaltet als zweiter Teilprozeß den Aufenthalt im Zug einschließlich der Ankunft am Zielbahnhof. Die Umsteigephase wiederum zielt auf die mit dem Wechsel eines Zuges verbundenen Tatbestände ab. Die Nach-Reisephase schließlich stellt den Teil einer Bahnreise dar, der das Verlassen des Zuges am Zielbahnhof bis zur Ankunft des Kunden am endgültigen Zielort der Reise beschreibt. Während ein Kunde die Vor-Reisephase sowie die Reisephase und Nach-Reisephase bei der erfolgreichen Inanspruchnahme einer Verkehrsdienstleistung grundsätzlich immer durchläuft, wird die Umsteigephase in der Regel nur im Falle der Nichtexistenz einer Direktverbindung wahrgenommen.[27]

Innerhalb der **Vor-Reisephase** werden auf der Kontaktpunktebene fünf Prozeßabschnitte unterschieden. Die Informationsphase (z. B. telefonische Kontaktaufnahme mit dem Reisezentrum) als auch die Anreise zum Bahnhof sowie der hiermit unter Umständen verbundene Parkvorgang verkörpern Teilabschnitte der Vor-Reisephase, die der eigentlichen Kernleistung, der „Beförderung", vorgelagert sind und häufig durch den Kunden selbst erbracht werden. Ein erster direkter Kontakt mit dem Personal des Dienstleisters findet am Fahrkartenschalter bzw. im Reisezentrum des Startbahnhofes statt. Der Bahnhof stellt mit seinen unterschiedlichen Ausstattungs- und Einrichtungskomponenten einen weiteren zentralen Kontaktpunkt dar. Hier sind beispielhaft die Ausstattung mit Fahrplänen, der Wetterschutz am Bahnsteig oder die verschiedenen im Bahnhof angesiedelten Ladenlokale, aber auch die nicht-tangible „Bahnhofsatmosphäre" zu nennen.

Wie bei den weiteren Episoden kann auch hier nicht davon ausgegangen werden, daß alle Bahnkunden die verschiedenen Kontaktpunkte vollständig und in der beschriebenen Reihenfolge durchlaufen. So kann beispielsweise die Anreise mit dem öffentlichen Nahverkehr erfolgen. Dies hat zur Folge, daß der Parkvorgang entfällt. Ebenso ist es möglich, daß der Fahrschein bereits im Vorfeld in einem Reisebüro erworben wurde; der Schalterkontakt ist somit nicht zwingend Bestandteil des Kundenpfades. Die Darstellung der Vor-Reisephase dokumentiert dennoch anschaulich, daß bei der Auswahl von Indikatoren der Kundenzufriedenheit mit einer Bahnreise sowohl Elemente der räumlichen und zeitlichen Kontaktebene als auch der funktionalen sowie sozialen Kontaktebene Berücksichtigung finden müssen.[28]

Die **Reisephase** beinhaltet in der gewählten Unterteilung sechs Kontaktpunkte. Während die Abfahrt am Startbahnhof und die Ankunft am Zielbahnhof Komponenten der zeitlichen Ebene des Kundenkontaktes darstellen, sind die Interaktionen mit dem Zugbegleitpersonal Bestandteil der sozialen Kontaktebene. Der Aufenthalt im Zugabteil (bzw. Großraumwagen) sowie der etwaige Besuch des Zugrestaurants spiegeln wichtige Elemente der räumlichen Kontaktebene und bedingt durch die etwaig stattfindenden Interaktionen mit anderen Reisenden auch der sozialen Kontaktebene wider. Dagegen umfaßt das Aufsuchen der Zugtoiletten in erster Linie Aspekte der räumlichen Kontaktebene.

Innerhalb der **Umsteigephase** werden zwei zentrale Teilabschnitte unterschieden. Der Umsteigevorgang umschreibt den physischen Wechsel des Zuges und die hiermit einhergehenden Aktivitäten des Kunden. Der Teilprozeß „Weiterfahrt" wiederum ist der zeitlichen Kontaktebene der Dienstleistung zuzuordnen und zielt auf die mit dem Zugwechsel verbundene Wartezeit sowie die Pünktlichkeit des Anschlußzuges ab. Zu einer

---

27 Ebenso ist es denkbar, das ein Umsteigevorgang in Kauf genommen wird, um den Zeitvorteil einer „schnelleren" Verbindung zu realisieren.

28 Zu einer solchen Unterscheidung vgl. Hentschel, B., Dienstleistungsqualität aus Kundensicht: Vom merkmals- zum ereignisorientierten Ansatz, a.a.O., S. 29 ff.

Strukturierung der **Nach-Reisephase** schließlich wird diese ebenfalls in zwei Subprozesse unterteilt. Dies ist zum einen der Aufenthalt im Zielbahnhof, der ähnliche Komponenten wie der gleichnamige Kontaktpunkt der Vor-Reisephase zum Inhalt hat. Den zweiten Kontaktpunkt stellt die Abfahrt vom Zielbahnhof und damit die eigentliche Anreise zum endgültigen Zielort der Reise dar.

Die identifizierten Ebenen des bahnbezogenen Kundenprozesses ermöglichen eine intra- sowie eine interphasenspezifische Analyse der Kundenzufriedenheit. Während die intraphasenspezifische Betrachtung eine Analyse der einzelnen Episoden zum Gegenstand hat, beschäftigt sich die interphasenspezifische Untersuchung mit der Erforschung der Zusammenhänge zwischen diesen Abschnitten einer Bahnreise. Darüber hinaus wird der Frage nachgegangen, welchen Einfluß die Zufriedenheit mit einer einzelnen Bahnreise auf die globale Zufriedenheit eines Bahnreisenden mit dem Unternehmen sowie dessen zukünftiges Verhalten gegenüber dem Anbieter hat. Als die Kundenzufriedenheit beeinflussende Bestimmungsfaktoren sind soziodemographische sowie psychographische und insbesondere reisespezifische Faktoren berücksichtigt worden. Auf diese Weise sollen Anhaltspunkte für das Marketing eines Verkehrsdienstleisters gewonnen werden. Aufbauend auf diesen Überlegungen läßt sich der in Abbildung 2 dargestellte Bezugsrahmen der empirischen Untersuchung ableiten.

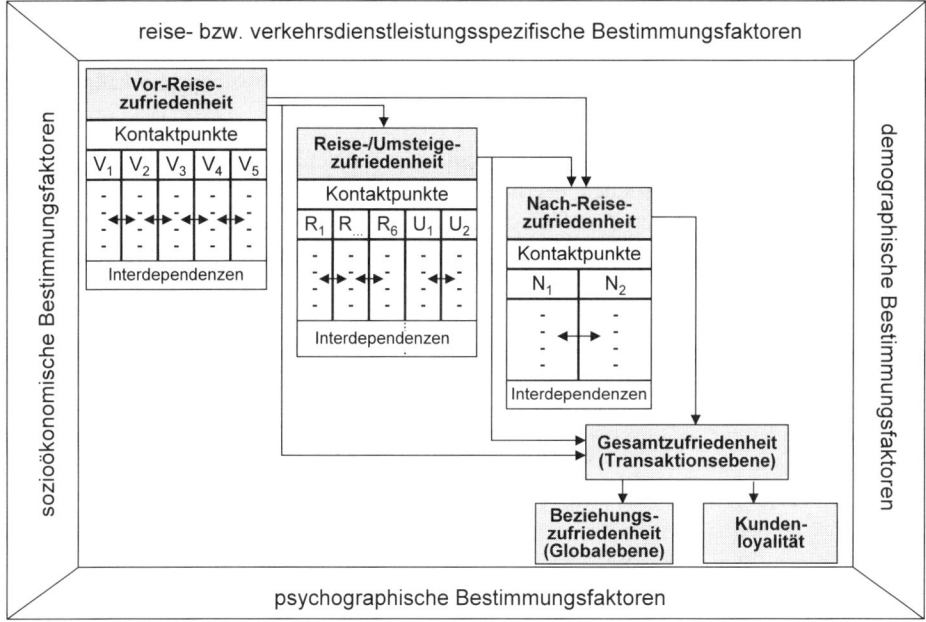

Abb. 2: Bezugsrahmen der empirischen Untersuchung der Kundenzufriedenheit mit Verkehrsdienstleistungen

2.   Empirische Analyse zur phasenorientierten Erfassung und Erklärung der Zufriedenheit mit Verkehrsdienstleistungen

2.1   Kennzeichnung der Stichprobe und Methodik der Untersuchung

Der empirischen Untersuchung liegt eine in Zusammenarbeit mit der Deutschen Bahn AG durchgeführte schriftliche Befragung von Reisenden mit einer Fahrtlänge von über 100 km zugrunde.[29] Um dem Ziel einer prozeßorientierten Analyse der Kundenzufriedenheit zu entsprechen, wurde ein auf dem Bezugsrahmen der Untersuchung basierender Fragebogen entwickelt. Der detaillierte Fragebogen sowie die Frageformulierungen wurden auf der Basis zufriedenheitsorientierter Studien der Deutschen Bahn AG sowie aufgrund der Erkenntnisse aus Expertengesprächen konzipiert. Nach der Durchführung von Pretestinterviews und einer hierauf aufbauenden Anpassung des Befragungsdesigns erfolgte die Ausgabe der Fragebögen im August 1996 auf ausgewählten innerdeutschen Strecken in den verschiedenen Zugarten des Fernverkehrs der Deutschen Bahn AG sowie in ausgewählten Reisebüros in Münster. Dabei wurden die Befragten gebeten, den Fragebogen in direktem Anschluß an ihre aktuelle Bahnreise auszufüllen und an die Forschungsstelle Bahnmarketing zurückzusenden. Von den zurückgesandten Fragebögen erwiesen sich 603 als auswertbar.[30] Die Zusammensetzung der Stichprobe kann Abbildung 3 entnommen werden.

Mit dem Ziel, die Struktur und die Dynamik der Kundenzufriedenheit mit Verkehrsdienstleistungen zu untersuchen, verbinden sich hohe Anforderungen an die Leistungsfähigkeit der zu diesen Zwecken einzusetzenden Verfahren. So kommen einerseits nur solche Analysetechniken in Betracht, die es ermöglichen, das Beziehungsgeflecht einer Vielzahl von möglichen abhängigen und unabhängigen Variablen gleichzeitig zu untersuchen. Zum anderen sollten diese Verfahren den Forscher in die Lage versetzen, zwischen beobachtbaren und nicht-beobachtbaren (latenten) Variablen und damit zwischen den zu untersuchenden Konstrukten und ihrer Operationalisierung unterscheiden

---

29   Die Vorgabe einer Mindestreiselänge von 100 km diente zum einen der eindeutigen Abgrenzung Bahnfernreisender von Teilnehmern des schienengebundenen Nahverkehrs. Zum anderen konnte auf diese Weise das kundenseitige Erleben eines Großteils der zu untersuchenden Kontaktpunkte sichergestellt werden.

30   Die Nettorücklaufquote betrug deutlich über 50 % und ist damit als sehr hoch zu bezeichnen. Vgl. Meffert, H., Marketingforschung und Käuferverhalten, Wiesbaden 1992, S. 202. Die durchschnittliche Rücksendedauer lag unter drei Tagen, so daß von einem aktuellen Zufriedenheitsurteil der Befragten ausgegangen werden kann.

zu können.[31] Für die dieser Untersuchung zugrunde liegenden Fragestellungen sind daher insbesondere Verfahren der **Dependenzanalyse** in Erwägung zu ziehen.[32] Die bisherigen Ausführungen zu dem Konstrukt der Kundenzufriedenheit beruhen auf der zentralen Annahme eines signifikanten Zusammenhangs zwischen den einzelnen Teilzufriedenheiten. Daher ist es notwendig, auf Ansätze zurückzugreifen, die die mögliche Existenz solcher Beziehungen explizit berücksichtigen. Zu diesen Ansätzen zählen die Verfahren der **Kausalanalyse,**[33] welche auch im Rahmen der vorliegenden Untersuchung zur Spezifizierung der Beziehungen zwischen den verschiedenen Zufriedenheitskonstrukten der Kundenprozeßhierarchie sowie zur Analyse verschiedener Bestimmungsfaktoren der Kundenzufriedenheit eingesetzt wurde. Als statistisches Verfahren kommt in der vorliegenden Analyse der EQS-Ansatz (Equations based Structural Program) von Bentler zum Einsatz.[34] Unter Berücksichtigung des jeweiligen Skalenniveaus wurde darüber hinaus das Softwarepaket SPSS zur Durchführung von Mittelwertvergleichstests sowie weiterer multivariater Verfahren (z. B. Korrelationsanalyse) im Rahmen der statistischen Datenauswertung in der Version 6.13 für Windows eingesetzt. Im Rahmen der folgenden Ausführungen werden ausgewählte Ergebnisse des Forschungsprojektes vorgestellt.

---

31 Vgl. Büschken, J., Multipersonale Kaufentscheidungen – Empirische Analyse zur Operationalisierung von Einflußbeziehungen im Buying Center, Wiesbaden 1994, S. 133 und 141 f.; Korte, Ch., Customer Satisfaction Measurement: Kundenzufriedenheitsmessung als Informationsgrundlage des Hersteller- und Handelsmarketing am Beispiel der Automobilwirtschaft, Frankfurt 1995, S. 174 f.

32 Während der Dependenzanalyse die Annahme eines Kausalzusammenhanges zwischen unabhängigen Variablen und von ihnen abhängigen Variablen zugrunde liegt, ist die Analyse wechselseitiger Beziehungen zwischen Variablengruppen Gegenstand der Interdependenzanalyse. Zu den Verfahren der Dependenzanalyse zählen insbesondere die Varianz-, Regressions- und Kausalanalyse. Verfahren der Interdependenzanalyse stellen z. B. die Korrelations-, Cluster- und Faktorenanalyse dar. Vgl. z. B. Berekoven, L., Eckert, W., Ellenrieder, P., Marktforschung: methodische Grundlagen und praktische Anwendung, Wiesbaden 1989, S. 210 ff.

33 Einen Überblick über die Methodik und Einsatzfelder der Kausalanalyse liefert Büschken, J., Multipersonale Kaufentscheidungen – Empirische Analyse zur Operationalisierung von Einflußbeziehungen im Buying Center, a.a.O., S. 132 f. Vgl. auch Hildebrandt, L., Konfirmatorische Analysen von Modellen des Konsumentenverhaltens, Berlin 1983, Homburg, Ch., Die Kausalanalyse: Eine Einführung, in: Wirtschaftswissenschaftliches Studium, 21. Jg., Heft 10, 1992, S. 499 ff.; Backhaus, K. et al., Multivariate Analysemethoden – Eine anwendungsorientierte Einführung, 8. Aufl., Berlin u. a. 1996, S. 322 ff.

34 Vgl. Bentler, P.M., Theory and Implementation of EQS. A Structural Equations Program, Los Angeles 1985. Bentler, P.M., EQS Structural Equations Program Manual, Multivariate Software Inc., Encino 1995. Dem Verfasser stand für die Datenanalyse die windows-gestützte Programmversion EQS 5.3 zur Verfügung. Da die auszuwertende Datendatei nicht normalverteilte Variablen enthält, wurde im Rahmen dieser Untersuchung von den in EQS implementierten Schätzverfahren der Arbitrary Generalized Least Squares-Ansatz (AGLS) ausgewählt, da diese Methode gegenüber anderen Verfahren auf keiner Verteilungsannahme beruht. Zu den Anwendungsvoraussetzungen verschiedener Schätzverfahren vgl. z. B. Homburg, Ch., Sütterlin, St., Kausalmodelle in der Marktforschung: EQS als Alternative zu LISREL?, in: Marketing Zeitschrift für Forschung und Praxis, 12. Jg., Heft 3, 1990, S. 186 f.

	InterCityExpress	InterCity/ EuroCity	InterRegio	Gesamt
Stichprobenanteil:	45%	38%	17%	n = 603
Reiseanlaß:				
• geschäftlich	25%	32%	15%	26%
• privat (inkl. Fern-pendler)	75%	68%	85%	74%
Reiseklasse:				
• 1. Klasse	29%	26%	13%	25%
• 2. Klasse	71%	74%	87%	75%
Geschlecht:				
• weiblich	42%	46%	43%	44%
• männlich	58%	54%	57%	56%
Alter:				
• bis 26 Jahre	16%	22%	27%	20%
• 27–59 Jahre	67%	66%	60%	66%
• 60 Jahre und älter	17%	12%	13%	14%

Abb. 3: Zusammensetzung der Stichprobe

2.2   Intraphasenspezifische Analyse der Kundenzufriedenheit

2.21   Analyse der Vor-Reisezufriedenheit

Für die Messung der Zufriedenheit mit den fünf Kontaktpunkten der Vor-Reisephase wurde das Urteil über siebzehn Meßindikatoren erhoben. Wie das **Mittelwertprofil** aller Befragten in Abbildung 4 zeigt, sind hier deutliche Unterschiede in den Merkmalsausprägungen festzustellen.

So liegt im Rahmen der Informationsphase die Zufriedenheit mit der telefonischen Erreichbarkeit des Reisezentrums auf einem nur mittleren Niveau. Auch die Zufriedenheit mit der hier erfahrenen Beratung ist nur leicht besser ausgeprägt.[35] Als durchaus zufrieden erweisen sich die Reisenden mit den Merkmalen der Anreisephase.[36] Dagegen zei-

---

[35] Hier ergibt sich bereits auf der Merkmalsebene ein erster Hinweis auf die Dynamik der Kundenzufriedenheit. So bestätigt die hohe Korrelation (r = 0,618) der beiden Merkmale den deutlichen Zusammenhang aufeinanderfolgender Teilaspekte einer Bahnreise.

[36] Bei diesen Items gaben 73 % bzw. 76 % der Befragten an, daß sie mit diesen Merkmalen ihrer Bahnreise zufrieden bzw. sehr zufrieden waren. Auch die vergleichsweise niedrigen Standardabweichungen zeigen eine hohe Homogenität im Antwortverhalten.

gen sich die Befragten bezüglich des Kontaktpunktes „Parken" als relativ unzufrieden. Die Analyse der Zufriedenheit mit dem Kontaktpunkt „Schalter" ergibt wiederum ein differenziertes Bild. Während die Freundlichkeit des Schalterpersonals und die hiermit verbundene Beratung der Kunden vergleichsweise positiv beurteilt werden, fällt die Zufriedenheit mit der Wartezeit des Fahrscheinerwerbs deutlich niedriger aus. Auch die Zufriedenheit mit dem Bahnhof ist durch einen heterogenen Profilverlauf gekennzeichnet. Besonders auffällig ist die hohe Zufriedenheit mit der Verständlichkeit des Fahrplans. Demgegenüber können die Verständlichkeit der Lautsprecherdurchsagen und insbesondere die Bahnhofstoiletten als Quellen der Unzufriedenheit mit dem Bahnhof identifiziert werden.

Vor-Reisephase		Standard-ab-weichung	Sehr zufrieden ⟵			⟶ Gar nicht zufrieden	
Kontakt-punkte	Merkmale		1	2	3	4	5
Informations-phase	Telefonische Erreichbarkeit Reisezentrum/Auskunft	1,38		●			
	Beratung telefonische Auskunft	1,19		●			
Anreise-phase	Dauer Anreise Bahnhof	0,97		●			
	Erreichbarkeit Bahnhof	0,96		●			
Parken	Parkmöglichkeiten Bahnhof	1,47			●		
	Parkgebühren Bahnhof	1,37			●		
Schalter	Beratung Fahrscheinkauf	1,07		●			
	Wartezeit Fahrscheinkauf	1,28		●			
	Freundlichkeit Schalterpersonal	1,05		●			
Bahnhof	Sicherheit (keine Belästigung durch Dritte)	1,05		●			
	Sauberkeit Toiletten	1,23			●		
	Einkaufs-/Verpflegungsmöglichk.	1,05		●			
	Wegweiser/Auskunftstafeln	0,92		●			
	Verständlichkeit Fahrplan	0,83		●			
	Wetterschutz Bahnsteig	1,06			●		
	Verständlichkeit Lautsprecher-durchsagen	1,14			●		
	Informationen bzgl. Anschlüsse/Verspätungen etc.	1,15		●			

Abb. 4: Zufriedenheitsprofil der Vor-Reisephase

Die bisher vorgenommene Betrachtung diente in erster Linie der Identifikation potentieller Quellen der (Un-)Zufriedenheit mit den einzelnen Kontaktpunkten der Vor-Reisephase; die Bedeutung dieser Kontaktpunkte im Hinblick auf die Episodenzufriedenheit und ihr Zusammenspiel untereinander wurde bis hierher noch nicht untersucht. Zur Ermittlung dieser Beziehungszusammenhänge dient das in Abbildung 5 dargestellte Kausalmodell.[37]

---

37   Zur Interpretation der Beziehungsstrukturen wird im Rahmen der vorliegenden Untersuchung jeweils die standardisierte Lösung herangezogen, da diese die Vergleichbarkeit der einzelnen Parameterschätzungen gewährleistet. Vgl. hierzu u. a. Bentler, P.M., EQS Structural Equations Program Manual, a.a.O., S. 98.

Zunächst gilt es, die Identifizierbarkeit des spezifizierten Modells zu überprüfen. Eine notwendige, jedoch nicht hinreichende Bedingung identifizierbarer Modelle besteht in der Forderung nach einer positiven Anzahl an Freiheitsgraden.[38] Für das vorliegende Modell ist diese Bedingung mit 121 Freiheitsgraden als erfüllt anzusehen. Ebenso ist festzuhalten, daß das Modell aufgrund der ermittelten Anpassungsmaße nicht abgelehnt und damit auf eine hinreichende Konstruktvalidität geschlossen werden kann.[39]

Die Schätzwerte in den Teilstrukturen des Modells können als zufriedenstellend beurteilt werden. So weisen die Meßindikatoren durchgehend reliable Werte (Faktorladungen > 0,4) auf und stellen damit akzeptable Operationalisierungen der Kontaktpunktzufriedenheiten dar.[40] Die Höhe dieser Korrelationen gibt überdies einen Hinweis auf die Bedeutung einzelner Variablen bei der inhaltlichen Interpretation der Teilkonstrukte. Dabei zeigt sich beispielsweise, daß die Zufriedenheit mit dem Kontaktpunkt „Parken" im besonderen Maße durch die Zufriedenheit mit dem Angebot an Parkmöglichkeiten repräsentiert wird. Im Rahmen des Schalterkontaktes erweist sich die Zufriedenheit mit der Freundlichkeit des Personals als zuverlässigster Indikator. Die Faktorladungen des Kontaktpunktes „Bahnhof" sind als vergleichsweise homogen zu bezeichnen, wobei die Verständlichkeit des Fahrplans sowie der Lautsprecherdurchsagen und damit personalunabhängige Informationsaspekte einen tendenziell höheren Beitrag zur Erklärung der Varianz der Zufriedenheit mit diesem Kontaktpunkt leisten.

---

38 Vgl. hierzu und zur Berechnung von Freiheitsgraden: Backhaus, K. et al., Multivariate Analysemethoden – Eine anwendungsorientierte Einführung, a.a.O., S. 377 f.

39 Das hier verwendete Programmpaket EQS bietet eine Reihe unterschiedlicher globaler Anpassungsmaße. Im Rahmen der vorliegenden Untersuchung wurden die mit dem verwendeten Schätzalgorithmus korrespondierenden Fit-Maße AGLS-Fit und Adjusted AGLS-Fit, das zusätzlich die Freiheitsgrade des untersuchten Modells berücksichtigt, zur Beurteilung der globalen Anpassung des spezifizierten Modells an die erhobenen Daten herangezogen. Diese Maße sind inhaltlich mit den in LISREL-Anwendungen üblicherweise verwendeten Fit-Maßen GFI bzw. AGFI vergleichbar, die in EQS ebenfalls bereitgestellt werden. Vgl. Bentler, P.M., EQS Structural Equations Program Manual, a.a.O., S. 94. Als Konvention werden für diese Maße Mindestwerte von 0,9 sowie für das Fit-Maß RMR, das sowohl in LISREL als auch in EQS verfügbar ist, ein Höchstwert von 0,1 als akzeptabel angesehen. Vgl. z. B. Fritz, W., Marktorientierte Unternehmensführung und Unternehmenserfolg: Grundlagen und Ergebnisse einer empirischen Untersuchung, Stuttgart 1992, S. 126. Dabei ist anzumerken, daß die für das vorliegende Modell ferner durchgeführte Untersuchung der Maße GFI (0,941), AGFI (0,917) und RMR (0,072) ebenfalls den Schluß auf eine gute Modellanpassung erlaubt. Zum Validitätsbegriff vgl. z. B. Homburg, Ch., Giering, A., Konzeptualisierung und Operationalisierung komplexer Konstrukte, in: Marketing Zeitschrift für Forschung und Praxis, 18. Jg., Heft 1, 1996, S. 6 ff.

40 Zur Beurteilung werden üblicherweise die quadrierten Korrelationskoeffizienten für jede beobachtete Variable und die latenten Variablen berechnet. Diese können Werte zwischen 0 und 1 annehmen. Für die vorliegende Untersuchung mit einem Stichprobenumfang von 603 Fällen stellen Koeffizienten größer 0,2 bzw. Faktorladungen größer 0,4 als akzeptabel zu wertende Reliabilitäten der Meßvariablen dar. Vgl. Balderjahn, I., Das umweltbewußte Konsumentenverhalten – Eine empirische Studie, Berlin 1986, S. 117.

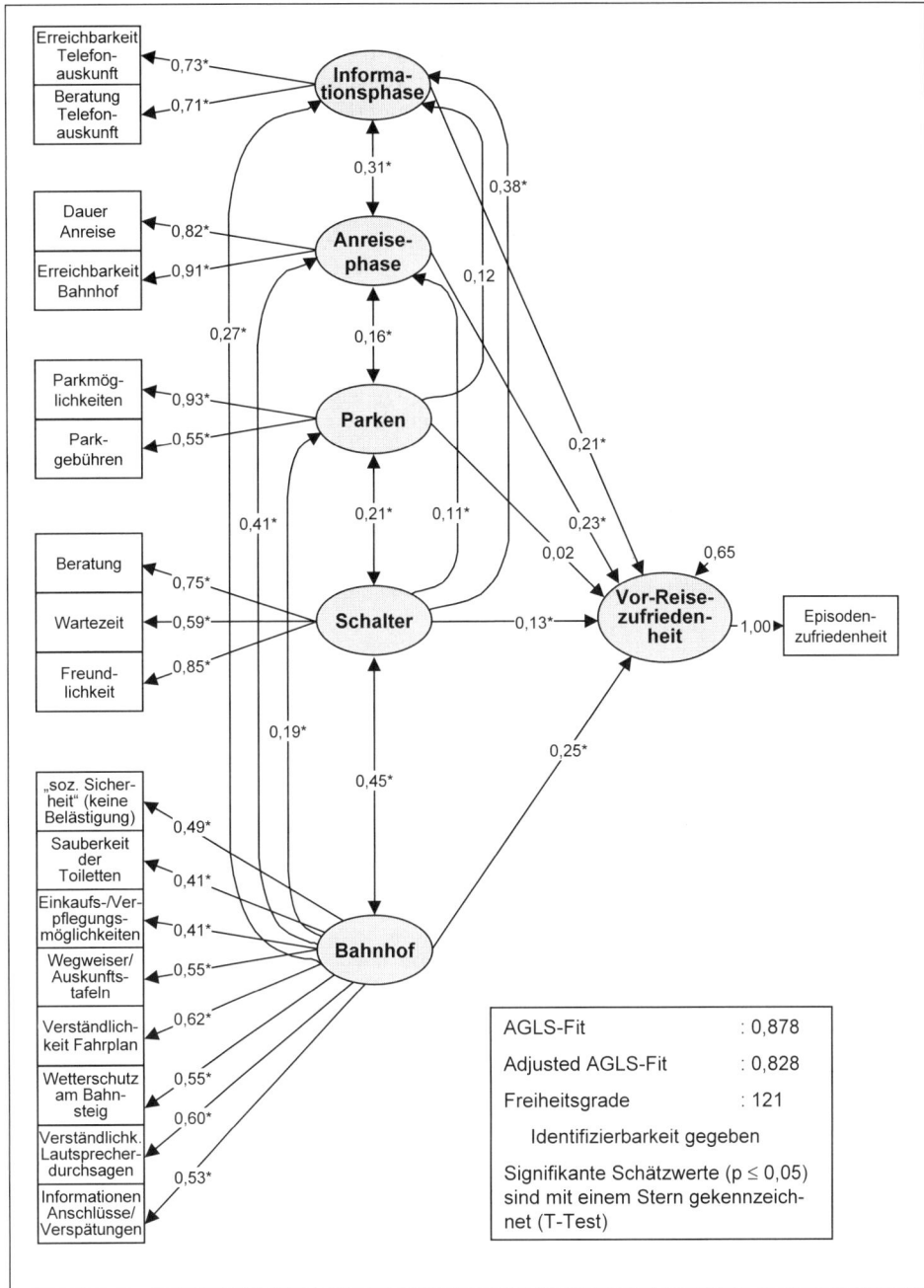

Abb. 5: Kausalmodell zur Struktur und Dynamik der Vor-Reisezufriedenheit

Die zwischen den Kontaktpunkten bestehenden **Interdependenzen** werden durch Doppelpfeile repräsentiert. Wird der Frage nachgegangen, inwieweit sich die Kontaktpunktzufriedenheiten auf der einen Seite nachweisbar voneinander unterscheiden (Diskriminanzvalidität), auf der anderen Seite aber in einem erkennbaren Verhältnis zueinander stehen (Konvergenzvalidität), sind unter Berücksichtigung der Höhe der Korrelationen zwischen den Kontaktpunkten diese beiden Aspekte als grundsätzlich erfüllt anzusehen.[41] So ergeben sich mit lediglich einer Ausnahme statistisch signifikante Werte, die durchgehend positiv ausgeprägt sind, in ihrer Größe jedoch durchaus unterschiedlich ausfallen.[42] Die stärkste Interdependenz ist hier zwischen den Kontaktpunkten „Bahnhof" und „Schalter" zu beobachten (r=0,45), die angesichts des „physischen Verbundes" dieser Teilaspekte der Vor-Reisephase verständlich ist. Eine ähnliche Beziehung besteht zwischen der Anreisephase und dem Bahnhof (r=0,41). Ein günstiger Verlauf der Anreise beeinflußt damit die Zufriedenheit mit dem Kontaktpunkt „Bahnhof".[43] Ein vergleichbarer Einfluß geht von der Informationsphase auf den Schalterkontakt aus (r=0,38). Eine als positiv wahrgenommene telefonische Beratung erweist sich damit als vorteilhaft für die Beurteilung des Fahrkartenerwerbs.[44]

Die Parameter auf den Verbindungslinien zwischen den Kontaktpunkten und der Vor-Reisezufriedenheit stellen die sog. **Pfadkoeffizienten** dar. Diese sind ein Maß für die Stärke des Einflusses des jeweiligen Kontaktpunktes auf die gesamte Zufriedenheit mit

---

41 Bei praktischen Anwendungen der Kausalanalyse kann die Forderung nach Diskriminanzvalidität als erfüllt angesehen werden, wenn jeweils zwei latente Variablen zu einem Wert kleiner 1 miteinander korrelieren. Vgl. Bagozzi, R.P., Causal Modelling: General Method for Developing and Testing Theories in Consumer Research, in: Advances in Consumer Research, Monroe, K.B. (Hrsg.), Vol. 8, Ann Arbor 1981, S. 197; Hildebrandt, L., Kausalanalytische Validierung in der Marketingforschung, in: Marketing Zeitschrift für Forschung und Praxis, 6. Jg., Heft 1, 1984, S. 47. Zu weiteren Kriterien vgl. Korte, Ch., Customer Satisfaction Measurement: Kundenzufriedenheitsmessung als Informationsgrundlage des Hersteller- und Handelsmarketing am Beispiel der Automobilwirtschaft, a.a.O., S. 184 f.
42 So ist kein signifikanter Zusammenhang zwischen den Kontaktpunkten „Informationsphase" und „Parken" festzustellen. Da mit Ausnahme der Kontaktpunkte „Schalter" und „Bahnhof" ein sequentieller Ablauf der einzelnen Teilabschnitte der Vor-Reisephase unterstellt werden kann, sollen die Korrelationen im folgenden für zeitlich aufeinander folgende Abschnitte hinsichtlich der Zufriedenheitsdynamik auch kausal interpretiert werden.
43 Interessanterweise ist die Beziehung zwischen der Anreisephase und dem Schalterkontakt deutlich niedriger ausgeprägt (r=0,11). Der Einfluß der Anreisephase bezieht sich damit primär auf die Erreichbarkeit des Bahnhofs an sich.
44 Gleichwohl ist im Hinblick auf die Konvergenzvalidität festzustellen, daß sich einige Korrelationen ungeachtet ihrer statistischen Signifikanz, auch im Vergleich zu den weiteren Modellen dieser Untersuchung, auf einem relativ niedrigen Niveau bewegen. So stellt insbesondere der Kontaktpunkt „Parken" einen vergleichsweise eigenständigen Abschnitt der Vor-Reisephase dar.

dieser Episode.[45] Hier zeigt sich, daß der Einfluß des Schalterkontaktes relativ niedrig ausfällt (0,13). Dagegen üben der Bahnhof, die Anreise- und die Informationsphase (als personenbezogener Kontaktpunkt) einen vergleichsweise starken und in der Höhe ähnlichen Einfluß auf die Episodenzufriedenheit aus. In der Bedeutung des Bahnhofs für die Bildung des Zufriedenheitsurteils wird die Rolle des physischen Umfeldes und damit die „Visitenkartenfunktion" dieses Kontaktpunktes besonders deutlich.[46] Trotz der bekundeten Unzufriedenheit mit dem Abschnitt „Parken" hat dieser Kontaktpunkt interessanterweise keinen nachweisbaren Einfluß auf die Vor-Reisezufriedenheit. Insgesamt zeigt sich also, daß die Zufriedenheit mit der Vor-Reisephase auch durch den Bahnhof und den Verlauf der von den Kunden selbst erbrachten Teilleistungen geprägt wird.

Im Zusammenhang mit der Beurteilung der Anpassungsgüte eines Modells bezüglich dieser Kausalbeziehungen zwischen den latenten unabhängigen Variablen (den Kontaktpunktzufriedenheiten) und der latenten abhängigen Variable (der Vor-Reisezufriedenheit) werden in der Literatur sehr unterschiedliche Mindestwerte gefordert.[47] In dem vorliegenden Modell werden 35 % der Varianz der Vor-Reisezufriedenheit durch die Kontaktpunktzufriedenheiten erklärt, so daß unter Berücksichtigung der bisherigen Ausführungen von einer hinreichenden nomologischen Validität des Modells ausgegangen werden kann.[48]

---

45 Diese latente Variable ist aufgrund ihrer eindimensionalen Messung mit ihrem Meßindikator identisch. Eine Ladung von 1 und eine Residualgröße von 0 unterstellen, daß die latente Variable vollständig durch den einzelnen Meßindikator (und damit ohne Meßfehler) repräsentiert werden kann. Für die Analyse der weiteren Episoden einer Bahnreise wurde analog vorgegangen. Alternativ ist auch die Möglichkeit gegeben, Werte kleiner 1 vorzugeben und/oder Meßfehler zuzulassen. Vgl. Backhaus, K. et al., Multivariate Analysemethoden – Eine anwendungsorientierte Einführung, a.a.O., S. 373 ff. Der ebenfalls auf die Vor-Reisezufriedenheit gerichtete freistehende Pfeil kennzeichnet die durch das Modell nicht erklärte Varianz der Vor-Reisezufriedenheit.

46 Vgl. Klein, H., Bahnhöfe – Visitenkarten der Bahn, in: Die Bundesbahn, 65. Jg., Heft 9, 1989, S. 707 ff.

47 So findet sich auch für diese Größe kein verbindlicher Richtwert. Dieses Problem wird zusätzlich durch den Umstand verstärkt, daß der Aussagewert des häufig als Beurteilungsgröße herangezogenen sog. TCD-Wertes in neueren Publikationen stark kritisiert wird. Vgl. Homburg, Ch., Giering, A., Konzeptualisierung und Operationalisierung komplexer Konstrukte, a.a.O, S. 10 und 22; Homburg, Ch., Baumgartner, H., Beurteilung von Kausalmodellen: Bestandsaufnahme und Anwendungsempfehlungen, Marketing Zeitschrift für Forschung und Praxis, 17. Jg., Heft 3, 1995, S. 170 ff. und die dort jeweils angegebene Literatur.

48 Homburg und Baumgartner argumentieren in diesem Zusammenhang: „Es erscheint uns allerdings nicht immer sinnvoll, hier einen Mindestwert zu fordern. Eine solche Forderung wäre nur sinnvoll, wenn das substanzwissenschaftliche Erkenntnisziel der Untersuchung darin besteht, die jeweiligen endogenen latenten Variablen möglichst vollständig zu erklären. Dann könnte man beispielsweise eine quadrierte multiple Korrelation von mindestens 0,4 fordern. Geht es dem Anwender der Kausalanalyse aber lediglich um die Prüfung bestimmter vermuteter Beziehungen zwischen den latenten Variablen, so sollte er die quadrierten multiplen Korrelationen zwar zur Kenntnis nehmen, hier aber keine Mindestanforderungen vorgeben." Homburg, Ch., Baumgartner, H., Beurteilung von Kausalmodellen: Bestandsaufnahme und Anwendungsempfehlungen, a.a.O., S. 172. Mit einem Wert von 0,35 für den multiplen Korrelationskoeffizienten der Vor-Reisezufriedenheit wird auch die strengere Richtlinie von Homburg und Baumgartner (Mindestwert 0,4) im hiesigen Modell nahezu erfüllt.

2.22   Analyse der Reisezufriedenheit

Zur Messung der Zufriedenheit mit den sechs Kontaktpunkten der Reisephase wurde das Urteil über achtzehn Meßindikatoren erhoben. Wie bereits in der Vor-Reisephase können auch in der Reisephase deutliche Unterschiede in der Zufriedenheit mit den einzelnen Merkmalen bei einer Betrachtung über alle Befragten festgestellt werden (vgl. Abbildung 6).

Kontaktpunkte	Merkmale	Standard-abweichung	Sehr zufrieden 1	2	3	4	Gar nicht zufrieden 5
Abfahrt	Pünktlichkeit Abfahrt	1,03					
Abteil	Möglichkeit zur Gepäckverstauung	1,05					
Abteil	Komfort des Sitzes	1,05					
Abteil	Beinfreiheit am Sitzplatz	1,18					
Abteil	Ausstattung des Sitzplatzes (z. B. Arbeitstisch, Ablage)	1,07					
Abteil	Sauberkeit des Abteils/Wagens	0,93					
Abteil	Möglichkeit, ungestört arbeiten/schlafen/lesen zu können	1,10					
Abteil	Luft-/Temperaturverhältnisse	1,11					
Abteil	Verständlichkeit der Lautsprecherdurchsagen	0,96					
Personal	Freundlichkeit des Zugpersonals	0,85					
Personal	Fachkompetenz des Zugpersonals	0,81					
Personal	Informationen über etwaige Anschlüsse, Verspätungen etc.	0,96					
Personal	Sicherheit im Zug (keine Belästigung durch Dritte)	0,72					
Restaurant	Angebot im Speisewagen/Zugbistro	1,10					
Restaurant	Preis-/Leistungsverhältnis der Speisen und Getränke	1,14					
Toiletten	Sauberkeit der Zugtoiletten	1,17					
Ankunft	Fahrtdauer	1,07					
Ankunft	Pünktlichkeit des Zuges am Zielbahnhof	1,14					

Abb. 6:   Zufriedenheitsprofil der Reisephase

Entgegen der häufig in Verbindung mit einer Bahnreise geäußerten Kritik an der unzureichenden Pünktlichkeit der Züge erweist sich die Zufriedenheit der Reisenden mit der Abfahrt und Ankunft als überraschend hoch. Einen ähnlich positiven Wert erzielt die „soziale" Sicherheit im Zug. Hiermit ist der Umstand angesprochen, nicht durch Dritte (z. B. betrunkene Fahrgäste oder Fußballfans) belästigt worden zu sein. Auch das Zugpersonal wird insgesamt sehr positiv beurteilt. Dagegen fällt die Zufriedenheit mit den Kontaktpunkten „Zugrestaurant" bzw. „Toiletten" deutlich niedriger aus. Insbesondere in bezug auf das Preis-/ Leistungsverhältnis der angebotenen Speisen und Getränke bekunden die Befragten eine hohe Unzufriedenheit. Die Merkmalszufriedenheiten des Kontaktpunktes „Abteil" weisen einen relativ heterogenen Verlauf auf. Während sich die Reisenden mit der Sauberkeit des Abteils und der Verständlichkeit der Lautsprecherdurchsagen vergleichsweise zufrieden zeigen, können in diesem Kontaktpunkt insbesondere die Beinfreiheit am Sitzplatz sowie die Luft- bzw. Temperaturverhältnisse als Quellen der Unzufriedenheit ausgemacht werden. Aber auch die Möglichkeit, ungestört arbeiten, lesen bzw. schlafen zu können, ist aus Sicht der Befragten nur eingeschränkt gegeben.

Im folgenden wird nun untersucht, inwieweit sich die Zufriedenheiten mit den verschiedenen Abschnitten der Reisephase gegenseitig beeinflussen und welchen Beitrag sie zur Erklärung der Zufriedenheit mit der gesamten Episode leisten. Abbildung 7 zeigt das zur Analyse der Struktur und Dynamik der Reisezufriedenheit spezifizierte Kausalmodell.

Auch für dieses identifizierbare Modell ist festzuhalten, daß aufgrund der ermittelten globalen Gütekriterien eine insgesamt zufriedenstellende Konstruktvalidität angenommen werden kann.[49] Die Meßindikatoren der Kontaktpunktzufriedenheiten weisen ohne Ausnahme reliable Werte aus, so daß auch für dieses Modell akzeptable Operationalisierungen der verschiedenen Kontaktpunktzufriedenheiten festzuhalten sind. Als ein besonders zuverlässiger Indikator der Zufriedenheit mit dem Abteil stellt sich der Sitzkomfort heraus (r=0,83). Die Zufriedenheit mit dem Personal wird in besonderem Maße durch die hier erfahrene Freundlichkeit und Fachkompetenz repräsentiert. Während das Angebot an Speisen und Getränken für die Zufriedenheit mit dem Zugrestaurant eine hohe Bedeutung einnimmt, wird die Zufriedenheit mit dem Ende der Reisephase, der Ankunft am Zielbahnhof, in besonderer Weise durch das Urteil über die Pünktlichkeit der Züge beeinflußt.

Die **Korrelationen zwischen den einzelnen Kontaktpunkten** sind ohne Ausnahme positiv und durchgehend von statistischer Signifikanz. Im Vergleich zur Vor-Reisephase fallen diese Werte teilweise deutlich höher aus.[50] So ist insbesondere zwischen den Kontaktpunkten „Abteil" und „Personal" ein sehr hoher Zusammenhang zu beobachten (r=0,81). Diese zwar inhaltlich eindeutig zu differenzierenden Kontaktpunkte stellen damit auf der Wahrnehmungsseite eng verwandte Teilaspekte der Reisephase dar. Dies liegt zum einen darin begründet, daß der Kontakt mit dem Personal in erster Linie bei der Fahrkartenkontrolle am Sitzplatz des Reisenden und damit innerhalb des Kontaktpunktes „Abteil" stattfindet. Auf der anderen Seite zeichnet sich das Personal aber auch für den Inhalt und die Verständlichkeit der per Lautsprecher erteilten Informationen sowie für die Gewährleistung der bereits angesprochenen „sozialen" Sicherheit der Reisenden während des Abteilaufenthaltes verantwortlich. Die enge Verbindung zwischen diesen Kontaktpunkten wird damit nachvollziehbar.

---

49   Die entsprechenden LISREL-Maße GFI = 0,951, AGFI = 0,931 und RMR = 0,083 bestätigen die gelungene Modellanpassung.

50   Da nicht davon ausgegangen werden kann, daß die Kontaktpunkte „Abteil", „Personal", „Restaurant" und „Toiletten" von den Reisenden in einer identischen Reihenfolge durchlaufen wurden, werden die Korrelationen nur jeweils im Hinblick auf die Kontaktpunkte „Abfahrt" und „Ankunft" in kausaler Weise interpretiert; hier besteht ein eindeutig sequentieller Zusammenhang.

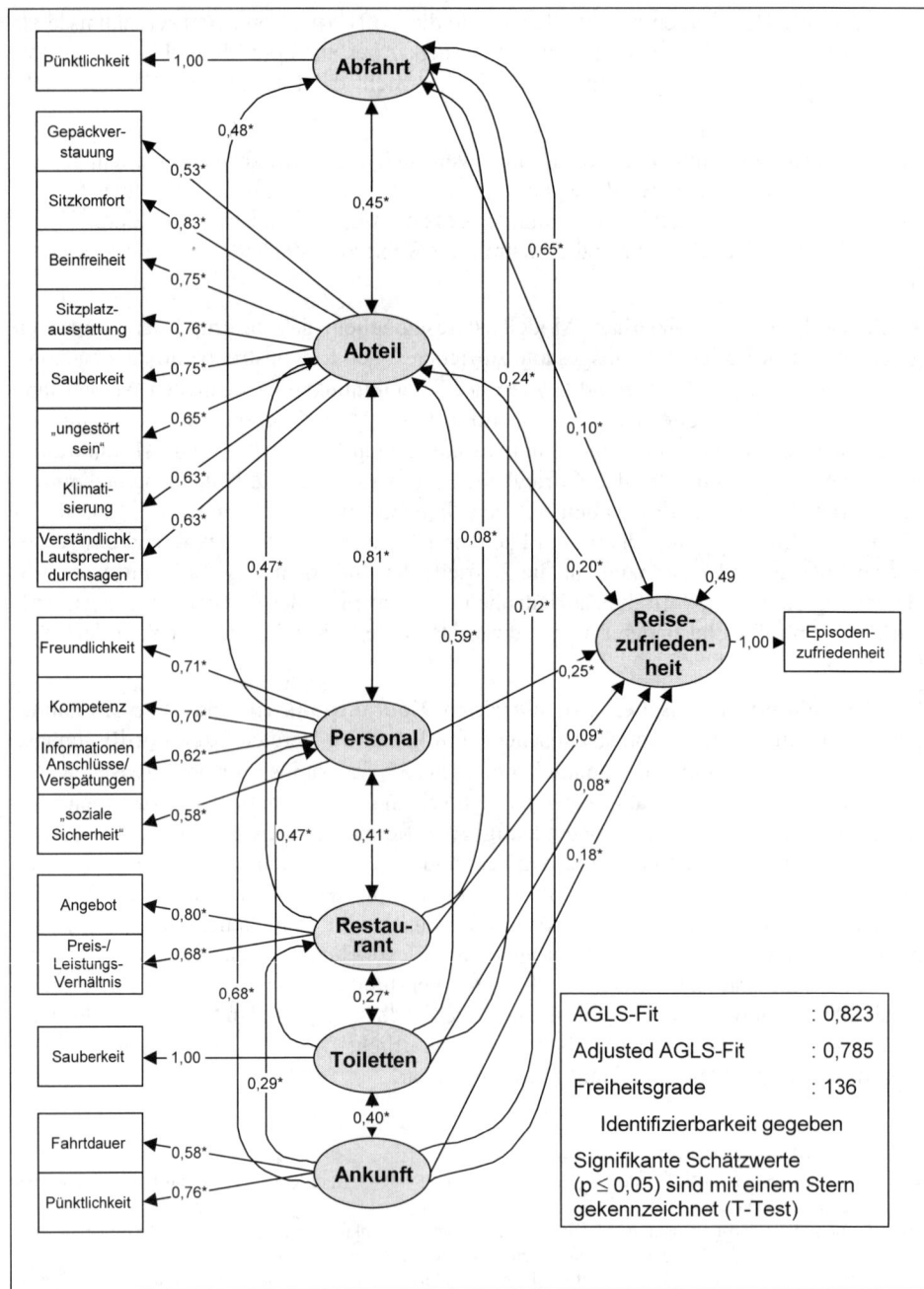

Abb. 7: Kausalmodell zur Struktur und Dynamik der Reisezufriedenheit

Der Beginn der Reisephase, die Abfahrt, hat einen erkennbaren Einfluß auf zeitlich darauf folgende Kontaktpunkte. Insbesondere die vergleichsweise hohe Beziehung zum Kontaktpunkt „Ankunft" ist hier auffällig (r=0,65). Offensichtlich assoziiert ein Reisender mit einer (un-)pünktlichen Abfahrt auch eine (un-)pünktliche Ankunft des Zuges. Dies und die weiteren Korrelationen wie z. B. mit dem Abteil (r=0,45) oder dem Personal (r=0,48) unterstreichen die Bedeutung des Anfangs der Reisephase für die Zufriedenheit mit anderen Kontaktpunkten.

Die Untersuchung der Zusammenhänge zwischen den Kontaktpunkten zeigt darüber hinaus, daß die Zufriedenheit mit der Ankunft der Züge am Zielbahnhof durch weitere zeitlich vorgelagerte Kontaktpunkte beeinflußt wird. Bemerkenswert erscheint hier insbesondere die Stärke der Beziehung zu den Kontaktpunkten „Abteil" (r=0,72) und „Personal" (r=0,68). Diese Zusammenhänge erklären sich aus der Beeinflußbarkeit der Zeitwahrnehmung von Dienstleistungskunden durch Maßnahmen des Verkehrsdienstleisters.[51] Die ansprechende Gestaltung des Abteils sowie die Sicherstellung verständlicher und konkreter Informationen per Lautsprecher bzw. „vor Ort" durch das Personal üben im Vergleich zu dem Unterlassen solcher Maßnahmen eine positive Wirkung auf die Einschätzung der Dauer der Transaktionszeit aus.

Schließlich ist auf die Beziehung der Kontaktpunkte „Abteil" und „Zugtoiletten" hinzuweisen (r=0,59). Hiernach zeichnet sich die zufriedenstellende Wahrnehmung der Ausstattung des Abteils zu einem gewissen Grad für die Zufriedenheit mit den Zugtoiletten (und umgekehrt) verantwortlich. Ähnliches gilt in leicht abgeschwächter Form auch für den Zusammenhang zwischen den Kontaktpunkten „Abteil" und „Zugrestaurant" (r=0,47). Interessanterweise fallen jedoch die weiteren Korrelationen des Kontaktpunktes „Zugrestaurant" mit den übrigen Abschnitten der Reisephase vergleichsweise niedrig aus. Wie im folgenden noch näher zu erörtern ist, liegt die Vermutung nahe, daß dieser Kontaktpunkt vergleichsweise eigenständig und damit relativ unabhängig von den weiteren Kontaktpunkten wahrgenommen wird. Insgesamt bestätigen die im Modell zu beobachtenden Korrelationen die Annahme der Dynamik der Kundenzufriedenheit in der Reisephase. Der insgesamt im Vergleich zur Vor-Reisephase größere Anteil an höheren Korrelationen ist auch auf den in dieser Phase stärker ausgeprägten physischen und zeitlichen Verbund der einzelnen Kontaktpunkte zurückzuführen.

Die empirische Analyse des **Einflusses der einzelnen Kontaktpunkte** auf die Zufriedenheit mit der gesamten Reisephase führt zu der Erkenntnis, daß wider Erwarten die Zufriedenheit mit der Ankunft nicht den stärksten Einfluß auf die Episodenzufriedenheit ausübt (0,18). Ein ebenfalls nur geringer Effekt geht von dem Kontaktpunkt „Abfahrt" aus (0,10). Somit läßt sich die Pünktlichkeit der Züge bei der Abfahrt und bei der Ankunft in Anlehnung an die Terminologie von Herzberg in erster Linie als ein „Hygiene-

---

51   Vgl. hierzu und im folgenden Stauss, B., Dienstleister und die vierte Dimension, in: Harvard Manager, 13. Jg., Heft 2, 1991, S. 87 f.

faktor" charakterisieren.[52] Hiermit ist der Umstand angesprochen, daß bestimmte Merkmale einer Dienstleistung erst bei Nichterfüllung einer bestimmten Mindestnorm einen starken Effekt auf die (Un-)Zufriedenheit eines Dienstleistungskunden ausüben. Während die (Über-)Erfüllung dieser Norm einen vergleichsweise schwachen zufriedenheitsstiftenden Charakter innehat, ist bei Untererfüllung eine spürbare Verschlechterung der Kundenzufriedenheit die Folge.[53] Angesichts des hohen Anteils mit der Pünktlichkeit der Züge (sehr) zufriedener Kunden in der vorliegenden Stichprobe kann von einer solchen Wirkungsweise der Pünktlichkeit auf die Zufriedenheit mit der Reisephase ausgegangen werden.[54]

Ein ebenfalls schwacher Einfluß auf die Episodenzufriedenheit ist dem Kontaktpunkt „Zugtoiletten" zu attestieren (0,08). Diese können im doppelten Sinne als „Hygienefaktor" interpretiert werden. Während der einwandfreie Zustand der sanitären Anlagen als Selbstverständlichkeit vorausgesetzt wird und damit nicht zwingend zufriedenheitsfördernd wirkt, führt eine Nichterfüllung dieser Norm zu starker Unzufriedenheit. In Anbetracht der vergleichsweise wenigen diesbezüglich unzufriedenen Reisenden wird der schwache Einfluß dieses Kontaktpunktes auf die Zufriedenheit mit der Reisephase verständlich.[55] Als „Motivator" erweist sich dagegen die Zufriedenheit der Befragten mit dem Zugbegleitpersonal, da diese den vergleichsweise höchsten Einfluß auf die Reisezufriedenheit ausübt (0,25). Eine (Über-)Erfüllung der Erwartungen der Kunden an das Zugbegleitpersonal beeinflußt damit die Zufriedenheit mit der Reisephase relativ stark.[56]

Nach dem Ergebnis der empirischen Untersuchung ist der Einfluß des Zugrestaurants auf die Episodenzufriedenheit als nur gering zu bezeichnen (0,09). Da die Verpflegung nicht in dem Leistungspaket der Fahrgäste enthalten ist, ist anzunehmen, daß Bahnreisende den Restaurantaufenthalt als eine eigenständige Dienstleistung und nicht als einen integrierten Bestandteil der Verkehrsdienstleistung „Bahnreise" wahrnehmen. Der Aufenthalt im Zugabteil ist dagegen eine wichtige Komponente des vom Kunden erworbenen Leistungspaketes, deren Bedeutung sich in dem relativ hohen Pfadkoeffizienten widerspiegelt (0,20).

---

52 Vgl. Herzberg, F., Work and Nature of Men, Cleveland, Ohio 1966; Herzberg, F., The Motivation-Hygiene Concept and Problems of Manpower, in: Personal Administration, 27. Jg., 1964, S. 3 ff. sowie zu einer kritischen Würdigung dieser Theorie: Schütze, R., Kundenzufriedenheit: After-Sales-Marketing auf industriellen Märkten, a.a.O., S. 141 ff.

53 Zu einer derartigen Interpretation von Hygienefaktoren im Dienstleistungsbereich vgl. Eckert, St., Rentabilitätssteigerung durch Kundenbindung, Hammer 1995, S. 99 ff.

54 Über 87 % der Befragten zeigten sich als (sehr) zufrieden mit der Pünktlichkeit ihres Zuges bei der Abfahrt am Startbahnhof. Ca. 80 % der Reisenden gaben an, mit der Pünktlichkeit ihres Zuges bei der Ankunft am Zielbahnhof (sehr) zufrieden gewesen zu sein.

55 Von den Befragten, die die sanitären Anlagen der Züge aufgesucht haben, zeigten sich ca. 26 % weniger bis gar nicht zufrieden mit dem Zustand der Zugtoiletten.

56 Insgesamt bekundeten ca. 80 % der Reisenden eine (hohe) Zufriedenheit mit der Freundlichkeit des Personals sowie über 78 % in Bezug auf die fachliche Kompetenz der Zugbegleiter. 73 % zeigten sich (sehr) zufrieden mit den während der Fahrt erhaltenen Informationen und wiederum knapp 90 % der Befragten gaben an, mit der „sozialen" Sicherheit im Zug (sehr) zufrieden gewesen zu sein.

Insgesamt werden durch die erörterten kausalen Zusammenhänge ca. 51 % der Varianz der Reisezufriedenheit erklärt. Angesichts der lediglich eindimensionalen Operationalisierung der Episodenzufriedenheit kann dem Modell damit eine ausreichende Stärke der Kausalbeziehungen zuerkannt werden, die im Vergleich zur Vor-Reisezufriedenheit deutlich höher ausfällt.

2.23 Analyse der Umsteigezufriedenheit

Die Betrachtung der im Zusammenhang mit der Messung der Kontaktpunktzufriedenheiten der Umsteigephase erhobenen fünf Dienstleistungsmerkmale führt zu der Erkenntnis, daß sich die Zufriedenheit mit dem eigentlichen Umsteigevorgang auf einem nur mittleren Niveau bewegt (vgl. Abbildung 8).[57] Dagegen fällt die Zufriedenheit mit der pünktlichen Abfahrt der Anschlußzüge im Kontaktpunkt „Weiterfahrt" mit einem Mittelwert von 1,8 verhältnismäßig positiv aus. Als relativ hoch erweist sich hier die Standardabweichung des Merkmals „Anschluß an andere Züge" (1,29), dessen Mittelwert den Ausprägungen der Indikatoren des Umsteigevorganges ungefähr entspricht.

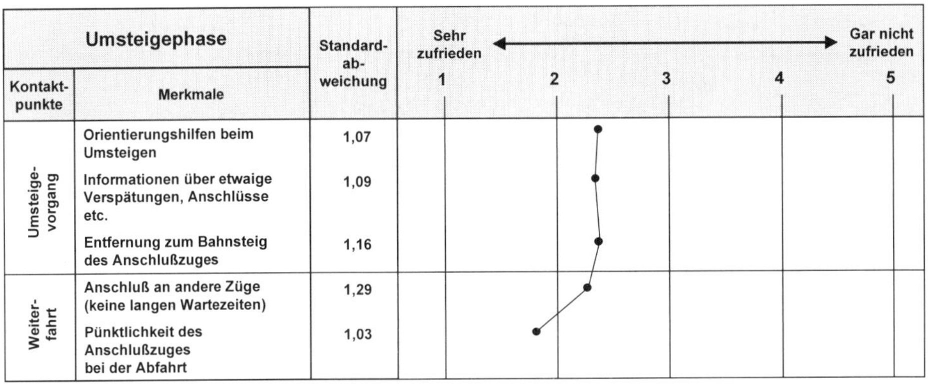

Umsteigephase		Standard-ab-weichung	Sehr zufrieden				Gar nicht zufrieden
Kontakt-punkte	Merkmale		1	2	3	4	5
Umsteige-vorgang	Orientierungshilfen beim Umsteigen	1,07					
	Informationen über etwaige Verspätungen, Anschlüsse etc.	1,09					
	Entfernung zum Bahnsteig des Anschlußzuges	1,16					
Weiter-fahrt	Anschluß an andere Züge (keine langen Wartezeiten)	1,29					
	Pünktlichkeit des Anschlußzuges bei der Abfahrt	1,03					

Abb. 8: Zufriedenheitsprofil der Umsteigephase

Über die **Bedeutung der verschiedenen Kontaktpunkte** für die Zufriedenheit mit dieser Episode einer Bahnreise gibt das folgende Kausalmodell Aufschluß. Es erweist sich als identifizierbar, und die in Abbildung 9 angegebenen globalen Gütekriterien bescheinigen dem spezifizierten Modell eine insgesamt gelungene Anpassung an die empirische

---

57 Diese sowie die folgenden Auswertungen beziehen sich ausschließlich auf Fahrgäste, die während ihrer Bahnreise mindestens einmal in einen Anschlußzug umgestiegen sind. In der vorliegenden Stichprobe beträgt der Anteil an „Umsteigern" 63,2 %.

Datenstruktur.[58] Auch die Reliabilität der Meßindikatoren der beiden Kontaktpunkte ist durchgängig positiv zu beurteilen. Während die Orientierungshilfen am Umsteigebahnhof den zuverlässigsten Indikator der Zufriedenheit mit dem eigentlichen Umsteigevorgang darstellen, wird die Zufriedenheit mit der Weiterfahrt am stärksten durch das Merkmal „Anschluß an andere Züge" wiedergegeben.

Die vergleichsweise hohe Korrelation zwischen den beiden Kontaktpunkten (r=0,65) ist ein sicherer Nachweis für den engen Wahrnehmungsverbund zwischen den Abschnitten des Umsteigevorganges. Die Erteilung eindeutiger sowie verständlicher Informationen in Verbindung mit einer ausreichenden Ausstattung an Orientierungshilfen und die Gewährleistung möglichst kurzer physischer Distanzen zum Anschlußzug beeinflussen die Zufriedenheit mit der eigentlichen Weiterfahrt des Anschlußzuges dabei in eindeutiger Weise.

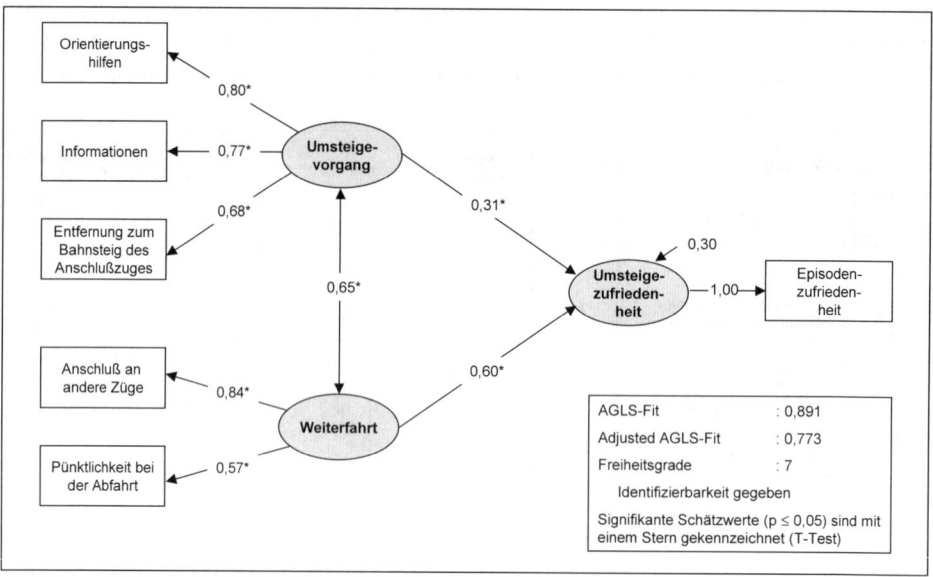

Abb. 9: Kausalmodell zur Struktur und Dynamik der Umsteigezufriedenheit

Die Überprüfung des Einflusses der beiden Kontaktpunktzufriedenheiten auf die Zufriedenheit mit der gesamten Umsteigephase zeigt, daß die zeitliche Komponente dieser Episode, die Weiterfahrt, mit einem Pfadkoeffizienten von 0,60 einen besonders starken

---

58   Auch die LISREL-Gütemaße (GFI=0,979, AGFI=0,938, RMR=0,069) bestätigen eine gute Modellanpassung.

Einfluß auf die Episodenzufriedenheit ausübt.[59] Ebenso geht eine eindeutige Wirkung von der Zufriedenheit mit dem physischen Umsteigevorgang aus, der jedoch mit einem Koeffizienten von 0,31 vergleichsweise niedriger ausfällt.

Mit einem Anteil von 70 % erklärter Varianz der Episodenzufriedenheit erzielt dieses Modell von den bisher betrachteten Kausalmodellen den höchsten Wert. Unter Berücksichtigung der bisherigen Ausführungen kann damit in Verbindung mit diesem Wert die Forderung nach nomologischer Validität als gut erfüllt angesehen werden.

2.24 Analyse der Nach-Reisezufriedenheit

Der Analyse der Zufriedenheit mit der letzten Episode einer Bahnreise, der Nach-Reisephase, liegt die Messung der Zufriedenheit mit sieben Indikatoren zugrunde, deren Zuordnung zu den verschiedenen Kontaktpunkten der Nach-Reisephase Abbildung 10 zu entnehmen ist.

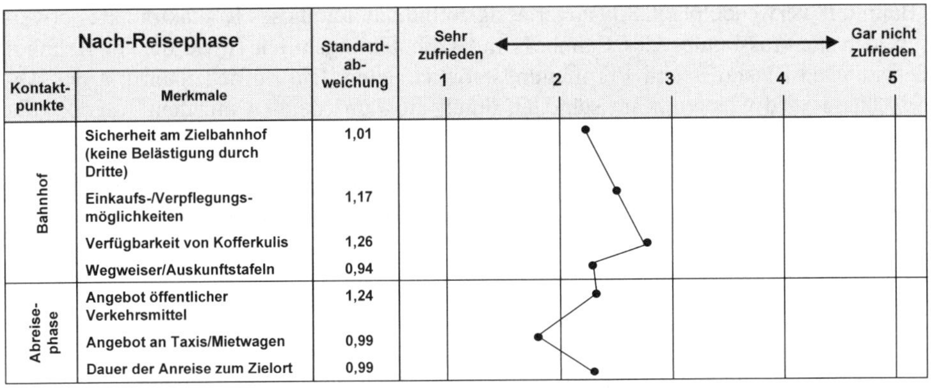

Kontakt-punkte	Nach-Reisephase — Merkmale	Standard-ab-weichung	Sehr zufrieden ← → Gar nicht zufrieden
Bahnhof	Sicherheit am Zielbahnhof (keine Belästigung durch Dritte)	1,01	(ca. 2)
Bahnhof	Einkaufs-/Verpflegungs-möglichkeiten	1,17	(ca. 2,3)
Bahnhof	Verfügbarkeit von Kofferkulis	1,26	(ca. 2,5)
Bahnhof	Wegweiser/Auskunftstafeln	0,94	(ca. 2,2)
Abreise-phase	Angebot öffentlicher Verkehrsmittel	1,24	(ca. 2,3)
Abreise-phase	Angebot an Taxis/Mietwagen	0,99	(ca. 1,9)
Abreise-phase	Dauer der Anreise zum Zielort	0,99	(ca. 2,4)

Abb. 10: Zufriedenheitsprofil der Nach-Reisephase

Hier zeigt sich, daß von den Indikatoren des Kontaktpunktes „Bahnhof" die Verfügbarkeit von Kofferkulis vergleichsweise negativ beurteilt wird. Auch die Zufriedenheit mit den Einkaufs- und Verpflegungsmöglichkeiten am Zielbahnhof bewegt sich auf einem nur mittleren Niveau. Bei einer Beurteilung dieser Merkmalsausprägungen gilt es jedoch zu berücksichtigen, daß sich die Bahnhöfe der Deutschen Bahn in ihrer

---

59 Hildebrandt bezeichnet Pfadkoeffizienten mit Werten über 0,55 als „die Ursache". Vgl. Hildebrandt, L., Konfirmatorische Analysen von Modellen des Konsumentenverhaltens, a.a.O., S. 34.

Größe und Ausstattung ~~nachhaltig~~ unterscheiden.[60] Innerhalb der Abreisephase wird das Angebot an Taxis/Mietwagen vergleichsweise positiv beurteilt. Dagegen zeigen sich die Befragten mit dem Angebot der öffentlichen Verkehrsmittel nur durchschnittlich zufrieden. Zudem ist für dieses Merkmal eine relativ hohe Standardabweichung zu beobachten, so daß hier ein gewisses (Un-) Zufriedenheitspotential der Nach-Reisezufriedenheit zu vermuten ist.

Das zur Überprüfung der Beziehungsstrukturen der Nach-Reisephase spezifizierte und identifizierbare Kausalmodell ist in Abbildung 11 dargestellt. Die ermittelten Gütemaße bestätigen eine insgesamt zufriedenstellende Modellanpassung. So liegen der AGLS-Wert sowie der Adjusted AGLS-Wert in einem ähnlichen Bereich wie für die vorhergehenden Modelle und weisen damit auf eine akzeptable Anpassung der theoretischen Modellstruktur an die empirische Datenstruktur hin.[61]

Für die Meßindikatoren liegen unter Berücksichtigung der Stichprobengröße reliable Werte vor. Dabei zeigt sich jedoch, daß sich das Merkmal „soziale Sicherheit" nur mit einem vergleichsweise hohen Informationsverlust als Indikator des Kontaktpunktes „Bahnhof" verwenden läßt. Als zuverlässigste Indikatoren dieses Kontaktpunktes erweisen sich die Ausstattung des Bahnhofs mit Orientierungshilfen sowie die im Bahnhof befindlichen Einkaufs- und Verpflegungsmöglichkeiten. Die Zufriedenheit mit der Abreisephase wird wiederum am stärksten durch die Zufriedenheit mit dem Angebot der öffentlichen Verkehrsmittel repräsentiert.

Die Analyse der Beziehung zwischen den beiden Kontaktpunkten zeigt mit einem Korrelationskoeffizienten von 0,72 einen deutlichen Zusammenhang. Die Zufriedenheit mit dem Bahnhof ist damit zu einem nicht unerheblichen Grad für die Zufriedenheit mit der Abreisephase verantwortlich.

Während der Bahnhof in der Vor-Reisephase den vergleichsweise stärksten Einfluß auf die Episodenzufriedenheit ausübt, steht der Zielbahnhof in der Nach-Reisephase in seiner Bedeutung (Pfadkoeffizient=0,23) eindeutig hinter dem Kontaktpunkt „Abreise" zurück (Pfadkoeffizient=0,43). Hierin wird der relativ autonome Charakter der letzten Episode einer Bahnreise deutlich. Wenngleich die Zufriedenheit mit dem Zielbahnhof einen eindeutigen und nicht zu vernachlässigenden Einfluß auf die Episodenzufriedenheit ausübt, nimmt der reibungslose Verlauf der Anreise zum letztendlichen Zielort der Reise für die Befragten die dominierende Rolle bei der Bildung des Zufriedenheitsurteils über die Nach-Reisephase ein.

---

60 Die Bahn unterscheidet fünf Kategorien von Bahnhöfen. Diese reichen von „sehr großen Bahnhöfen" mit einer Nutzerfrequenz von über 25 Mio. Reisenden pro Jahr, wie z. B. dem Münchner Hauptbahnhof, bis hin zu „Kleinstbahnhöfen" mit einer Nutzerfrequenz von 0,5 Mio. Reisenden pro Jahr. Zu einer ausführlichen Darstellung vgl. Glöckner, G., Jäger, W., Bahnhof 2000: Erlebniswelt mit Gleisanschluß, in: Die Bundesbahn, 65. Jg., Heft 9, 1989, S. 709 ff.; Bahn Extra (Hrsg.), Lexikon Deutsche Bahn, München 1996, S. 26 ff.

61 Für diese Modell betragen die LISREL-Gütekriterien: GFI=0,979, AGFI=0,938, RMR=0,069. Auch auf Basis dieser Werte ist die Modellanpassung als gelungen zu bezeichnen.

Insgesamt werden durch die erörterten kausalen Zusammenhänge ca. 38 % der Varianz der Nach-Reisezufriedenheit erklärt. Dieser Anteil entspricht damit ungefähr dem Wert der erklärten Varianz der Vor-Reisezufriedenheit, ist jedoch erkennbar niedriger als die entsprechenden Werte der Reise- und Umsteigezufriedenheit.[62]

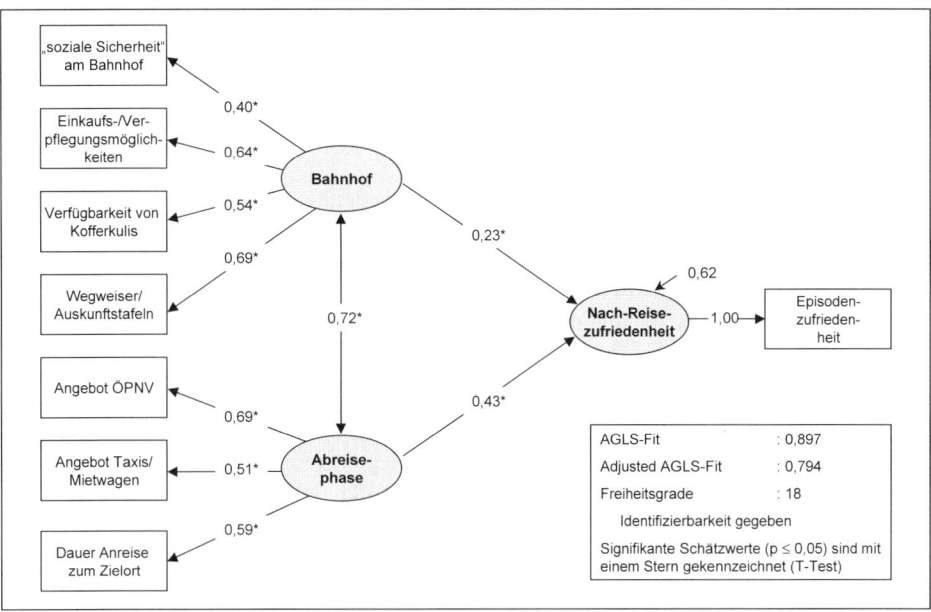

Abb. 11:   Kausalmodell zur Struktur und Dynamik der Nach-Reisezufriedenheit

2.3   Interphasenspezifische Analyse der Kundenzufriedenheit

2.31   Struktur und Dynamik der Transaktionszufriedenheit

Aufgrund der Komplexität der Kundenprozeßhierarchie und der Vielzahl von Zufriedenheitsindikatoren einer Bahnreise werden im folgenden die Beziehungszusammenhänge **zwischen** den einzelnen Episoden auf der Basis der zusätzlich erfaßten Episodenzufriedenheiten untersucht. Da diese im Rahmen der intraphasenspezifischen

---

62   Gleichwohl kann auf der Basis der bisherigen Ausführungen auch für dieses Modell die Forderung nach hinreichender nomologischer Validität als erfüllt angesehen werden.

Kausalmodelle als hinreichend geeignete Indikatoren der Konstruktvalidität erkannt wurden, ist ein solches Vorgehen als zieladäquat anzusehen.[63]

Die Operationalisierung der Transaktionszufriedenheit erfolgt anhand von zwei Indikatoren. So wurden die Befragten auf der einen Seite gebeten, ihre Zufriedenheit mit der gesamten Bahnreise unter Einbeziehung der erlebten Episoden anzugeben. Darüber hinaus wurde auf der anderen Seite die Zufriedenheit mit dem Preis-/Leistungsverhältnis der Bahnreise erhoben. Mit dieser Fragestellung wird dem mit dem Erwerb einer Fahrkarte verbundenen finanziellen Opfer stärker entsprochen.[64] Das sich aus diesen Merkmalen ergebende Mittelwertprofil der verschiedenen Komponenten des Zufriedenheitskonstruktes ist in Abbildung 12 wiedergegeben.

Hier zeigt sich auf der Episodenebene, daß die Zufriedenheit mit dem Umsteigevorgang im Vergleich zu den anderen Abschnitten einer Bahnreise niedriger ausfällt. Auf der Transaktionsebene ist der Unterschied zwischen der globalen episodenübergreifenden Zufriedenheit und der Zufriedenheit mit dem Preis-/ Leistungsverhältnis offenkundig. So ist unter expliziter Einbeziehung des Preises die Zufriedenheit mit einer Bahnreise deutlich niedriger ausgeprägt.

Dies ist auch darauf zurückzuführen, daß die Bahn generell als ein „teures" Verkehrsmittel betrachtet wird. Ein möglicher Grund hierfür besteht darin, daß Reisende häufig den Pkw als Vergleichsmaßstab zugrunde legen und hierbei in einem überwiegenden Maße die sogenannten „out-of-pocket"-Kosten zur Kalkulation heranziehen. Während die Kosten einer Bahnfahrt in Form des Fahrpreises klar definiert sind, neigen Reisende bei der Kalkulation einer Pkw-Fahrt dazu, ausschließlich die Benzinkosten anstatt der Betriebs- und Kapitalkosten zu berücksichtigen.[65]

---

63   Zu einer ähnlichen Vorgehensweise vgl. z. B. Woodside, A.G., Frey, L.L., Daly, R.T., Linking Service Quality, Customer Satisfaction, and Behavioral Intention, in: Journal of Health Care Marketing, Vol. 9, No. 4, 1989, S. 9 ff.

64   Kundenzufriedenheit stellt in diesem Sinne ein als günstig beurteiltes Preis-/ Leistungsverhältnis der wahrgenommenen Transaktion dar und kann damit auch als „ökonomische" Kundenzufriedenheit bezeichnet werden. Zu den in ein Zufriedenheitsurteil eingehenden „Give"- und „Get"-Komponenten vgl. Haller, S., Beurteilung von Dienstleistungsqualität: Dynamische Betrachtung des Qualitätsurteils im Weiterbildungsbereich, Wiesbaden 1995, S. 47 f.

65   Vgl. Jänsch, E., Wiese, J., Der Stellenwert des Komforts in der Systemplanung „Hochgeschwindigkeitsverkehr" (HGV), in: Die Bundesbahn, 64. Jg., Heft 9, 1988, S. 806; Wilken, D., Kriterien der Verkehrsmittelwahl im Personenfernverkehr und ihre Bedeutung in Verkehrsnachfragemodellen, in: Internationales Verkehrswesen, 26. Jg., Heft 1, 1974, S. 6.

Interphasenspezifische Betrachtung		Standard-ab-weichung	Sehr zufrieden				Gar nicht zufrieden
Ebenen	Indikatoren		1	2	3	4	5
Episoden	Vor-Reisezufriedenheit	0,96					
Episoden	Reisezufriedenheit	0,86					
Episoden	Umsteigezufriedenheit	1,17					
Episoden	Nach-Reisezufriedenheit	0,86					
Trans-aktion	globale Zufriedenheit	0,81					
Trans-aktion	Zufriedenheit Preis/Leistung	1,09					

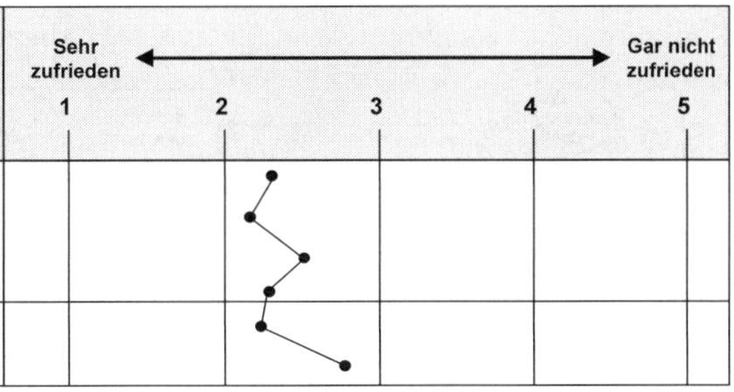

Abb. 12: Profil der Kundenzufriedenheit auf der Episoden- und Transaktionsebene

Zur Untersuchung der Frage, welche Bedeutung die einzelnen Episoden bei der Bildung des gesamten Zufriedenheitsurteils innehaben, wurde die in Abbildung 13 dargestellte konfirmatorische Faktorenanalyse, die einen Sonderfall des allgemeinen Modells der Kausalanalyse darstellt, zur **Analyse der Beziehungsstrukturen** zwischen den Episoden einer Bahnreise spezifiziert. In diesem Zusammenhang ist auf eine Berücksichtigung der Umsteigephase als einer eigenständigen Episode verzichtet worden, da sie einen integralen Bestandteil der Reisephase darstellt. Das Modell erfüllt die notwendige Bedingung der Identifizierbarkeit, und die ermittelten Gütemaße kennzeichnen eine guten Modellfit.[66]

Zunächst ist als zentrales Ergebnis festzuhalten, daß von allen Episoden ein direkter positiver Einfluß auf zeitlich nachgelagerte Episoden ausgeht. Jedoch ist der Erklärungsbeitrag zeitlich vorgelagerter Episoden für die Zufriedenheit nachfolgender Episoden über alle Befragte als relativ gering einzustufen. So werden lediglich 6 % der Varianz der Reisezufriedenheit und 18 % der Varianz der Nach-Reisezufriedenheit durch die davor erlebten Reiseabschnitte erklärt. Diese Ergebnisse stellen damit auf der einen Seite einen eindeutigen Nachweis für die Dynamik der Kundenzufriedenheit mit Verkehrsdienstleistungen auf der Episodenebene dar. Auf der anderen Seite ist aber ebenso eine vergleichsweise eigenständige Wahrnehmung der einzelnen Abschnitte einer Bahnreise festzustellen.

---

66 Die entsprechenden LISREL-Kriterien dieses Modells lauten: GFI=0,982, AGFI=0,908, RMR=0,067. Zur Sicherstellung der Identifizierbarkeit des Modells werden für die einzelnen Indikatoren der Episodenzufriedenheiten Ladungen von 1 und entsprechende Residualgrößen von 0 unterstellt. Zu einer ähnlichen Vorgehensweise vgl. Kirchgeorg, M., Ökologieorientiertes Unternehmensverhalten: Typologien und Erklärungsansätze auf empirischer Basis, Wiesbaden 1990, S. 225.

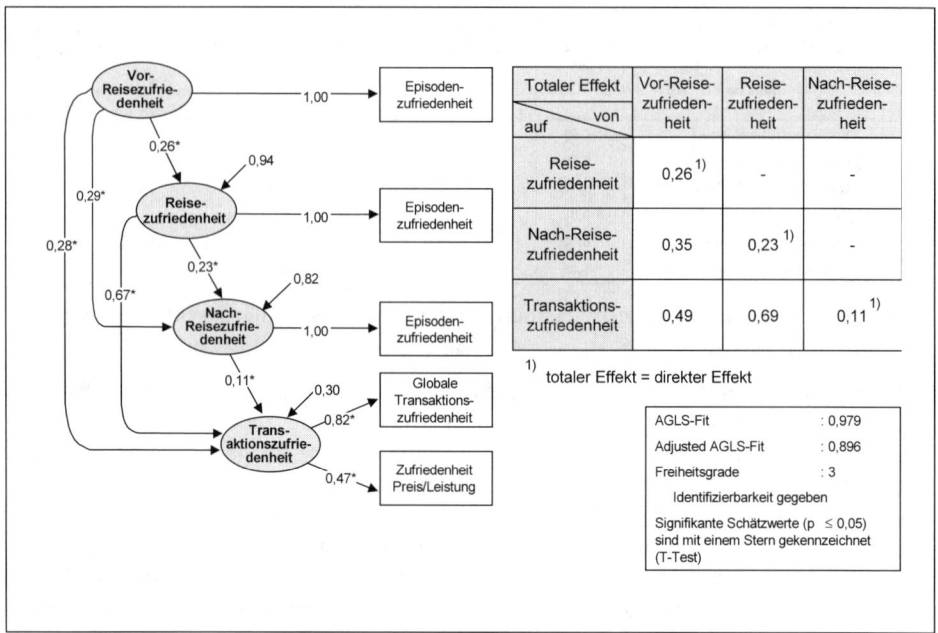

Abb. 13:   Konfirmatorische Faktorenanalyse zur Struktur und Dynamik der Transaktionszufriedenheit

Den eindeutig stärksten direkten Einfluß übt die Reisezufriedenheit auf die Transaktionszufriedenheit aus (0,67). Die sehr hohe Bedeutung eines zufriedenstellenden Verlaufs der Kerndienstleistung einer Bahnreise, der Beförderung, ist hier unverkennbar. Gleichwohl üben auch die der Reisephase vor- und nachgelagerten Episoden einen eindeutigen Einfluß auf die Transaktionszufriedenheit aus. Hieran wird deutlich, daß sich ein Verkehrsdienstleistungsunternehmen keinesfalls auf die Optimierung des eigentlichen Kerns der Dienstleistung beschränken darf, sondern auch den Erfahrungen, die der Kunde im Vorfeld und nach dem eigentlichen Dienstleistungskonsum macht, eine besondere Beachtung zukommen lassen muß. Dies ist nicht zuletzt aufgrund des Einflusses der Vor-Reisephase auf die Reisezufriedenheit als notwendig zu erachten. In diesem Zusammenhang kann festgestellt werden, daß der Einfluß der Zufriedenheit mit der Nach-Reisephase relativ niedrig ausfällt (0,11). Demnach scheint ein Bahnreisender mit dem Verlassen des Zielbahnhofs die Verkehrsdienstleistung „Bahnreise" als (weitgehend) beendet anzusehen, wie dies bereits in der intraphasenspezifischen Analyse der Nach-Reisezufriedenheit zum Ausdruck kam.

Neben den bisher erläuterten direkten Einflüssen sind darüber hinaus die totalen Effekte der einzelnen Abschnitte einer Bahnreise von Interesse, da eine Episodenzufriedenheit über die danach folgenden Episoden **indirekt** auf die weiteren Phasen und damit auch auf die gesamte Zufriedenheit mit der Bahnreise Wirkungen ausübt.[67] Wie Abbildung 13 zu entnehmen ist, erfährt die Vor-Reisezufriedenheit bei einer Integration der indirekten Effekte einen merklichen Bedeutungszuwachs. Auch wenn die Reisezufriedenheit weiterhin als die dominierende Episode einer Bahnreise anzusehen ist, wird auf diese Weise nochmals die Notwendigkeit der Berücksichtigung insbesondere der Episode deutlich, die der Kerndienstleistung zeitlich vorgelagert ist.

Insgesamt werden durch die dargestellten Beziehungszusammenhänge 70 % der Varianz der Transaktionszufriedenheit erklärt. Auf der Basis der bisherigen Ausführungen und vor dem Hintergrund dieses Ergebnisses kann dem Modell eine zufriedenstellende nomologische Validität bescheinigt werden.

2.32   Einfluß auf die Beziehungszufriedenheit

Nachdem im vorhergegangenen Abschnitt die transaktionsspezifische Zufriedenheitsdynamik Gegenstand der Untersuchung war, soll im folgenden die Forschungsperspektive auf die höchste Ebene der Hierarchie von Dienstleistungsprozessen, die Beziehungsebene, ausgedehnt werden. Der Begriff der Beziehungszufriedenheit beinhaltet die transaktionsübergreifende Zufriedenheit mit dem Verkehrsdienstleister Bahn und umfaßt die Summe aller bisher erlebten Transaktionen. Im Hinblick auf die beziehungsspezifische Zufriedenheitsdynamik ist zu hinterfragen, welchen Einfluß die Zufriedenheit mit einer konkreten Transaktion auf den aktuellen Stand der Beziehungszufriedenheit ausübt. Zu diesem Zweck wurden die Reisenden gebeten, ihre Zufriedenheit mit der Bahn unter Berücksichtigung aller bisherigen Erfahrungen mit der Bahn anzugeben.

Mit einem Durchschnitt von 2,53 über alle Befragten bewegt sich die Beziehungszufriedenheit mit der Bahn auf einem nur mäßigen Niveau und fällt damit in einem nicht unerheblichen Ausmaß niedriger als die episodenübergreifende Transaktionszufriedenheit (Mittelwert 2,19) aus. Offensichtlich spiegeln sich in der Beziehungszufriedenheit auch weniger zufriedenstellende Kontakte der Vergangenheit wider. Ebenso konnte in Zufriedenheitsstudien nachgewiesen werden, daß Kundenzufriedenheit im Zeitablauf abnimmt. Ein mögliche Ursache wird darin gesehen, daß sich Kunden eher an negative

---

67   Indirekte Effekte werden durch die Multiplikation und anschließende Addition der entsprechenden Koeffizienten ermittelt. Aus der Addition der direkten und indirekten Einflüsse ergeben sich die totalen Effekte. Zu einer ausführlichen Darstellung der Berechnung derartiger Effekte vgl. Backhaus, K. et al., Multivariate Analysemethoden – Eine anwendungsorientierte Einführung, a.a.O., S. 389 ff.

als an positive Transaktionen erinnern und demzufolge die Beziehungszufriedenheit geringer einschätzen.[68]

Für die Analyse des Einflusses der Transaktionszufriedenheit auf die Beziehungszufriedenheit wird die im vorhergegangenen Kapitel vorgestellte konfirmatorische Faktorenanalyse zur Struktur und Dynamik der Transaktionszufriedenheit aufgegriffen und um das Konstrukt der Beziehungszufriedenheit ergänzt (vgl. Abbildung 14).

Auch dieses Modell ist identifizierbar und weist eine gute Anpassung an die empirische Datenstruktur auf (AGLS=0,972, Adjusted AGLS=0,916).[69] Hier ist zunächst ein starker direkter Einfluß der Transaktionszufriedenheit auf die Beziehungszufriedenheit zu erkennen (0,62). Die ebenfalls in Abbildung 14 angegebenen totalen Effekte der einzelnen Konstrukte bestätigen überdies jedoch auch die Bedeutung einzelner Episoden im Hinblick auf die Bildung des Urteils über die Beziehung zum Unternehmen. So geht auch von der Vor-Reise- und insbesondere von der Reisephase ein deutlicher (totaler) Effekt auf die Beziehungszufriedenheit aus. Dagegen kann der Einfluß der Zufriedenheit mit der Nach-Reisephase auf die Beziehungszufriedenheit vernachlässigt werden (0,09).

Die im Modell dargestellten Kausalbeziehungen vermögen ca. 38 % der Varianz der Zufriedenheit auf der Beziehungsebene zu erklären. Unter Berücksichtigung der Tatsache, daß der Großteil der Befragten über vergleichsweise „junge" Erfahrungen mit Bahnreisen verfügt,[70] ist dieser Wert als hoch anzusehen, da im allgemeinen davon ausgegangen wird, daß das Urteil über die Beziehungszufriedenheit auf der Summe **aller** Erfahrungen beruht. Eine mögliche Erklärung für den hier ermittelten Wert besteht darin, daß ein Rezenzeffekt vorliegt.[71] Dies würde bedeuten, daß insbesondere der letzte und damit jüngste Kontakt mit dem Verkehrsdienstleister die Beziehungszufriedenheit in entscheidender Weise bestimmt.

---

68 Vgl. Folkes, V., How Consumers Predict Service Quality: What Do They Expect?, in: Rust, R.T., Oliver, R.L. (Hrsg.), Service Quality: New Directions in Theory and Practice, Thousand Oaks u. a. 1994, S. 108 ff.

69 Die entsprechenden LISREL-Gütemaße betragen: GFI=0,983, AGFI=0,945, RMR=0,06 und führen ebenfalls zu einer positiven Beurteilung des Modells.

70 73 % der Befragten gaben an, die Bahn in den letzten 12 Monaten mindestens viermal für Reisen über 100 km genutzt zu haben.

71 Vgl. hierzu Parasuraman, A., Zeithaml, V.A., Berry, L.L., Reassessment of Expectations as a Comparison Standard in Measuring Service Quality: Implications for Further Research, in: Journal of Marketing, Vol. 58, January 1994, S. 122.

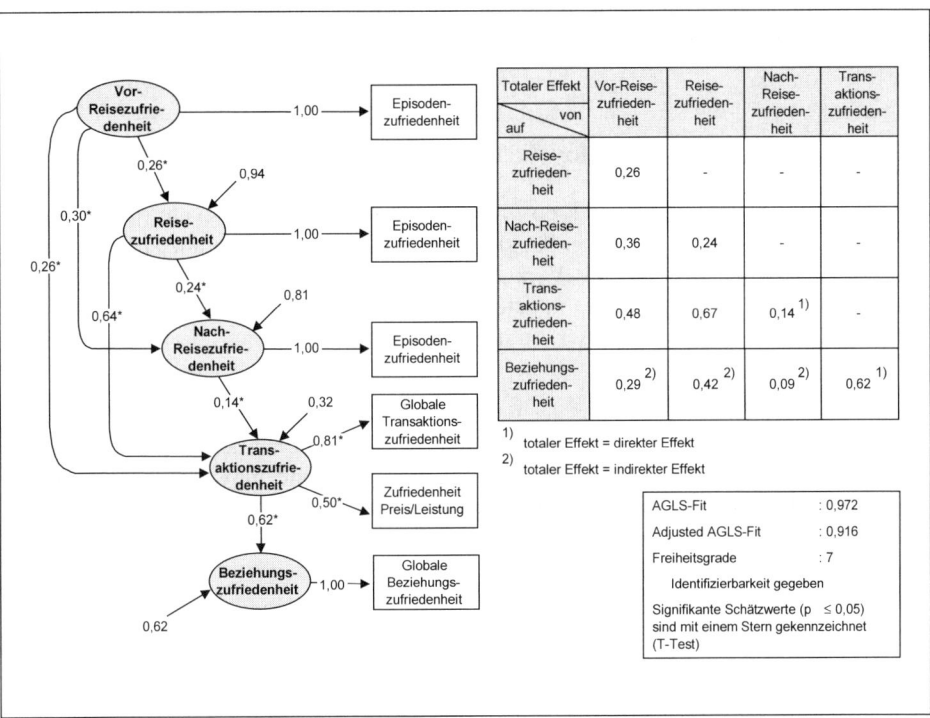

Abb. 14: Konfirmatorische Faktorenanalyse zur Beziehungszufriedenheit

In diesem Zusammenhang ist allerdings anzumerken, daß die Messung der Transaktions- und Beziehungszufriedenheit zum gleichen Zeitpunkt stattfand. Da jedoch die Beziehungszufriedenheit als ein vergleichsweise stabiles Konstrukt anzusehen ist, kann erst eine als Zeitreihenanalyse angelegte Messung genauen Aufschluß über den Einfluß einzelner Transaktionen auf die Beziehungszufriedenheit geben. Dennoch ist das vorliegende Ergebnis auf der einen Seite ein Beleg für die Unterschiedlichkeit beider Konstrukte. Auf der anderen Seite ist deutlich erkennbar, daß die Beziehungszufriedenheit in einem nicht unerheblichen Ausmaß durch das aktuelle Dienstleistungserleben beeinflußt wird.

Insgesamt bleibt zu vermuten, daß das einmalige positive Erleben einer Dienstleistungstransaktion die Beziehungszufriedenheit nur in einem befristeten Zeitraum vorteilhaft stimuliert.[72] So ist davon auszugehen, daß erst das regelmäßige positive Erleben

---

72   Vgl. Bolton, R.N., Drew, J.H., A Longitudinal Analysis of the Impact of Service Changes on Customer Attitudes, in: Journal of Consumer Research, Vol. 17, March 1991, S. 1 ff.

einer Bahnreise einen nachhaltigen Einfluß auf die Beziehungszufriedenheit ausübt und damit eine dauerhaft (positive) Änderung der Beziehung zum Verkehrsdienstleister Bahn bewirkt.[73]

2.33   Einfluß auf die Kundenloyalität

In der Literatur wird der häufig postulierten prognostischen Relevanz der Kundenzufriedenheit für die Loyalität von Kunden nicht immer uneingeschränkt zugestimmt.[74] Da davon auszugehen ist, daß das Verkehrsmittelwahlverhalten durch eine Vielzahl von Komponenten geprägt wird, stellt sich die Frage nach der Bedeutung der Kundenzufriedenheit für die Kundenbindung hier mit besonderem Nachdruck.

Die Kundenloyalität wurde in der vorliegenden Untersuchung einerseits als die Absicht, bei der nächsten Reise wieder mit der Bahn zu fahren, operationalisiert. Darüber hinaus wurde die Empfehlungsloyalität, also die Bereitschaft, die Bahn an Freunde, Bekannte oder Kollegen weiter zu empfehlen, als Indikator der Kundenloyalität herangezogen. Auch das auf der Basis dieser Indikatoren spezifizierte Kausalmodell zur Loyalität von Bahnreisenden baut auf der konfirmatorischen Faktorenanalyse zur Untersuchung der Transaktionszufriedenheit auf.[75] Wie Abbildung 15 zu entnehmen ist, kann diesem identifizierbaren Modell mit einem AGLS-Fit von 0,963 eine gute Anpassungsgüte attestiert werden (Adjusted AGLS-Fit=0,906).[76]

Dabei zeigt sich die Wiedernutzungsabsicht als der zuverlässigere Indikator des theoretischen Konstruktes Kundenloyalität. Mit einem Pfadkoeffizienten von 0,75 ist der Transaktionszufriedenheit eine sehr starke Wirkung auf die Kundenloyalität zuzusprechen. Die hohe Bedeutung der Kundenzufriedenheit für die Kundenbindung ist damit unverkennbar. Die weitere Betrachtung der totalen Effekte führt zu dem Ergebnis, daß von den einzelnen Episoden einer Bahnreise und dabei insbesondere von der Reisezufriedenheit ein nachhaltiger Effekt auf die Kundenloyalität ausgeht (0,52). Auch hier wird die zentrale Bedeutung eines zufriedenstellenden Ablaufs der Kerndienstleistung deutlich, wenngleich der Einfluß der Vor-Reisephase nicht vernachlässigt werden darf. Mit einem totalen Effekt von 0,34 hat auch die Zufriedenheit mit Kundenprozeßelementen, die der

---

73   Vgl. Bitner, M.J., Hubbert, A.R., Encounter Satisfaction Versus Overall Satisfaction Versus Quality: The Customer´s Voice, in: Rust, R.T., Oliver, R.L. (Hrsg.), Service Quality: New Directions in Theory and Practice, Thousand Oaks 1994, S. 77.

74   Vgl. Stauss, B., Neuhaus, P., Das Qualitative Zufriedenheitsmodell (QZM), Diskussionsbeiträge der Wirtschaftswissenschaftlichen Fakultät Ingolstadt Nr. 66, Ingolstadt 1995, S. 2 ff.; Dichtl, E., Peter, S., Kundenzufriedenheit und Kundenbindung in der Automobilindustrie: Ergebnisse einer empirischen Untersuchung, a.a.O., S. 23 ff.

75   Um den spezifischen Einfluß der aktuellen Transaktion auf die Kundenloyalität zu ermitteln, wurden die Reisenden gebeten, die Fragen nach der Loyalität vor dem Hintergrund der aktuellen Bahnreise zu beantworten. Aus diesem Grund wird die Beziehungszufriedenheit nicht in das Modell miteinbezogen.

76   Für diese Modell betragen die LISREL-Gütekriterien: GFI=0,984, AGFI=0,959, RMR=0,059. Auch diese Werte deuten auf eine gute Modellanpassung hin.

eigentlichen Beförderung vorgelagert sind, einen erkennbaren Einfluß auf die zukünftige Verkehrsmittelwahl. Insgesamt werden durch das Modell 56 % der Varianz der Kundenloyalität erklärt. Damit ist die Kundenzufriedenheit als eine wichtige Determinante der Kundenloyalität anzusehen.

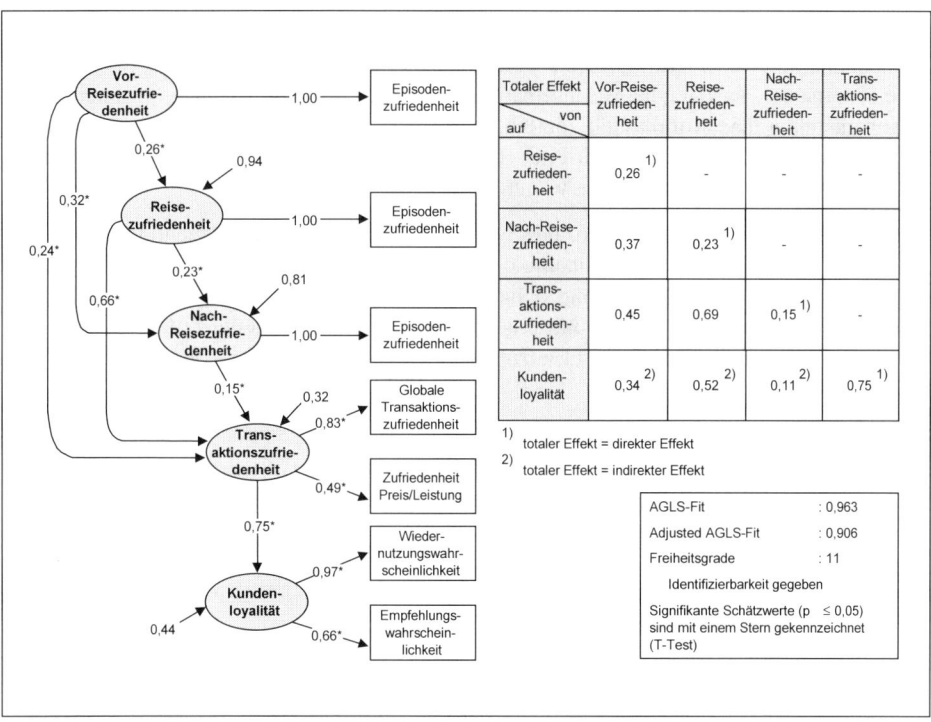

Abb. 15: Konfirmatorische Faktorenanalyse zur Kundenloyalität

Wie bereits für die Analyse der Beziehungszufriedenheit angemerkt wurde, gilt es jedoch auch bei der hier vorgenommenen Untersuchung der Kundenloyalität zu beachten, daß die Kundenzufriedenheit eine vergleichsweise zeitlich instabile Größe darstellt, die nach Beendigung der Transaktion einem gewissen Abnahmeprozeß unterliegt. Da zudem hier nicht das tatsächliche, sondern das bekundete Verhalten der Kunden kurz nach Erleben der Transaktion abgefragt wurde, ist es durchaus denkbar, daß das geäußerte Verhalten von dem tatsächlichen Verhalten in der Folgezeit abweicht. Verschiedene Faktoren können zu einem von der Wiedernutzungsabsicht divergierenden Verkehrsmittelwahlverhalten führen. Der Einfluß solcher Faktoren fällt dabei umso geringer aus, je kürzer der Zeitraum zwischen der Messung der Verhaltensabsicht und der tatsächlichen Nutzung ist.

In der Literatur werden unterschiedliche Faktoren diskutiert, die neben der Kundenzufriedenheit die Kundenloyalität beeinflussen und eine mögliche Erklärung für die durch das vorliegende Modell nicht erfaßte Varianz der Kundenloyalität in Höhe von ca. 44 % darstellen. In diesem Zusammenhang ist insbesondere die Existenz möglicher Wechselbarrieren von Bedeutung.[77] Dabei spielt vor allem der Besitz eines Pkws eine entscheidende Rolle für die Verkehrsmittelwahl.[78] Der Besitz eines Pkws eröffnet einem potentiellen Bahnkunden eine grundsätzlich ständig zur Verfügung stehende und flexibel einsetzbare Alternative, so daß die Wechselbarrieren für einen Bahnreisenden vergleichsweise gering ausfallen. Die Attraktivität von Konkurrenzangeboten, wie z. B. die in jüngerer Zeit im innerdeutschen Flugverkehr offerierten Niedrigpreisangebote, oder der grundsätzliche Wunsch nach Abwechslung stellen weitere mögliche Einflußfaktoren dar.

Zusammenfassend ist festzuhalten, daß hohe Zufriedenheit ein sehr wichtiger, aber kein absoluter Garant für die Wiedernutzung der Bahn ist, da die Verkehrsmittelwahl von einer Vielzahl von Komponenten abhängt. Ungeachtet dieser Einschränkung bleibt jedoch aufgrund der empirischen Untersuchungsergebnisse festzuhalten, daß die Zufriedenheit einen nachhaltigen Einfluß auf die Wiedernutzung des Verkehrsmittels Bahn ausübt.

2.4   Analyse der Bestimmungsfaktoren der Zufriedenheit mit Verkehrsdienstleistungen

2.41   Personenbezogene Bestimmungsfaktoren

Für die Untersuchung der Wirkung personenbezogener Einflußfaktoren auf die Kundenzufriedenheit mit Verkehrsdienstleistungen wird zwischen soziodemographischen und psychographischen Bestimmungsfaktoren unterschieden. Im Mittelpunkt der Ausführungen stehen die Unterschiede in der Kundenzufriedenheit auf der Episoden- und Transaktionsebene sowie etwaige Abweichungen in der Zufriedenheitsdynamik.

Dabei werden von den untersuchten **soziodemographischen** Bestimmungsfaktoren beispielhaft die Ausprägungen der Kundenzufriedenheit differenziert nach den zentralen Merkmalen Geschlecht und Alter analysiert. Die entsprechenden Ergebnisse auf der Episoden- und Transaktionsebene sind in Abbildung 16 dargestellt.

---

77   Vgl. hierzu und im folgenden Dichtl, E., Peter, S., Kundenzufriedenheit und Kundenbindung in der Automobilindustrie: Ergebnisse einer empirischen Untersuchung, a.a.O., S. 27.

78   Vgl. Schmidt, F.K., Das Verkehrsangebot „Bahn", in: Haedrich, G., Kaspar, C., Kleinert, H., Klemm, K. (Hrsg.), Tourismus-Management: Tourismusmarketing und Fremdenverkehrsplanung, Berlin 1983, S. 160.

Interphasen-betrachtung		Demographische Bestimmungsfaktoren									
		Alter							Geschlecht		
Ebenen	Indikatoren	Bis 26 J. [1]	27 bis 59 J. [2]	60 J. und älter [3]	Scheffeé-Test			F-Test	weibl.	männl.	T-Test
					1/2	1/3	2/3				
Episoden	Vor-Reise-zufriedenheit	2,30	2,32	1,95	n.s.	**	**	**	2,18	2,34	*
Episoden	Reise-zufriedenheit	2,35	2,17	1,70	*	**	**	**	2,17	2,12	n.s.
Episoden	Umsteige-zufriedenheit	2,77	2,40	2,47	*	n.s.	n.s.	n.s.	2,44	2,59	n.s.
Episoden	Nach-Reise-zufriedenheit	2,30	2,25	1,81	n.s.	**	**	**	2,04	2,33	**
Transaktion	Globale Zufriedenheit	2,25	2,21	1,98	n.s.	**	**	**	2,19	2,18	n.s.
Transaktion	Zufriedenheit Preis/Leistung	3,00	2,76	2,23	**	**	**	**	2,79	2,68	n.s.

Signifikanzniveau: $\alpha < 0,05 = $ ** $\alpha < 0,1 = $ * n. s. = nicht signifikant

Abb. 16: Einfluß demographischer Bestimmungsfaktoren auf die Kundenzufriedenheit

Eine erste Betrachtung der Mittelwertunterschiede[79] über alle **Altersgruppen** (F-Test) führt zu dem Ergebnis, daß mit Ausnahme der Umsteigephase signifikante Unterschiede in der Zufriedenheit mit den einzelnen Episoden als auch der gesamten Bahnreise in Abhängigkeit vom Alter der Befragten festzustellen sind. Interessanterweise fällt das Zufriedenheitsurteil der Reisenden, die 60 Jahre und älter sind, durchgehend positiver aus. Augenscheinlich stehen ältere Menschen einer Bahnreise weniger kritisch gegen-über. Dies zeigt sich auch in den zwischen den einzelnen Altersgruppen bestehenden Merkmalsunterschieden. So unterscheiden sich die Zufriedenheiten der älteren Reisen-den mit Ausnahme der Umsteigephase signifikant positiv von denen der beiden anderen Altersgruppen. Während sich die jüngeren Bahnfahrer (bis 26 Jahre) von den Reisenden der mittleren Altersgruppe hinsichtlich ihrer Vor-Reise-, Nach-Reise- und globalen Transaktionszufriedenheit nicht nachweislich voneinander abheben, ergeben sich im Hinblick auf die weiteren Episoden sowie insbesondere auf das Preis-/Leistungs-verhältnis erkennbar niedrigere Zufriedenheitsurteile dieser Altersgruppe. Demnach wird

79 Zur Untersuchung von Merkmalsunterschieden zwischen den verschiedenen Teilstichproben wurden als gruppenübergreifendes, globales Verfahren der F-Test sowie für Einzelunterschiede zwischen zwei Mit-telwerten im Mehr-Gruppenfall der Scheffeé-Test und im Zwei-Gruppenfall der T-Test eingesetzt. Zu den verschiedenen Verfahren vgl. Bauer, F., Datenanalyse mit SPSS, Berlin 1984, S. 58 ff.

eine Bahnreise von jüngeren Reisenden tendenziell kritischer beurteilt. Das relativ schlechte Urteil über das Preis-/Leistungsverhältnis der Bahnfahrt ist vermutlich auf das dieser Gruppe zur Verfügung stehende vergleichsweise geringere Einkommen zurückzuführen.[80] Ebenso ist es denkbar, daß diese Altersgruppe ein grundsätzlich höheres Anspruchsniveau an eine Bahnreise stellt. Insgesamt ist damit festzuhalten, daß das Alter der Reisenden einen nachweisbaren Einfluß auf die Zufriedenheit sowohl mit einzelnen Episoden einer Bahnreise als auch mit der gesamten Transaktion ausübt.

		bis 26 Jahre (20%)			27–59 Jahre (65%)			60 Jahre und älter (15%)		
von / auf		Vor-Reise-zufriedenheit	Reisezu-friedenheit	Nach-Reise-zufriedenheit	Vor-Reise-zufriedenheit	Reisezu-friedenheit	Nach-Reise-zufriedenheit	Vor-Reise-zufriedenheit	Reisezu-friedenheit	Nach-Reise-zufriedenheit
Direkter Effekt	Reisezufriedenheit	0,10	-	-	0,38	-	-	0,11	-	-
	Nach-Reise-zufriedenheit	0,36	0,32	-	0,22	0,22	-	0,46	0,17	-
	Transaktionszufriedenheit	0,12	0,60	0,06	0,29	0,69	0,11	0,20	0,48	0,15
Totaler Effekt	Reisezufriedenheit	0,10[1]	-	-	0,38[1]	-	-	0,11[1]	-	-
	Nach-Reise-zufriedenheit	0,39	0,32[1]	-	0,30	0,22[1]	-	0,48	0,17[1]	-
	Transaktionszufriedenheit	0,20	0,62	0,06	0,59	0,71	0,11	0,32	0,51	0,15[1]

[1] totaler Effekt = direkter Effekt

Abb. 17: Beziehungszusammenhänge der Kundenzufriedenheit in Abhängigkeit vom Alter

In einem nächsten Schritt soll der Frage nachgegangen werden, ob in Abhängigkeit vom Alter der Reisenden sowohl zwischen den einzelnen Episoden einer Bahnreise als auch in Hinblick auf die gesamte Zufriedenheit unterschiedlich starke Wirkungen festgestellt werden können. Zu diesem Zweck wurden für die verschiedenen Altersgruppen separate

---

80 So verfügen lediglich ca. 23 % der dieser Altersgruppe angehörenden Personen über ein monatliches Haushaltsnettoeinkommen von über 2.500 DM.

konfirmatorische Faktorenanalysen durchgeführt, deren Ergebnisse in Abbildung 17 dargestellt sind.[81]

Eine nähere Betrachtung der hier angegebenen **direkten Effekte** der Kausalanalysen zeigt, daß die Dynamik der Kundenzufriedenheit auf der Episodenebene in den Gruppen der jüngeren und älteren Reisenden vergleichbar ausgeprägt ist.

Im Gegensatz zu diesen Altersklassen ist für die Personen der mittleren Alterskategorie ein deutlich höherer Einfluß der Vor-Reisezufriedenheit auf die Zufriedenheit mit der Reisephase und der Transaktion auszumachen (Koeffizienten 0,38 bzw. 0,29). Eine mögliche Erklärung ist darin zu finden, daß die mittlere Altersgruppe den vergleichsweise höchsten Anteil an Familienreisen ausweist. Besonders für diese Reisenden ist ein tendenziell höherer Planungs- und Koordinationsaufwand in der Vor-Reisephase zu erwarten, was mit einem stärkeren Einfluß der Zufriedenheit mit dieser Episode auf die Reise- und Transaktionszufriedenheit einhergeht. Eine weitere Ursache hierfür liegt in dem Umstand begründet, daß die Geschäftsreisen zu nahezu 90 % von dieser Altersgruppe getätigt werden und damit der problemlose Start in den Arbeitstag eine besondere Stellung einnimmt. Darüber hinaus ist bei einer Betrachtung aller Altersklassen eine mit steigendem Alter der Befragten leicht zunehmende Bedeutung der Nach-Reisephase für die Bildung des Zufriedenheitsurteils über die gesamte Bahnreise zu konstatieren, was möglicherweise auf die geringere körperliche Mobilität älterer Personen zurückzuführen ist.

Der hohe Einfluß der Vor-Reisephase auf die Gesamtzufriedenheit in der mittleren Altersgruppe wird bei einer Betrachtung der **totalen Effekte** nochmals unterstrichen (Koeffizient 0,59). Bemerkenswert ist darüber hinaus der relativ geringe Einfluß der Vor- und der Nach-Reisephase auf die Gesamtzufriedenheit der Gruppe der jüngeren Bahnreisenden. Augenscheinlich basiert das globale transaktionsbezogene Zufriedenheitsurteil dieser Altersklasse in erster Linie auf der Zufriedenheit mit der Reisephase, während die weiteren Episoden einen nur geringen Stellenwert einnehmen. Denkbare Ursachen sind die vergleichsweise hohe Mobilität jüngerer Menschen sowie die damit verbundene flexiblere Gestaltung und die von der eigentlichen Kerndienstleistung weitgehend losgelöste Wahrnehmung dieser Abschnitte einer Bahnreise.

Die Untersuchung von Merkmalsunterschieden in der Kundenzufriedenheit differenziert nach dem **Geschlecht** der Befragten führt schließlich zu der Erkenntnis, daß die Episoden, die vor und nach der Kerndienstleistung erlebt werden, von Frauen positiver beurteilt werden (vgl. Abbildung 16). Demnach stehen Männer diesen Abschnitten einer Bahnreise tendenziell kritischer gegenüber. Dagegen können keine nennenswerten Unterschiede hinsichtlich der Beurteilung der Kerndienstleistung, also der Beförderung, als auch nicht in bezug auf die Transaktionszufriedenheit ausgemacht werden. Inwieweit

---

81 Hierzu wurde die in Kap. 2.31 vorgestellte konfirmatorische Faktorenanalyse zur Analyse der Struktur und Dynamik der Transaktionszufriedenheit verwendet. Die Gütebeurteilung dieser und der weiteren Modelle führte in allen Fällen auch unter Berücksichtigung der jeweiligen Stichprobengrößen zu insgesamt zufriedenstellenden Werten.

dies den Schluß erlaubt, daß von den verschiedenen Episoden unterschiedliche Wirkungen auf die Transaktionszufriedenheit dieser Kundensegmente ausgehen, die zu einer Angleichung der Zufriedenheitsurteile auf der Transaktionsebene führen, soll auf der Basis der in Abbildung 18 dargestellten Ergebnisse der entsprechenden konfirmatorischen Faktorenanalysen für diese beiden Kundengruppen untersucht werden.

	von / auf	Weibliche Bahnreisende (44%)			Männliche Bahnreisende (56%)		
		Vor-Reise-zufrieden-heit	Reise-zufrieden-heit	Nach-Reise-zufrieden-heit	Vor-Reise-zufrieden-heit	Reise-zufrieden-heit	Nach-Reise-zufrieden-heit
Direkter Effekt	Reise-zufriedenheit	0,36	-	-	0,20	-	-
Direkter Effekt	Nach-Reise-zufriedenheit	0,37	0,24	-	0,21	0,21	-
Direkter Effekt	Transaktions-zufriedenheit	0,22	0,66	0,09	0,31	0,69	0,14
Totaler Effekt	Reise-zufriedenheit	0,36[1]	-	-	0,20[1]	-	-
Totaler Effekt	Nach-Reise-zufriedenheit	0,46	0,24[1]	-	0,25	0,21[1]	-
Totaler Effekt	Transaktions-zufriedenheit	0,50	0,68	0,09[1]	0,48	0,72	0,14

[1] totaler Effekt = direkter Effekt

Abb. 18: Beziehungszusammenhänge der Kundenzufriedenheit in Abhängigkeit vom Geschlecht

Hier ist zunächst bei der Analyse der **direkten Effekte** eine höhere Dynamik der Kundenzufriedenheit auf der Episodenebene für die weiblichen Befragten festzustellen. Dagegen werden die verschiedenen Episoden von den männlichen Reisenden, die dabei der Reisephase ein leicht höheres Gewicht bei der Bildung der Gesamtzufriedenheit zumessen, vergleichsweise eigenständiger wahrgenommen. Dieser Zusammenhang wird bei einer Betrachtung der **totalen Effekte** nachhaltig bestätigt. Während die direkten Effekte für die männlichen Befragten noch einen deutlich höheren Einfluß der Vor-Reisezufriedenheit auf die Transaktionszufriedenheit ausweisen (0,31 zu 0,22 bei den weiblichen

Personen), führt die bei den weiblichen Fahrgästen stärker ausgeprägte Dynamik der Kundenzufriedenheit zu einer Nivellierung dieser Effekte. Dabei ist sogar ein etwas höherer totaler Effekt der Vor-Reisezufriedenheit auf die Transaktionszufriedenheit bei den weiblichen Reisenden festzustellen (0,50 zu 0,48 bei den männlichen Personen).

Darüber hinaus ist ein etwas schwächerer Einfluß der Nach-Reisephase hinsichtlich der Entstehung der Transaktionszufriedenheit bei den weiblichen Reisenden zu erkennen. Da festgestellt wurde, daß sich beide Kundensegmente hinsichtlich ihrer Gesamtzufriedenheit mit der Bahnreise nicht signifikant voneinander unterscheiden, ist zu vermuten, daß der tendenziell unterschiedliche Einfluß der verschiedenen Episoden zu einer Angleichung der Kundenurteile der beiden Segmente führt.

Die Analyse personenbezogener Bestimmungsfaktoren der Kundenzufriedenheit wird im folgenden um die Untersuchung zentraler **psychographischer Einflußgrößen** erweitert, denen in der Literatur eine besondere Bedeutung bei der Bildung des Zufriedenheitsurteil zuerkannt wird.

Bei den im Rahmen der vorliegenden Untersuchung berücksichtigten psychographischen Einflußfaktoren handelt es sich zum einen um das **Einstellungskonstrukt**, das die grundsätzliche Haltung der Befragten gegenüber der Deutschen Bahn AG abbildet. Zum anderen werden das in Verbindung mit Bahnreisen wahrgenommene Risiko und das Involvement der Befragten in die Analyse einbezogen. Ebenso wie bei der Kundenzufriedenheit handelt es sich auch bei diesen Größen um Variablen des Käuferverhaltens, die sich einer direkten Beobachtung entziehen und daher einer Operationalisierung bedürfen.

Das **Involvement** kennzeichnet das Interesse an bzw. die Wichtigkeit von z. B. Produkten oder Dienstleistungen im Wertesystem von Menschen.[82] Das Involvementkonstrukt wird in dieser Untersuchung in zwei verschiedenen Facetten erfaßt. So wird auf der einen Seite der Erlebnischarakter einer Bahnreise berücksichtigt. Dieser auch als hedonistisch[83] bezeichnete Aspekt des Involvements zielt auf die emotionale Komponente des Konstruktes ab und umfaßt den Spaß und die eigene Belohnung, die mit dem Kauf bzw. dem Konsum eines Produktes oder einer Dienstleistung verbunden sind.[84] Andererseits wird das Interesse, das der Dienstleistung „Bahnreise" entgegengebracht wird, erfaßt und der Bedeutung, die ein Konsument der Dienstleistung beimißt, Rechnung getragen. Die-

---

82 Vgl. Diller, H., Kundenbindung als Marketingziel, in: Marketing Zeitschrift für Forschung und Praxis, 18. Jg., Heft 2, 1996, S. 87.

83 Vgl. Laurent, G., Kapferer, J.-N., Measuring Consumer Involvement Profiles, in: Journal of Marketing Research, Vol. 22, February 1985, S. 43.

84 Vgl. Diller, H., Kundenbindung als Marketingziel, a.a.O., S. 88, Esch, F.-R., Billen, P., Ansätze zum Zufriedenheitsmanagement: Das Zufriedenheitsportfolio, in: Tomczak, T., Belz, Ch. (Hrsg.), Kundennähe realisieren, St. Gallen 1994, S. 412 f.

se hier als **Dienstleistungsartinvolvement**[85] bezeichnete Dimension des Involvements beinhaltet den Grad der gedanklichen Auseinandersetzung eines Konsumenten mit einer Dienstleistung und ist somit auf die kognitive Ausprägung des Konstruktes ausgerichtet.[86]

In der Marketingliteratur wird unter dem **wahrgenommenen Kaufrisiko** die Nichtvorhersehbarkeit als nachteilig empfundener Folgen des Verhaltens verstanden. Zur Erfassung des Risikokonstruktes werden im folgenden vier Teilrisiken unterschieden.[87] Das finanzielle Risiko beinhaltet die Gefahr monetärer Einbußen, die aus einem Fehlkauf resultieren können. Das psychische Kaufrisiko entsteht zum einen aus der globalen Unsicherheit über den zufriedenstellenden Verlauf einer Bahnreise. Dieses kann zum anderen durch eigene schlechte Erfahrungen und durch negative Berichte Dritter eine Verstärkung erfahren. Die spezifischen Besonderheiten von Dienstleistungen wiederum haben zur Folge, daß im Gegensatz zum Konsumgüterbereich der Umtausch bzw. die Rückgabe der Leistung in der Regel nicht möglich und dementsprechend auch ein funktionales Risiko zu berücksichtigen ist. Im Kontext von Verkehrsdienstleistungen ist schließlich ein zeitliches Risiko zu berücksichtigen, das die Unsicherheit über etwaige Verspätungen beinhaltet.[88]

Zur Untersuchung des Einflusses dieser psychographischen Bestimmungsfaktoren auf die Zufriedenheit mit der erlebten Bahnreise wurde das in Abbildung 19 dargestellte Kausalmodell spezifiziert. Das Modell erweist sich als identifizierbar und die ermittelten globalen EQS-Gütekriterien (AGLS=0,854, Adjusted AGLS=0,819) bestätigen eine insgesamt zufriedenstellende Modellanpassung.[89]

---

85   Vgl. Watzlik, S., Die Bedeutung von Involvement und kognitiven Strukturen für das Marketing von Dienstleistungen am Beispiel von Finanzdienstleistungen, in: Kleinaltenkamp, M. (Hrsg.), Dienstleistungsmarketing: Konzeptionen und Anwendungen, Wiesbaden 1995, S. 89 ff.

86   Zu weiteren Involvementdeterminanten vgl. Trommsdorff, V., Konsumentenverhalten, Stuttgart 1993, S. 54 f.; Monhemius, K.Ch., Umweltbewußtes Kaufverhalten von Konsumenten: ein Beitrag zur Operationalisierung, Erklärung und Typologie des Verhaltens in der Kaufsituation, Frankfurt 1993, S. 113.

87   Vgl. hierzu Katz, R., Informationsquellen der Konsumenten: Eine Analyse der Divergenzen zwischen der Beurteilung und Nutzung, Wiesbaden 1983, S. 79.

88   Vgl. auch Hentschel, B., Dienstleistungsqualität aus Kundensicht: Vom merkmals- zum ereignisorientierten Ansatz, a.a.O, S. 158 ff. Ein weiteres Teilrisiko stellt das physische Kaufrisiko dar, das von weniger als 8 % der Befragten in Zusammenhang mit einer Bahnreise als hoch empfunden wird. Da mehr als 78 % der Reisenden in der Bahn ein ausgesprochen sicheres Verkehrsmittel sehen, wird auf eine weitergehende Erörterung dieses Teilrisikos im folgenden verzichtet.

89   Die entsprechenden LISREL-Maße betragen GFI = 0,882, AGFI = 0,854 und RMR = 0,141 und können daher in ihrer Höhe nicht vollständig befriedigen. Da mit dem Modell jedoch ca. 50 % der Varianz der Kundenzufriedenheit erfaßt werden, kann von einer hinreichend genauen Modellanpassung ausgegangen werden.

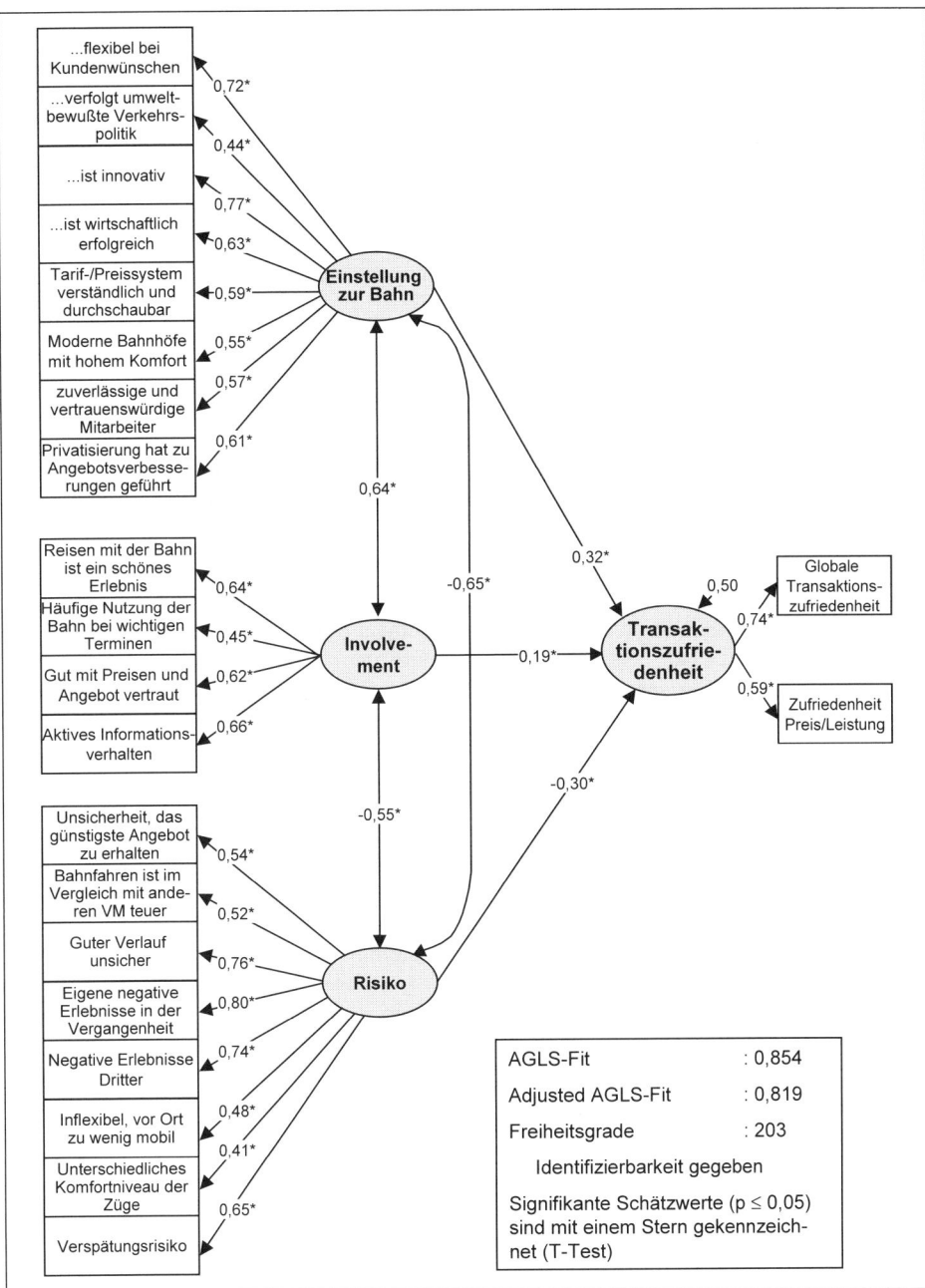

Abb. 19: Kausalmodell zum Einfluß psychographischer Bestimmungsfaktoren auf die Kundenzufriedenheit

Die Meßindikatoren der einzelnen Konstrukte weisen unter Berücksichtigung des Stichprobenumfangs reliable Werte aus, so daß für dieses Modell akzeptable Operationalisierungen der verschiedenen psychographischen Bestimmungsfaktoren festzuhalten sind. Als zuverlässigster Indikator der Einstellungen erweist sich die Einschätzung der Innovationskraft des Unternehmens (r=0,77). Das Involvement der Befragten wird in besonderem Maße durch ihr Informationsverhalten und den Erlebnisgehalt einer Bahnreise repräsentiert. Im Rahmen des wahrgenommenen Risikos nehmen schließlich vor allem die Indikatoren des psychischen Risikos und hier insbesondere die eigenen negativen Erfahrungen der Reisenden eine besondere Stellung ein.

Die Höhe der **Korrelationen** zwischen den einzelnen psychographischen Bestimmungsfaktoren deuten darauf hin, daß die einzelnen Konstrukte in einem relativ stark interdependenten Verhältnis zueinander stehen.[90] Die vergleichsweise hohe positive Korrelation (0,64) zwischen dem Einstellungskonstrukt und dem Involvement der Befragten weist darauf hin, daß eine positive Einstellung gegenüber der Bahn AG mit einer intensiveren Erlebniskomponente einer Bahnreise und einem größeren Interesse für die Angebote des Unternehmens einhergeht. In ähnlicher Höhe, jedoch in negativer Weise, sind die Einstellungen der Befragten mit dem Kaufrisiko korreliert (-0,65). Demnach hat eine positive Grundhaltung gegenüber der Bahn einen risikoreduzierenden Charakter. Andererseits ist ein größeres wahrgenommenes Risiko mit einer Verschlechterung der Einstellungen verbunden. Auch der Bestimmungsfaktor Involvement korreliert in negativer Weise mit dem Risikokonstrukt (-0,55). Das Kaufrisiko wird demzufolge umso weniger intensiv empfunden, desto positiver der Erlebnisgehalt einer Bahnreise eingeschätzt wird und desto vertrauter die Befragten mit der Dienstleistung Bahnreise sind. Andererseits führt auf der Basis dieses Ergebnisses ein als hoch empfundenes Risiko nicht zu einer stärkeren Auseinandersetzung mit der Dienstleistung. Danach sind Reisende, die ein höheres Kaufrisiko empfinden, nicht dazu bereit, dieses durch entsprechende Aktivitäten zu reduzieren. [91]

Über die **Einflußstärke** der einzelnen Bestimmungsfaktoren auf die Kundenzufriedenheit geben die in Abbildung 19 angegebenen Pfadkoeffizienten Aufschluß. Hier ist zunächst ein relativ starker positiver Effekt des Einstellungskonstruktes auf die Kundenzufriedenheit festzustellen (0,32). Nach diesem Ergebnis wird die Zufriedenheit mit einer Bahnreise von einer positiven Einstellung gegenüber dem Unternehmen Bahn in vorteilhafter Weise beeinflußt. Mit einem Pfadkoeffizienten von 0,19 geht ein ebenfalls positiver Effekt vom Involvementkonstrukt auf die Kundenzufriedenheit aus. Folglich fördert ein hohes Involvement das bewußte und intensive Erleben von Zufriedenheit. Schließ-

---

90   Da es sich hierbei um korrelative Beziehungen handelt, ist die Formulierung gerichteter Aussagen lediglich auf der Basis theoretischer Überlegungen, jedoch nicht aufgrund der im Modell spezifizierten Beziehungen möglich.
91   Zu einem ähnlichen Ergebnis im Finanzdienstleistungsbereich vgl. Watzlik, S., Die Bedeutung von
      Involvement und kognitiven Strukturen für das Marketing von Dienstleistungen am Beispiel von Finanzdienstleistungen, a.a.O., S. 95.

lich ist ein vergleichsweise starker negativer Einfluß des wahrgenommenen Risikos auf die Kundenzufriedenheit erkennbar (-0,30). Die Nichtabschätzbarkeit vermeintlich nachteiliger Konsequenzen der Dienstleistungsnutzung übt damit eine negative Wirkung auf die Zufriedenheit aus.

2.42   Reisebezogene Bestimmungsfaktoren

Aus der Vielzahl denkbarer reise- bzw. verkehrsdienstleistungsspezifischer Determinanten der Kundenzufriedenheit mit einer Bahnreise werden im folgenden beispielhaft einige Einflußgrößen einer Analyse unterzogen, die von Verkehrsdienstleistungsunternehmen häufig als zentrale Stellgrößen für die Differenzierung und Profilierung des Angebotes im Markt angesehen werden. Auch bei der Deutschen Bahn AG erfolgt die Kundenansprache in erster Linie aus einer angebotsbezogenen Perspektive. Dabei werden z. B. Kriterien wie der Reiseanlaß oder die Reiseklasse zur Aufteilung der Konsumenten in Teilsegmente verwendet. Der Frage, inwieweit sich derartige Faktoren auch im Zufriedenheitsurteil der Befragten niederschlagen, wird im folgenden nachgegangen.

Das Motiv für den Antritt einer Bahnreise kann vielfältiger Natur sein und mit einer unterschiedlichen Wahrnehmung und Gewichtung der verschiedenen Bestandteile der Dienstleistung einhergehen. In der Verkehrsdienstleistungspraxis wird in der Regel zwischen Reisen aus privatem Anlaß und dienstlich bzw. geschäftlich motivierten Reisen unterschieden. Eine solche Einteilung liegt auch den in Abbildung 20 dargestellten Beziehungszusammenhängen der Kundenzufriedenheit in Abhängigkeit vom **Reiseanlaß** zugrunde.[92]

Eine Betrachtung der Mittelwertunterschiede im linken Teil der Abbildung 20 führt zu dem Ergebnis, daß sich die Geschäftsreisenden, die etwa ein Viertel der gesamten Stichprobe ausmachen, mit dem Verlauf der Vor- und Nach-Reisephase weniger zufrieden zeigen. Dagegen ist bei diesen Personen eine höhere Zufriedenheit mit dem Preis-/Leistungsverhältnis festzustellen. Dies ist sicherlich auf den Umstand zurückzuführen, daß die Aufwendungen für Geschäfts- bzw. Dienstreisen in der Regel durch den Arbeitgeber getragen werden und somit die Sensibilität gegenüber dem Verhältnis von Preis und Leistung nicht so stark in den Vordergrund tritt. In bezug auf die transaktionsbezogene Zufriedenheit sowie die Zufriedenheit mit der Reise- und Umsteigephase unterscheiden sich die beiden Gruppen dagegen nicht nachhaltig voneinander.

---

92   In der vorliegenden Untersuchung wurden (Kurz-)Urlaubsreisen und sonstige Privatreisen (z. B. Verwandten-/Bekanntenbesuche) zum Reiseanlaß „Privatreise" zusammengefaßt. Eine Einbeziehung von Fernpendlerfahrten wurde dagegen nicht vorgenommen, da sich diese aufgrund signifikanter Unterschiede in den Wahrnehmungs- und Nutzenstrukturen von Pendlern keinem der oben angeführten Reiseanlässe eindeutig zuordnen lassen. Vgl. Institut für Marketing, User-Analyse bei der Deutschen Bahn AG, unveröffentlichte Studie im Auftrag der Deutschen Bahn AG, Münster 1995; Institut für Marketing, Non-User Analyse bei der Deutschen Bahn AG, unveröffentlichte Studie im Auftrag der Deutschen Bahn AG, Münster 1996. Auf eine eigenständige Berücksichtigung dieses Reiseanlasses wurde aufgrund der geringen Fallzahl (n = 63) verzichtet.

Ebenen	Indikatoren	Reiseanlaß Geschäftlich	Reiseanlaß Privat	Reiseanlaß T-Test
Episoden	Vor-Reisezufriedenheit	2,40	2,19	**
Episoden	Reisezufriedenheit	2,16	2,09	n.s.
Episoden	Umsteigezufriedenheit	2,45	2,53	n.s.
Transaktion	Nach-Reisezufriedenheit	2,32	2,13	**
Transaktion	Globale Zufriedenheit	2,23	2,13	n.s.
Transaktion	Zufriedenheit Preis/Leistung	2,54	2,78	**

	auf \ von	Geschäftlich (26%) Vor-Reisezufriedenheit	Reisezufriedenheit	Nach-Reisezufriedenheit	Privat (63%) Vor-Reisezufriedenheit	Reisezufriedenheit	Nach-Reisezufriedenheit
Direkter Effekt	Reisezufriedenheit	0,22	-	-	0,27	-	-
Direkter Effekt	Nach-Reisezufriedenheit	0,32	0,06	-	0,28	0,29	-
Direkter Effekt	Transaktionszufriedenheit	0,37	0,61	0,18	0,26	0,66	0,07
Totaler Effekt	Reisezufriedenheit	0,22 [1]	-	-	0,27 [1]	-	-
Totaler Effekt	Nach-Reisezufriedenheit	0,33	0,06 [1]	-	0,36	0,29 [1]	-
Totaler Effekt	Transaktionszufriedenheit	0,56	0,62	0,18 [1]	0,46	0,68	0,07 [1]

Signifikanzniveau: $\alpha < 0,05 = **$
$\alpha < 0,1 = *$
nicht signifikant = n.s.

[1] totaler Effekt = direkter Effekt

Abb. 20: Beziehungszusammenhänge der Kundenzufriedenheit in Abhängigkeit vom Reiseanlaß

Die Überprüfung der im rechten Teil der Abbildung 20 dargestellten **Effekte** der kausalanalytischen Untersuchung der Kundenzufriedenheit zeigt eine höhere Dynamik auf der Episodenebene für die Gruppe der Privatreisenden (ca. 63 % der Befragten). Diese ist insbesondere in bezug auf den Einfluß der Reisezufriedenheit auf die Zufriedenheit mit der Nach-Reisephase festzustellen (direkter Effekt=0,29). Bei den **totalen Effekten** ist für die Geschäftsreisenden ein vergleichsweise etwas schwächerer Einfluß der Reisephase hinsichtlich der Entstehung der Transaktionszufriedenheit zu erkennen, während diese Fahrgäste der Vor- und der Nach-Reisezufriedenheit eine relativ höhere Bedeutung beimessen als die Privatreisenden. Hier liegt die Vermutung nahe, daß für Reisende, die aus beruflichen Gründen unterwegs sind, der reibungslose Ablauf aller Phasen wichtig ist, da die Reise einen integrierten Bestandteil der Arbeitstages darstellt und dabei insbesondere die Vor-Reisephase für einen „erfolgreichen" Start in den Arbeitstag an Bedeutung gewinnt. Der für die Privatreisenden im Vergleich beider Gruppen tendenziell höhere Einfluß der Reisephase auf die Gesamtzufriedenheit liegt möglicherweise darin begründet, daß diese Fahrgäste dem „Fahrerlebnis" einen größeren Stellenwert einräumen.[93] Da festgestellt wurde, daß sich die Gruppen hinsichtlich ihrer transaktionsbezo-genen Zufriedenheit mit der Bahnreise kaum voneinander unterscheiden, ist anzuneh-men, daß der unterschiedliche Einfluß der einzelnen Abschnitte einer Bahnreise eine Angleichung der Kundenurteile der beiden Kundengruppen zur Folge hat.

Die bisher vorgenommenen Analysen haben gezeigt, daß die Zufriedenheit mit der **Rei-sephase** auf der Episodenebene die zentrale Einflußgröße der Zufriedenheit mit einer Bahnreise darstellt. Im folgenden werden daher Bestimmungsfaktoren untersucht, die vor allem die Zufriedenheit mit dem Aufenthalt im Zug und hier insbesondere die Wahr-nehmung des Kontaktpunktes „Abteil" beeinflussen und vom Verkehrsdienstleister kon-kret ausgestaltet werden können. Zu diesen Einflußgrößen gehört der **Zugtyp**, mit dem eine Bahnreise unternommen wird. Wie Abbildung 21 zu entnehmen ist, können hier signifikante Unterschiede auf den verschiedenen Ebenen der Kundenzufriedenheit fest-gestellt werden.

Ebene		Merkmale	Zugtyp							
			ICE	IR	IC/EC	Scheffeé-Test			F-Test	
			1	2	3	1/2	1/3	2/3		
Transaktion		Globale Zufriedenheit	2,01	2,27	2,36	**	**	n.s.	**	
		Zufriedenheit Preis/Leistung	2,63	2,85	2,79	n.s.	n.s.	n.s.	n.s.	
Episode		Reisezufriedenheit	1,90	2,28	2,38	**	**	n.s.	**	
Kontaktpunkte der Reisephase	Abfahrt	Pünktlichkeit Abfahrt	1,38	1,63	1,82	**	**	n.s.	**	
	Abteil	Möglichkeit zur Gepäckverstauung	2,32	2,47	2,72	n.s.	**	*	**	
		Komfort des Sitzes	2,12	2,27	2,63	n.s.	**	**	**	
		Beinfreiheit am Sitzplatz	2,32	2,72	2,80	**	**	n.s.	**	
		Ausstattung des Sitzplatzes (z. B. Arbeitstisch, Ablage)	2,05	2,45	2,83	**	**	**	**	
		Sauberkeit des Abteils/Wagens	1,78	2,24	2,45	**	**	**	**	
		Möglichkeit, ungestört arbeiten/schlafen/lesen zu können	2,48	2,63	2,73	n.s.	**	n.s.	*	
		Luft-/Temperaturverhältnisse	2,42	3,22	2,82	**	**	**	**	
		Verständlichkeit der Lautsprecherdurchsagen	1,86	2,43	2,48	**	**	n.s.	**	
	Personal	Freundlichkeit des Zugpersonals	1,76	1,90	2,02	n.s.	**	n.s.	**	
		Fachkompetenz des Zugpersonals	1,85	2,02	2,03	n.s.	*	n.s.	n.s.	
		Informationen über etwaige Anschlüsse, Verspätungen etc.	1,87	2,30	2,32	**	**	n.s.	**	
		Sicherheit im Zug (keine Belästigung durch Dritte)	1,58	1,85	1,88	**	**	n.s.	**	
	Restau-rant	Angebot im Speisewagen/Zugbistro	2,62	3,31	2,84	**	n.s.	**	**	
		Preis-/Leistungsverhältnis der Speisen und Getränke	3,57	3,98	3,84	**	**	n.s.	**	
	Toiletten	Sauberkeit der Zugtoiletten	2,20	3,21	3,20	**	**	n.s.	**	
	Ankunft	Fahrtdauer	1,74	2,45	2,48	**	**	n.s.	**	
		Pünktlichkeit des Zuges am Zielbahnhof	1,66	1,78	2,23	n.s.	**	**	**	

Signifikanzniveau:
$\alpha < 0,05 = **$
$\alpha < 0,1 = *$
nicht signifikant = n.s.

Abb. 21: Differenzen in der Kundenzufriedenheit in Abhängigkeit vom Zugtyp

---

93   Dies zeigt sich auch in dem Involvementindikator „Bahnfahren ist ein schönes Erlebnis", der bei dieser Gruppe mit einem Mittelwert von 2,4 im Vergleich zu einem Mittelwert von 2,7 bei den Geschäftsreisen-den signifikant stärker ausgeprägt ist.

So ist zunächst auf der Transaktionsebene die globale Zufriedenheit der ICE-Reisenden am höchsten ausgeprägt. Dagegen sind hinsichtlich der Beurteilung des Preis-/ Leistungsverhältnisses zwischen den Nutzern der verschiedenen Zugarten keine signifikanten Unterschiede zu erkennen. Auf der Ebene der Reisephase sind wiederum die ICE-Nutzer im Vergleich zu den Reisenden der beiden anderen Zugarten zufriedener. Dieser Trend ist auch bei einer Vielzahl der Meßindikatoren der einzelnen Kontaktpunkte auszumachen. So ist die Zufriedenheit der ICE-Fahrer mit Ausnahme der Beurteilung des Angebotes im Speisewagen bei allen Indikatoren signifikant höher als bei den IC/EC-Reisenden. Ebenso findet sich kein Merkmal, mit dem InterRegio-Reisende deutlich zufriedener sind als Personen, die den ICE nutzen. Bemerkenswert erscheint in diesem Zusammenhang der Umstand, daß der seitens der Bahn leistungsmäßig und preislich unter den InterCity- bzw. EuroCity eingestufte Zugtyp InterRegio[94] in einigen Merkmalen (z. B. Sitzkomfort, Möglichkeiten der Gepäckverstauung) besser als die IC/EC-Züge beurteilt wird. Andererseits darf nicht übersehen werden, daß IR-Reisende z. B. in bezug auf die Luft- und Temperaturverhältnisse oder das Angebot im Speisewagen/Zugbistro die vergleichsweise höchste Unzufriedenheit bekunden.

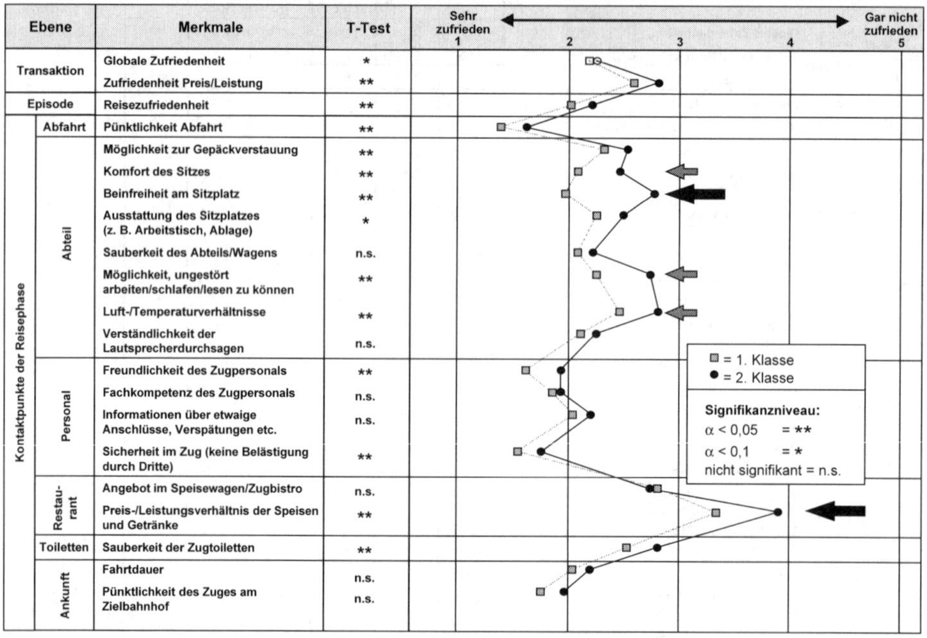

Ebene		Merkmale	T-Test	Sehr zufrieden 1 → Gar nicht zufrieden 5 (2, 3, 4)
Transaktion		Globale Zufriedenheit	*	
		Zufriedenheit Preis/Leistung	**	
Episode		Reisezufriedenheit	**	
Kontaktpunkte der Reisephase	Abfahrt	Pünktlichkeit Abfahrt	**	
	Abteil	Möglichkeit zur Gepäckverstauung	**	
		Komfort des Sitzes	**	
		Beinfreiheit am Sitzplatz	**	
		Ausstattung des Sitzplatzes (z. B. Arbeitstisch, Ablage)	*	
		Sauberkeit des Abteils/Wagens	n.s.	
		Möglichkeit, ungestört arbeiten/schlafen/lesen zu können	**	
		Luft-/Temperaturverhältnisse	**	
		Verständlichkeit der Lautsprecherdurchsagen	n.s.	
	Personal	Freundlichkeit des Zugpersonals	**	
		Fachkompetenz des Zugpersonals	n.s.	
		Informationen über etwaige Anschlüsse, Verspätungen etc.	n.s.	
		Sicherheit im Zug (keine Belästigung durch Dritte)	**	
	Restaurant	Angebot im Speisewagen/Zugbistro	n.s.	
		Preis-/Leistungsverhältnis der Speisen und Getränke	**	
	Toiletten	Sauberkeit der Zugtoiletten	**	
	Ankunft	Fahrtdauer	n.s.	
		Pünktlichkeit des Zuges am Zielbahnhof	n.s.	

Legende:
☐ = 1. Klasse
● = 2. Klasse

Signifikanzniveau:
$\alpha < 0{,}05$ = **
$\alpha < 0{,}1$ = *
nicht signifikant = n.s.

Abb. 22: Zufriedenheitsprofile in Abhängigkeit von der Reiseklasse

94   Vgl. hierzu Bretthauer, I., Deutsche Bahn AG: Von der Behörde zum marktorientierten Touristikanbieter, in: Roth, P., Schrand, A. (Hrsg.), Touristik-Marketing: Das Marketing der Tourismus-Organisationen, Verkehrsträger, Reiseveranstalter und Reisebüros, 2. Aufl., München 1995, S. 250.

Insgesamt ist festzuhalten, daß nicht nur Eigenschaften des materiellen Umfeldes, sondern auch intangible Aspekte der Reisephase wie z. B. die Pünktlichkeit der Züge bei Start und Ankunft oder die „soziale" Sicherheit im Zug in Abhängigkeit vom genutzten Zugtyp differenziert wahrgenommen werden. Da nicht davon ausgegangen werden kann, daß die zufriedenstellende Erfüllung dieser Merkmale grundsätzlich durch einen bestimmten Zugtyp mit höherer Sicherheit gewährleistet wird, ist insbesondere dem auch als „Flaggschiff der Bahn" bezeichneten InterCityExpress[95] die Funktion eines „Wahrnehmungsfilters" zuzusprechen, der neben der Zufriedenhcit mit den Aspekten des materiellen Umfeldes auch die Zufriedenheit mit immateriellen Komponenten der Dienstleistung vorteilhaft beeinflußt.

Zur Überprüfung der Annahme, daß auch die genutzte **Reiseklasse** einen Einfluß auf die Kundenzufriedenheit ausübt, werden die in Abbildung 22 dargestellten Mittelwertprofile herangezogen.[96] Hier kann zunächst festgestellt werden, daß die Reisenden der ersten Klasse mit allen Indikatoren, für die ein signifikanter Mittelwertunterschied zwischen den beiden Beförderungsklassen ermittelt wurde, zufriedener sind als Reisende der zweiten Klasse. So ist auch die Zufriedenheit mit dem Preis-/Leistungsverhältnis bei den Reisenden der ersten Klasse signifikant höher, wenngleich für diese Klasse ein (deutlich) höherer Fahrpreis zu entrichten ist. Ebenso ist die globale Kundenzufriedenheit als auch die Zufriedenheit mit der Reisephase bei dieser Kundengruppe stärker ausgeprägt. Auch auf der Kontaktpunktebene zeigen sich die Reisenden der ersten Klasse in allen Merkmalen mit signifikant unterschiedlichen Mittelwerten zufriedener. Hier können einige besonders starke Differenzen in den Mittelwerten des Kontaktpunktes „Abteil" ausgemacht werden. Erwartungsgemäß werden der Sitzkomfort und die Beinfreiheit deutlich positiver beurteilt. Ferner ist die Möglichkeit, während der Fahrt ungestört arbeiten, lesen oder schlafen zu können, durch ein besseres Zufriedenheitsurteil gekennzeichnet, wobei dies vermutlich auch darauf zurückzuführen ist, daß in den Wagen der ersten Klasse im Durchschnitt deutlich weniger Sitzplätze belegt waren.[97]

Interessanterweise werden aber auch weitere immaterielle Merkmale der Reisephase als zufriedenstellender wahrgenommen, die von der Reiseklasse grundsätzlich unabhängig sind. Dies gilt z. B. für die Luft- und Temperaturverhältnisse im Zug oder für die Freundlichkeit des Zugpersonals. Ob letzteres auf ein tatsächlich freundlicheres Verhalten des Zugbegleitpersonals oder aber lediglich auf eine kundenseitig differenzierte Wahrnehmung zurückzuführen ist, kann an dieser Stelle nicht abschließend beantwortet werden. Eine mögliche Erklärung für diese Ergebnis besteht jedoch darin, daß der Am-

---

95   Rahn, T., Der Hochgeschwindigkeitszug InterCityExpress der DB, in: Die Bundesbahn, 67. Jg., Heft 5, 1991, S. 537.

96   25 % der Befragten reisten in der ersten Klasse, während mit 75 % der Großteil der Reisenden in der zweiten Klasse fuhr.

97   Während ca. 70 % der Reisenden der zweiten Klasse angaben, daß bei ihrer Fahrt ¾ und mehr aller Sitzplätze belegt waren, beträgt dieser Wert in der vorliegenden Stichprobe für die erste Klasse lediglich ca. 34 %.

Platz-Service, der nur in der ersten Wagenklasse angeboten wird, die Zufriedenheit mit der Freundlichkeit des Personals positiv beeinflußt. Der deutliche Unterschied in der Zufriedenheit mit dem Preis-/Leistungsverhältnis der im Speisewagen bzw. Zugbistro angebotenen Speisen und Getränke schließlich liegt sicherlich auch darin begründet, daß die Fahrgäste der ersten Klasse über ein deutlich höheres Einkommen verfügen.[98] Zusammenfassend bleibt festzuhalten, daß von der genutzten Reiseklasse erkennbare Wirkungen auf die Zufriedenheit mit der Reisephase als auch mit der gesamten Bahnreise ausgehen.

Während die Bestimmungsfaktoren Zugart und Reiseklasse in zumindest kurzfristiger Hinsicht als weitgehend konstante Größen angesehen werden können, sind in bezug auf den **Auslastungsgrad der Züge** deutliche zeitliche Schwankungen im Tagesablauf zu erkennen. So werden insbesondere bei Eintagesreisen die sog. „Tagesrandverbindungen" am Morgen und am Abend bevorzugt in Anspruch genommen.[99] Das damit verbundene entsprechend hohe Personenaufkommen am Bahnhof und in den Zügen führt möglicherweise dazu, daß von den Fahrgästen eine größere Hektik und Unruhe wahrgenommen wird, die sich nachteilig auf die Kundenzufriedenheit auswirken können. Es liegt nahe zu vermuten, daß auch die Zufriedenheit mit weiteren Merkmalen der Reisephase durch den Auslastungsgrad der Züge beeinflußt wird. Die in Abbildung 23 wiedergegeben Mittelwertprofile bestätigen diese Annahme. So bekunden die Befragten, die in weniger stark besetzten Zügen gereist sind,[100] eine höhere globale Transaktionszufriedenheit als die Reisenden, die in Zügen mit einem relativ hohen Sitzladefaktor[101] unterwegs gewesen sind. Während in der Zufriedenheit mit dem Preis-/ Leistungsverhältnis kein Unterschied zwischen diesen Personengruppen festgestellt werden kann, sind die Reisenden in den „volleren" Zügen mit der Reisephase und damit mit der Fahrt im Zug signifikant unzufriedener.

Bedingt durch die höhere physische Nähe zu den Mitreisenden zeigen sich diese Befragten auf der Kontaktpunktebene der Reisephase insbesondere mit der Beinfreiheit am Sitzplatz sowie mit den Möglichkeiten zur Gepäckunterbringung als deutlich unzufriedener. Damit einher geht eine höhere Unzufriedenheit in bezug auf die Möglichkeit, ungestört die Reise zu verbringen. Auch die Luft- und Temperaturverhältnisse in diesen Zügen werden von diesen Fahrgästen deutlich schlechter beurteilt. Darüber hinaus ist bei diesen Befragten sowohl die Zufriedenheit mit der Freundlichkeit und Kompetenz des

---

98   So verfügen ca. 65 % der Reisenden der ersten Klasse über ein monatliches Nettohaushaltseinkommen von über 5.000 DM. Der entsprechende Anteil der Fahrgäste in der zweiten Klasse liegt dagegen bei ca. 29 %.

99   Vgl. Pompl, W., Luftverkehr: Eine ökonomische Einführung, Berlin 1991, S. 35.

100   Hierunter werden die Reisenden zusammengefaßt, in deren Zügen über die Hälfte aller Sitzplätze des genutzten Abteils belegt waren. Ca. 60 % der Befragten gaben an, mit einem solchen Zug gefahren zu sein. Die verbleibenden ca. 40 % der Fahrgäste entfallen auf Züge, in denen entsprechend weniger Sitzplätze besetzt waren.

101   Zum Begriff des Sitzladefaktors vgl. Pompl, W., Luftverkehr: Eine ökonomische Einführung, a.a.O., S. 33 ff.

Zugbegleitpersonals als auch mit der Pünktlichkeit der Züge schwächer ausgeprägt. Wenngleich nicht gänzlich ausgeschlossen werden kann, daß das Personal in Zügen mit einem sehr hohen Sitzladefaktor bedingt durch den damit einhergehenden stärkeren Streß in der Tendenz weniger freundlich ist und diese Züge durch größere Verspätungen gekennzeichnet sind, ist zu vermuten, daß bereits der Umstand, in einem Zug mit einer hohen Auslastung zu reisen, die Wahrnehmung dieser Aspekte der Reisephase nachteilig beeinflußt.

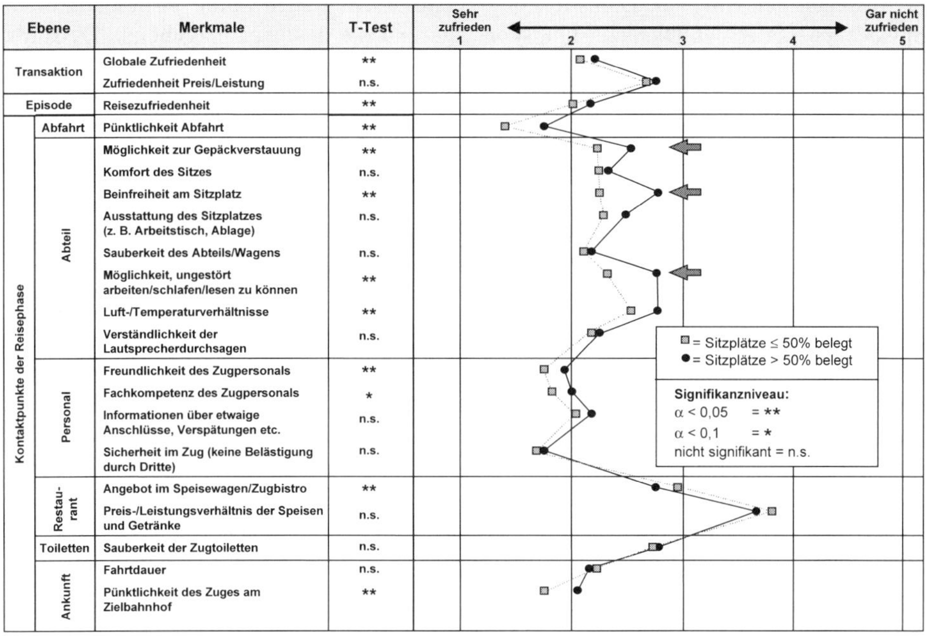

Ebene		Merkmale	T-Test
Transaktion		Globale Zufriedenheit	**
Transaktion		Zufriedenheit Preis/Leistung	n.s.
Episode		Reisezufriedenheit	**
Kontaktpunkte der Reisephase	Abfahrt	Pünktlichkeit Abfahrt	**
Kontaktpunkte der Reisephase	Abteil	Möglichkeit zur Gepäckverstauung	**
Kontaktpunkte der Reisephase	Abteil	Komfort des Sitzes	n.s.
Kontaktpunkte der Reisephase	Abteil	Beinfreiheit am Sitzplatz	**
Kontaktpunkte der Reisephase	Abteil	Ausstattung des Sitzplatzes (z. B. Arbeitstisch, Ablage)	n.s.
Kontaktpunkte der Reisephase	Abteil	Sauberkeit des Abteils/Wagens	n.s.
Kontaktpunkte der Reisephase	Abteil	Möglichkeit, ungestört arbeiten/schlafen/lesen zu können	**
Kontaktpunkte der Reisephase	Abteil	Luft-/Temperaturverhältnisse	**
Kontaktpunkte der Reisephase	Abteil	Verständlichkeit der Lautsprecherdurchsagen	n.s.
Kontaktpunkte der Reisephase	Personal	Freundlichkeit des Zugpersonals	**
Kontaktpunkte der Reisephase	Personal	Fachkompetenz des Zugpersonals	*
Kontaktpunkte der Reisephase	Personal	Informationen über etwaige Anschlüsse, Verspätungen etc.	n.s.
Kontaktpunkte der Reisephase	Personal	Sicherheit im Zug (keine Belästigung durch Dritte)	n.s.
Kontaktpunkte der Reisephase	Restaurant	Angebot im Speisewagen/Zugbistro	**
Kontaktpunkte der Reisephase	Restaurant	Preis-/Leistungsverhältnis der Speisen und Getränke	n.s.
Kontaktpunkte der Reisephase	Toiletten	Sauberkeit der Zugtoiletten	n.s.
Kontaktpunkte der Reisephase	Ankunft	Fahrtdauer	n.s.
Kontaktpunkte der Reisephase	Ankunft	Pünktlichkeit des Zuges am Zielbahnhof	**

Skala: Sehr zufrieden (1) ← → Gar nicht zufrieden (5); 1 2 3 4 5

□ = Sitzplätze ≤ 50% belegt
● = Sitzplätze > 50% belegt

Signifikanzniveau:
$\alpha < 0,05$ = **
$\alpha < 0,1$ = *
nicht signifikant = n.s.

Abb. 23: Zufriedenheitsprofile in Abhängigkeit vom Auslastungsgrad der Züge

3.   Zusammenfassung und Implikationen

3.1 Zusammenfassung und Würdigung der Untersuchungsergebnisse

Der Ausgangspunkt der vorliegenden Untersuchung war der wenig befriedigende Forschungsstand zur prozeßorientierten Analyse der Kundenzufriedenheit im Dienstleistungsbereich im allgemeinen sowie im Verkehrsdienstleistungsbereich im besonderen. Angesichts der nachweisbaren Erkenntnisdefizite in der wissenschaftlichen Diskussion und in Anbetracht des hohen Stellenwertes, den die Kundenzufriedenheit auch in der

Verkehrsdienstleistungspraxis einnimmt, bestand die generelle Zielsetzung der Untersuchung darin, eine theoretische Fundierung und umfassende empirische Analyse dieses
Untersuchungskomplexes zu leisten. Als empirisches Beispiel dienten die Angebote des
schienengebundenen Personenfernverkehrs der Deutschen Bahn AG.

Dabei stand die Fragestellung im Mittelpunkt, wie aus einer prozeßbezogenen Perspektive die Kundenzufriedenheit mit personenbezogenen Verkehrsdienstleistungen zu opera-
tionalisieren ist und welche Bestimmungsfaktoren die kundenseitige Wahrnehmung der
in Anspruch genommenen Dienstleistung beeinflussen. Daher wurde insbesondere der
Episodencharakter des Dienstleistungskonsums und die damit einhergehende Dynamik
der Zufriedenheitsbildung in expliziter Weise berücksichtigt.

Da die Analyse der Kundenzufriedenheit mit einer spezifischen Transaktion im Mittelpunkt der Untersuchung stand, wurden zunächst die Strukturierung und Visualisierung
der zu untersuchenden **Verkehrsdienstleistung „Bahnfernreise"** vorgenommen, die zu
einer Unterscheidung von insgesamt fünfzehn Kontaktpunkten führten. Diese wiederum
bildeten das Fundament zur Ableitung der vier Dienstleistungsepisoden „Vor-Reisephase", „Reisephase", „Umsteigephase" und „Nach-Reisephase". Aufbauend auf diesen
Überlegungen konnte ein **Bezugsrahmen** aufgestellt werden, der gleichzeitig die Struktur der sich anschließenden empirischen Untersuchung vorgab.

Die zusammenfassende Würdigung der **empirischen Ergebnisse** setzt an der Zielsetzung einer modelltheoretischen Validierung und Erklärung der Kundenzufriedenheit mit
Verkehrsdienstleistungen an. Die Eignung des entwickelten Meßinstrumentes zur Erfassung der Kundenzufriedenheit mit Verkehrsdienstleistungen konnte durch eine Überprüfung am Beispiel des innerdeutschen Schienenpersonenfernverkehrs bestätigt werden.
Dabei ist zunächst festzuhalten, daß sich alle Kausalmodelle empirisch bewährt und
interessante Erkenntnisse über die Struktur und die Dynamik der Kundenzufriedenheit
liefern konnten.

Als erstes zentrales Ergebnis der empirischen Untersuchung ist hervorzuheben, daß
sowohl auf der Kontaktpunkt- als auch auf der Episodenebene **eindeutige Effekte der
Dynamik der Kundenzufriedenheit** beobachtet werden konnten. Die Resultate dieser
Analysen sind als ein klares Indiz für die prozeßbezogene Wahrnehmung und Entstehung der Kundenzufriedenheit mit Verkehrsdienstleistungen zu werten.

Die differenzierte **intraphasenspezifische Analyse** der Kundenzufriedenheit offenbarte
in der Vor-Reisephase die besondere Bedeutung der Bahnhöfe als physischer Ausgangspunkt der Kerndienstleistung „Bahnreise", während der Einfluß personenbezogener
Kontaktpunkte auf die Episodenzufriedenheit vergleichsweise niedrig ausfiel. In diesem
Zusammenhang zeigte sich überdies, daß der Parkvorgang keinen nachhaltigen Einfluß
auf die Vor-Reisezufriedenheit ausübt. Innerhalb dieser Episode einer Bahnreise wurden
zum Teil relativ geringe Korrelationen zwischen den einzelnen Kontaktpunkten festgestellt, die als ein Indiz für die vergleichsweise eigenständige Wahrnehmung bzw. bedingte Unabhängigkeit der einzelnen Abschnitte der Vor-Reisephase angesehen werden
können und damit die theoretischen Ausführungen zum Prozeßcharakter der Kundenzu-

friedenheit zumindest für diese Episode einer Bahnreise zu einem gewissen Grad relativieren.

Eine solche Einschränkung erfahren hingegen die Ergebnisse der weiteren Abschnitte einer Bahnreise nicht. So waren in der **Reisephase** vergleichsweise hohe Korrelationen zwischen verschiedenen Kontaktpunkten dieser Episode festzustellen, die den Wahrnehmungsverbund der Teilerlebnisse dieser Phase einer Bahnreise nachhaltig bestätigen. Im Hinblick auf den Einfluß der einzelnen Kontaktpunktzufriedenheiten auf die Zufriedenheit mit der Episode konte die Zufriedenheit mit der Pünktlichkeit der Züge als ein „Hygienefaktor" der Kundenzufriedenheit identifiziert werden, während sich die Zufriedenheit mit dem Personal, die den relativ höchsten Einfluß auf die Episodenzufriedenheit ausübt, als „Motivator" der Kundenzufriedenheit herausstellte. Des weiteren wurde deutlich, daß der Einfluß der nicht im Fahrpreis enthaltenen Dienstleistung „Verpflegung im Zugrestaurant" keinen nennenswerten Einfluß auf die Reisezufriedenheit ausübt.

Die besondere Bedeutung zeitlicher Komponenten für die Zufriedenheit mit der Dienstleistung zeigte sich in der Analyse der **Umsteigephase**. Neben dem Wunsch nach einem auf der zeitlichen Ebene reibungslosen Verlauf der mit dem Umsteigen in einen Anschlußzug verbundenen Teilprozesse ist in den Ergebnissen darüber hinaus zu erkennen, daß das interne Schnittstellenmanagement der Bahn hier in besonderer Weise gefordert ist, die Kunden mit entsprechenden Informationen und Orientierungshilfen zu versorgen.

Die Analyse der Zufriedenheit mit der **Nach-Reisephase** führte zu dem Ergebnis, daß insbesondere die Zufriedenheit mit dem Verlauf der Weiterreise zum endgültigen Zielort der Reise die Episodenzufriedenheit in entscheidender Weise beeinflußt. Wenngleich auch von der Zufriedenheit mit dem Zielbahnhof eine vergleichsweise starke Wirkung auf die Nach-Reisezufriedenheit ausgeht, wird in den Ergebnissen deutlich, daß ein Reisender mit dem Verlassen des Zielbahnhofs die Verkehrsdienstleistung „Bahnreise" als weitgehend abgeschlossen ansieht und damit die vom Kunden selbst erstellten Teilprozesse an Bedeutung gewinnen.

In der **interphasenspezifischen Analyse** der Kundenzufriedenheit war zunächst die sehr hohe Bedeutung der Reisephase für die Bildung des Zufriedenheitsurteils über die gesamte Bahnreise auffällig, in der die zentrale Stellung der Kerndienstleistung für das phasenübergreifende Zufriedenheitsurteil klar zum Ausdruck kommt. Da jedoch auch von den weiteren Episoden und hier insbesondere von der Vor-Reisephase ein erkennbarer Einfluß auf die Transaktionszufriedenheit ausgeht, wird die Notwendigkeit eines umfassenden Verständnisses der Dienstleistung „Bahnreise" deutlich. Allerdings konnte ein nur vergleichsweise geringer Einfluß der Nach-Reisezufriedenheit auf die gesamte Zufriedenheit mit einer Bahnreise ermittelt werden, der auf den eher „autonomen" Charakter dieser Phase einer Bahnreise hindeutet. So wird augenscheinlich der Verlauf dieses Abschnittes einer Bahnreise nicht unmittelbar dem Verantwortungsbereich des Verkehrsdienstleisters zugeordnet.

Hinsichtlich der **Dynamik** der Kundenzufriedenheit auf der **Episodenebene** konnte ein positiver Einfluß der Zufriedenheit mit einer vorgelagerten Episode auf die Zufriedenheit mit einer zeitlich nachfolgenden Episode eindeutig nachgewiesen werden. Gleichwohl dürfen diese Einflußstrukturen in ihrer Stärke nicht überinterpretiert werden, da die Ergebnisse, trotz der erkennbaren Dynamik zwischen den verschiedenen Episoden, auf eine vergleichsweise eigenständige Wahrnehmung der verschiedenen Phasen auf der Episodenebene hindeuten.

Die Analyse des Einflusses der aktuellen Transaktionszufriedenheit auf die Zufriedenheit mit allen bisherigen Erfahrungen und damit auf die Zufriedenheit auf der Beziehungsebene ergab, daß hier die Existenz eines Rezenzeffektes zu vermuten ist. So beeinflußt die Zufriedenheit mit der aktuellen Transaktion die Beziehungszufriedenheit in einem nicht unerheblichen Ausmaß. Ebenso wurde in den Ausführungen die zentrale Stellung der Kundenzufriedenheit im Hinblick auf das künftige Verhalten der Kunden gegenüber dem Verkehrsdienstleister Deutsche Bahn AG deutlich.

Die Analyse des Einflusses personen- und reisebezogener **Bestimmungsfaktoren** auf die Kundenzufriedenheit mit einer Bahnreise bildete den Gegenstand der weiteren Ausführungen. In der Untersuchung zeigte sich, daß die Aussagekraft der verschiedenen Einflußfaktorengruppen differenziert zu beurteilen ist.

So zeigte sich bei der Analyse **demographischer Bestimmungsfaktoren**, daß das Alter der Reisenden sowohl die Zufriedenheit mit einzelnen Episoden der Bahnreise als auch die Zufriedenheit mit der gesamten Transaktion beeinflußt. Auch konnte eine leichte Bedeutungszunahme der Nach-Reisephase im Hinblick auf die Bildung des Gesamturteils mit zunehmendem Alter der Befragten festgestellt werden; ein Trend, der in dieser Form jedoch für die Vor-Reisephase nicht ermittelt wurde. Bei der Analyse des Bestimmungsfaktors Geschlecht ergaben sich keine signifikanten Unterschiede in der transaktionalen Kundenzufriedenheit, wobei jedoch durchaus Unterschiede in der Dynamik und in den Einflußstrukturen der Kundenzufriedenheit aufgedeckt werden konnten. Insgesamt ist den hier betrachteten demographischen Merkmalen im Vergleich zu den anderen Einflußfaktoren aber eine eher untergeordnete Bedeutung als Determinanten der Kundenzufriedenheit mit Verkehrsdienstleistungen zu bescheinigen.

Dagegen sind die Ergebnisse hinsichtlich der Wirkung **psychographischer Bestimmungsfaktoren** auf die Kundenzufriedenheit als ein eindeutiger Beleg für deren vergleichsweise hohe Kaufverhaltensrelevanz zu bewerten. So konnte sowohl für die Einstellungen der Bahnreisenden als auch für das Involvement, das einer Bahnreise von den Befragten entgegengebracht wird, eine positive Wirkung auf die Ausprägung der Kundenzufriedenheit mit einer Bahnreise ermittelt werden. Ebenso gelang der Nachweis, daß von dem wahrgenommenen Kaufrisiko eine eindeutig negative Wirkung auf die Transaktionszufriedenheit ausgeht.

Auch die Aussagekraft **reisebezogener Einflußfaktoren** zur Erklärung der Kundenzufriedenheit mit Verkehrsdienstleistungen ist insgesamt positiv zu beurteilen. Während die Analyse des Bestimmungsfaktors Reiseanlaß die vermuteten Zusammenhänge zwar nicht vollständig belegen konnte, erwiesen sich dagegen die weiteren untersuchten Faktoren als wichtige Determinanten der Zufriedenheit mit der Reisephase sowie der Transaktionszufriedenheit eines Bahnreisenden.

3.2 Implikationen für das Management von Verkehrsdienstleistungsunternehmen

Der zunehmende Wettbewerbsdruck auf der Angebotsseite sowie ein deutlich gestiegenes Anspruchsniveau an die Qualität von Dienstleistungen auf der Nachfragerseite führen dazu, daß auch Verkehrsdienstleister in besonderer Weise gefordert sind, ihr Leistungsangebot im Wettbewerbsumfeld zu profilieren und die Zufriedenheit ihrer Kunden sicherzustellen.

Die empirischen Ergebnisse der vorliegenden Untersuchung belegen, daß die prozeßorientierte Analyse der Kundenzufriedenheit zentrale Hinweise zur Sicherung des langfristigen Unternehmenserfolges geben und damit wichtige Aufschlüsse für die Ausgestaltung des Zufriedenheitsmanagements von Verkehrsdienstleistungsunternehmen im allgemeinen und der Deutschen Bahn AG im besonderen liefern kann. In diesem Zusammenhang lassen sich vor allem folgende Implikationen für das Marketing der Deutschen Bahn AG ableiten:

■ Die vorliegenden Resultate dokumentieren, daß eine Vielzahl von Aspekten entlang der gesamten Reisekette die Zufriedenheit mit einer Bahnreise prägt, wobei insbesondere der Reisephase und ihren einzelnen Kontaktpunkten eine zentrale Stellung bei der Bildung des Zufriedenheitsurteils zukommt. Im Vergleich zu Fluggesellschaften beziehen sich die Zufriedenheitsurteile eines Bahnreisenden zum Großteil auf Dienstleistungen, die von der Bahn erbracht werden. Durch die (bisherige) alleinige Nutzung der Bahnhöfe verfügt die Bahn über einen im Vergleich zu anderen Verkehrsdienstleistern sehr großen autonomen Gestaltungsbereich. So sind die externen Leistungsverflechtungen mit anderen Dienstleistungsunternehmen beispielsweise in Relation zu Fluggesellschaften weniger stark ausgeprägt. Der damit vergleichsweise hohe Autonomiegrad des bahnspezifischen Zufriedenheitsmanagements ermöglicht grundsätzlich eine optimale Ausgestaltung und Integration der von der Bahn selbst erstellten Teilprozesse in den Kundenprozeß. Diesem Vorteil steht jedoch der Umstand entgegen, daß es einem Reisenden leichter fällt, die Verantwortlichkeit für einen ungünstigen Verlauf eines Teilabschnittes seiner Reise, wie z. B. das Verpassen des Anschlußzuges, dem Unternehmen Deutsche Bahn AG zuzuweisen.

■ Insgesamt verdeutlichen die Untersuchungsergebnisse, daß dem Schnittstellenmanagement eines Verkehrsdienstleisters große Bedeutung zukommt. Neben den externen sind dabei insbesondere die internen Schnittstellen derart auszugestalten, daß der reibungslose und zufriedenstellende Verlauf der gesamten Reisekette sichergestellt wird. Im Sinne einer auf den Kundenprozeß ausgerichteten Gesamtbetrachtung gilt es in diesem Zusammenhang zu berücksichtigen, daß auch die der eigentlichen Kerndienstleistung vor- und nachgelagerten „Augenblicke der Wahrheit" ebenfalls „Augenblicke der (Un-) Zufriedenheit" darstellen und das Gesamturteil eines Kunden in entscheidender Weise beeinflussen können.

■ Trotz der eindeutig zu erkennenden Dynamik der Kundenzufriedenheit werden die einzelnen Episoden einer Bahnreise von den Fahrgästen vergleichsweise eigenständig wahrgenommen. Dies eröffnet dem Unternehmen die Möglichkeit, ein Zufriedenheitsmanagement einzurichten, dessen Struktur sich an den verschiedenen Reiseabschnitten orientiert. Konkret könnte dies durch die Einrichtung von selbständigen Organisationseinheiten für die Vor-, Reise- und Nach-Reisephase realisiert werden. Da die Gesamtzufriedenheit mit einer Bahnreise jedoch auf der Wahrnehmung aller Episoden beruht, müssen diese Einheiten, auch unter Wirtschaftlichkeitsgesichtspunkten, eng miteinander vernetzt sein. Nicht die isolierte, sondern nur die integrierte Betrachtung der verschiedenen Reiseabschnitte wird dem Prozeßcharakter des Dienstleistungskonsums in ausreichender Weise gerecht.

■ Vor dem Hintergrund der nachgewiesenen Dynamik der Kundenzufriedenheit kommt einer unternehmensinternen Kommunikation der ermittelten Daten eine nachhaltige Bedeutung zu. Im Sinne eines Markt-Feedback-Konzeptes gilt es, den Mitarbeitern und insbesondere dem Kundenkontaktpersonal bewußt zu machen, daß die prozeßorientierte Entstehung der Kundenzufriedenheit zur Folge hat, daß ein negatives Erlebnis in einer Phase einer Bahnreise auch die Wahrnehmung darauffolgender Teilprozesse und damit die Gesamtzufriedenheit in entscheidender Weise prägen kann. Das bereichsübergreifende Verständnis, ein wichtiger und zufriedenheitswirksamer Bestandteil in einer komplexen und im Verbund wahrgenommenen Dienstleistung zu sein, ist ein zentraler Garant für die Schaffung zufriedener Kunden.

■ Eine wichtige Funktion der Kundenzufriedenheit ist in ihrer Eignung als Kontroll- und Steuerungsgröße zu sehen. Die hierzu erforderliche regelmäßige Messung der Kundenzufriedenheit kann dabei in sinnvoller Weise gleichzeitig, bei entsprechender Akzeptanz auf der Mitarbeiterseite, als eine Bezugsgröße für die Entwicklung eines Mitarbeiter-Incentive-Systems genutzt werden. Die phasenorientierte Messung der Kundenzufriedenheit erleichtert dabei, neben dem Kundenkontaktpersonal auch die Mitarbeiter hinter der „Line of Visibility" in ein solches System zu integrieren.

■ Des weiteren lassen sich die Ergebnisse der Zufriedenheitsmessung im Sinne eines Frühwarnsystems nutzen, indem neue oder sich im Zeitablauf verändernde Kundenanforderungen an die verschiedenen Abschnitte einer Bahnreise sowie die damit einhergehenden Veränderungen in der Struktur und Dynamik der Kundenzufriedenheit rechtzeitig erkannt werden. Diese Ergebnisse können wichtige Hinweise bei der Planung und Weiterentwicklung des Dienstleistungserstellungsprozesses liefern.[102]

---

[102] Vgl. Muffatto, M., Panizzolo, R., A Process-Based View for Customer Satisfaction, in: International Journal of Quality & Reliability Management, Vol. 12, No. 9, 1995, S. 155 ff.

▪ Die Umsetzung der aus Kundenzufriedenheitsmessungen gewonnenen Erkenntnisse in konkrete Handlungsmaßnahmen ist in hohem Maße von deren Realisierbarkeit abhängig. Dabei sind gleichermaßen technische wie ökonomische Faktoren zu berücksichtigen. Die prozeßorientierte Messung der Kundenzufriedenheit ermöglicht hierbei eine Hierarchisierung der die Kundenzufriedenheit konstituierenden Elemente und eine damit einhergehende Priorisierung einzelner Verbesserungsmaßnahmen. So läßt erst die zufriedenstellende Erfüllung der zentralen Hygienefaktoren aller Phasen einer Bahnreise, wie z. B. der Pünktlichkeit der Züge, die Einführung additiver Sekundärdienstleistungen im Sinne von „Value-Added Services" sinnvoll erscheinen.

▪ Schließlich gilt es, die Eignung der Kundenzufriedenheit als Benchmarking-Instrument zu prüfen. Die Erhebung von Daten der Kunden konkurrierender Unternehmen ermöglicht einen Vergleich der eigenen Leistung mit dem Wettbewerbsumfeld. Eine diesbezüglich differenzierte Analyse kann über eine verkehrsmittelspezifische Betrachtung hinaus weitere potentielle Verbesserungsmöglichkeiten für die Ausgestaltung der einzelnen Episoden einer Bahnreise offenlegen. Meßmethodisch ist jedoch damit die sehr komplexe Aufgabe verbunden, die Vergleichbarkeit prozeßorientiert erhobener Daten sicherzustellen.

Insgesamt ist jedoch zu beachten, daß ein prozeßorientiertes Zufriedenheitsmanagement nur eine, wenn auch zentrale, Herausforderung an das Unternehmen Deutsche Bahn AG darstellt. So ist zu berücksichtigen, daß insbesondere im Verkehrsdienstleistungsbereich die Abstimmung des **Kundenprozesses** und der **Unternehmensprozesse** mit einer Vielzahl von Integrations- und Koordinationsaufgaben einhergeht. Dies hat eine deutliche Komplexitätserhöhung der zur Befriedigung der Mobilitätsbedürfnisse sowie der zur Sicherstellung einer hohen Kundenzufriedenheit notwendigen Tätigkeiten zur Folge, die die Deutsche Bahn AG in Zukunft in verstärkter Weise zu bewältigen hat.

Heribert Meffert
Michael Schleusener
Helmut Schneider

Marketing im Turn-around-Management

Fallstudie DB AutoZug GmbH

Die Fallstudie basiert im Kern auf den im Rahmen eines Projektes von den Verfassern gewonnenen Erkenntnissen. Für die bei der Abfassung der Fallstudie erhaltene Unterstützung durch die Mitarbeiter der DB AutoZug GmbH möchten sich die Verfasser herzlich bedanken.

1. Der Markt für Bahnreisen gemeinsam mit dem eigenen Pkw

Seit nunmehr fast 70 Jahren wird in Deutschland die Beförderung des eigenen Pkw im Rahmen einer Bahnreise angeboten. Die Möglichkeit, das eigene Auto über eine weite Entfernung mitnehmen zu können, ohne selbst fahren zu müssen, erfreut sich insbesondere bei der Fahrt in den Urlaub großer Beliebtheit. Demzufolge stellen die Entwicklungen des Reiseverhaltens und damit des Tourismus wesentliche Rahmenbedingungen für das Angebot von Transportleistungen im Rahmen der touristischen Wertschöpfungskette dar.

Der Tourismus insgesamt kann weltweit als eine der bedeutendsten Branchen bezeichnet werden. So werden in der Europäischen Union und in Deutschland rund 6 % des Bruttosozialproduktes im Tourismus erzielt, rund 2 Millionen Menschen arbeiten in Deutschland in den Kernbereichen der Tourismuswirtschaft bei einem Umsatz von rund 200 Milliarden DM. Für die bereits seit einigen Jahren stark expandierende Tourismusbranche werden über die bisherige Entwicklung hinaus weitere Wachstumspotentiale in den nächsten Jahren prognostiziert.

In Deutschland bleibt nur noch ein Drittel aller Urlauber im eigenen Land, und insbesondere junge Leute verbringen den Urlaub lieber im Ausland als in heimischer Umgebung. Europäische Destinationen stehen bei den Reiseländern der Deutschen besonders hoch im Kurs; zu den beliebtesten ausländischen Reisezielen gehören Spanien, Italien und Österreich. Dabei geben die Deutschen für Auslandsreisen mit rund 77 Mrd. DM mehr aus als je zuvor. Doch neben den etablierten europäischen Auslandszielen rücken außereuropäische Fernreisen immer stärker in den Blick der Bundesbürger. Fast 6,4 Millionen Deutsche unternahmen 1998 eine Fernreise, was einen Zuwachs von 6,7 % gegenüber dem Vorjahr bedeutet.

In unmittelbarem Zusammenhang mit der Zunahme von Fernreisen steht das überproportionale Wachstum des Flugzeugs als Verkehrsmittel für die Haupturlaubsreise, wobei sowohl Charter- als auch Linienverkehr ihre Anteile steigern konnten. Während der Pkw bei leichtem Abwärtstrend weiterhin das am häufigsten genutzte Verkehrsmittel darstellt, steht die Bahn für die Fahrt in den Urlaub an letzter Stelle. So lag der Marktanteil der Bahn bei Haupturlaubsreisen 1998 mit ca. 3 Mio. Reisen bei 6,2 %, und für Kurzurlaubsreisen ergab sich ein Marktanteil von 6,9 % (ca. 4,1 Mio. Reisen; Quelle: Reiseanalyse 1999).

Im Buchungsverhalten für die Haupturlaubsreise unterscheiden sich Inlands- und Auslandstouristen deutlich. Während von den Inlandsreisenden über drei Viertel ihre Reise selbst organisieren, bucht fast die Hälfte der Auslandstouristen die ganze Reise über einen Reiseveranstalter. Damit ist die Zahl der Selbstorganisierer von 75 % vor zwanzig Jahren auf 55 % heute gefallen. Weitere Unterschiede lassen sich nach der Zahl der Kinder und den Zielregionen identifizieren. So organisieren zwei Drittel aller Reisenden mit Kindern ihren Urlaub selbst. Im Hinblick auf die Zielregionen sticht vor allem der stark angestiegene Mittelmeertourismus mit einem hohen Anteil von 53 % organisierter Reisen hervor.

Obwohl der Tourismus insgesamt ein mehr oder minder konstantes Wachstum aufzuweisen hat, sind im Hinblick auf das Reiseverhalten weitreichende Veränderungen festzustellen. So wird die durchschnittliche Entfernung, die im Rahmen einer Reise zurückgelegt wird, immer größer; außereuropäische Ziele gewinnen in der Gunst der Käufer an Bedeutung. Während die Dauer der einzelnen Reise abnimmt, steigt gleichzeitig die Häufigkeit, mit der gereist wird. Diese Entwicklung hat auch Auswirkungen auf die anteilige Fahrtdauer, die noch im Rahmen der Gesamtreise akzeptiert wird.

Doch am Wachstum des Tourismus hat das Geschäft mit dem AutoZug lange Zeit nur unzureichend partizipieren können. Im Rahmen der touristischen Wertschöpfungskette tritt der AutoZug als Anbieter einer touristischen Transportleistung auf, indem von unterschiedlichen Abfahrtsorten in Deutschland aus sowohl innerdeutsche Ziele als auch Destinationen in europäischen Nachbarländern bedient werden, bei denen es sich vor allem um touristische Zielgebiete handelt.

Im Vergleich zu einer regulären Bahnfahrt besteht der Hauptunterschied einer Fahrt mit dem AutoZug auf den ersten Blick in der Möglichkeit, den eigenen Pkw auf speziellen Waggons, die an die Personenwagen gehängt werden, mitzunehmen. Das Fahrzeug wird dabei rund eine Stunde vor Abfahrt des Zuges im Rahmen von vorgegebenen Verladezeiten auf zweistöckige Fahrzeugtransportwagen gefahren, die einem Lkw-Autotransporter sehr ähnlich sind. Das Verladen wird dabei vom Reisenden selbst und nicht von Mitarbeitern des Anbieters durchgeführt, so daß der Fahrgast sich über das für Verkehrsdienstleistungen ansonsten typische Integrationsniveau in die Leistungserstellung einbringt. Als weitere wichtige Besonderheit verkehren AutoZüge in der Regel ohne Zwischenhalt, das heißt non-stop zwischen meist einem, maximal drei AutoZug Terminals und dem Zielort. Dadurch ähnelt der Prozeß einer Fahrt im AutoZug sehr viel eher dem einer Flug- denn dem einer Bahnreise, wo typischerweise an einer Vielzahl von Haltepunkten ein Wechsel der Mitreisenden erfolgt.

Der leistungsbezogene komparative Konkurrenzvorteil (KKV) des AutoZuges besteht demzufolge in der Möglichkeit, den eigenen Pkw mitzunehmen. Das Anreiseproblem zum Ausgangsbahnhof ist damit gelöst, und die individuelle Mobilität am Zielort läßt sich ohne zeitraubende und anstrengende Anreise realisieren, so daß eine perfekte Reisekette entsteht. Gleichzeitig erfolgt die Gepäckbeförderung im Fahrzeug des Reisenden, ohne daß ein Umladen erforderlich wird. Der erreichbare Entfernungsradius für das AutoZug-Angebot ist natürlicherweise begrenzt. Die Flugreise in Kombination mit einem Mietwagen vor Ort kann demgegenüber kaum als zu ersetzendes Produkt angesehen werden. Bei der Fahrt im AutoZug steht die Verfügbarkeit des eigenen, persönlichen Autos im Vordergrund, so daß für die Nutzer als Alternative meist nur das Selbstfahren in Frage kommt.

2. Entwicklung des „Geschäftsfeldes Autoreisezug" und Gründung der DB AutoZug GmbH

Das erste Angebot für die Mitnahme eines Pkws auf einem Zug und der damit verbundenen Beförderung der Personen wurde bereits 1930 von der Deutschen Reichsbahn gemacht. Dieser „Autoreisezug" fuhr von Hamburg nach Lörrach/Basel, und brauchte für diese Strecke etwa 36 Stunden. Der zweite Weltkrieg unterbrach für längere Zeit dieses Geschäft, und erst im Jahre 1956 wurde wiederum eine AutoZug-Verbindung angeboten. Speziell in den 70er Jahren boomte das Geschäft regelrecht, bevor die Nachfrage stark zurückging und das Geschäftsfeld in den letzten Jahren deutlich defizitär wurde. Trotz der je nach Konjunkturlage sehr unterschiedlich verlaufenden Geschäftsentwicklung war der AutoZug-Verkehr für die damalige Deutsche Bundesbahn immer ein interessanter Bereich, da er dazu führte, neue Kundengruppen mit der Bahn in Kontakt zu bringen.

Ungeachtet dessen widmete die Bahn dem Geschäftsfeld nicht immer die notwendige Aufmerksamkeit. So beschäftigten sich vor Gründung der DB AutoZug GmbH acht Organisationseinheiten an sieben verschiedenen Standorten mit Aufgaben zum Geschäftsfeld DB AutoZug. Diese Aufteilung der Verantwortlichkeit auf viele unterschiedliche Bereiche führte insbesondere dazu, daß eine Führung im Sinne eines Produktmanagements nicht gegeben war. Der AutoZug war im Hinblick auf Investitionen und Kommunikation als Außenseiter zu bezeichnen, da die zur Verfügung gestellten Mittel insgesamt sehr begrenzt waren.

Vor dem Hintergrund der geschilderten Entwicklungen entschloß sich der Vorstand der Deutschen Bahn AG 1996, die DB AutoZug GmbH zu gründen und ihr den Bereich AutoZug zu übertragen. Ziel war es, mit Hilfe einer kleinen, aber effektiven und effizienten Organisationseinheit an einem Standort das Geschäftsfeld zu sanieren. Gleichzeitig sollte bewiesen werden, daß es gelingen kann, Randbereiche des Fernverkehrs durch eigene Organisationseinheiten zu einer größeren Marktnähe zu bringen. Vorgabe war, nach fünf Jahren die Verlustzone zu verlassen.

Die Leitung des neuen Unternehmens wurde gemeinschaftlich zwei Geschäftsführern – der eine davon Ingenieur, der andere Betriebswirt – übertragen. Ihr erster Schritt war, am neuen Standort in Dortmund mit Blick auf den Hauptbahnhof und das DB AutoZug-Terminal, die richtigen Mitarbeiter für dieses Geschäft zu gewinnen. Sie legten dabei größten Wert darauf, eine sinnvolle Mischung zwischen intern und extern rekrutierten Mitarbeitern zusammenzustellen. Die neu geschaffene Organisation zeichnet sich durch das im Mittelpunkt stehende Gestaltungsteam aus (vgl. Abbildung 1).

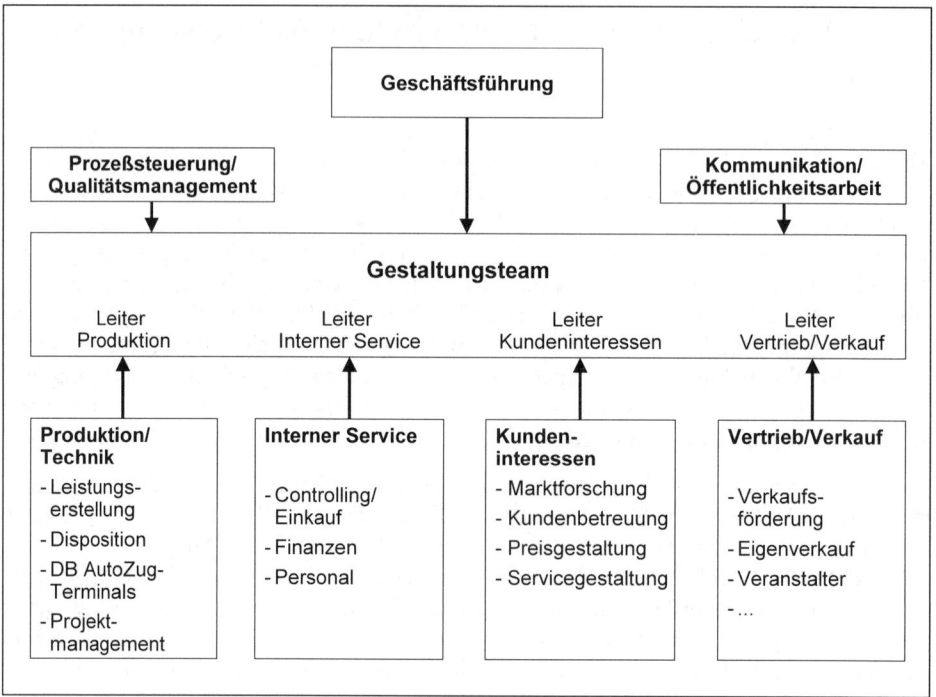

Abb. 1: Organisation der DB AutoZug GmbH

In diesem Gremium sind die verschiedenen, entlang des Leistungserstellungsprozesses betroffenen Teams vertreten. Die Entscheidungen, die innerhalb dieses Gremiums getroffen werden, sind somit von allen Gruppen mitgetragen und erleichtern die schnelle Umsetzung in die Praxis. Bewußt wird dabei auf eine sehr flache Struktur gesetzt, so daß der einzelne Mitarbeiter eine große Verantwortung trägt. Insgesamt sind 25 Mitarbeiter für das Geschäftsfeld DB AutoZug tätig.

In die Phase der Gründung fiel auch die Übernahme von Verantwortlichkeiten und Kompetenzen vom Mutterunternehmen. Den Wagenpark, der bislang nicht eindeutig definiert, sondern je nach Bedarf aus den Beständen des Gesamtkonzerns zusammengestellt wurde, überführte man in die neue Gesellschaft, so daß ca. 200 Fahrzeugtransportwagen, 50 Liegewagen, 50 Schlafwagen, 12 Sitzwagen und 14 Restaurantfahrzeuge jetzt ausschließlich für den DB AutoZug-Verkehr eingesetzt werden konnten. Dieser Wagenpark hatte in der Vergangenheit stark unter dem Ausbleiben von Investitionen gelitten, so daß ein Durchschnittsalter von über 30 Jahren erreicht wurde. Die Kompetenzen wurden dabei von den bisher betrauten Abteilungen im Mutterunternehmen auf die neue Tochtergesellschaft übertragen. Nach der Eingliederung des Wagenparks und der sofortigen Initiierung von Modernisierungsmaßnahmen wurden das Liniennetz sowie die Produktionsstrukturen zur Erreichung einer effizienten Produktion überarbeitet. Es folgten der Aufbau eines funktionierenden Relationscontrollings, die Neuausrichtung des Services an Bord sowie die Entwicklung eines neuen Kommunikationskonzeptes. Schließlich wurde die Optimierung des Vertriebsnetzes eingeleitet.

In den Konzern Deutsche Bahn AG ist das Unternehmen als 100 %ige Tochter der DB Reise&Touristik AG eingebunden. Der Aufsichtsrat der DB AutoZug GmbH setzt sich aus den Mitgliedern des Vorstands der Muttergesellschaft zusammen.

Während der Umsatz in diesem Geschäftsfeld 1997 erst ca. 80 Mio. DM betrug, konnte er 1998 auf etwa 95 Mio. DM gesteigert werden und wird 1999 105 Mio. DM überschreiten. Zwischen 1997 und 1999 wurde ein zweistelliger Millionenbetrag vor allem in den Fuhrpark, aber auch in eine Modernisierung der DB AutoZug Terminals investiert. In den kommenden fünf Jahren sind weitere Investitionen geplant.

Die geringe Zahl von 25 Mitarbeitern deutet bereits darauf hin, daß die DB AutoZug einen Großteil der Tätigkeiten im Rahmen der Leistungserstellung fremd vergeben hat und selbst schwerpunktmäßig als Steuerungseinheit fungiert. Sie arbeitet mit einer großen Anzahl von Kooperationspartnern zusammen, die von ihr koordiniert, geplant und gesteuert werden. Die meisten der Fremdleistungen werden dabei von Unternehmen im Konzernverbund der Deutschen Bahn AG bereitgestellt.

Weitere Kooperationspartner sind im Vertriebsbereich die TUI, die als Handelsmittler ohne eigenes Risiko Fahrscheine verkauft, wie auch DERTOUR und AMEROPA sowie einige kleinere Veranstalter, die in ähnlicher Weise tätig sind. Darüber hinaus gibt es Kooperationen mit Tourismuseinrichtungen von Zielregionen und Hotelorganisationen.

3. Überlegenes Kundenwissen als Grundlage der Marketingplanung

Von Beginn an war offensichtlich, daß nur ein marktgetriebenes Unternehmen erfolgreich werden könnte. Demzufolge nahmen die Kunden und entsprechende Informationen über ihre Struktur und Wünsche einen zentralen Stellenwert innerhalb der Unternehmensplanung ein. Gleichzeitig mußte die Geschäftsleitung feststellen, daß im Unternehmen Wissen über die aktuellen Kunden nicht ausreichend vorhanden war. Folglich wurden Anforderungen und Fragestellungen an eine umfangreiche Marktuntersuchung definiert: Die Kundenstruktur sollte im Hinblick auf soziodemographische Merkmale, das Nutzungsverhalten sowie die Gründe, die zur Wahl des DB AutoZuges als Verkehrsmittel geführt haben, beschrieben werden. Weiterhin sollte die Zufriedenheit der DB AutoZug Kunden mit dem Reiseangebot, dem Reiseverlauf, angebotenen Zusatzleistungen, dem Reisekomfort sowie dem Personal ermittelt werden. Aufbauend auf dieser Zufriedenheitsuntersuchung war es schließlich Aufgabe des Projektteams, Verbesserungspotentiale in allen Bereichen des Marketing-Mix zu identifizieren.

Im Sommer 1997 wurde daraufhin eine Befragung in den Zügen der DB AutoZug durchgeführt. Auf fünf ausgewählten Relationen konnten die Fahrer von fast 900 Pkw und Motorrädern, mit denen über 1.700 Erwachsene und 450 Kinder unterwegs waren, mit Hilfe eines standardisierten Fragebogens befragt werden. Das Design sah vor, daß die Reisenden den ersten Teil des Fragebogens zu Beginn ihrer Fahrt ausfüllten und den zweiten Teil, der insbesondere Fragen zur Zufriedenheit enthielt, am Ende der Fahrt und damit nach den gemachten Erfahrungen mit den einzelnen Leistungsbestandteilen.

Zunächst zeigte sich, daß die Rentner mit fast einem Drittel Anteil an den Nutzern die größte Gruppe darstellen, während sich ein weiteres Drittel aus leitenden Angestellten und Selbständigen zusammensetzt. Dies spiegelt sich auch im verfügbaren Haushaltsnettoeinkommen wider, das bei über der Hälfte der Kunden mehr als 5.000 DM beträgt. Damit einhergehend sind mehr als die Hälfte der Kunden älter als 50 Jahre. Diese erste Bestandsaufnahme deutete bereits darauf hin, daß ein Großteil der DB AutoZug Kunden aufgrund ihrer wirtschaftlichen Merkmale einer attraktiven Zielgruppe angehört. Gleichzeitig warf die ermittelte Altersstruktur die Frage nach der Nutzung des Angebotes durch zukünftige Generation auf und verdeutlichte die Herausforderung, auch jüngere Reisende an das Angebot heranzuführen.

Neben der erwähnten großen Gruppe der Senioren lassen sich Familien als zweite bedeutende Nutzergruppe identifizieren, die fast ein Viertel der Fahrgäste ausmacht. Familien sind zur Hälfte mit zwei Kindern unterwegs, und die mitreisenden Kinder sind noch jung – drei Viertel von ihnen sind erst bis zu zwölf Jahre alt.

Der DB AutoZug wird von fast allen Reisenden für die Fahrt in den Urlaub genutzt und stellt damit ein klassisches Urlaubsverkehrsmittel dar. Im Hinblick auf das mitgeführte Fahrzeug dominiert mit 89 % der Pkw. Weiterhin nehmen 11 % der Nutzer ihr Motorrad mit, die damit ein nicht zu vernachlässigendes Segment bilden. Nur die wenigsten DB AutoZug Kunden sind allein unterwegs, die große Mehrheit reist mit Partner, ein Drittel mit Familie. So stand für die überwiegende Mehrheit der Befragten auch die Fahrt mit dem Pkw bzw. Motorrad als Alternative zu einer Buchung des DB AutoZuges fest, 9 % hätten das Flugzeug genommen und weitere 8 % die Kombination von Flug und Mietwagen am Zielort gewählt. Angesichts dieser Ergebnisse wurde deutlich, daß eine Konkurrenzbeziehung hauptsächlich zur Fahrt mit dem eigenen Pkw besteht, da andere Verkehrsträger als Alternative zum Angebot des DB AutoZuges kaum in eine Auswahlentscheidung mit einbezogen werden. Es handelt sich bei den DB AutoZug Kunden somit nicht um typische Bahn-, sondern eher um typische Pkw-Fahrer. Dafür spricht auch die Tatsache, daß lediglich ca. 10 % eine BahnCard besitzen, während ansonsten der Anteil der BahnCard-Besitzer bei Bahnreisenden eher annähernd 50 % beträgt.

Obwohl durch die Mitnahme des eigenen Pkw eine gewisse Flexibilität der Reisenden in Bezug auf die Wahl des DB AutoZug Terminals denkbar erschien, zeigten die Ergebnisse der Marktuntersuchung jedoch, daß die DB AutoZug Nutzer überwiegend im engeren Einzugsbereich eines Terminals wohnen. So legen 70 % der Kunden bei der Fahrt von ihrem Wohnort zum DB AutoZug Terminal weniger als 100 km zurück. Demgegenüber kommen die Vorteile der individuellen Mobilität am Zielbahnhof wieder deutlich zum tragen, da rund 44 % der Reisenden vom Zielbahnhof bis zu ihrem Urlaubsort noch mehr als 200 km fahren. Zur Erreichung des Marktpotentials erscheint es damit relativ wichtig zu sein, DB AutoZug Terminals in akzeptabler Entfernung vom Wohnort der Nachfrager einzurichten. Demgegenüber besteht augenscheinlich nicht die Notwendigkeit, in den Zielgebieten flächendeckend präsent zu sein – dies eröffnet die Chance, mit tendenziell geringeren Investitionen für eine größere Zahl von Destinationen als Verkehrsmittel in Betracht gezogen zu werden.

Bei den Unterkünften am Zielort dominieren mit 37 % Ferienhäuser und -wohnungen, weiterhin Hotels mit rund 29 % der Nennungen. Bemerkenswert und gleichzeitig kennzeichnend für die relativ wohlhabenden DB AutoZug Kunden ist die Tatsache, daß immerhin 13 % der Befragten als Unterkunft am Urlaubsort das eigene Haus bzw. die eigene Ferienwohnung genannt haben. Die schon in den Arten der Unterkünfte deutlich werdende individuelle Gestaltung der Urlaubsreise spiegelt sich auch in der Organisation der Unterkunft wider. So haben 85 % der DB AutoZug Kunden ihre Unterkunft am Zielort selbst organisiert und nur 15 % bedienten sich der Hilfe eines Reisebüros.

Wird der DB AutoZug für die Hinfahrt zum Urlaubsort genutzt, so buchen ihn über vier Fünftel der Befragten auch für die Rückreise. Dabei fällt die Entscheidung für den DB AutoZug nicht eher als sechs Monate vor Reisebeginn, die eigentliche Buchung wird von der Hälfte der Reisenden erst innerhalb der letzten vier Monate vor Reisebeginn vorgenommen.

Bei den Gründen für die Wahl des DB AutoZuges stehen Convenience-Aspekte an vorderster Stelle. So entfielen die häufigsten Nennungen auf die Punkte „Streßfreiheit" und „Bequemlichkeit". Weitere wichtige Nennungen waren die realisierte Zeitersparnis, die Mobilität am Zielort sowie die Sicherheit. Vor dem Hintergrund einer Auswahlentscheidung zwischen Pkw und DB AutoZug als Verkehrsmittel liegt der Leistungsvorteil des DB AutoZuges klar in der im Vergleich zum Pkw als deutlich besser wahrgenommenen Bequemlichkeit der Fahrt.

Neben den bereits ausgeführten Informationen zur Zielgruppenbeschreibung der DB AutoZug Nutzer stand die Ermittlung von Zufriedenheiten und einer sich aus der Zufriedenheit unmittelbar ergebenen Kundenbindung.

Das Niveau der Gesamtzufriedenheit überraschte. So war der Mittelwert mit 2,1 auf einer Fünfer-Skala schon extrem positiv, und dieser Eindruck verstärkte sich noch bei Betrachtung der Verteilung. Fast drei Viertel der Nutzer waren mit den Leistungen der DB AutoZug sehr zufrieden und vergaben demzufolge die Gesamtnote 1 oder 2. Noch 23 % waren insgesamt zufrieden (Gesamtnote 3) und lediglich 4 % waren weniger zufrieden (Noten 4 und 5).

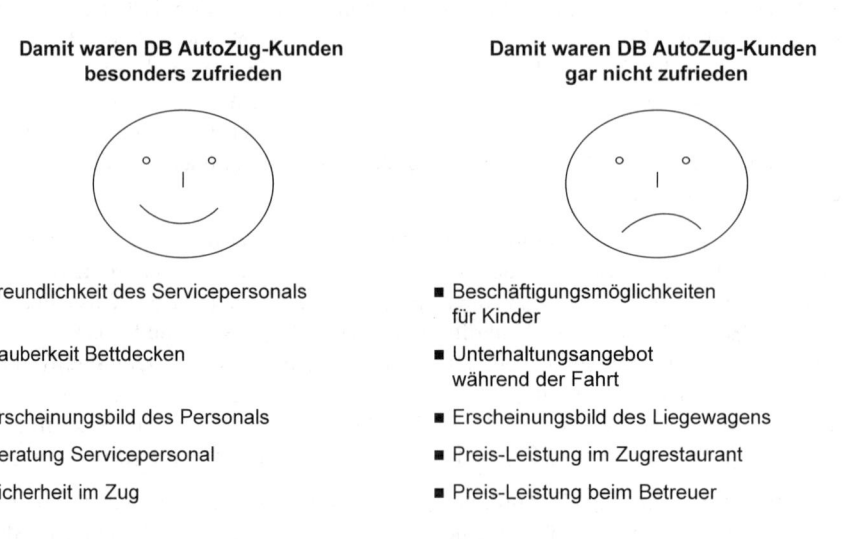

Damit waren DB AutoZug-Kunden besonders zufrieden

- Freundlichkeit des Servicepersonals
- Sauberkeit Bettdecken
- Erscheinungsbild des Personals
- Beratung Servicepersonal
- Sicherheit im Zug

⇨ **Personal wird besonders gut bewertet**

Damit waren DB AutoZug-Kunden gar nicht zufrieden

- Beschäftigungsmöglichkeiten für Kinder
- Unterhaltungsangebot während der Fahrt
- Erscheinungsbild des Liegewagens
- Preis-Leistung im Zugrestaurant
- Preis-Leistung beim Betreuer

⇨ **Unzufriedenheitspotential liegt eher in Leistungskomponenten**

Abb. 2: Teilzufriedenheiten mit einzelnen Leistungsmerkmalen (1997)

Im Hinblick auf Teilzufriedenheit mit einzelnen Leistungsmerkmalen ließ sich feststellen, daß gerade das Personal besonders gut bewertet wird (vgl. Abbildung 2). Demgegenüber kann ein gewisses Unzufriedenheitspotential eher in der Gestaltung bestimmter Leistungskomponenten konstatiert werden, wo Beschäftigungsmöglichkeiten und Unterhaltungsangebote neben dem Preis-Leistungsverhältnis für Serviceleistungen als kritisch betrachtet werden.

Eine Analyse nach den größten Nutzergruppen des DB AutoZuges demonstrierte, daß insbesondere Senioren mit einem Durchschnittswert von 1,86 besonders zufrieden waren, wohingegen Familien mit einem Wert von 2,25 und Motorradfahrer mit 2,26 sich weniger zufrieden zeigten. Die geringere Zufriedenheit der Familien ließ sich insbesondere auf das Preis-Leistungsverhältnis (3,2) sowie das Catering (2,8) zurückführen, die wesentlich schlechter als vom Durchschnitt beurteilt wurden. Eine mögliche Erklärung für dieses Phänomen liegt möglicherweise in der Tatsache begründet, daß Familien mit schulpflichtigen Kindern zeitlich durch die Einbindung in die Ferientermine weniger flexibel sind und demzufolge sich gezwungen sehen, an Tagen zu fahren, die aufgrund der praktizierten saisonalen Preisdifferenzierung hochpreisig sind. Motorradfahrer bemängeln vor allem die technische Sicherheit bei der Verladung, das Preis-Leistungsverhältnis von Speisen und Getränken, das Angebot beim Betreuer sowie die Beratung durch das Servicepersonal.

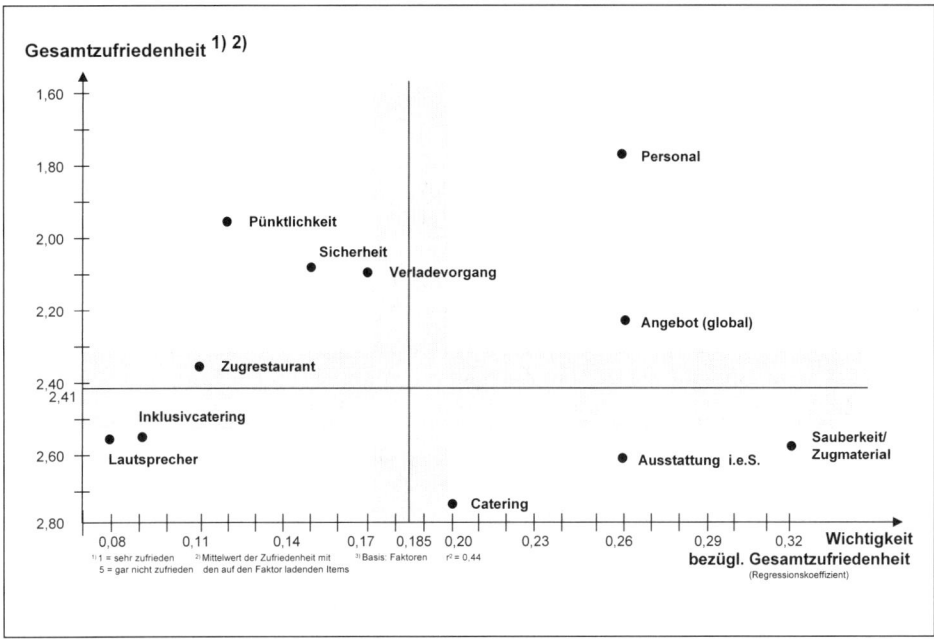

Abb. 3: Wichtigkeit versus Zufriedenheit (1997)

Nicht zuletzt wurde der Zufriedenheit mit einzelnen Faktoren des Leistungsangebotes die Wichtigkeit dieser Faktoren gegenübergestellt (vgl. Abbildung 3). Dabei zeigte sich, daß der Faktor Personal, der sehr gut beurteilt wird, gleichzeitig eine hohe Wichtigkeit besitzt und daher die Anstrengungen auf diesem Gebiet weiter auf hohem Niveau beibehalten werden sollten. Punkte, die als sehr wichtig wahrgenommen werden und gleichzeitig nur eine geringe Zufriedenheit aufweisen, betreffen insbesondere das Zugmaterial. Es zeigt sich, daß durch Investitionen in das Zugmaterial die Kundenzufriedenheit sich weiter verbessern ließe.

Da aus ökonomischer Sicht im Zusammenhang mit Kundenzufriedenheit der Kundenbindung ein zentraler Stellenwert zukommt, wurden die DB AutoZug Reisenden sowohl nach ihrer Absicht, den DB AutoZug wieder zu nutzen als auch nach ihrem voraussichtlichen Empfehlungsverhalten befragt. Mit über 95 % lag die Wiedernutzungsabsicht sehr hoch und deutet auf ein hohes Stammkundenpotential hin. Gleichzeitig will fast der gleiche Anteil den DB AutoZug in Zukunft weiterempfehlen, so daß ebenfalls gute Chancen für die Neukundengewinnung durch Mund-zu-Mund Propaganda festzustellen sind. Dabei entscheiden sich Erstkunden ebenso deutlich für die Wiedernutzung der Reisemöglichkeit wie langjährige Stammkunden. Im Hinblick auf die Investitionen zeigt sich, daß die Qualität des Wagenmaterials die Wiedernutzungsabsicht positiv beeinflußt.

4.   Kontinuierliches Relations- und Zufriedenheitscontrolling

Neben Marktdaten, wie sie mit Hilfe der beschriebenen Untersuchung gewonnen werden konnten, bilden interne Kennziffern eines effektiven Controllingsystems den zweiten Baustein für Managemententscheidungen. Daher wurde dem Aufbau eines Relationen-controllings, das alle Informationen über Kosten und Erlöse auf relationsspezifischer Basis bereitstellt, eine hohe Priorität eingeräumt. Gegenüber dem offenen System der Deutschen Bahn, bei dem mit dem Fahrscheinkauf keine Festlegung auf einen bestimm-ten Zug mit festem Datum und fester Abfahrtszeit erfolgt, ermöglicht erst die Buchungs- und Reservierungspflicht die genaue Zurechnung von Kosten und Erlösen auf die ein-zelnen Züge.

Da ein großer Teil der Buchungen in der Regel zu einem frühen Zeitpunkt eingeht, ver-bessert sich dementsprechend früh der Kenntnisstand des Managements über die Aus-lastung und die Wirtschaftlichkeit der einzelnen Züge. Auf Basis der Markt- und Unter-nehmensdaten lassen sich auch Anhaltspunkte für die Einschätzung von möglichen neuen Strecken ableiten, wenngleich solche Managemententscheidungen weiterhin unter Abwägung des unternehmerischen Risikos getroffen werden müssen.

Doch nicht nur die internen Daten werden konsequent dynamisch im Zeitablauf erhoben, auch die Zufriedenheitsuntersuchung wurde im Rahmen eines kontinuierlichen Zufrie-denheitscontrollings institutionalisiert. So erhalten alle Fahrgäste zusammen mit den Fahrscheinunterlagen einen Kurzfragebogen zur Zufriedenheit mit der aktuellen Reise, in den die wichtigsten Fragen aus der ersten großen Befragung zur Kundenzufriedenheit mit aufgenommen wurden. 1998 gingen über 2.000 dieser Fragebögen mit direkter Kun-denreaktion bei der DB AutoZug ein. Neben diese weitgehend standardisierte Form der Kundenzufriedenheitsmessung tritt das Instrument des Beschwerdemanagements, um kritische Ereignisse frühzeitig erkennen und die Leistung entsprechend verbessern zu können. Ein erster bedeutender Baustein ist dabei die Stimulierung von Kundenrückmel-dungen, deren Erfolg sich im steigenden Rücklauf der Kundeneingaben manifestiert. Auch die Geschäftsleitung ist in die Beantwortung der Kundenpost involviert, um sich so von den Kundenanliegen ein direktes Bild machen zu können.

Die Ergebnisse sowohl des kontinuierlichen Kundenzufriedenheitsmonitorings als auch aus dem Beschwerdemanagement werden laufend mit den betroffenen Mitarbeitern diskutiert und innerhalb des Unternehmens publik gemacht. Dabei werden die besten Ergebnisse als Benchmarks für andere Unternehmensbereiche herangezogen; so wird beispielsweise die Zufriedenheit mit der Verladung an unterschiedlichen Terminals mit-einander verglichen und die schlechter bewerteten DB AutoZug Terminals werden mit den besten Werten konfrontiert.

Doch nicht nur für eine Beeinflussung und Steuerung der internen Mitarbeiter dienen die Kundenzufriedenheitsmessungen, sondern auch in der Kommunikation und Vertragsgestaltung mit externen Lieferanten und Leistungserstellern. Die bereits dargestellte schlanke Struktur der DB AutoZug mit relativ wenigen Mitarbeitern und die damit einhergehende konsequente Ausgliederung von Aufgaben führt zu erhöhten Anforderungen an das Qualitätsmanagement. Dabei bindet die Qualitätsüberwachung Managementressourcen, da es sich im Laufe der Zeit immer deutlicher gezeigt hat, daß die Verantwortung für eine Einhaltung von Qualitätsstandards noch nicht den externen Lieferanten überlassen werden kann.

Die Besonderheiten der Fahrt mit dem DB AutoZug führen zu einer anderen Definition von kundenrelevanten Qualitätsmängeln als im übrigen Bahnverkehr. Für die Instandhaltung der Wageninnenausstattung bedeutet dies beispielsweise, daß Defekte und Mängel anders wahrgenommen werden als im Tagesverkehr, da im DB AutoZug der Kunde nicht die Möglichkeit hat, sich einen anderen Platz zu suchen. Während sonst ein Großteil der Mängel vielfach hingenommen wird, da zum einen die Aufenthaltsdauer im Zug begrenzt und zum anderen der Zug zumeist ja bereits im Einsatz ist, und somit etwaige Beeinträchtigungen auch auf die Mitreisenden zurückgeführt werden könnten, besteht im DB AutoZug eine andere Situation. Dort wird in der Regel ein ganzes Abteil für die gesamte Fahrt direkt ab dem Startbahnhof bezogen, so daß Qualitätsmängel in der Ausstattung allein auf die Bereitstellung zurückzuführen sind. Dieses im Vergleich mit anderen Bereichen der Bahn für den DB AutoZug Verkehr spezifische Qualitätsverständnis ist von den konzerninternen Leistungserstellern bei ihren Mitarbeitern im Rahmen eines Lernprozesses zu implementieren. Voraussetzung für die Gewährleistung der angestrebten Qualität ist ein integriertes Instandhaltungskonzept, das auf einem schnellen Vormeldesystem und persönlicher Verantwortung der Instandhaltungsmitarbeiter basiert.

In diesem Sinne sollen Mitarbeiter nicht mehr gleichermaßen für InterCity, DB AutoZug, DB NachtZug oder auch für Speisewagen, Sitzwagen, Liegewagen, Packwagen, Schlafwagen etc. verantwortlich sein, sondern ausschließlich für die von der DB AutoZug GmbH verantworteten Produkte. Da es sich hier vorwiegend um Schlaf- und Liegewagen handelt, ergibt sich automatisch eine Konzentration auf bestimmte Bauarten.

Die persönliche Verantwortung und Zuständigkeit soll sich neben der Instandhaltung auch auf den Prozeß der Bereitstellung und Logistik sowie auf die intensive und vertrauensvolle Zusammenarbeit mit Geschäftspartnern (z. B. Mitropa als Caterer) beziehen. Ein „Tandem" von zwei Verantwortlichen der DB AutoZug bildet die Keimzelle der neuen Struktur an jedem Einsatzstandort. Die Verantwortlichen der DB AutoZug sorgen innerhalb des Standortes für einen optimalen Durchlauf des rollenden Materials mit dem Ziel der Sicherstellung einer größtmöglichen Verfügbarkeit und höchster Qualität. Ein Kernteam Instandhaltung führt unter Leitung des technischen Verantwortlichen die kundenrelevanten Instandhaltungsarbeiten an den Fahrzeugen aus.

5. Umsetzung der Marketingplanung

5.1 Das Betriebskonzept als Kern des operativen Marketing

Im Rahmen des operativen Marketing-Mix bildet das Betriebskonzept als Kern der Leistungspolitik die Grundlage und die Rahmenbedingungen für die Ausgestaltung aller übrigen Mixparameter.

Das Angebot der DB AutoZug GmbH umfaßt sowohl innerdeutsche als auch europäische Tages- und Nachtverbindungen, auf denen 1998 ca. 170.000 Fahrzeuge und rund 500.000 Personen befördert wurden. Die DB AutoZug Terminals als Systemzugang sind – wie aus Abbildung 4 ersichtlich wird – mit Lücken in den fünf neuen Bundesländern über ganz Deutschland gleichmäßig verteilt.

Die größten DB AutoZug Terminals bestehen in Hamburg, Köln, München und Berlin, wobei der Fahrzeuganteil eines Terminals vom Einzugsgebiet und dem Angebot an Destinationen abhängt. Insgesamt verbinden 15 Terminals in Deutschland 31 Ziele im Inland und dem europäischen Ausland (Frankreich, Italien, Österreich, Ungarn). Zwischen diesen Zielen bietet die DB AutoZug im Sommer 182 bzw. im Winter 140 Verbindungen an (1999).

 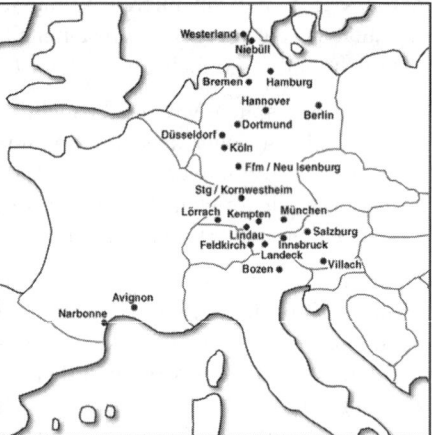

Sommerverbindungen   Winterverbindungen

Abb. 4: DB AutoZug Terminals (1999)

Hinsichtlich von Art und Umfang der Leistung sowie des eingesetzten Wagenmaterials unterscheiden sich Tages- und Nachtverbindungen. Bei den Tagesverbindungen fahren die Reisenden durchweg in klimatisierten 1.-Klasse-Sitzwagen, zur Verpflegung der Fahrgäste führen die Züge ein Bordrestaurant mit. Bei Nachtfahrten besteht die Möglichkeit, im Liegewagen oder aber im komfortablen Schlafwagen zu reisen. Bei den

Liegewagen kann dabei sowohl ein Einzelplatz als auch ein Abteil gebucht werden, das dann mit bis zu fünf Personen belegt werden kann (vgl. Abbildung 5).

Seit Sommer 1999 werden auf allen Nachtverbindungen modernisierte Wagen einge-setzt, die über einen deutlich verbesserten Fahrkomfort verfügen. Die Schlafwagen bie-ten im eigenen klimatisierten Abteil mit Waschgelegenheit bis zu drei Reisenden Platz und verfügen über eine Dusche im Wagen. Auf einigen Auslandsverbindungen werden seit 1997 modernisierte Fahrzeuge eingesetzt, seit 1998 auf allen. Internationale DB AutoZüge führen zudem ein Bordrestaurant mit. Ausgewählte innerdeutsche Strecken werden daneben mit Zügen der Bauart Talgo bedient, die neben Sitzwagen über neuarti-ge Kajütliegewagen verfügen, bei denen jeweils zwei Liegen übereinander in Fahrtrich-tung angeordnet sind. Darüber hinaus werden 2-Bettabteile mit eigener Dusche und WC im Schlafwagen angeboten.

 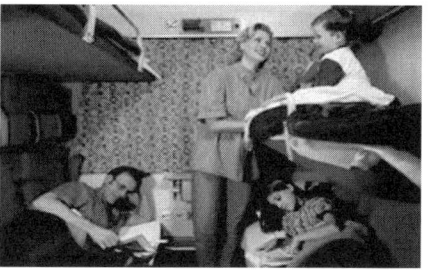

Abb. 5: Liegewagenangebot im DB AutoZug

Die Platz- und Fahrzeugdisposition der Autozüge ist zentral in Dortmund zusammenge-faßt. Die Platzdisposition für DB AutoZüge überwacht ständig Buchungsstand und Auslastung der zugeordneten Züge und erkennt rechtzeitig Bedarfsschwerpunkte oder auch schwächere Nachfragen. Durch Einlegen von zusätzlichen Wagen und Zügen wird bedarfsgerecht nachgesteuert. Dies geschieht in enger Abstimmung mit den Fahrzeug-disponenten, die für die rechtzeitige physische Wagendisposition entsprechend den An-forderungen der Platzdisponenten Sorge tragen müssen.

Diese Dispositionsstellen wurden seit 1997 von verschiedenen Standorten in Dortmund zusammengefaßt, da Platz- und Fahrzeugdisposition neben intensivem Absprachebedarf auch unmittelbaren Einfluß auf die Kosten- und Erlössituation des Unternehmens haben. Aus Vertriebsicht bestehen z. B. Möglichkeiten, auch kurzfristige Reaktionen des Marktes zu erkennen und entsprechend steuernd einzugreifen. Letztendlich wird mit der Zusammenfassung der Platz- und Fahrzeugdisponenten der Schnittpunkt zwischen Ver-kauf und Produktion optimal genutzt, neben den räumlichen Synergien ergeben sich mittelfristig auch wachsende Erfahrungswerte, die für die zukünftige Planung des Lei-stungsangebots, aber auch für die Erlösplanung genutzt werden können.

Im Hinblick auf die Modernisierung des Wagenparks wurde vor dem Hintergrund der Wirtschaftlichkeit entschieden, auf Neubauten von Fahrzeugen zu verzichten. Während die Grundstruktur der Wagen blieb, wurden im Inneren die Oberflächen neu gestaltet, eine andere Farbgebung gewählt und die sanitären Anlagen wurden komplett erneuert. Für die Verbesserung des Fahrkomforts wurden zudem die Fahrwerke mit herkömmlichen Klotzbremsen durch laufruhige Drehgestelle mit Scheibenbremsen ersetzt. Hochinnovative und damit teure Techniken fanden zugunsten von Detailverbesserungen nur geringe Berücksichtigung. Vor dem Hintergrund des relationsabhängigen Komfortgewinns für die Fahrgäste wurde die Frage nach einer Klimatisierung der Wagen, die mit erheblichen Kosten verbunden ist, entschieden. Klimatisiert sind Fahrzeuge, die auf Verbindungen in den Süden, beispielsweise nach Südfrankreich, eingesetzt werden, wohingegen im innerdeutschen Verkehr eine Klimaanlage nur an sehr wenigen Tagen im Jahr tatsächlich einen Komfortgewinn bedeutet und somit entbehrlich erschien.

Die DB AutoZug Terminals wurden ebenfalls in das Modernisierungsprogramm mit einbezogen. Neben größeren Neustrukturierungen der Ablaufprozesse wurde insbesondere die optische Gestaltung der Terminals überarbeitet. Ziel war es, einen jeweils ähnlichen Empfang zu gewährleisten und gleiche Erkennungsmerkmale an allen Terminals zu installieren, so daß die Wiedererkennbarkeit und das Auffinden erleichtert werden.

Die DB AutoZug GmbH erbringt ihre Leistungen auf dem Streckennetz der DB Netz AG. Damit teilen sich die DB AutoZüge die Trassen mit den übrigen Nutzern mit der Folge, daß durch die Einbindung der Züge in den Fahrplan der weiteren Zugbetreiber die Flexibilität der Angebotsplanung eingeschränkt wird. Die Möglichkeit für das Angebot von Verbindungen hängt somit nicht zuletzt von der jeweiligen Trassenkapazität ab. Hinzu kommt, daß bedingt durch die im Vergleich zu mehrmals täglich verkehrenden Zügen geringe Fahrthäufigkeit die Einbindung in die Vertaktung des Fern- und Güterverkehrs teilweise Halte erforderlich macht, um andere Züge vorbeizulassen. Daher entwickelt die DB AutoZug neue Autotransporter, die für Geschwindigkeiten bis zu 200 km/h geeignet sind und ein „mitschwimmen" im IC-Verkehr ermöglichen. Kritisch wirkt sich auch die immer enger werdende Vertaktung des Nahverkehrs aus, die dazu führt, daß innerhalb einiger Knotenpunkte die DB AutoZüge kaum noch vorankommen, so daß die planmäßigen Fahrzeiten dementsprechend beeinflußt werden können. Auf diese Weise kann sich auch die Reisezeit nicht unerheblich verlängern; wichtiger noch als die absolute Reisezeit ist jedoch die kundengerechte Gestaltung von Abfahrts- und Ankunftszeiten, die auch das Schlaf- und Ruhebedürfnis der Fahrgäste mit berücksichtigt.

5.2   Ausgestaltung der Service- und Leistungspolitik

Die auf Basis des beschriebenen Betriebskonzepts angebotenen Leistungen können von den Nachfragern in unterschiedlichen Kombinationen genutzt werden. Einer flexiblen Routenplanung, die der Verfügbarkeit des eigenen Pkw gerecht wird, kommt die DB AutoZug insofern entgegen, als daß die Rückfahrt von einem anderen Verladebahnhof aus als die Hinfahrt angetreten werden kann. Im Hinblick auf die Kombinationsmöglichkeiten der unterschiedlichen Reiseoptionen wurde auf eine Leistungsbündelung verzichtet. So kann sich jeder Kunde unterschiedliche Leistungskombinationen nach eigenen Bedürfnissen zusammenstellen.

Neben der eigentlichen Zugdienstleistung bietet die DB AutoZug je nach gebuchter Verbindung unterschiedliche Inklusivleistungen im Catering an. So beinhaltet der Fahrpreis auf Tagesverbindungen Kaffee und Gebäck, auf innerdeutschen Nachtverbindungen ein kleines Frühstück und auf internationalen Nachtverbindungen Frühstück oder Abendbrot. Daneben steht auf allen innerdeutschen Tagesverbindungen sowie fast allen internationalen Nachtverbindungen den Fahrgästen ein Bordrestaurant zur Verfügung, wie auch kleinere Speisen und Getränke beim Servicepersonal erhältlich sind.

Bei Nachtverbindungen erfolgt die Betreuung durch das Serviceteam, das die Schlafgelegenheiten vorbereitet, Bettwäsche verteilt, sich bei Auslandsreisen um eventuelle Formalitäten des Grenzübertritts kümmert und auch die Mahlzeiten serviert. Durch die spezifischen Leistungscharakteristika des DB AutoZuges kommt dem Kundenkontaktpersonal an Bord der Züge eine besonders wichtige Funktion zu. Die relativ lange Reisezeit in Verbindung mit nur wenigen Zwischenhalten führt nicht nur zu einer höheren Interaktion zwischen den Reisenden untereinander, sondern auch zu einem intensiveren Kontakt zum Servicepersonal. Die Bedeutung ausreichend qualifizierter und freundlicher, hilfsbereiter Mitarbeiter ist insbesondere vor dem Hintergrund der Auslandsfahrten sowie der Notwendigkeit, anfallende Probleme selbständig zu lösen, nicht zu unterschätzen. Bei den Servicemitarbeitern und Reiseleitern handelt es sich zumindest auf den internationalen Strecken häufig um Studenten. Die Motivation und Aufgeschlossenheit dieser zumeist jungen Mitarbeiter ist hoch, durch den teilweise nur sporadischen Einsatz sowie die geringen Vorkenntnisse ergeben sich jedoch erhebliche Herausforderungen an die Mitarbeiterauswahl und -schulung.

Weitere Serviceleistungen, die nicht zuletzt in der Marktforschungsstudie als Kundenanregungen gewonnen werden konnten, werden selektiv angeboten. So wird beispielsweise Spielzeug für Kinder zur Verfügung gestellt und auch verschenkt, und für die Reisenden werden Routenbeschreibungen sowie Hinweise zu den Zielgebieten in den Abteilen ausgelegt. Demgegenüber konnte ein Jockeyservice für die Beladung, bei dem ein Mitarbeiter der DB AutoZug den Pkw des Kunden auf den Zug fährt, bislang nicht kostendeckend angeboten werden, da die Zahlungsbereitschaft bei dem interessierten Anteil von ca. einem Drittel der Kunden für diesen Service zu gering ist. Auch auf die Ausstattung der Wagen mit Kopfhöreranschlüssen einer Audioanlage im Rahmen der Modernisierung wurde aus Kostengründen verzichtet. Zudem führen viele Gäste auf der Fahrt in den Urlaub eigene Geräte der Unterhaltungselektronik mit. Realisiert werden konnten dagegen Verbesserungen im Hinblick auf die Beschilderung der Anfahrtswege zu den Terminals in den Städten, die darüber hinaus Eingang sowohl in Stadtpläne als auch in Atlanten gefunden haben. In Zukunft könnten sie ebenfalls in Autonavigationssystemen zu finden sein.

Das Leistungsangebot wird von einem klar definierten Auftritt des Unternehmens durchzogen. So beginnt die deutliche Markenpositionierung bei den Buchungsunterlagen und setzt sich über die Markierung der DB AutoZug Terminals, des Personaloutfits, der Speisewagenausstattung bis hin zum Zufriedenheitsfragebogen fort. Der Kunde soll bei jedem Kontakt mit dem Unternehmen die Marke wiedererkennen, da gerade beim Reisen neben dem Entdecken von Neuem die Sehnsucht nach Bekanntem steht, das Hilfe beim Zurechtfinden in einer fremden Umgebung bieten kann. Trotz der Integration einer großen Anzahl von Lieferanten beispielsweise im Catering wird damit die DB AutoZug als Absender der jeweiligen Leistung dem Kunden jederzeit deutlich.

5.3   Preispolitik im Rahmen der Auslastungssteuerung

Die Preispolitik für das Produkt DB AutoZug wies nach Ausgründung der Tochtergesellschaft Bedarf zur Neustrukturierung auf. So war kurz zuvor teilweise eine Preissenkung bis zu 40 % erfolgt, womit die Preise bei einer realistischen Auslastung unter das Niveau der Herstellkosten fielen. Grundlegend für die strategische Neuausrichtung der Preispolitik waren jedoch zwei der Leistung inhärente Besonderheiten.

Zunächst bedingt die Tatsache, daß der Kunde sein Fahrzeug mitnehmen kann, die Notwendigkeit, dem Kunden sowohl den Personentransport als auch den für die Fahrzeugbeförderung zur Verfügung gestellten Raum in Rechnung zu stellen. Durch die technisch und juristisch gegebene Begrenzung der Zuglänge wird diese damit zum limitierenden Faktor für den wirtschaftlichen Betrieb eines DB AutoZuges. Schon aus diesem Grunde wird die Dienstleistung DB AutoZug immer tendenziell hochpreisig sein. Weiterhin unterliegt die Nachfrage nach einem Urlaubsreiseverkehrsmittel großen saisonalen Schwankungen, die auf die Haupttreisezeiten der einzelnen Zielgruppen zurückzuführen sind. Zudem wird ein Großteil der Verbindungen als Nachtreisen angeboten, so daß tagsüber die zur Verfügung stehenden Kapazitäten vielfach nicht genutzt werden können. Ziel der Preispolitik ist demnach die Erreichung einer größtmöglichen Wirtschaftlichkeit, indem eine relativ hohe, gleichmäßige Auslastung über eine differenzierte Preisgestaltung für nachfrageschwache wie nachfragestarke Zeiten anvisiert wird.

Während angebotsseitig dieser Tatsache wie erwähnt durch unterschiedliche Verbindungen je nach Jahreszeit Rechnung getragen wird, sollen im Hinblick auf die Nachfragesteuerung differenzierte Preise zu einem ausgewogeneren Buchungsverlauf beitragen. So werden auf jeder Verbindung drei unterschiedliche Preisstufen angeboten, die im Katalog übersichtlich in Form eines Kalenders angeordnet sind. Weiterhin ist der Preis für die Rückfahrt bei gleichzeitiger Buchung mit der Hinfahrt gegenüber dem Preis für eine einfache Fahrt deutlich reduziert. Die Festlegung der Preise sowie die Bestimmung der Preisstufe eines Reisetages für die einzelnen Relationen erfolgt durch das Team Kundeninteressen, was neben unternehmerischem Denken Erfahrung und ein gewisses Fingerspitzengefühl voraussetzt, da die eingehende Analyse des bisherigen Buchungsverhaltens und die Verknüpfung mit zukünftigen Terminen nicht automatisierbar ist. Eingeschränkt wird der Dispositionsspielraum dabei durch die Tatsache, daß die Preise bedingt durch die Drucklegung des neuen Katalogs bereits bis zu einem Jahr vorher feststehen müssen. Eine Preisdifferenzierung in Abhängigkeit des Buchungszeitpunktes, wie sie von Frühbucherrabatten und Last-Minute Tarifen bekannt ist, wird von der DB Auto-Zug bisher nicht angewendet.

Durch das beschriebene relationsindividuelle Vorgehen wurde es möglich, auf einzelnen Relationen die Auslastung bei verbesserter Wirtschaftlichkeit zeitlich relativ gleichmäßig verteilt auf ein hohes Niveau zu steigern. Ein Beispiel für die gelungene Korrektur der Preisbildung ist die Strecke Köln-Nantes, die bei Übernahme des Geschäftsfeldes nur eine sehr geringe Auslastung aufwies. Bei Überprüfung des geforderten Preises stellte sich heraus, daß dieser auf Basis der gefahrenen Bahnkilometer ermittelt worden war, die aufgrund der Streckenführung über Frankfurt einen wesentlich weiteren Weg als die direkte Fahrstrecke der Autofahrer ausmachten. Nach einer entsprechenden Preissenkung konnte bei gestiegener Auslastung die Wirtschaftlichkeit der Relation stark verbessert werden.

Preiserhöhungen gestalten sich trotz der festgestellten hohen Haushaltseinkommen und entsprechender Preisbereitschaften als schwierig. Mit der absoluten Preishöhe wird vielfach bereits eine psychologische Preisobergrenze erreicht, die nicht überschritten werden sollte. So kostete im Sommer 1999 eine Hin- und Rückreise von Hamburg nach Narbonne für eine Familie mit zwei Kindern und einem Pkw bei Anwendung der höchsten Preisstufe fast 3.000 DM im Liegewagen. Demgegenüber kostete die gleiche Reise in der niedrigsten Preisstufe mit ca. 1.650 DM lediglich etwas mehr als die Hälfte des höchsten Preises. Vor diesem Hintergrund konzentrieren sich die Anstrengungen innerhalb der Preispolitik eher auf eine Angleichung der bestehenden drei Preisstufen, indem beispielsweise die niedrigste Preisstufen angehoben und die höchsten Preise leicht gesenkt werden, sowie auf eine gezielte Setzung differenzierter Preisstufenkombinationen für maßgebliche Hin- und Rückfahrtintervalle.

5.4   Selektive Kundengruppenkommunikation

Aufbauend auf den Ergebnissen der durchgeführten Kundengruppenstruktur wurde für die Kommunikationspolitik ein 5-Säulen Modell entwickelt, an dem sich die einzusetzenden Elemente orientieren. Im einzelnen handelt es sich dabei um durch soziodemographische Daten beschriebene Zielgruppen, um Automobil- und Motorradbesitzer, um Ferienhausinteressenten, um Interessenten an bestimmten Zielregionen und um Bewohner bestimmter Quellregionen (vgl. Abbildung 6).

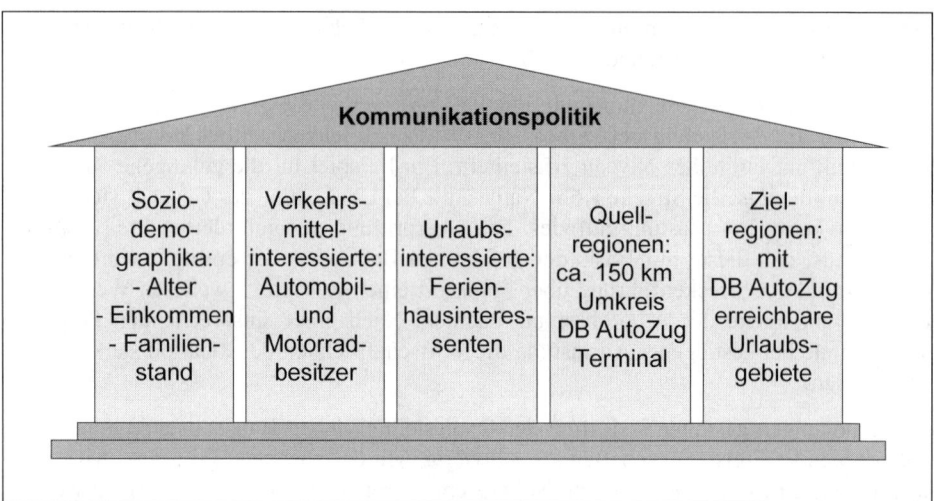

Abb. 6: 5-Säulen-Modell der Kommunikationspolitik

Die erste Säule des Konzepts besteht in der Kommunikation mit den als Stammkunden
bekannten bzw. durch sozio-demographische Daten beschriebenen Kundensegmenten.
Stammkunden erhalten regelmäßig den aktuellen Katalog zeitgleich mit den Verkaufs-
stellen, so daß sie die Möglichkeit einer frühzeitigen Buchung haben. Die Identifikation
der Zielgruppe Familien mit Kindern führte beispielsweise dazu, daß in der Zeitschrift
„Eltern" für den DB AutoZug geworben wurde, wie auch die unterschiedlichen Reise-
magazine wie Globo oder Geo belegt werden. Dabei ist es immer das Bestreben, in den
redaktionellen Teil der Magazine mit aufgenommen, zumindest aber als Anreiseemp-
fehlung genannt zu werden. Die Heranziehung sozio-demographischer Daten hat sich
auch für die Konzeption von Direct Mails als erfolgversprechend erwiesen. So konnte
beispielsweise von den angesprochenen Kunden eines hochpreisigen Produzenten ge-
nußorientierter Konsumgüter eine unerwartet hohe Responserate erzielt werden.

Bedingt durch die Tatsache, daß typische Auto- bzw. Motorradfahrer und nicht primär
Bahnreisende angesprochen werden sollen, besteht eine weitere Säule in der gezielten
Kommunikation innerhalb von Special-Interest-Titeln für die Zielgruppen. Dabei handelt
es sich beispielsweise um Auto- sowie Motorradzeitschriften, aber auch um Kundenzeit-
schriften der großen Automobilhersteller (vgl. Abbildung 7). Ferner stellt die Belegung
des Leistungsumfeldes von Anbietern aus dem Bereich der Ferienhäuser und Ferienho-
tels als präferierte Urlaubsunterkünfte eine Säule im Kommunikationskonzept dar. Neben dem Schalten von Anzeigen kommt der Präsenz im redaktionellen Teil der Kataloge
ein besonderer Stellenwert zu. So wurde in der Kooperation mit dem Reiseveranstalter
DERTOUR Städtereisen erreicht, daß im aktuellen Katalog zu jedem Zielort das nächst-
gelegene DB AutoZug Terminal mit angegeben ist.

Abb. 7: Beispiel Anzeige DB AutoZug

Da in der vorliegenden Untersuchung eine recht deutliche geographische Konzentration der Kunden um die jeweiligen DB AutoZug Terminals ausgemacht werden konnte, bildet die Quellgebietskommunikation eine wichtige Säule des Kommunikationskonzeptes. Eingesetzt werden regionale Medien wie beispielsweise Tageszeitungen, aber auch zielgruppenspezifische Events wie die Bikers' Party eines Motorradhändlers werden unterstützt. Während unmittelbar nach Gründung der DB AutoZug GmbH kontinuierliche Kommunikationsaktivitäten in den Quellgebieten fester Bestandteil des Konzeptes waren, wurde im Laufe der Zeit das Vorgehen dahingehend modifiziert, daß in Abhängigkeit vom Verlauf des Buchungseingangs gezielt in Regionen, in denen Absatzziele im Zeitablauf nicht erreicht werden konnten, Anzeigen geschaltet werden. Diese spezifische Quellgebietskommunikation bietet damit über die Verfolgung der Buchungseingänge aus der Region gleichzeitig geeignete Ansatzpunkte für die Werbeerfolgskontrolle.

Eine weitere Säule des Kommunikationskonzeptes stellt die zielgebietsbezogene Kommunikation dar. Zum einen werden mittels Partnern in den Tourismusregionen Broschüren für die Angebote zur Rückfahrt mit dem DB AutoZug vertrieben, um relativ kurzfristig bereits in der Region befindliche Urlauber zu erreichen. Zum anderen wird versucht, in die Informationen, die von Zielregionen den Urlaubern vor Antritt ihrer Reise zur Verfügung gestellt werden, mit integriert zu werden. Dies bedingt die Notwendigkeit, zu einer Vielzahl von Kooperationspartnern, die in den Tourismusorganisationen einzelner Regionen und Orte bestehen, Kontakte zu pflegen.

Über den isolierten Einsatz von Maßnahmen im Rahmen der beschriebenen Säulen hinaus wird eine Integration aller Kommunikationsmaßnahmen angestrebt. Idealtypisch sieht der Familienvater und potentielle DB AutoZug Kunde eine Anzeige in seiner regionalen Tageszeitung (Quellgebietskommunikation), findet sie wieder im elternspezifischen Umfeld (soziodemographisch ausgerichtete Kommunikation), stößt bei seiner Suche im Urlaubskatalog auf das DB AutoZug Zeichen (an Ferienhausinteressenten gerichtete Kommunikation), erhält gemeinsam mit Unterlagen zu seiner Urlaubsregion einen Flyer (Zielgebietskommunikation) und stößt bei der Lektüre der Kundenzeitschrift seines Automobilherstellers wiederum auf den DB AutoZug (auf Automobilinteressenten gerichtete Kommunikation). Durch die Vielzahl der Kontakte wird er somit mehrfach auf den DB AutoZug aufmerksam gemacht, bis er über einen der zur Verfügung stehenden Vertriebswege den Katalog als zentrales Buchungsmedium anfordert. Mit dieser Vorgehensweise sollen die Angehörigen der Zielgruppen gleichsam in einem Netz von Kommunikationsmaßnahmen für den DB AutoZug eingesponnen werden.

5.5   Umsetzung des Vertriebskonzeptes

Der DB AutoZug war das letzte Produkt der Deutschen Bahn AG, für das noch eine manuelle Fahrscheinausstellung erfolgte. Erst mit Gründung der DB AutoZug GmbH wurde ein in die Konzernsysteme integriertes elektronisches Buchungsverfahren eingeführt, wodurch der Verkauf sich stark vereinfachte. Gleichzeitig sind nun die Rahmenbedingungen der konzerneigenen Vertriebssysteme zu beachten, die einer voll flexiblen Ausgestaltung durch die Tochtergesellschaft DB AutoZug entgegenstehen.

Reisebüros und Fahrkartenausgabestellen der Deutschen Bahn AG stellen die bedeutendsten Vertriebswege dar, weiterhin werden die Leistungen über Veranstalter, Call Center, das Internet sowie ausländische Bahnen verkauft.

Reisebüros sind ein teurer Vertriebsweg, der jedoch die insbesondere für Urlaubsreisen notwendige Beratung und den entsprechenden Verkauf von Unterkünften bietet. Für die Reisebüros stellen Buchungen des DB AutoZuges mit durchschnittlich 800 DM Umsatz pro Buchung, der damit im Bereich von Flugbuchungen liegt, ein interessantes Potential dar. Durch ein aktives Cross-Selling, also das gleichzeitige Verkaufen der Anreise mit dem DB AutoZug zusätzlich beispielsweise zu einer selbstgebuchten Ferienhausunterkunft, lassen sich Neukundenpotentiale erschließen. Vor dem Hintergrund der Bedeutung dieses Vertriebsweges für die DB AutoZug GmbH ist die Verläßlichkeit und Glaubwürdigkeit den Reisebüros gegenüber wichtigste Voraussetzung für den Erhalt einer vertrauensvollen Zusammenarbeit. Bei den Reiseveranstaltern ist insbesondere die TUI zu nennen, die ohne eigenes Risiko als Handelsvermittler Fahrscheine der DB AutoZug vertreibt, wobei die Kommunikation über einen eigenen Katalog erfolgt.

Daneben wurde eine bundesweit einheitliche Servicerufnummer der DB AutoZug eingerichtet, über die Auskünfte erteilt und Reisebuchungen entgegen genommen werden (Call Center). Die DB AutoZüge werden ausschließlich von speziell geschulten Mitarbeiterinnen und Mitarbeitern verkauft. Grundlage für den erfolgreichen Einsatz dieses Vertriebskanals ist der für den Kunden einfach zu verstehende Katalog, dessen Gestaltung hin zu einem Buchungshilfsmittel gezielt auf Basis der Marktforschungsergebnisse weiterentwickelt wurde (vgl. Abbildung 8). Ein weiterer Faktor für die kundenseitige Akzeptanz dieses Vertriebsweges ist die hohe Kundenbindung und damit einhergehend die Vertrautheit der Stammkunden mit dem Leistungsangebot, die demzufolge direkt aus dem Katalog buchen.

Ein weiterer direkter Vertriebskanal wurde mit Hilfe des Internets realisiert. Die interaktive Version des gedruckten Katalogs führt den Interessenten logisch aufgebaut von der graphisch unterstützten Auswahl des Zielortes über die Planung des Reisetages bis hin zur Frage nach Raucher- oder Nichtraucherplatz (vgl. Abbildung 9). Dieses neue Buchungsmedium wurde trotz kaum erfolgter Kommunikation über den Internet-Auftritt bereits stark frequentiert. Die gesamten Investitionskosten amortisierten sich innerhalb des ersten Jahres, da das Niveau der Vertriebskosten deutlich unter den Kosten anderer Vertriebswege liegt. Da insbesondere im skandinavischen Ausland große Kundenpotentiale bestehen, verspricht sich die DB AutoZug von einer im Aufbau befindlichen englischen Version des Internet-Auftritts ebenfalls eine entsprechende Resonanz.

Abb. 8: Katalog DB AutoZüge Winter 1999/2000

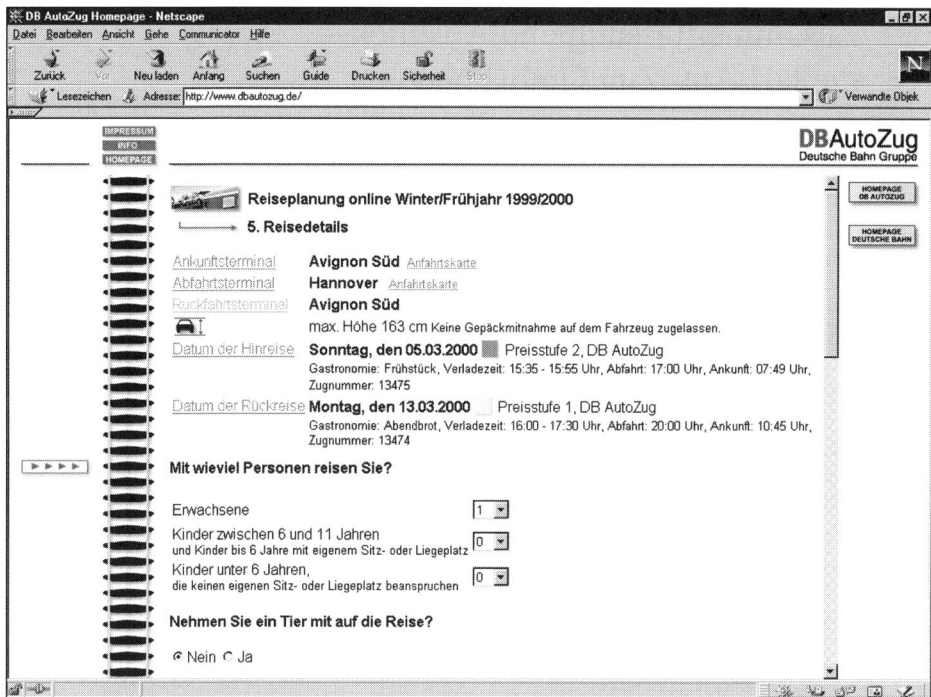

Abb. 9:   Vertriebsweg Internet

Die unterschiedlichen Vertriebswege haben sich aus Kundensicht zu bewähren. So wird kein Vertriebsweg bevorzugt, sondern die Auswahl zwischen unterschiedlichen Vertriebswegen bleibt den Kunden überlassen. Neue Vertriebswege werden jedoch nur erschlossen, wenn sie die Wirtschaftlichkeit verbessern.

6.   Zusammenfassung und Ausblick –
die DB AutoZug GmbH heute

Aufbauend auf einer überlegenen Kundenkenntnis und umgesetzt in einem kleinen, motivierten und unternehmerisch denkenden Team wird es der DB AutoZug GmbH gelingen, die Trendwende zu vollziehen und sogar früher als ursprünglich geplant die Verlustzone zu verlassen.

Neben den Umsatzverbesserungen, die den Umsatz im DB AutoZug Geschäft 1999 über die 100 Millionen DM Marke steigen lassen werden, konnten gleichzeitig die Kosten drastisch gesenkt werden. Damit einher ging eine deutlich verbesserte Auslastung der Züge auf den Relationen.

Bei den erzielten Auslastungssteigerungen handelt es sich vorwiegend tatsächlich um ein Nachfragewachstum, daß sich auch im Anstieg der gebuchten Pkw-Stellplätze wider-spiegelt. Beispielsweise wurden im Winter 1997/98 auf der Verbindung Köln-Narbonne lediglich 570 Stellplätze belegt, im darauf folgenden Winter 1998/99 aber bereits fast 1.200, so daß sich der Buchungseingang verdoppelt hat. Ähnliche Steigerungsraten er-geben sich auch für weitere Strecken wie Hamburg-Avignon/Narbonne oder die bereits erwähnte Verbindung von München nach Südfrankreich.

Vor dem Hintergrund der geschilderten Situation stellt sich die Frage nach weiteren Wachstumspotentialen in der Zukunft. So ist die Zahl an interessanten Relationen inner-halb Europas begrenzt, ein Großteil davon wird bereits heute bedient. Demzufolge ist eher eine Phase der Konsolidierung zu erwarten, in der eine Auslastungsoptimierung vorhandener Kapazitäten im Mittelpunkt steht. Dazu gehört neben der Prüfung mögli-cher neuer Verkehrstage auch die Option, wenig rentable Verbindungen aus dem Pro-gramm zu streichen und eine wirtschaftlichere Allokation des Wagenmaterials vorzu-nehmen. Im Hinblick auf den deutschen Markt sind die wichtigsten Quellregionen zu-nächst erschlossen. Langfristig werden auch die noch bestehenden Lücken insbesondere in den neuen Bundesländern wirtschaftlich interessant, die heute aus mehreren Gründen jedoch noch kein ausreichendes Potential aufweisen. Neben dem Einkommensniveau liegen Nutzungshemmnisse gegenüber dem DB AutoZug möglicherweise in anderen Zielgebieten für die Urlaubsreise sowie der anders als im Westen Deutschlands beste-henden Beziehung zum eigenen Automobil begründet.

Die Wettbewerbslandschaft wird sich, nicht zuletzt bedingt durch die europäische Eini-gung sowie die geographische Lage Deutschlands, in Zukunft vermutlich verändern. So bietet bereits heute die Belgische Bahn in einer deutschsprachigen Broschüre Kunden in Deutschland Fahrten mit dem „Autoreisezug" an. Sowohl im Hinblick auf die Zielregio-nen, die Servicepolitik als auch die Preisgestaltung ist das belgische Leistungsangebot dem der DB AutoZug recht ähnlich. Insbesondere die für deutsche Nachfrager in den Ballungsgebieten an Rhein und Ruhr recht günstige Lage der belgischen Terminals kann die Belgische Bahn zu einem ernst zu nehmenden Konkurrenten werden lassen. Die

Mobilität durch den eigenen Pkw der Kunden läßt einen Markteintritt in Deutschland mit Hilfe von Terminals im nahegelegenen Ausland erfolgversprechend erscheinen. Ähnliche Ansatzpunkte werden von der holländischen Bahn genutzt und auch die französische Bahn SNCF bietet „Autoreisezüge" ab Straßburg an.

Einer neuen Herausforderung sieht sich die DB AutoZug mit der Integration des bisherigen Nachtreiseangebotes der DB Reise&Touristik AG in den eigenen Verantwortungsbereich gegenüber. So findet unter Regie der DB AutoZug und unter der Marke DB NachtZug eine umfassende Neuausrichtung und Revitalisierung des bisherigen Angebotes statt. Im Mittelpunkt steht dabei die Modernisierung der im Nachtreiseverkehr eingesetzten Schlaf-, Liege- und Sitzwagen, in die damit in einem ersten Schritt 120 Millionen DM investiert werden. Gleichzeitig ist eine neue Schlafwagengeneration in der Entwicklung. Nach und nach soll weiterhin auf allen Strecken ein einheitliches Servicekonzept eingeführt werden, in das auch die Erfahrungen aus den Nachtfahrten des DB AutoZug Angebotes einfließen. Basierend auf den Erfahrungen mit dem DB AutoZug werden immer mehr Strecken zur Qualitätsdienstleistung DB NachtZug verwandelt, mit modernisierten Fahrzeugen, attraktivem Service, einem neuen Preissystem, Reservierungspflicht und ohne Nachthalte und ohne Integration von Pendlerströmen in Tagesrandlagen, da die Reise über Nacht den Nutzen definiert.

Literaturverzeichnis

A

ABERLE, G., KRACKE, R., Nutzen und Vernetzung von Verkehrsmitteln – Möglichkeiten und Grenzen, Studie im Auftrag des Deutschen Verkehrsforum e.V., Bonn 1996.

ADDELMAN, S., Orthogonal Main-Effect Plans for Asymmetrical Factorial Experiments, in: Technometrics, Vol. 4, No. 1, 1962, S. 21–57.

AHLERT, D., Distributionspolitik, 3. Aufl., Stuttgart, Jena 1996.

ANDERSON, E.W., FORNELL, C., LEHMANN, D.R., Customer Satisfaction, Market Share, and Profitability: Findings from Sweden, in: Journal of Marketing, Vol. 58, July 1994, S. 53–66.

ANTRECHT, R., CLASSEN, W., FRIESE, U., Wem die Deutschen trauen, in: Capital, Heft 4, 1996, S. 38–74.

AUST, E., Simultane Conjointanalyse, Benefitsegmentierung, Produktlinien- und Preisgestaltung, Frankfurt am Main 1996.

B

BACKHAUS, K., ERICHSON, B., PLINKE, W., WEIBER, R., Multivariate Analysemethoden: Eine anwendungsorientierte Einführung, 8. Aufl., Berlin u. a. 1996.

BACKHAUS, K., Industriegütermarketing, 5. Aufl., München 1997.

BAGOZZI, R.P., Causal Modelling: General Method for Developing and Testing Theories in Consumer Research, in: Advances in Consumer Research, Vol. 8, Monroe, K.B. (Hrsg.), Ann Arbor 1981, S. 195–202.

BAHN EXTRA (Hrsg.), Lexikon Deutsche Bahn, München 1996.

BAIER, D., SÄUERLICH, F., Kundenschätzung mittels individueller Hybrid-Conjointanalyse, in: Zeitschrift für betriebswirtschaftliche Forschung, 49. Jg., Heft 11, 1997, S. 951–972.

BALDERJAHN, I., Das umweltbewußte Konsumentenverhalten – Eine empirische Studie, Berlin 1986.

BAMBERG, S., Zeit und Geld: Empirische Verhaltenserklärung mittels Restriktionen am Beispiel der Verkehrsmittelwahl, in: ZUMA-Nachrichten, 38. Jg., 20. Mai 1996, S. 7–32.

BAMBERG, S., SCHMIDT, P., Verkehrsmittelwahl: Eine Anwendung der Theorie des geplanten Verhaltens, in: Zeitschrift für Sozialpsychologie, 24. Jg., Heft 1, 1993, S. 25–37.

BÄNSCH, A., Variety Seeking: Marketingfolgerungen aus Überlegungen und Untersuchungen zum Abwechslungsbedürfnis von Konsumenten, in: Jahrbuch der Absatz- und Verbrauchsforschung, 41. Jg., Heft 4, 1995, S. 342–365.

BAUER, E., Markt-Segmentierung als Marketing-Strategie, Berlin 1976.

BAUER, F., Datenanalyse mit SPSS, Berlin u. a. 1984.

BECKER, J., Marketing-Konzeption. Grundlagen des strategischen und operativen Marketing-Managements, 6. Aufl., München 1998.

BENTLER, P.M., EQS Structural Equations Program Manual, Multivariate Software Inc., Encino 1995.

BENTLER, P.M., Theory and Implementation of EQS. A Structural Equations Program, Los Angeles 1985.

BEREKOVEN, L., ECKERT, W., ELLENRIEDER, P., Marktforschung: methodische Grundlagen und praktische Anwendung, 4. Aufl., Wiesbaden 1989.

BERKOWITZ, E.N., WALTON, J.R., Contextual Influences on Consumer Price Responses. An Experimental Analysis, in: Journal of Marketing Research, Vol. 17, August 1980, S. 349–358.

BERRIGAN, J., FINKBEINER, C., Segmentation Marketing: New Methods for Capturing Business Markets, New York 1992.

BERRY, L.L., YADAV, M., Oft falsch berechnet und verwirrend – die Preise für Dienstleistungen, in: Harvard Business Manager, 19. Jg., Heft 1, 1997, S. 57–67.

BISWAS, A., WILSON, E.J., LICATA, J.W., Reference Pricing Studies in Marketing: A Synthesis of Research Results, in: Journal of Business Research, Vol. 27, 1993, S. 239–256.

BITNER, M.J., HUBBERT, A.R., Encounter Satisfaction Versus Overall Satisfaction Versus Quality: The Customer's Voice, in: RUST, R.T., OLIVER, R.L. (Hrsg.), Service Quality: New Directions in Theory and Practice, Thousand Oaks u. a. 1994, S. 72–94.

BLEYMÜLLER, J., GEHLERT, G., GÜLICHER, H., Statistik für Wirtschaftswissenschaftler, 10. Aufl., München 1996.

BÖHLER, H., Methoden und Modelle der Marktsegmentierung, Stuttgart 1977.

BOLTON, R.N., DREW, J.H., A Multistage Model of Customers' Assessments of Service Quality and Value, in: Journal of Consumer Research, Vol. 17, March 1991, S. 375–384.

BONOMA, T.V., SHAPIRO, B.P., Evaluating Market Segmentation Approaches, in: Industrial Marketing Management, Vol. 13, 1984, S. 257–268.

BOTSCHEN, G., Mühlbacher, H., Zielgruppenprogramm – Zielgruppenorientierung durch Nutzensegmentierung, in: MEYER, A. (Hrsg.), Handbuch Dienstleistungs-Marketing, Stuttgart 1998, S. 681–692.

BRANDENBURGER, A., NALEBUFF, B., Competition – kooperativ konkurrieren, Frankfurt am Main 1996.

BRETTHAUER, I., Deutsche Bahn AG: Marketing im Personenfernverkehr, in: MEYER, A. (Hrsg.), Handbuch Dienstleistungs-Marketing, Stuttgart 1998, S. 1549–1561.

BRETTHAUER, I., Deutsche Bahn AG: Von der Behörde zum marktorientierten Touristikanbieter, in: ROTH, P., SCHRAND, A. (Hrsg.), Touristik-Marketing: das Marketing der Tourismus-Organisationen, Verkehrsträger, Reiseveranstalter und Reisebüros, 2. Aufl., München 1995, S. 243–253.

BRETTON-CLARK INC. (Hrsg.), Conjoint LINMAP, User's Manual, New York 1989.

BROCKHOFF, K., Produktpolitik, 3. Aufl., Stuttgart 1993.

BROSIUS, G., SPSS/PC+ Basics und Graphics. Einführung und praktische Beispiele, Hamburg u. a. 1988.

BRUHN, M., Integrierte Unternehmens-Kommunikation, 2. Aufl., Stuttgart 1995.

BRUHN, M., Internes Marketing als neue Schwerpunktsetzung für das Personalmanagement in Dienstleistungsunternehmen, in: BRUHN, M., MEFFERT, H. (Hrsg.), Handbuch Dienstleistungsmanagement, Wiesbaden 1998.

BRUHN, M., Kommunikationspolitik, München 1997.

BRUHN, M., Qualitätsmanagement für Dienstleistungen: Grundlagen, Konzepte, Methoden, Berlin 1996.

BUNDESMINISTERIUM FÜR VERKEHR (Hrsg.), Verkehr in Zahlen, Bonn 1997.

BUNDESMINISTERIUM FÜR VERKEHR (Hrsg.), Verkehrsnachrichten, Heft 7, 1998.

BURMANN, C., Touristik-Marketing, in: MEFFERT, H. (Hrsg.), Lexikon der aktuellen Marketingbegriffe, Wien 1994, S. 233–240.

BÜSCHKEN, J., Multipersonale Kaufentscheidungen – Empirische Analyse zur Operationalisierung von Einflußbeziehungen im Buying Center, Wiesbaden 1994.

BÜSCHKEN, J., Sequentielle nicht-lineare Tarife. Nicht-lineare Preispolitik bei Nachfrageunsicherheit, Wiesbaden 1997.

C

CALANTONE, R.J., SAWYER, A.G., The Stability of Benefit Segments, in: Journal of Marketing Research, Vol. 15, August 1978, S. 395–404.

CARROLL, J.D., GREEN, P.E., Psychometric Methods in Marketing Research: Part 1, Conjoint Analysis, in: Journal of Marketing Research, Vol. 32, November 1995, S. 385–391.

CHANDRASHEKARAN, R., Development and Empirical Validation of Alternative Models of Reference Price, in: ESTELAMI, H., PALIJ, P. (Hrsg.), Behavioral Perspectives on Pricing, Conference Summary, Marketing Science Institute, Report No. 95–114, Cambridge 1995, S. 7–9.

CONTEST-CENSUS, Studie zur Lenkbarkeit und Preisakzeptanz des ICE, Frankfurt am Main 1990.

CORSTEN, H., Betriebswirtschaftslehre der Dienstleistungsunternehmen, 2. Aufl., München u. a. 1990.

D

DAUDEL, S., VIALLE, G., Yield-Management. Applications to air transport and other service industries, Paris 1994.

DAY, R.L., The Next Step: Commonly Accepted Constructs for Satisfaction Research, in: DAY, R.L., HUNT, H.K. (Hrsg.), International Fare in Consumer Satisfaction and Complaining Behavior, Bloomington 1983, S. 113–117.

DEUTSCHE BAHN AG (Hrsg.), Geschäftsbericht 1997, Frankfurt am Main 1998.

DEUTSCHE BAHN AG (Hrsg.), Kontinuierliches Berichtssystem zum Image und Leistungsprofil der Deutschen Bahn AG, Jahresbericht 1997, Frankfurt am Main 1998.

DEUTSCHE BAHN AG (Hrsg.), Kontinuierliches Berichtssystem zum Image und Leistungsprofil der Deutschen Bahn AG, Bericht zum I. Quartal 1996, Quartalsthema: Preisgestaltung bei der Bahn, Frankfurt am Main 1996.

DIBB, S., SIMKIN, L., The Strength of Branding and Positioning Services, in: International Journal of Service Industries Marketing, Vol. 4, No. 1, 1993, S. 25–35.

DICHTL, E., MÜLLER, S., Anspruchsinflation und Nivellierungstendenz als meßtechnische Probleme in der Absatzforschung, in: Marketing Zeitschrift für Forschung und Praxis, 8. Jg., Heft 4, 1986, S. 233–236.

DICHTL, E., PETER, S., Kundenzufriedenheit und Kundenbindung in der Automobilindustrie: Ergebnisse einer empirischen Untersuchung, in: BAUER, H.H., DICHTL, E., HERRMANN, A. (Hrsg.), Automobilmarktforschung: Nutzenorientierung von Pkw-Herstellern, München 1996, S. 15–31.

DICHTL, E., SCHNEIDER, W., Kundenzufriedenheit im Zeitalter des Beziehungsmanagement, in: BELZ, C., SCHÖGEL, M., KRAMER, M. (Hrsg.), Lean Management und Lean Marketing, St. Gallen 1994, S. 6–12.

DICKSON, P.R., Person-Situation: Segmentation's Missing Link, in: Journal of Marketing, Vol. 46, Fall 1982, S. 56–64.

DIECKMANN, R., Optimale Preis- und Angebotspolitik für komplexe Produkte. Eine Analyse der Güterbündelung unter Berücksichtigung der Verarbeitung von Preisen durch Konsumenten, Frankfurt am Main 1993.

DIEDERICH, H., Verkehrsbetriebslehre, Wiesbaden 1977.

DILL, P., HÜGLER, G., Unternehmenskultur und Führung betriebswirtschaftlicher Organisationen – Ansatzpunkte für ein kulturbewußtes Management, in: HEINEN, E., FRANK, M. (Hrsg.), Unternehmenskultur. Perspektiven für Wissenschaft und Praxis, 2. Aufl., München 1997, S. 141–210.

DILLER, H., Das Preisbewußtsein der Verbraucher und seine Förderung durch Bereitstellung von Verbraucherinformationen, Habil.-Schrift, Mannheim 1978.

DILLER, H., Das Preisimage als Wettbewerbsfaktor im Einzelhandel, Arbeitspapier Nr. 8 des Lehrstuhls für Marketing an der Universität Erlangen-Nürnberg, 1991.

DILLER, H., Das Preisinteresse von Konsumenten, in: Zeitschrift für betriebswirtschaftliche Forschung, 34. Jg., Heft 4, 1982, S. 17–24.

DILLER, H., Das Preiswissen von Konsumenten. Neue Ansatzpunkte und empirische Ergebnisse, in: Marketing Zeitschrift für Forschung und Praxis, 10. Jg., Heft 1, 1988, S. 17–24.

DILLER, H., Kundenbindung als Marketingziel, in: Marketing Zeitschrift für Forschung und Praxis, 18. Jg., Heft 2, 1996, S. 81–94.

DILLER, H., Preisehrlichkeit – Eine neue Zielgröße im Preismanagement des Einzelhandels, in: Thexis, Fachzeitschrift für Marketing, 14. Jg., Heft 2, 1997, S. 16–21.

DILLER, H., Preisimage und Preiswerbung im Reifenhandel, Arbeitspapier Nr. 18 des Lehrstuhls für Marketing an der Universität Erlangen-Nürnberg, 1993.

DILLER, H., Preisinteresse und Informationsverhalten beim Einkauf dauerhafter Lebensmittel, in: MEFFERT, H., STEFFENHAGEN, H., FRETER, H. (Hrsg.), Konsumentenverhalten und Information, Wiesbaden 1979, S. 67–84.

DILLER, H., Preis-Management im Zeichen des Beziehungsmarketing, in: Die Betriebs-wirtschaft, 57. Jg., Heft 6, 1997, S. 749–763.

DILLER, H., Preismanagement im Zeichen des Beziehungs-Marketing, Arbeitspapier Nr. 52 des Lehrstuhls für Marketing an der Universität Erlangen-Nürnberg, 1997.

DILLER, H., Preispolitik, 2. Aufl., Stuttgart 1991.

DUBOW, J.S., Occasion-Based versus User-Based Benefit-Segmentation: A Case Study, in: Journal of Advertising Research, Vol. 32, No. 2, March/April 1992, S. 11–18.

E

ECKERT, ST., Rentabilitätssteigerung durch Kundenbindung, Hammer 1995.

EMERY, F., Some psychological Aspects of Price, in: TAYLOR, B., WILLS, G. (Hrsg.), Pricing Strategy, Princeton, New York, London 1969, S. 98–111.

ENGELHARDT, W.H., KLEINALTENKAMP, M., RECKENFELDERBÄUMER, M., Leistungs-bündel als Absatzobjekte: Ein Ansatz zur Überwindung der Dichotomie aus Sach- und Dienstleistungen, in: Zeitschrift für betriebswirtschaftliche Forschung, 45. Jg., Heft 5, 1993, S. 395–426.

ESCH, F.-R., BILLEN, P., Ansätze zum Zufriedenheitsmanagement: Das Zufriedenheits-portfolio, in: TOMCZAK, T., BELZ, CH. (Hrsg.), Kundennähe realisieren, St. Gallen 1994, S. 407–424.

F

FASSNACHT, M., Preisdifferenzierung bei Dienstleistungen. Implementationsformen und Determinanten, Wiesbaden 1996.

FEIDER, J., Konsumentenreaktionen auf Preise, Göttingen 1985.

FIRNER, H., KÖSTER, J., Das Wachstum des Personenfernverkehrsmarktes, in: Die Bun-desbahn, 65. Jg., Heft 12, 1989, S. 1037–1039.

FIRNER, H., TACKE, G., BahnCard. Kreative Preisstruktur, in: absatzwirtschaft, 36. Jg., Heft 5, 1993, S. 66–70.

FOLKES, V., How Consumers Predict Service Quality: What Do They Expect?, in: RUST, R.T., OLIVER, R.L. (Hrsg.), Service Quality: New Directions in Theory and Practice, Thousand Oaks u. a. 1994, S. 108–122.

FORD, G.T., SMITH, D.B., SWASY, J.L., An Empirical Test of the Search, Experience and Credence Attributes Framework, in: Advances in Consumer Research, Vol. 15, 1988, S. 239–243.

FORSCHUNGSSTELLE BAHNMARKETING, Non-User Analyse, unveröffentlichte Studie der Forschungsstelle Bahnmarketing in der Wissenschaftlichen Gesellschaft für Marke-ting und Unternehmensführung e.V. im Auftrag der Deutschen Bahn AG, Münster 1996.

FORSCHUNGSSTELLE BAHNMARKETING, User Analyse, unveröffentlichte Studie der Forschungsstelle Bahnmarketing in der Wissenschaftlichen Gesellschaft für Marke-ting und Unternehmensführung e.V. im Auftrag der Deutschen Bahn AG, Münster 1995.

FORSCHUNGSSTELLE BAHNMARKETING, Preiswahrnehmung im Verkehrsdienst-leistungsbereich, unveröffentlichte Studie der Forschungsstelle Bahnmarketing in der Wissenschaftlichen Gesellschaft für Marketing und Unternehmensführung e.V. im Auftrag der Deutschen Bahn AG, Münster 1998.

FOURASTIÉ, J., Die große Hoffnung des Zwanzigsten Jahrhunderts, Köln 1954.

FRANK, R.E., MASSY, W.F., WIND, Y., Market Segmentation, Englewood Cliffs, N.J. 1972.

FRETER, H., Marktsegmentierung im Dienstleistungsbereich, in: MEFFERT, H., BRUHN, M. (Hrsg.), Handbuch Dienstleistungsmanagement, Wiesbaden 1998, S. 229–264.

FRETER, H., Marktsegmentierung, Stuttgart u. a. 1983.

FREYER, W., Tourismus-Marketing. Marktorientiertes Management im Mikro- und Ma-krobereich der Tourismuswirtschaft, München u. a. 1997.

FRITZ, W., Marktorientierte Unternehmensführung und Unternehmenserfolg: Grundla-gen und Ergebnisse einer empirischen Untersuchung, Stuttgart 1992.

G

GAERTNER, K., Der Service im ICE: leistungsstark und effizient, in: Die Deutsche Bahn, 1. Jg., Heft 5, 1992, S. 501–503.

GARHAMMER, M., Die unbezahlte häusliche Dienstleistungsproduktion – ein Beitrag zur Diskussion über Dienstleistungsbesonderheiten, in: Jahrbuch der Absatz- und Ver-brauchsforschung, 34. Jg., Heft 1, 1988, S. 61–94.

GARRE, K.-H., Inter-Regio: Ein neues Leistungsangebot der Deutschen Bundesbahn im Schienenpersonenverkehr, in: Die Bundesbahn, 64. Jg., Heft 9, 1988, S. 775–780.

GLÖCKNER, G., JÄGER, W., Bahnhof 2000: Erlebniswelt mit Gleisanschluß, in: Die Bun-desbahn, 65. Jg., Heft 9, 1989, S. 709–714.

GREEN, P.E., KRIEGER, A.M., Alternative Approaches to Cluster-Based Market Seg-mentation, in: Journal of Market Research Society, Vol. 37, No. 3, 1995, S. 221–239.

GREEN, P.E., RAO, V.R., Conjoint Measurement for Quantifying Judgmental Data, in: Journal of Marketing Research, Vol. 12, August 1971, S. 355–363.

GREEN, P.E., SRINIVASAN, V., Conjoint Analysis in Consumer Research: Issues and Outlook, in: Journal of Consumer Research, Vol. 5, September 1978, S. 103–119.

GREEN, P.E., SRINIVASAN, V., Conjoint Analysis in Marketing: New Developments With Implications for Research and Practice, in: Journal of Marketing, Vol. 54, Oc-tober 1990, S. 3–19.

GRIFFIN, A., HAUSER, J.R., The Voice of the Customer, in: Marketing Science, Vol. 12, No. 1, Winter 1993, S. 1–27.

GROSSE, K.-H., Der außertarifliche Wettbewerb der Unternehmen des Personen- und Güterverkehrs, in: ORTLIEB, H.-D. (Hrsg.), Veröffentlichungen der Akademie für Wirtschaft und Politik Hamburg, Tübingen 1963.

GUTSCHE, J., Produktpräferenzanalyse. Ein modelltheoretisches und methodisches Kon-zept zur Marktsimulation mittels Präferenzerfassungsmodellen, Berlin 1995.

H

HÄBERLI, V., GREUTER, B., Serviceleistungen – ein zu Unrecht vernachlässigter Verkehrszweck, in: Internationales Verkehrswesen, 48. Jg., Heft 10, 1996, S. 20–26.

HAHN, C., Conjoint- und Discrete Choice-Analyse als Verfahren zur Abbildung von Präferenzstrukturen und Produktauswahlentscheidungen. Ein theoretischer und computergestützter empirischer Vergleich, Münster 1997.

HALEY, R.I., Benefit Segmentation: A Decision-Oriented Research Tool, in: Journal of Marketing, Vol. 32, July 1968, S. 30–35.

HALEY, R.I., Beyond Benefit Segmentation, in: Journal of Advertising Research, Vol. 11, No. 4, August 1971, S. 3–8.

HALLER, S., Beurteilung von Dienstleistungsqualität: Dynamische Betrachtung des Qualitätsurteils im Weiterbildungsbereich, Wiesbaden 1995.

HARTMANN, A., KLIPPEL, S., Neurorientierung in der Personalpolitik bei der DB AG, in: Die Deutsche Bahn, 69. Jg. Heft 6, 1993, S. 447–450.

HAY, CH., Die Verarbeitung von Preisinformationen durch Konsumenten, Heidelberg 1987.

HEEGER, H.-G., Innovative Angebote im Service-Bereich der Bahn – Bestandsaufnahme und Bewertung aus Sicht verschiedener Zielgruppen, unveröff. Diplomarbeit, Münster 1997.

HEINZE, J., SCHEDL, H., Eigenproduktion und Schwarzarbeit: Alternativen zur Deckung des Dienstleistungsbedarfs, in: ifo-Schnelldienst, 40. Jg., Heft 14–15, 1987, S. 49–54.

HEINZE, R., Markenstrategische Basisoptionen im Markt für Familienreisen – dargestellt am Beispiel der Deutschen Bahn AG, unveröff. Diplomarbeit, Münster 1997.

HELD, M., Verkehrsmittelwahl der Verbraucher, Berlin 1982.

HELGESON, J.G., BEATTY, S.E., Price Expectation and Price Recall Error. An Empirical Study, in: Journal of Consumer Research, Vol. 14, December 1987, S. 379–386.

HELSON, H., Adaption level theory, New York 1964.

HENTSCHEL, B., Dienstleistungsqualität aus Kundensicht: Vom merkmals- zum ereignisorientierten Ansatz, Wiesbaden 1992.

HERRMANN, A., GUTSCHE, J., Situative Einflüsse bei Kaufentscheidungen, in: Marketing Zeitschrift für Forschung und Praxis, 15. Jg., Heft 2, 1993, S. 95–101.

HERRMANN, A., Preisbeurteilung bei mehrdimensionaler Preisstellung, in: Jahrbuch der Absatz- und Verbrauchsforschung, 44. Jg., Heft 1, 1998, S. 47–64.

HERZBERG, F., The Motivation-Hygiene Concept and Problems of Manpower, in: Personal Administration, 27. Jg., 1964, S. 3–7.

HERZBERG, F., Work and Nature of Men, Cleveland, Ohio 1966.

HILDEBRANDT, L., Kausalanalytische Validierung in der Marketingforschung, in: Marketing Zeitschrift für Forschung und Praxis, 6. Jg., Heft 1, 1984, S. 41–51.

HILDEBRANDT, L., Konfirmatorische Analysen von Modellen des Konsumentenverhaltens, Berlin 1983.

HILKE, W., Grundprobleme und Entwicklungstendenzen des Dienstleistungsmarketing, in: JACOB, H. ET AL. (Hrsg.), Dienstleistungs-Marketing, Schriften zur Unternehmensführung, Bd. 35, Wiesbaden 1989, S. 6–44.

HIRSCHMAN, A.O., Abwanderung und Widerspruch – Reaktionen auf Leistungsabfall bei Unternehmungen, Organisationen und Staaten, Tübingen 1974.

HOLZMÜLLER, H., NENTWICH, A., Ansätze zur Entwicklung eines Marketing-Informationssystems (MAIS) im Bahnbetrieb, in: Der Markt, 29. Jg., Heft 1, 1990, S. 16–26.

HOMBURG, CH., GIERING, A., Konzeptualisierung und Operationalisierung komplexer Konstrukte. Ein Leitfaden für die Marketingforschung, in: Marketing Zeitschrift für Forschung und Praxis, 18. Jg., Heft 1, 1996, S. 5–24.

HOMBURG, CH., BAUMGARTNER, H., Beurteilung von Kausalmodellen: Bestandsaufnahme und Anwendungsempfehlungen, in: Marketing Zeitschrift für Forschung und Praxis, 17. Jg., Heft 3, 1995, S. 162–176.

HOMBURG, CH., Die Kausalanalyse: Eine Einführung, in: Wirtschaftswissenschaftliches Studium, 21. Jg., Heft 10, 1992, S. 499–508.

HOMBURG, CH., RUDOLPH, B., Theoretische Perspektiven zur Kundenzufriedenheit, in: SIMON, H., HOMBURG, CH. (Hrsg.), Kundenzufriedenheit: Konzepte, Methoden, Erfahrungen, Wiesbaden 1995, S. 29–49.

HOMBURG, CH., SÜTTERLIN, ST., Kausalmodelle in der Marktforschung: EQS als Alternative zu LISREL?, in: Marketing Zeitschrift für Forschung und Praxis, 12. Jg., Heft 3, 1990, S. 181–192.

I

IHDE, G.B., Transport, Verkehr, Logistik: gesamtwirtschaftliche Aspekte und einzelwirtschaftliche Handhabung, 2. Aufl., München 1991.

ILLETSCHKO, L.L., Transportbetriebswirtschaft im Grundriss, Wien 1957.

J

JACOBY, J., OLSON, J., Consumer Response to Price. An Attudinal, Information Processing Perspective, in: WIND, Y., GREENBERG, M. (Hrsg.), Moving Ahead with Attitude Research, Chicago 1977, S. 73–86.

JÄNSCH, E., WIESE, J., Der Stellenwert des Komforts in der Systemplanung „Hochgeschwindigkeitsverkehr" (HGV), in: Die Bundesbahn, 64. Jg., Heft 9, 1988, S. 805–809.

JULITZ, L., Bestandsaufnahme Deutsche Bahn. Das Abenteuer einer Privatisierung, Frankfurt am Main 1998.

K

KAAS, K.P., HAY, CH., Preisschwellen bei Konsumgütern – Eine theoretische und empirische Analyse, in: Zeitschrift für betriebswirtschaftliche Forschung, Heft 5, 36. Jg., 1984, S. 333–346.

KAAS, K.P., BUSCH, A., Inspektions-, Erfahrungs- und Vertrauenseigenschaften von Produkten, in: Marketing Zeitschrift für Forschung und Praxis, 18. Jg., Heft 4, 1996, S. 243–252.

KASPAR, C., Management der Verkehrsunternehmen, München u. a. 1998.

KATZ, R., Informationsquellen der Konsumenten: Eine Analyse der Divergenzen zwischen der Beurteilung und Nutzung, Wiesbaden 1983.

KIRCHGEORG, M., Ökologieorientiertes Unternehmensverhalten: Typologien und Erklärungsansätze auf empirischer Basis, Wiesbaden 1990.

KIRCHGEORG, M., Zielgruppenmarketing, in: Thexis, Fachzeitschrift für Marketing, 12. Jg., Heft 3, 1995, S. 20–26.

KLEIN, H., Das Marketing der Lufthansa, in: ROTH, P., SCHRAND, A. (Hrsg.), Touristik-Marketing, 2. Aufl., München 1995, S. 256–274.

KLEIN, H., Qualitätsmanagement der Deutschen Lufthansa AG, in: BRUHN, M., STAUSS, B. (Hrsg.), Dienstleistungsqualität: Konzepte, Methoden, Erfahrungen, 2. Aufl., Wiesbaden 1995, S. 477–493.

KLEIN, H., Bahnhöfe – Visitenkarten der Bahn, in: Die Bundesbahn, 65 Jg., Heft 9, 1989, S. 707–709.

KNAPP, F.D., Determinanten der Verkehrsmittelwahl, Berlin 1998.

KNOBLICH, H., OPPERMANN, R., Dienstleistung – ein Produkttyp, in: Der Markt, 35. Jg., Heft 1, 1996, S. 13–22.

KOLS, P., Bedarfsorientierte Marktsegmentierung auf Produktivgütermärkten, Thun, Frankfurt am Main 1986.

KORTE, CH., Customer Satisfaction Measurement: Kundenzufriedenheitsmessung als Informationsgrundlage des Hersteller- und Handelsmarketing am Beispiel der Automobilwirtschaft, Frankfurt am Main u. a. 1995.

KOTLER, P., BLIEMEL, F., Marketing-Management. Analyse, Planung, Umsetzung und Steuerung, 8. Aufl., Stuttgart 1995.

KOTLER, P., Marketing-Management, 4. Aufl., Stuttgart 1982.

KRELLE, W., Preistheorie, 2. Aufl., Tübingen 1976.

KROEBER-RIEL, W., WEINBERG, P., Konsumentenverhalten, 6. Aufl., München 1996.

L

LAAKMANN, K., Mobilitäts-Marketing, in: MEFFERT, H. (Hrsg.), Lexikon der aktuellen Marketingbegriffe, Wien 1994, S. 161–166.

LAAKMANN, K., Value-Added Services als Profilierungsinstrument im Wettbewerb. Analyse, Generierung und Bewertung, Frankfurt am Main u. a. 1995.

LAASER, C.-F., Die Bahnstrukturreform: Richtige Weichenstellung oder Fahrt aufs Abstellgleis?, Kieler Diskussionsbeiträge Nr. 239, Kiel 1994.

LAURENT, G., KAPFERER, J.-N., Measuring Consumer Involvement Profiles, in: Journal of Marketing Research, Vol. 22, February 1985, S. 41–53.

LAUSZUS, D., SEBASTIAN, K.-H., Value based-Pricing, in: Thexis, Fachzeitschrift für Marketing, 14. Jg., Heft 2, 1997, S. 2–8.

LEHMANN, F., KÜMPER, R., Variantenmanagement durch verursachungsgerechte Produktbewertung, in: HORVÁRTH, P. (Hrsg.), Effektives und schlankes Controlling, Stuttgart 1992, S. 141–168.

LENZEN, W., Die Beurteilung von Preisen durch Konsumenten. Eine empirische Studie zur Verarbeitung von Preisinformationen des Lebensmitteleinzelhandels, Frankfurt am Main 1984.

LENZEN, W., Preisgünstigkeit als hypothetisches Konstrukt. Ergebnisse einer empiri-
    schen Untersuchung, in: Zeitschrift für betriebswirtschaftliche Forschung, 35. Jg.,
    Heft 11/12, 1983, S. 952–962.
LITZENROTH, H., Dem Verbraucher auf der Spur – quantitative und qualitative Konsum-
    trends, in: Jahrbuch der Absatz- und Verbrauchsforschung, 41. Jg., Heft 3, 1995,
    S. 213–305.
LOUVIERE, J.J., GAETH, G.J., Decomposing the Determinants of Retail Facility Choice
    Using the Method of Hierarchical Information Integration: A Supermarket Illustrati-
    on, in: Journal of Retailing, Vol. 63, No. 1, 1987, S. 25–48.
LOUVIERE, J.J., Hierarchical Information Integration: A new Method for the Design and
    Analysis of Complex Multiattribute Judgment Problems, in: Advances in Consumer
    Research, Vol. 11, 1984, S. 148–155.
LOUVIERE, J.J., TIMMERMANS, H.J.P., Hierarchical Information Integration Applied to
    Residential Choice Behavior, in: Geographical Analysis, Vol. 22, No. 2, 1990, S.
    127–144.
LUCE, R.D., TUCKEY, J.W., Simultaneous Conjoint Measurement: A New Type of Fun-
    damental Measurement, in: Journal of Mathematical Psychology, Vol. 1, 1964, S. 1–
    27.
LUKAT, A., Neue Produkte und Märkte durch neue Medien, in: KRAUCH, H.,
    SOMMERLATTE, T., ARTHUR D. LITTLE INTERNATIONAL (Hrsg.), Bedürfnisse entdek-
    ken: Gestaltung zukünftiger Märkte und Produkte, Frankfurt am Main, New York
    1997.

M

MAGRATH, A.J., When Marketing Services, 4 Ps Are Not Enough, in: Business Hori-
    zons, Vol. 29, May/June 1986, S. 44–50.
MAXWELL, S., How Buyers Perceive a „Fair" Price: Economic and Social Acceptability,
    in: ESTELAMI, H., PALIJ, P. (Hrsg.), Behavioral Perspectives on Pricing, Conference
    Summary, Marketing Science Institute, Report No. 95–114, Cambridge 1995,
    S. 43–44.
MCGOLDRICK, P.J., MARKS, H., Shoppers Awareness of Retail Grocery Prices, in: Euro-
    pean Journal of Marketing, Vol. 21, No. 3, 1987, S. 63–76.
MEFFERT, H., BACKHAUS, K. (Hrsg.), Allianzen bei Verkehrsdienstleistungen – Per-
    spektiven vor dem Hintergrund sich ändernder Wirtschaftsbedingungen, Dokumen-
    tationspapier Nr. 112 der Wissenschaftlichen Gesellschaft für Marketing und Unter-
    nehmensführung e.V., Münster 1997.
MEFFERT, H., BACKHAUS, K. (Hrsg.), Kostenstruktur und Fixkostenmanagement als
    Herausforderung an die Unternehmensflexibilität, Dokumentationspapier Nr. 111 der
    Wissenschaftlichen Gesellschaft für Marketing und Unternehmensführung e.V.,
    Münster 1997.
MEFFERT, H., BRUHN, M., Dienstleistungsmarketing: Grundlagen, Konzepte, Methoden;
    mit Fallbeispielen, 2. Aufl., Wiesbaden 1997.
MEFFERT, H., BURMANN, CH., Value-Added Services im Bankbereich, in: bank und
    markt, 25. Jg., Heft 4, 1996, S. 26–29.

MEFFERT, H., Der Integrationsgedanke in der Betriebswirtschaftslehre – Leitbild für die Handelshochschule Leipzig (HHL), in: MEFFERT, H., GISHOLT, O. (Hrsg.), Managementperspektiven und Managementausbildung, Leipzig 1997.

MEFFERT, H., Die Entwicklung eines neuen Preissystems bei Verkehrsdienstleistungsunternehmen: dargestellt am Beispiel der Deutschen Bundesbahn, unveröff. Studie im Auftrag der Deutschen Bundesbahn, Münster 1980.

MEFFERT, H., Dienstleistungsphilosophie und -kultur, in: Handbuch Dienstleistungsmarketing, Stuttgart 1998, S. 121–138.

MEFFERT, H., Einführung in die Problemstellung, in: MEFFERT, H., WAGNER, H. (Hrsg.), Preismanagement – Dokumentation des Workshops vom 18. Mai 1990 – Dokumentationspapier Nr. 60 der Wissenschaftlichen Gesellschaft für Marketing und Unternehmensführung e.V., Münster 1990, S. 1–3.

MEFFERT, H., Entscheidungsorientierter Ansatz der Markenpolitik, in: BRUHN, M. (Hrsg.), Handbuch Markenartikel, Bd. 1, 1994, S. 173–199.

MEFFERT, H., Euromarketing im Spannungsfeld zwischen nationalen Bedürfnissen und globalem Wettbewerb, in: BRUHN, M., WEHRLE, F. (Hrsg.), Europa 1992 – Chancen und Risiken für das Marketing, Münster 1989, S. 13–18.

MEFFERT, H., Kundendienstpolitik. Eine Bestandsaufnahme zu einem komplexen Marketinginstrument, in: Marketing Zeitschrift für Forschung und Praxis, 9. Jg., Heft 2, 1987, S. 93–102.

MEFFERT, H., Marketing. Grundlagen der Absatzpolitik, 7. Aufl., Wiesbaden 1986.

MEFFERT, H., Marketing. Grundlagen marktorientierter Unternehmensführung, 8. Aufl., Wiesbaden 1998.

MEFFERT, H., Marketingforschung und Käuferverhalten, Wiesbaden 1992.

MEFFERT, H., Marktorientierte Führung von Dienstleistungsunternehmen – neuere Entwicklungen in Theorie und Praxis, in: Die Betriebswirtschaft, 54 Jg., Heft 4, 1994, S. 519–541.

MEFFERT, H., PERREY, J., Nutzensegmentierung im Verkehrsdienstleistungsbereich – theoretische Grundlagen und empirische Erkenntnisse am Beispiel des Schienenpersonenverkehrs, in: Tourismus Journal, 1. Jg., Heft 1, 1997, S. 13–40.

MEFFERT, H., BRUHN, M., Beschwerdeverhalten und Zufriedenheit von Konsumenten, in: Die Betriebswirtschaft, 41. Jg., Heft 4, 1981, S. 597–613.

MENGEN, A., Konzeptgestaltung von Dienstleistungsprodukten. Eine Conjoint-Analyse im Luftfrachtmarkt unter Berücksichtigung der Qualitätsunsicherheit beim Dienstleistungskauf, Stuttgart 1993.

MEYER, A., DORNACH, F., Das Deutsche Kundenbarometer: Qualität und Zufriedenheit, in: SIMON, H., HOMBURG, CH. (Hrsg.), Kundenzufriedenheit: Konzepte, Methoden, Erfahrungen, Wiesbaden 1995, S. 161–178.

MICHEL, ST., Prosuming-Marketing. Konzeption und Anwendung, Bern, Stuttgart, Wien 1997.

MIDDLETON, V.T.C., Marketing in Travel and Tourism, 2. Aufl., Oxford 1994.

MOLT, W., Preiswahrnehmung komplexer Güter am Beispiel der PKW-Nutzung, in: BÖCKER, F. (Hrsg.), Preistheorie und Preisverhalten, München 1982, S. 47–59.

MONHEMIUS, K. CH., Umweltbewußtes Kaufverhalten von Konsumenten: ein Beitrag zur Operationalisierung, Erklärung und Typologie des Verhaltens in der Kaufsituation, Frankfurt am Main u. a. 1993.

MORIARTY, R.T., REIBSTEIN, D.J., Benefit Segmentation in Industrial Markets, in: Journal of Business Research, Vol. 14, 1986, S. 463–486.

MORRISON, A.M., Hospitality on Travel Marketing, New York 1989.

MUFFATTO, M., PANIZZOLO, R., A Process-Based View for Customer Satisfaction, in: International Journal of Quality & Reliability Management, Vol. 12, No. 9, 1995, S. 154–169.

MÜHLBACHER, H., BOTSCHEN, G., Benefit-Segmentierung von Dienstleistungsmärkten, in: Marketing Zeitschrift für Forschung und Praxis, 12. Jg., Heft 3, 1990, S. 159–168.

MÜLLER, S., MAI, G., Kann die Preiskenntnis als Indikator für die Preisbeachtung im Kaufentscheidungsprozeß dienen?, in: Jahrbuch der Absatz- und Verbrauchsforschung, 32. Jg., Heft 2, 1986, S. 100–115.

MÜLLER, W., Grundzüge des Preisbeurteilungsverhaltens von Dienstleistungsnachfragern, in: Der Markt, 35. Jg., Heft 1, 1996, S. 23–48.

MÜLLER, W., KLEIN, S., Grundzüge einer verhaltensorientierten Preistheorie im integrativen Dienstleistungsmarketing: Teil 1 – Preisgünstigkeitsurteile, in: Jahrbuch der Absatz- und Verbrauchsforschung, 39. Jg., Heft 3, 1993, S. 261–282.

MÜLLER, W., KLEIN, S., Grundzüge einer verhaltensorientierten Preistheorie im integrativen Dienstleistungsmarketing: Teil 2 – Preisgelenkte Qualitätsbeurteilungsprozesse und Preiswürdigkeitsurteile, in: Jahrbuch der Absatz- und Verbrauchsforschung, 39. Jg., Heft 4, 1993, S. 360–385.

MÜLLER-HAGEDORN, L., Das Konsumentenverhalten, Grundlagen für die Marktforschung, Wiesbaden 1986.

MÜLLER-HAGEDORN, L., Die Beurteilung von Preisen durch Konsumenten – Erkenntnisse und Lücken, in: MAZANEC, J., SCHEUCH, F. (Hrsg.), Marktorientierte Unternehmensführung: Wissenschaftliche Tagung des Verbandes der Hochschullehrer für Betriebswirtschaft e.V., Wien 1984, S. 539–556.

MÜLLER-HAGEDORN, L., Wahrnehmung und Verarbeitung von Preisen durch Verbraucher: Ein theoretischer Rahmen, in: Zeitschrift für betriebswirtschaftliche Forschung, 35. Jg., Heft 11/12, 1983, S. 939–951.

MYERS, J.H., Segmentation and Positioning for Strategic Marketing Decisions, Chicago, Ill. 1996.

N

NELSON, P., Information and Consumer Behavior, in: Journal of Experimental Psychology, Vol. 78, No. 2, 1970, S. 311–329.

NIEDECKEN, I., „Oberster Klinkenputzer der Reise&Touristik", in: Fremdenverkehrswirtschaft, 32. Jg., Heft 22, 1998, S. 8–9.

NORIUS, M.J., SPSS INC., SPSS for Windows: Advanced Statistics, Release 5, Chicago, Ill. 1992.

NOSSKE, ST., Großer Handlungsdruck für Reisebüros, in: Fremdenverkehrswirtschaft, 32. Jg., Heft 13, 1998, S. 14–15.

NYSTRÖM, H., Retail pricing, Stockholm 1970.

O

O.V., „Die Bahn muß jedes Jahr 1,4 Mrd. DM besser werden", Unternehmergespräch mit Johannes Ludewig, in: Frankfurter Allgemeine Zeitung vom 14.4.1998.

O.V., Die Bahn hat auch 1995 Gewinne erwirtschaftet, in: Frankfurter Allgemeine Zeitung vom 23.2.1996.

O.V., Reform auf zehn Jahre angelegt, in: Handelsblatt vom 15.3.1996.

O.V., Bahn will zahlreiche Züge streichen, in: Süddeutsche Zeitung vom 14. Juli 1998.

O.V., Die Lufthansa baut ihren Direktvertrieb beträchtlich aus, in: Frankfurter Allgemeine Zeitung vom 9. März 1998.

O.V., Vorausschätzung der Verkehrsentwicklung in Deutschland bis zum Jahre 2010, in: Internationales Verkehrswesen, 48. Jg., Heft 1+2, 1996, S. 42–43.

OLIVER, R.L., A Cognitive Model of the Antecedents and Consequences of Satisfaction Decisions, in: Journal of Marketing Research, Vol. 17, November 1980, S. 460–469.

OPPEWAL, H., LOUVIERE, J.J., TIMMERMANS, H.J.P., Modeling Hierarchical Conjoint Process with Integrated Choice Experiments, in: Journal of Marketing Research, Vol. 31, February 1994, S. 92–105.

P

PARASURAMAN, A., ZEITHAML, V.A., BERRY, L.L., SERVQUAL: A Multiple-Item Scale for Measuring Consumer Perceptions of Service Quality, in: Journal of Retailing, Vol. 64, No. 1, 1988, S. 12–40.

PARASURAMAN, A., ZEITHAML, V.A., BERRY, L.L., Reassessment of Expectations as a Comparison Standard in Measuring Service Quality: Implications for Further Research, in: Journal of Marketing, Vol. 58, January 1994, S. 111–124.

PAS, E.I., HUBER, J.C., Market Segmentation Analysis of Potential Inter-City rail travelers, in: Transportation, Vol. 19, No. 2, 1992, S. 177–196.

PERREY, J., Erhebungsdesign-Effekte bei der Conjoint-Analyse, in: Marketing Zeitschrift für Forschung und Praxis, 18. Jg., Heft 2, 1996, S. 105–116.

PERREY, J., Nutzenorientierte Marktsegmentierung. Ein integrativer Ansatz zum Zielgruppenmarketing im Verkehrsdienstleistungsbereich, Wiesbaden 1998.

PIRATH, C., Die Grundlagen der Verkehrswirtschaft, 2. Aufl., Berlin, Göttingen, Heidelberg 1949.

POMPL, W., Luftverkehr: Eine ökonomische Einführung, 2. Aufl., Berlin u. a. 1991.

POMPL, W., Touristikmanagement 2: Qualitäts-, Produkt-, Preismanagement, Berlin u. a. 1996.

R

RAHN, T., Der Hochgeschwindigkeitszug InterCityExpress der DB, in: Die Bundesbahn, 67. Jg., Heft 5, 1991, S. 537–542.

REINERS, W., Multiattributive Präferenzstrukturmodellierung durch die Conjoint-Analyse. Diskussion der Verfahrensmöglichkeiten und Optimierung von Paarvergleichsaufgaben bei der adaptiven Conjoint-Analyse, Münster 1996.

RENOUX, Y., Consumer Dissatisfaction and Public Policy, in: Public Policy and Marketing Practices, ALLVINE, F.C. (Hrsg.), Chicago, Ill. 1973, S. 53–65.

ROBINSON, P.J., WIND, Y., Multinational Trade-off Segmentation, in: WIND, Y., GREENBERG, M.G. (Hrsg.), Moving Ahead with Attitude Research, Chicago, Ill. 1977, S. 50–55.

ROTH, W., Deutsche Bahn auf Abwegen, in: Süddeutsche Zeitung vom 16. Juli 1998.

ROTH, P., Grundlagen des Touristikmarketing, in: ROTH, P., SCHRAND, A. (Hrsg.), Touristik-Marketing, 2. Aufl., München 1995, S. 27–144.

RÜCK, H.R.G., Dienstleistungen – ein Definitionsansatz auf der Grundlage des „Make or buy"-Prinzips, in: KLEINALTENKAMP, M. (Hrsg.), Dienstleistungsmarketing. Konzeptionen und Anwendungen, Wiesbaden 1995, S. 1–31.

S

SAMPSON, P., People are People the World over: The Case for psychological Market Segmentation, in: Market and Research Today, Vol. 3, November 1992, S. 236–244.

SCHARF, A., DÖRING, M., JELLINEK, J.S., Bildung von Konsumententypen zur Erklärung des Markenwahlverhaltens bei Parfüm/Duftwasser, in: Planung und Analyse, 23. Jg., Heft 3, 1996, S. 60–67.

SCHEDL, H., VOGLER-LUDWIG, K., Wachstumsfelder am Rande der offiziellen Wirtschaft, ifo-Studien zur Strukturforschung, Bd. 7, München 1986.

SCHENK, H.-O., Der Preisvergleich, Stuttgart 1981.

SCHEUCH, F., Dienstleistungsmarketing, München 1982.

SCHMALEN, H., Preispolitik, 2. Aufl., Stuttgart, Jena 1995.

SCHMIDT, F.K., Das Verkehrsangebot „Bahn", in: HAEDRICH, G., KASPAR, C., KLEINERT, H., KLEMM, K. (Hrsg.), Tourismus-Management: Tourismus-Marketing und Fremdenverkehrsplanung, Berlin, New York 1983, S. 149–162.

SCHMITZ, G., Qualitätsmanagement im Privatkundengeschäft von Banken: Konzeption und aufbauorganisatorische Verankerung, Wiesbaden 1996.

SCHNABL, H., Verhaltenswissenschaftliche Konsumtheorie, Stuttgart u. a. 1979.

SCHNEIDER, J., Die Privatisierung der Deutschen Bundes- und Reichsbahn, Wiesbaden 1996.

SCHNITTKA, M., Das „Schöne-Wochenende-Ticket" der DB AG als Instrument des Kapazitätsmanagement, in: ENGELHARDT, W.H. (Hrsg.), Perspektiven des Dienstleistungsmarketing. Ansatzpunkte für Forschung und Praxis, Wiesbaden 1998, S. 123–150.

SCHÖRCHER, U., Marketing im Luftverkehr, in: HAEDRICH, G. ET AL. (Hrsg.), Touris-mus-Management: Tourismus-Marketing und Fremdenverkehrsplanung, Berlin, New York 1983, S. 131–147.

SCHOTE, L. (Hrsg.), Die Bahn: was sie ist und wie sie funktioniert, 2. Aufl., Heidelberg 1990.

SCHRÖDER, J., Die Vorschläge zur Sanierung der Bahn in Deutschland – Geschichte, Synopse und Quintessenz, in: Netzwerke. Berichte aus dem Institut für Verkehrswis-senschaft an der Universität Münster, Schwerpunktthema: Reform der Eisenbahnen, Münster 1994, S. 3–13.

SCHÜTZE, R., Kundenzufriedenheit: After-Sales-Marketing auf industriellen Märkten, Wiesbaden 1992.

SCHWEIKL, H., Computergestützte Präferenzanalyse mit individuell wichtigen Produkt-merkmalen, Berlin 1985.

SHAPIRO, B.P., The Psychology of Pricing, in: Harvard Business Review, July/August, 1968, S. 14–25.

SHAW, B., STONE, M., Competitive Superiority Through Data Base Marketing, in: MCDONALD, M. (Hrsg.), Marketing Strategies. New Approaches, New Techniques, Oxford, New York, Tokyo 1995, S. 225–253.

SHUMAN, D., What Yield-Management can do for Railroads, in: Progressive Railroa-ding, No. 10, 1991.

SIEFKE, A., Zufriedenheit mit Dienstleistungen – Ein phasenorientierter Ansatz zur Ope-rationalisierung und Erklärung der Kundenzufriedenheit im Verkehrsbereich auf em-pirischer Basis, Frankfurt am Main u. a. 1998.

SILBERER, G., Das Informationsverhalten des Konsumenten beim Kaufentscheid – Ein analytisch-theoretischer Bezugsrahmen, in: RAFFÉE, H., SILBERER, G. (Hrsg.), In-formationsverhalten des Konsumenten. Ergebnisse empirischer Studien, Wiesbaden 1981, S. 27–60.

SIMON, H., Preismanagement. Analyse – Strategie – Umsetzung, 2. Aufl., Wiesbaden 1992.

SMITH, R.A., HOUSTON, M.J., Script-Based Evaluations of Satisfaction with Services, in: BERRY, L.L., SHOSTACK, G.L., UPAH, G.D. (Hrsg.), Emerging Perspectives on Ser-vices Marketing, Proceedings Series, American Marketing Association, Chicago, Ill. 1983, S. 59–62.

SMITH, W.R., Product Differentiation and Market Segmentation as Alternative Marke-ting Strategies, in: Journal of Marketing, Vol. 21, July 1956, S. 3–8.

SOLOMON, M.R., SURPRENANT, C., CZEPIEL, J.A., GUTMAN, E.G., A Role Theory Per-spective on Dyadic Interactions: The Service Encounter, in: Journal of Marketing, Vol. 49, Winter 1985, S. 99–111.

STABENAU, H., Verkehrsbetriebslehre, Düsseldorf 1994.

STAUSS, B., Dienstleistungsmarken, in: BRUHN, M. (Hrsg.), Handbuch Markenartikel. Anforderungen aus Sicht von Wissenschaft und Praxis. Bd. 1: Markenbegriffe, Mar-kentheorien, Markeninformationen, Markenstrategien, Stuttgart 1994, S. 79–103.

STAUSS, B., Kundenprozeßorientiertes Qualitätsmanagement im Dienstleistungsbereich, in: PRESSMAR, D.B. (Hrsg.), Total Quality Management II, Wiesbaden 1995, S. 25–50.

STAUSS, B., Markierungspolitik bei Dienstleistungen – die „Dienstleistungsmarke", in: BRUHN, M., MEFFERT, H. (Hrsg.), Handbuch Dienstleistungsmanagement, Wiesbaden 1998, S. 559–580.

STAUSS, B., Dienstleister und die vierte Dimension, in: Harvard Manager, 13. Jg., Heft 2, 1991, S. 81–89.

STAUSS, B., NEUHAUS, P., Das Qualitative Zufriedenheitsmodell (QZM), Diskussionsbeiträge der Wirtschaftswissenschaftlichen Fakultät Ingolstadt Nr. 66, Ingolstadt 1995.

STAUSS, B., SEIDEL, W., Prozessuale Zufriedenheitsermittlung und Zufriedenheitsdynamik bei Dienstleistungen, in: SIMON, H., HOMBURG, CH. (Hrsg.), Kundenzufriedenheit: Konzepte, Methoden, Erfahrungen, Wiesbaden 1995, S. 179–203.

STEFFENHAGEN, H., Wirkungen der Werbung. Konzepte – Erklärungen – Befunde, Aachen 1996.

STEGMÜLLER, B., Internationale Marktsegmentierung als Grundlage für internationale Marketing-Konzeptionen, Bergisch-Gladbach, Köln 1995.

Stiftung Warentest (Hrsg.), Sonderausgabe „Fahren und Sparen", Stuttgart 1997.

T

TOLLE, E., Informationsökonomische Erkenntnisse für das Marketing bei Qualitätsunsicherheit der Konsumenten, in: Zeitschrift für betriebswirtschaftliche Forschung, 46. Jg., Heft 11, 1994, S. 926–939.

TROMMSDORFF, V., Konsumentenverhalten, 2. Aufl., Stuttgart u. a. 1993.

U

ÜBERLA, K., Faktorenanalyse, 2. Aufl., Berlin u. a. 1971.

UNGEFUG, H.-G., Bahn AG will preisaktiver werden. Sonderpreise je nach Auslastung, in: Fremdenverkehrswirtschaft international, 30. Jg., Heft 7, 1998, S. 97 f.

URBANY, J.E., DICKSON, P.R., Consumer knowledge of normal prices. An exploratory study and framework, No. 90–112, Working paper of the Marketing Science Institute, Cambridge 1990.

V

VOLLMANN, D., Preiswahrnehmung im Verkehrsdienstleistungsbereich – Determinanten und Implikationen für das Marketing der Deutschen Bahn AG, unveröff. Diplomarbeit, Münster 1997.

W

WAGNER, W., Personenverkehr der Deutschen Bundesbahn, Hannover 1991.

WALKER, J.L., Service Encounter Satisfaction: Conceptualized, in: Journal of Services Marketing, Vol. 9, No. 1, 1995, S. 5–14.

WATZLIK, S., Die Bedeutung von Involvement und kognitiven Strukturen für das Marketing von Dienstleistungen am Beispiel von Finanzdienstleistungen, in: KLEINALTENKAMP, M. (Hrsg.), Dienstleistungsmarketing: Konzeptionen und Anwendungen, Wiesbaden 1995, S. 89–109.

WEIBER, R., ROSENDAHL, T., Anwendungsprobleme der Conjoint-Analyse: Die Eignung conjointanalytischer Untersuchungsansätze zur Abbildung realer Entscheidungsprozesse, in: Marketing Zeitschrift für Forschung und Praxis, 19. Jg., Heft 2, 1997, S. 107–118.

WEIBER, R., Was ist Marketing? Ein informationsökonomischer Erklärungsansatz, WEIBER, R. (Hrsg.), Arbeitspapier zur Marketingtheorie Nr. 1 der Universität Trier, Trier 1993.

WEIGAND, W., Planungs- und Prognosemethoden für das Angebot im Hochgeschwindigkeitsverkehr der Zukunft, in: Eisenbahntechnische Rundschau, 43. Jg., Heft 5, 1994, S. 279–290.

WEINSTEIN, A., Market Segmentation. Using Demographics, Psychographics and Other Niche Marketing Techniques to Predict and Model Customer Behavior, 2. Aufl., Chicago, Ill. 1994.

WILKEN, D., Kriterien der Verkehrsmittelwahl im Personenfernverkehr und ihre Bedeutung in Verkehrsnachfragemodellen, in: Internationales Verkehrswesen, 26. Jg., Heft 1, 1974, S. 3–9.

WILLECKE, R., Mobilität, Verkehrsmarktordnung, externe Kosten und Nutzen des Verkehrs, Schriftenreihe des Verbandes der Automobilindustrie, Frankfurt 1996.

WIND, Y., Issues and Advances in Segmentation Research, in: Journal of Marketing Research, Vol. 15, August 1978, S. 317–337.

Wissenschaftlicher Beirat beim Bundesminister für Verkehr, Bahnstrukturreform in Deutschland – Empfehlungen zur weiteren Entwicklung – Stellungnahmen vom November 1997, in: Internationales Verkehrswesen, 49. Jg., Heft 12, 1997, S. 626–633.

WITTINK, D.R., CATTIN, P., Commercial Use of Conjoint Analysis: An Update, in: Journal of Marketing, Vol. 53, July 1989, S. 91–96.

WITTINK, D.R., VRIENS, M., BURHENNE, W., Commercial Use of Conjoint Analysis in Europe: Results and Critical Reflections, in: International Journal of Research in Marketing, Vol. 11, No. 1, 1994, S. 41–52.

WOODSIDE, A.G., FREY, L.L., DALY, R.T., Linking Service Quality, Customer Satisfaction, and Behavioral Intention, in: Journal of Health Care Marketing, Vol. 9, No. 4, 1989, S. 5–17.

WORATSCHEK, H., Die Typologie von Dienstleistungen aus informationsökonomischer Sicht, in: Der Markt, 35. Jg., Heft 1, 1996, S. 59–71.

WORATSCHEK, H., Möglichkeiten und Grenzen preispolitischer Faustregeln für den Dienstleistungsbereich, in: MEYER, A. (Hrsg.), Grundsatzfragen und Herausforderungen des Dienstleistungsmarketing, Wiesbaden 1996, S. 97–124.

Y

YANKELOVICH, D., New Criteria for Market Segmentation, in: Harvard Business Review, Vol. 42, March/April 1964, S. 83–90.

Z

ZEITHAML, V.A., Consumer Perceptions of Price, Quality and Value: A Means-End Model and Synthesis of Evidence, in: Journal of Marketing, Vol. 52, July 1988, S. 2–22.

MEFFERT Marketing Edition

Heribert Meffert
Marketing
Grundlagen marktorientierter Unternehmensführung
Konzepte – Instrumente – Praxisbeispiele
Mit neuer Fallstudie VW Golf
8., vollständig neubearbeitete und erweiterte Auflage 1998,
XXIV, 1372 Seiten, gebunden, DM 78,–
ISBN 3-409-69015-8

Heribert Meffert
Marketing-Management
Analyse – Strategie – Implementierung
1994, XXII, 486 Seiten, Broschur, DM 69,80
ISBN 3-409-23613-9

Heribert Meffert/Manfred Bruhn
Dienstleistungsmarketing
Grundlagen – Konzepte – Methoden
3., vollständig überarbeitete und erweiterte Auflage 2000,
ca. 800 Seiten, gebunden, DM ca. 86,–
ISBN 3-409-33688-5

Heribert Meffert
Marketingforschung und Käuferverhalten
2., vollständig überarbeitete und erweiterte Auflage 1992,
XVIII, 474 Seiten, Broschur, DM 89,–
ISBN 3-409-23606-6

Heribert Meffert
Marketing
Arbeitsbuch
Aufgaben – Fallstudien – Lösungen
7., aktualisierte und erweiterte Auflage 1999,
VIII, 517 Seiten, Broschur, DM 58,–
ISBN 3-409-79086-1

Heribert Meffert/Manfred Bruhn
Marketing
Fallstudien
Fallbeispiele – Aufgaben – Lösungen
2., vollständig überarbeitete und erweiterte Auflage 1993,
IX, 363 Seiten, Broschur, DM 69,80
ISBN 3-409-23610-4

GABLER

**BETRIEBSWIRTSCHAFTLICHER VERLAG DR. TH. GABLER GMBH,
ABRAHAM-LINCOLN-STRASSE 46, 65189 WIESBADEN**